公司债权人
利益保护对策研究

——以风险控制与治理机制为中心

仇晓光◎著

GONGSI ZHAIQUANREN
LIYI BAOHU DUICE YANJIU

YI FENGXIAN KONGZHI YU ZHILI JIZHI WEI ZHONGXIN

中国社会科学出版社

图书在版编目（CIP）数据

公司债权人利益保护对策研究：以风险控制与治理机制为
中心/仇晓光著．—北京：中国社会科学出版社，2011.12
ISBN 978-7-5161-0479-8

Ⅰ．①公…　Ⅱ．①仇…　Ⅲ．①公司—债权法—研究—中国
Ⅳ．①D923.34

中国版本图书馆 CIP 数据核字（2012）第 005801 号

公司债权人利益保护对策研究　　仇晓光著

出 版 人　赵剑英

责任编辑　张　林（mslxx123@ sina. com）
特邀编辑　张冬梅
责任校对　郭　娟
封面设计　李尘工作室
技术编辑　戴　宽

出版发行　中国社会科学出版社
社　　址　北京鼓楼西大街甲 158 号　　邮　编　100720
电　　话　010 - 84039570（编辑）　64058741（宣传）　64070619（网站）
　　　　　010 - 64030272（批发）　64046282（团购）　84029450（零售）
网　　址　http：//www. csspw. cn（中文域名：中国社科网）
经　　销　新华书店
印　　刷　北京市大兴区新魏印刷厂　　装　订　廊坊市广阳区广增装订厂
版　　次　2011 年 12 月第 1 版　　印　次　2011 年 12 月第 1 次印刷
开　　本　710×1000　1/16
印　　张　21.75
字　　数　499 千字
定　　价　52.00 元

凡购买中国社会科学出版社图书，如有质量问题请与本社发行部联系调换
版权所有　侵权必究

序

经济全球化中的公司法领域发生两大变化：其一，全球范围内的公司治理危机蔓延，伴随而来的论辩是法律达尔文进化学说下的公司治理趋同论与路径依赖学说下的公司治理存异观之间何种学说更有信服力？其二，全球资本化进程中的公司融资规则变迁，与之相随的追问是公司法框架内可否设计出一种最佳机制，既能鼓励金融创新推动股东投资，又能防范融资风险并效率化地保护外部债权人的利益？在全球化趋势下，处于制度转型语境的中国已经站在全球化的前沿，中国资本市场将是全球最佳的试验基地与研究范本，所有创造性思考我国公司法变革的法律学者与实践者均致力于探索一个问题：何种模式的公司法方案兼具控制融资风险与完善公司治理的功能，从而兼顾股东追盈逐利的本能与外部债权人利益的呵护需求。仇晓光博士的《公司债权人利益保护对策研究：风险控制与治理机制为中心》一书，正是基于经济全球化与金融危机背景下，试图提供公司债权人利益保护机制的自我解说与未来变革方向的一种学术尝试。

关于公司债权人利益保护的话题，是一个横跨合同法、侵权法、证券法、破产法与公司法等领域的共通话题，绝非可以仅仅经由公司法设计出完美的公司债权人利益保护立法体系。公司法仅仅关注并解决基于有限责任原则的采纳而派生出来公司独有的债权人问题。正如英国伦敦经济学院公司法专家保罗·戴维斯教授的洞察："公司法最具挑战性的任务就是设计一套规则，在能够获得有限责任意图取得的鼓励股东投资利益之际，能够减少甚至消除不利于债权人的机会主义行为的诱因。这一任务穿越了公司的生命，聚焦于对法律政策举足轻重的公司各种角色之间的关系之中"。这一任务之中最为纠结的法律难题，就是有限责任往往与公司控制相结合，且不幸地发生在以金融资本为主导的虚拟经济转型的时代。这一时代，不仅是融资工具创新与股东财富增长的时代，也是一个公司债权人所面临的前所未有的危机重重的风险时代。

各国公司立法者均试图追问并回答上述难题：当公司控制与有限责任结合之际，如何制约控制股东或实际控制人以侵蚀债权人利益而采纳的各种机会主义行为？最低资本额规则与严格的资本维持原则是否可以成为消解或冲抵债权人机会主义行为的工具，这一安排是否显得成本过高且未必功效显著？对于特定公司而言，如何判断"低资本化"从而揭穿公司面纱，无论经济学家抑或法学家能否给出一个共识性的满意答案？股东借贷求偿权居次规则究竟减少股东回报率，还是能否冲抵股东信息优势，阻却股东机会主义行为？强化董事、高管与实际控制人对于公司债权人的受托义务是否奏效？当有限责任与虚拟经济遭遇之际，不加区别将有限责任扩张至充满风险的投资企业商业组织模式之上的立法理由是否充分？审计机构、资信评估机构、独立董事、会计师事务所等公司信用维系"看门人"责任如何设计？公司债权人在企业濒临破产之际追索无门，公司高管"无功受禄"薪酬谁来决定？仇晓光博士尝试从比较法视角与法经济学分析上述诸多规则的利弊得失与本土移植的可行性。

仇晓光博士在吉林大学法学院攻读硕士期间，就曾留学美国马歇尔法学院研习公司法，是我指导下的民商法硕士与第一届经济法博士。因其本性踏实好学、敦厚上进、学业优异，2010 年毕业后进入吉林财经大学法学院任教，2011 年因科研突出就获得了吉林财经大学青年学俊称号。《公司债权人利益保护对策研究：风险控制与治理机制为中心》一书就是在其博士论文的基础上修改而成的。我非常喜欢万通董事长冯仑先生在《理想丰满》序言中的一句话：书，是生命的行状。仇晓光博士的这本书，恰记载了年轻学者求学生命中的前行的状态，更迈出了法律读书人追求学术理想的第 步，也丰满了我国公司债权人利益保护这 研究领域的见解。在本书付梓之际，我欣然作序，并祝他未来潜心为学、学术有成。

傅　穹

吉林财经大学法学院　院长

吉林大学法学院教授　博士生导师

2012 年 2 月 26 日

目　录

第一篇　根源:公司债权人利益保护的理念及制度原因

第三篇　设计:公司债权人利益保护对策
在公司治理框架中的建构

绪　论

规则的设计影响着利益的分配与效率的高低。在资本市场快速发展的背景之下，各国之间经济的竞争在一定程度上是不同制度规则之间的竞争。公司法与资本市场内商事主体联系紧密、关系密切，对市场商事主体利益的变动影响巨大。事实上，公司法不可忽视的影响着资本市场的效率与市场经济的发展。

一　公司债权人利益保护的重要性

在资本市场规制法律框架内，公司债权人利益的维护与保障具有重要的意义，是公司法中永恒的焦点课题之一。经济全球化以及金融危机背景下的公司法变革，不仅对既有的债权人利益保护法律对策造成了一定冲击，更为其注入了鲜活的动力及崭新的内容。债权人利益保护对策的构建对公司乃至资本市场均有着十分重要的理论与实践意义，具体而言主要体现在以下几个方面。

其一，激活公司法规则，重塑债权人保护体系。原则性规则过多，弹性规则过少，各类规则之间互动欠缺并缺乏必要的弹性一直是我国公司法变革过程中所困扰的问题。面对日新月异的资本市场，僵硬的公司法规则已经不足以应对各类公司与投资者纷繁复杂的商业行为与投资对策。对较为僵硬的公司法规则，必须以实效性功能视角出发，以公司法内各类规则的特点为基础，力争将各类规则联结起来，才能充分发挥公司法应有的功效。债权人利益保护对策的重新建构，是对此类问题一个必要且及时的回应。

债权人利益的保护问题涉及公司资本规则、信息披露规则、责任规制乃至公司法外的司法介入对策。这是一个内含着多种法律对策的保护体系，对债权人利益的保护不会也不能仅仅依赖于公司资本规则等单一的法律对策。探究各种对策之间的内在联系，理清各种对策之间的互动作用，明晰发挥各种对策之间功能效益最大化的需求，将在极大程度上促进公司法内各类规则之间的融合与汇通，重塑债权人保护体系以对债权人利益给予实效性的保护，激活公司法规则并赋予公司法鲜活的生命力。

其二，开辟投资路径，扩展融资渠道。公司债权人是公司利益链内不可或缺的一个投资主体，对增进公司效益起着关键的作用。公司融资渠道多样，但总体而言，股权资本与债权人资本是公司在资本市场内部最为主要的两种融资渠道。债权投资者强弱有别，投资路径多样，但无论是直接的债权投资抑或是通过夹层资本式的债权资本介入都为公司外部融资扩展了渠道，一定程度上缓解了资本市场中公司仅仅通过股权融资而产生的对资金需求的压力。债权人正当权益的保护不仅提高投资者进行商业活动的信心，更为增加投资者获利路径、扩展公司融资渠道并增进公司效益提供了充分的保护。可见，在资本市场中，债权人利益的维护对公司的发展至关重要，对增进公司效益具有不可忽视的重要作用。

股权改革后，我国资本市场得到了前所未有的发展与壮大，为资本市场优化资源配置奠定了市场化的基础。在股改后的发展中，公司融资渠道可以高效的借用债权资本融资。据统计，2003 年至 2006 年间，作为公司融资渠道的重要途径之一，我国债券市场得到迅猛的发展，截至 2007 年底，我国债券发行总额已经达到 90051.7 亿元。[①] 实践中，我国资本市场内债券市场主要由国债、金融债、央行票据以及公司债组成。其中，近年金融债与公司债分别占据了债券市场总额的 31% 及 4%。显然，金融债权人及公司债权人利益的妥善维护，有力地保障了债券市场的稳定发展，与此同时，充满活力的债券市场在一定程度上缓解了公司对经营、投资资金的需求。债权融资有其独特的优势，在某种程度上公司更能够从债权融资中获取效益，例如，（1）对债权人还款的条款在借贷之前固定，因此不受货币贬值等因素的影响；（2）债务人偿还给债权人的利息，可以在对

---

① 中国证券监督管理委员会：《中国上市公司发展报告》，中国经济出版社 2009 年版，第25 页。

其征税之前，从其应纳税所得中抵扣；（3）相比较于股权融资而言，债权融资在一定程度上减少了代理成本。[①] 可见，实践中已经证明，由于债权融资的独有优势，使得投资者对其具有一定的偏好，债权人利益的保护，在稳定债券市场的同时，为公司融资开辟了重要的渠道。

其三，培育健康市场，提高公司竞争能力。首先，债权人利益有效的保护将促成一个健康、高效的市场环境。公司竞争能力的强弱，取决于公司法规则的安排是否能够反映资本市场内投资者对相应规则的需求，取决于公司法规则是否能够最大程度的给予投资者合理的自治空间，取决于公司法规则是否能够为投资者提供一个利益可以受到充分保护的市场投资环境，而债权人利益的保护对策，则迎合了市场内债权投资者对前述三种需求的满足。

其次，债权人对改善公司治理发挥着积极的作用，一定程度上提高了公司的竞争力。实践中，高管人员掌控公司不仅影响到公司的利益、股东的利益，更同时也对债权人的利益产生着一定的影响，增加债权人收益抑或是损害债权人利益，常常都源于高管人员的疏忽或错误行为。因此，债权人往往比股东更加关心公司业绩的好坏，比股东更加关心公司高管人员是否尽心竭力为公司利益服务。将债权投资者引入公司治理中，不仅对公司重大投资决策起到监督作用，同时也会提高公司聘任会计师事务所、律师事务所等第三方独立中介机构的质量。可见，债权人参与公司治理，通过债权人关注自身利益而间接地影响到公司与股东的利益，一定程度上改进了公司治理水平，提高了公司的竞争能力。

其四，提高市场效率，维护市场经济安全。在某一单独规则已经无法承担维护债权人利益的背景下，公司法必将通过多种规则的协调与融合才能对债权人利益给予充足的保护。在此过程中，无论是公司财务信息的披露还是高管责任的规制，都将不同层面、不同程度的有利于公司效益的增加，同时提高资本市场的效率。欠缺对公司债权利益的妥善保护的市场中必然存在着信息流通不畅、高管责任规制不当、公司资产状态不清的问题。无疑，这些问题所引致的资本市场效率低下将通过对债权人利益保护的相关对策得以一定程度上的改善，进而反作用于资本市场，提高资本市

---

① 葛伟军：《公司资本制度和债权人保护的相关法律问题》，法律出版社 2007 年版，第 7 页。

场的效率。

追逐市场效率的同时，不能忽视市场安全的价值。投资者利益的正当获取、市场秩序的稳定有序都需要市场在一个安全的环境下运行。债权人利益的妥善保护，保障着市场经济的安全运行。次贷危机的爆发使学者对公司资产的安全、资金流动性的安全以及商事主体之间交易等安全价值给予了高度的关注。债权人利益的严重损害，在发达的资本市场中，衍生出无法想象的金融连锁损害反应，极大程度上破坏了市场经济的安全性，使众多市场投资者都遭受不同程度的损失。因而，债权人利益的保护不仅有助于提高市场效率，同时更有利于维护市场经济的安全。

其五，提高市场信用指数，培育市场诚信文化。资本市场是交易市场，更是信用市场，债权人利益的保护为培育信用市场起到积极的促进作用。金融危机爆发后，资本市场中的公司丑闻无不隐藏着公司、高管、审计师及相关利益体的信用危机，将金融危机的原因归因于制度缺陷或规则缺失，远不如将其原因归结于信用危机更具有说服力。实践中，债权人利益受损的最主要原因，莫过于高管、审计师以及法官信用危机所引发的道德风险，在道德风险被数倍放大的情况下，金融风险随至。市场诚信缺乏、信用文化的丢失完全在债权人利益受损上展现出来。因此，对债权人利益的保护倾注立法、司法以及相关主体的监管力量，不仅提高了投资者的商业信心，更在一定程度上培育了资本市场内的信用基础。

市场给予债权人利益充足的法律保护将会比给予股东权益充足保障更能彰显市场的信用文化。债权人对债务公司借贷之时，首先考虑的是其能否收回借款，然后才是其获利多少。能否收回借款的核心在于债务人能否具有偿还债务的能力，即还款信用。拥有良好偿债能力的债务人被债权人赋予较高的信用度，而偿债能力较差的债务人则被认为信用较差。显然，债权人利益能够得到保护的市场，才是诚信文化成熟的市场。信用是一种历史遗产，是数百年文化的沉淀，债权人利益受到保护之时，彰显着诚信文化下的市场信用。

总之，公司债权人利益的保护，对投资者而言，扩展了其投资的渠道；对公司而言，开辟了公司新的融资路径，提高其在市场内的竞争力；对市场而言，债权人利益的保护有利于提高市场效率，更在一定程度上有助于对市场诚信文化的培育。

二　债权人保护面临的问题

传统公司法认为，公司债权人利益的保护对策主要依赖于公司资本制度，公司法中的法定资本制度为债权人利益提供了稳定可靠的保护。随着学界对公司资本制度相关规则的检讨，日渐将关注重点从僵硬的公司资本转移至变动着的公司资产上，提出了公司资产才是真正对公司债权人提供保护基石的论断。

然而，资本制度改革之后，无疑对原有的债权人利益保护体系造成了强烈冲击，毕竟，公司资本为债权人提供了一个可以依靠的"现实保障"。失去公司资本制度的保护屏障，债权人的利益将借助何种对策维护？替代机制是否可以发挥真正的功效？替代机制之间存在何种联系？替代机制与公司资本制度又存在何种不可切割的关系？如此等等问题，均涉及公司资本制度改革后相关规则缺失的补救对策，不仅关系到公司债权人利益的正当维护，更关系到公司交易安全的保护。

因此，对债权人利益保护对策进行重新检讨是极其重要的，重新建构债权人利益保护对策更是必要的。这种认知在金融危机背景之下尤其具有现实意义。金融危机的爆发不可避免，一方面源于资本市场内在的运行周期；另一方面源于资本市场内公司等商事规则内在的缺陷不可克服；更为重要的是，资本市场极度高速的发展，为公司及公司控制者提供更多的追逐利润的机会，并因而引发众多投资者的道德风险危机，最终所引发的体制问题。吸取经验与教训，反思当前公司法规则，在明晰资本市场内在本质的基础上，现时的公司债权人保护主要存在着以下几个问题：

其一，债权人利益保护的价值认知度不够。多数学者认为，公司存在的目标无疑是追求利益最大化，但由于公司利益链是由不同的利益群体所组成，所以，利益最大化的指向为何，一直是学者关注且想寻求最佳答案的问题。在错综复杂的利益群体中，股东利益至上论已为大多学者所接受，在这种情况下，其他群体的利益是否应该保护？如何进行法律对策上的设计来加以保护？其中，债权人利益的保护最值得关注。债权人保护规则体系的建构与完善是迫切需要解决的问题。债权人利益保护问题涉及了立法对公司这一商事主体所追求的价值理念的选择与判定。效率与公平并非处于同一平衡线之上，在不同的社会经济背景之下，立法应有所选择的对公司法所追求的价值有所侧重。在当下经济、政治、文化、法律均全球化态势发展的背景下，公平与正义的价值追求不应落后于对效率的追求，公司法对债权人的保护正是公司法现代化下公司法的发展与需要。无疑，公司在追求效率的同时，切实地对公司债权人从多个法律对策角度进行保护是公司法现代化的应有之义。

其二，资本规则的改革未能完全平衡好交易安全与效率之间的关系。资本规则的修改集中于最低资本额的降低、一次性实缴到位要求的废除、出资形式要求的放宽、非货币出资比例限制大幅度放松以及减资程序要求降低等方面。① 对市场而言，资本规则的修改在一定程度上提高了交易效率。但是，对债权人而言，由于资本规则变革后的后续配套机制并未及时完善，在其交易安全价值方面不可避免的埋藏了一定亟须解决的隐患。无论资本规则改革之前，抑或是软化资本规则之后，都不能否认公司资本充足不仅是公司法人格独立的核心要素，更是公司信用最基本的一个物质基础。资本规则的软化应是伴随着公司法内其他规则及时跟进与支撑而进行的；这种规则的跟进应有效化解市场信用不成熟与资本规则软化之间所产生的矛盾。而面对我国现在资本市场内诚信机制的不完善、其他规则跟进速度缓慢以及金融危机对市场信心的打击等不利因素，软化下的资本规则在提高交易效率的同时，未必能很好地对债权人利益进行保护，交易安全价值很难得到完善的保障。

其三，信息披露的价值与功能并未得到应有的认知与发挥。毫无疑问，对资本市场而言，信息已经远比一般商品的价值更为重要。信息披露质量的高低，直接影响到公司资产变动情况是否能及时、确切地为债权人所知悉。显然，信息在公司资产与债权人之间起着重要的传递作用。然而，在金融市场的高速发展下，金融机构的资产结构日渐复杂，公司内部适用的财务报表更为多样，即便资深的会计师与审计师也难以对公司的资产状况做出十分精确的计算，显然，信息披露的功效直接受到影响。即便对于普通公司的信息披露，因于受到高管及审计师等信息传递"控制者"的敲竹杠行为，债权人也很难以最低的成本获取所需的公司信息。事实上，面对债权人对公司信息的强烈需求，公司在一定程度上难以保障提供给债权人足够的信息以供其使用。因此，信息在市场内的不对称分部，为

---

① 齐奇：《公司法疑难问题解析》，法律出版社 2006 年版，第 9 页。

债权人维护自身利益设置了重重障碍，公司内部信息的总结、审计师对信息的审计以及信息在公司内部的流动都亟须法律加以规制。

其四，公司实际控制者的责任规制问题并未受到应有的关注。公司的高管人员对公司资产的变动、信息披露影响甚大，常常决定了公司是否可以为债权人提供充足的信息支撑。公司高管对股东负有信义义务，然而，就公司高管对债权人负有义务而言，学者之间观点不同，并未完全达成一致。事实上，对公司高管责任规制的宽松环境，已经为金融危机下债权人利益受损埋下了随时爆发的隐患。高管滥权而损害债权人导致债权人获益成本急剧上升，对高管盲目的严法以治又会徒增公司的监管成本，同时极有可能在一定程度上抑制高管经营公司的信心。正如高管薪酬问题一样，这一两难问题一直困扰着高管责任的设计。金融发展的后果不仅是促进了资本市场的发展，同时，也为公司高管滥权开辟了新的奇特渠道。在这种背景之下，宽松的高管责任规制显然只能放大高管道德风险，结果只能让债权人承担更多的投资成本。因此，对公司高管责任详尽规制是公司法面临的并急切需要解决的问题。

其五，司法系统应对公司诉讼效率不高。法院是公司债权人通过司法途径为自身利益获得保障能够寻求的最后的救济对策，然而实践中，法院在对公司诉讼纠纷的审判与执行过程中均存在效率低下的问题。法官业务素质不能应对多样的公司诉讼、法官的信誉能力受到债权人的质疑、法院在介入公司纠纷不够及时等诸多问题，都导致了债权人在寻求法院保护的情况下，经常难以获得应有的利益保障。资本市场内通过契约自由不能解决的问题都要依赖法院解决，而法院并未能给予债权人满意的答复，面对实践中债权人的困惑，法院对法官素质的要求、对最高法院司法解释的借重、对案件执行难等问题都应正视。因此，对法院而言，如何提高效率，降低债权人的诉讼成本，保障债权人的合法利益，应是其改进过程中应重视的问题。

其六，市场中诚信文化极度缺失。市场信用是控制道德风险的最佳良方，市场信用的缺失是人们道德风险被放大的最根本原因。债权人利益受损，根源于市场信用的缺失。市场信用为信用的一种，对市场中商事主体而言，市场信用的保障是其在市场中开展商业活动的前提保障。实践中，市场信用的缺失，常常意味着法律机制失调、究责机制失衡、道德底线滑坡，最终导致市场内部充满虚假与欺诈。同时，法律至上的理念日渐远离投资者，代之以人情、关系、潜规则等非正式制度的潜在秩序运行，公平、正义与安全被抛诸脑后。在这种情况下，债权人利益极难得到有力的保障，试想，当一个市场内仅仅以获取利润为目的，而抛却对其他价值追求之时，怎能期望对投资者的正当利益加以完善的保护。

其七，金融机构风险加剧。资本市场内，债权人面临的风险呈现逐步加剧的趋势。首先，金融机构不断推出的金融工具加剧了风险的累计性与爆发性。金融工具本是获取利润的手段，但是当其被用来以正当手段获取不合理利益之时，金融工具的内涵已经逐渐发生了转变。对债权人而言，金融工具只能蒙蔽债权人的目光，使其对公司的财务状况及公司的真实资信状况处于"模糊状态"。其次，面对金融业的急剧膨胀，金融监管机构缺乏监管新型金融衍生产品的职权，因此就不能强制披露那些可能显示金融体系风险程度的信息。① 金融风险暴露的滞后性，为债权人保护自身利益造成一定的困难。正如有学者对次贷危机认知到的："尽管房地产泡沫自 2005 年就开始漏气，可政府直到 2008 年秋天才发现银行业处于可怕的财务危境。"② 可见，资本市场内金融机构风险的加剧已经影响到了市场内公司的健康发展，对债权人利益的正当保护形成了一定的障碍。

三　研究对象与结构安排

从学理层面上讲，公司债权人利益的保护对策应主要涵盖五个方面：公司资本规则、强制性信息披露规则、高管及审计师责任规制、破产程序对债权人的保护以及司法介入对债权人的保护。基于笔者的认知所限，本书将研究对象主要限定在同公司债权人利益保护相关的资本规则、强制性信息披露、高管与审计师的责任这几个方面，同时从保护公司债权人的视角对于公司融资以及公司治理这两个问题进行必要的探讨。

本书除绪论与结论外，共分为三篇而展开：第一篇探讨公司债权人利益保护的理念及其制度上的原因，即根源探究。具体包括：公司债权人利益保护的理念基石、公司融资根源探寻、公司债权人利益受损的因由解

---

① ［美］理查德·波斯纳：《资本主义的失败》，沈明译，北京大学出版社 2009 年版，第 103 页。

② 同上。

析；第二篇探讨公司债权人利益保护的具体法律对策。具体包括：公司债权人利益保护对策的总体解说、资本规则的检讨与改进对债权人利益保护的法经济学分析、信息披露规则的检讨与完善对债权人利益保护的法经济学分析、责任规制的检讨与改进对债权人利益保护的法经济学分析；第三篇探讨公司债权人利益保护对策如何在公司治理中设计。具体包括：公司债权人利益保护对策未来的发展趋向、债权人利益保护对策在公司治理规则内的展现与设计。

第一篇 公司债权人利益保护的理念基础与制度因由。本部分试图从法理层面解析公平与效率价值、私权的发展及其保护、公司社会责任的承担等已经被市场和社会广为接受且认可的理念如何铸就了公司债权人利益保护的理论基础。同时，从债权人的视角出发，探寻公司融资的基础性问题，即尝试回答公司融资的根与源，这极有力的为公司、股东、债权人等相关利益主体描绘出了公司融资的法理基础，有助于债权人认知公司的资本、资产及公司资信的真正内涵及对公司债权人自身利益的影响。在此基础上，本部分探讨了公司债权人利益受损的因由，即公司信用的风险与债权人利益保护的问题。

第一章 试图解析公司债权人利益保护的理念基石。公平与效率相平衡的理念、法制现代化理念影响下私权主体的范围在资本市场内逐步扩大、公司承担社会责任的理念等都展现着一个重要的信息，即公司债权人利益的维护不仅在理论上符合逻辑的推论，更符合现实中资本市场发展、社会进步的现实需求。从这个视角来探讨公司债权人利益保护的法律问题，将有助我们梳理多种不同法律对策各自的功效与相互之间的联系，进而为探究公司债权人利益的保护对策提供坚实的理论根基。

第二章 试图探究公司融资与债权人利益的保护。我们认识到，公司融资规则不同程度地受到来自一国经济、政治、社会层面因素的影响，每一步的前进都背负着国家与民众的期望，这种期望背后所呈现的是一国综合实力的进步。技术创新、信用提升、规则完善、公平竞争等诸多诉求皆在公司融资规则的设计中体现了出来，其最为核心的，无论何时，都将重新回归对几个概念的印证：公平、正义、安全、效率。理解内含着诸多价值的融资规则将有助于我们明晰债权人对公司资本、资产及资信形成依赖的原因，更有助于我们了解如何设计维持公司信用的法律对策。

第三章 力图探寻公司债权人利益受损的根源。从债权人利益面临的风险出发，分析债权人利益面临的资本市场内的独特风险。笔者认为，公司信用危机是公司债权人利益保护所面临的风险所在。当下，公司信用危机已经随着资本市场的迅速发展及金融危机的爆发呈现扩大的趋势。具体而言，公司信用危机主要体现在四个方面，即：政府行为风险加剧；金融行业风险加剧；公司经营风险加剧以及公司财务风险加剧。接着本章从法律视角对债权人利益受损的原因进行分析，认为债权人利益受损的最根本原因在于公司有限责任的风险外部性问题。

第二篇 公司债权人利益保护对策的总体解说与具体对策。本部分尝试对公司法框架中具体的公司债权人利益保护对策进行解析，在探明公司债权人利益保护常态对策的前提下，对公司资本规则、信息披露规则以及责任规制等具体对策进行深度解读。

第一章 通过在第一篇中对债权人利益受损根源的分析，引导出债权人利益保护对策的设计。笔者认为，公司法对债权人利益的保护对策总体上可以从两个视角审视，其一，在极端情况下，债权人可以通过揭穿公司面纱规则直接追索公司人格背后的股东而受偿。其二，在通过对揭穿公司面纱规则进行解析后，对债权人利益保护对策的一般框架进行了总体梳理，指出常态下的债权人保护对策的结构主要应包含：资本规则、信息披露、责任规制以及公司法外的司法权的介入。

第二章 检讨资本规则对债权人利益的保护问题。首先，本章将公司资本对债权人利益的保护作用进行了重新的功能性检讨。笔者认为，资本对债权人利益的保护功能并非毫无意义，而是在实践中曾经发挥过其被投资者寄予的期望中的作用。接着指出，公司信用在资本市场迅速发展及金融危机的背景之下应得到重新的诠释，即公司信用应是一个以公司资本为基础而展开的具有包容性的"信用束"，而非狭义上的仅将公司信用这一历史性内涵赋予公司资本。其次，对公司资本规则的核心问题即最低资本制度的"留存"与资产维持规则的核心问题即利润分配规则进行了检讨，并从对债权人利益的保护视角出发提出了自己的建议。笔者认为，最低资本规则的废除应是时间问题，但在废除最低资本规则之时应对公司债权人保护的重任设计其他配套机制。唯有如此才能为债权人利益的保护构建一个高效的保护对策。最后，针对公司股利分配对公司资产的影响以及最低资本规则变革的现实，笔者提出了通过借重公司财务信息而检测公司资产的稳定情况的建议。认为财务信息是债权人对公司资产信用状况最佳的分析工具，对公司财务信息的供给进行了分析，从公司及债权人两个视角对财务信息的供给状况进行了重要的评判。

第三章 解析信息披露规则对债权人利益的保护问题。首先，笔者对信息的基础理论以及信息的功能进行了解析，接着，梳理了信息披露通过公司资产状况向债权人等投资者传递的作用与功能，明晰了公司资产与信息披露之间互动、紧密且不可分割的联系。其次，针对强制性信息披露对债权人利益的保护进行了检讨与分析，笔者通过对强制性信息披露的现状及其供求层级进行解析后，提出通过强制性信息披露保护债权人的立法建议。笔者认为，债权人因自身经济等因素的不同，对信息的需求程度也不同，而公司因自身实力的不同也影响到自身对债权人披露信息的供给。在明晰债权人与公司对公司信息的不同供需的前提下，可以更为清晰的展现通过信息披露保护债权人的利与弊。最后，本章对强制性信息披露下的内幕交易行为进行了剖析。笔者认为，内幕交易行为正是信息在公司内部与外部传递不畅而导致的负面后果之一，对债权人利益的保护造成了一定的损害。最后，对规制内幕交易行为提出了自己的立法建议，彰显了信息披露在实践中对保护债权人的重要性。

第四章 剖析责任规制对债权人利益的保护问题。首先，梳理并指出了责任规则对保障信息在市场中、公司内顺利且高效传递继而对公司资产安全进行维护的作用。在此基础上，以责任规制为视角，对三种公司法保护债权人对策的内在联系进行了总结与评判。其次，本章对影响信息传递过程中的主要利益者即审计师的责任规制进行了分析与检讨。笔者认为，作为对公司信息起到增信作用的审计对策，审计师的责任规制是对公司债权人利益保护的核心要素之一，对公司资产的保护、对信息的高效传递都起着重要的维护作用。最后，对公司高管人员的责任规制进行了检讨。笔者认为，公司高管承担责任对象从股东向债权人的过渡是一个必然的趋势，同时，高管对债权人承担责任的时限不应局限于公司濒临破产之际，在公司运行过程中，高管均应对债权人负有一定的义务与责任。

第三篇 公司债权人利益保护对策在公司治理框架中的建构。本部分在明晰了公司债权人利益受损因由及其具体保护对策的设计的前提下，提出了公司债权人利益保护对策的发展趋向，我国公司治理的问题与改革，如何借鉴全球公司治理趋同化下的经验，以及如何在公司治理机制中将多种保护债权人对策凝结在一起，继而为公司债权人利益的保护提供一个完整的保护框架。

第一章 重思公司债权人利益保护对策的完善与发展趋势。本章对公司法保护债权人对策进行了归纳、总结、检讨与建议。首先，笔者对契约与公司信用、债权人与契约网、债权人与公司信用的关系及内在联系作了梳理与分析。随后，从契约自由的视角，对重新构建及培育公司信用以对债权人利益进行保护提出了自己的立法建议。可见，公司信用为债权人利益获得保障的基础，以此为基础才能为债权人利益构架合理的保护对策。其次，在明晰契约自由下公司信用对债权人利益保护的现实的基础之上，本章提出了国家强制对债权人利益保护的建议，并对司法权下法院对债权人保护问题进行了分析与检讨。笔者认为，在市场中，国家行政权力在合理范围界限内的退出，既符合市场经济的发展，也符合法制社会的理念。行政权力的退让，为司法权介入提供了一定的空间。最后，在对法官保护债权人的价值及其功能进行分析之后，为法院对债权人利益保护提出自己的立法完善建议。笔者认为，在公司法内，对债权人利益的保护应以契约自由为基础，在契约自由失效之时，应辅之以国家强制的介入即通过法院介入债权人利益的保护。

第二章 解析债权人利益保护对策在公司治理规则内的展现与设计。本章对公司法治理规则内的董事、监事、审计师等与债权人利益的保护紧密相连的利益体在治理规则中的位置与权限进行探讨。笔者认为，信息披露质量的优劣、董事责任规制的好坏乃至资本规则真正效用的发挥等诸多法律对策，其功效最终能否发挥，都依赖于公司治理规则模式的选择与具体规则的妥当设计。基于此，本章对域外公司治理规则的"趋同性"改革进行了梳理，并对我国公司治理规则可资借鉴的相应域外经验进行了探讨，继而对域外实践中公司治理规则的变革进行了有益的介绍与分析。笔者认为，公司治理模式与规则的设计迥异、公司治理功能的趋同将是未来公司治理规则发展的趋势，债权人利益保护的对策在公司治理框架中的设计，也应遵循这一原则。

结论 旨在归纳公司法内部与外部对公司债权人利益保护对策的完善与未来的发展方向。指出：在资本规则软化下的公司法变革之中，曾经担负着保护债权人利益的资本规则日渐软化并部分退出历史舞台，亟须构建新的债权人利益保护对策。因资本规则软化而引发的公司风险，在信息披露、高管等人员责任所规制下一定程度上减低了债权人获利成本，增加了债权人的收益。信用缺失下的市场迫切需要通过信息披露对公司资信向债权人的传递，更需要责任规制对高管等影响债权人利益的人员的道德风险进行控制。本书认为，对公司信用的重新解读与重新建构是债权人利益保护的基本出发点。通过以公司信用为基础的契约对策与以法院介入的国家强制对策的融合方式，提高公司信用对债权人利益保护的能力，才是债权人利益保护对策的未来发展之路。

四　文献概述与研究现状

公司债权人利益保护是一个涉及范围较广的问题。一般涉及公司法、证券法、破产法、合同法、民法以及财务管理、经济学等诸多学科领域。法学者常常借重多种分析工具在不同领域对债权人利益保护问题进行研究。

我国学者与国外学者对债权人利益保护的研究方法不同，研究特点不同，侧重点也不同。国内学者对公司债权人的利益保护，一般从三个方向进行研究：首先，公司法的视角，对公司设立、经营乃至公司清算进行相关法律规则的剖析与解读，对债权人利益保护；其次，从破产法的视角，公司破产之际债权人利益受损最为严重，研究重点多集中于公司破产之际剩余控制权何时转移给债权人；最后，从民法的视角，通常从债的定义、构成、效力以及债的担保与保全等规则来研究债权人利益的保护。

国内学者研究的重点主要集中于公司以资本为信或公司以资产为信的研究上。传统公司法理论认为，公司以资本为信，资本是公司的信用所在，过度将公司信用赋予僵化的注册资本上。在随着学者逐渐认清公司资本的实效性作用已经不能发挥应有功效之时，日渐将关注点从公司资本转移到公司资产上，提出公司资产信用理念，认为公司以资产为信。同时认为，债权人利益的保护，应当以资本制度为根基，同时借重其他配套机制予以完善。国内对此的研究，主要集中在资本与资产的交锋处，对于债权人利益保护配套机制的完善，论述较少，或浅尝辄止。

国外学者对公司债权人利益的保护研究展现着不同的风格。因发达国家多已经形成了较为成熟的资本市场，因此对债权人保护的研究往往侧重于资本市场内的债权契约，将关注点放在债权人的自我保护和介入公司治理以削弱自我所承担的风险。例如，英美法系国家借重债权契约的作用，大陆法系如德国则借重债权人参与公司治理的作用。

综上，对于债权人利益保护问题，国内学者多仅仅从某个视角出发对其进行研究，且多局限于规范性的分析，借重法经济学分析方法剖析债权人利益保护对策的实效性作用的分析研究极少。在这种研究背景之下，应当以审视我国经济发展的现状为根基，以开放性的观念为视角，以包容性的分析方法为研究工具，以平衡债权人利益与股东利益为目标，并以追求效益最大化为最终追求来构建公司债权人利益保护对策。

五 研究路径与研究方法

（一）敞开式的研究路径

法律，是一种实践性极强的活动。在实践中，实务工作者与工作、生活以及自然界频繁的不断接触，使他们获取了第一时间的经验，并继而为其理论完善提供了有力的支撑。显然，实践为检验真理的唯一标准，这一论断在公司法的演进与变革中不断被验证。在公司法发展的历史进程中，伯利与明斯的合作，将经济学研究方法近乎完美的运用到了公司法的研究中，效益与成本为其考量公司法中代理成本及相关问题的分析工具。在当下，通过契约视角并运用经济学分析方法对公司法问题进行研究剖析已经成为学者们不可回避的一个方法。事实上，公司法不足以自足，开放式的研究路径有助于我们从不同的视角审视公司规则的优劣，进而评判规则的设计与取舍。我们相信，更具包容性的不同视角的对公司法规则的分析，将为我们开启认知公司法规则的崭新的篇章。

（二）比较分析

任何国家的公司都存在不同但却相似的问题，虽然解决问题的方法不同，但公司法变革方向确有相同的发展趋向。比较，才能更真切、更清晰认知自身的缺点在何处，才能更真实、更有效率地完善自己。我国市场经济的发展毕竟仅仅处于发展过程中，并未达到发达、成熟阶段，借鉴国外成熟资本市场内的先进法律规则显得尤为必要。借鉴，不是拿来，而是有所舍弃、有所选取。对债权人利益保护问题而言，国外公司法及相关法律规则对其保护的对策已经先行了一步，积极对其经验进行比较、研究、修改、借鉴是非常必要的。

（三）实证与历史分析

实践是检验真理的唯一标准，而实效则是检验法律规则效益的重要标准，债权人利益保护问题，更需要历史的视角与实践的经验。资本规则的变迁对债权人利益的影响，信息披露规则以及责任规则变迁对债权人利益的影响都可以从公司法发展的历史进程中吸取有益的经验。以古视今，以今思古，都会为认识法律规则的本质及功能开辟一个崭新的视角。法律是静止的，债权人与公司的利益却是变动的，在静止与变动中寻求沟通的方式及互动的桥梁为历史视野下分析所独具。波斯纳曾指出，要测量法律解释以及其他法律的提议是否成立，最佳的检测即为检验一下它们是实践中的后果与影响，但是，法律中有一种向后看而不是向前看的倾向，总想发现本质，而不是去拥抱经验的智慧。① 我们应积极吸取实践中的经验，将实践中的真理运用于理论的分析与建构中，为公司债权人利益保护对策提供坚实的基础。实证与历史的视角与分析方法为债权人利益保护对策提供一个可以"看得见、摸得着"的分析依据。美国对内幕交易行为的禁止以及董事对债权人承担责任等规定，都源于历史中几个著名的案例即为最佳的例证。

（四）法理学分析

价值，是法律所不断追求的。商事主体法对市场中效率价值的追求为其主要目的之一，但是公平与正义等价值同样不能忽略。法理学为本书提供了一个分析债权人利益保护对策的重要视角，为各种法律对策的解析提供了一个可以信赖的基础。债权人利益保护问题的剖析，内含着经济因素与价值因素，仅仅以经济学、社会学视角并不足以反映债权人保护对策的本质与作用，例如公平价值与效率的冲突与平衡、成文法与判例法之间价值的优劣等问题，都需要探究其根系深处的法理学与社会学的土壤。可见，为呈现出对债权人保护对策的真正全貌，借重法理学及社会学知识分析是必要的。

---

① 柯华庆：《从意义到实效：皮尔斯的实效主义哲学》，《哲学研究》2009 年第 9 期。

（五） 成本收益分析

运用经济学成本和收益分析的方法对公司债权人利益的保护进行成本与收益的分析是目前美国等资本市场成熟国家所广泛运用的商法学研究方法。重视效果是实效主义哲学的基本要点之一。[①] 毕竟对于现实中的利益冲突而言，比较利益主体成本高低、收益多少并以此为依据而进行法律规则设计，解决问题才是最重要的。通过经济分析方法对债权人利益保护对策的成本及收益进行定性与定量的分析，可以得出法律对策的实践价值及其真正功效。

对债权人利益保护而言，运用经济学分析方法尤为重要。公司资本规则的变迁内涵着成本与收益的要素，降低最低资本额的要求在实践中促进了公司效益的增长，但同时却使债权人承担了不可避免的投资成本。债权人搜寻公司信息的过程，是其平衡自身收益与成本的过程。而当公司高管损害债权人利益承担责任之时，则是债权人承担不合理成本，通过高管承担责任而获取一定收益补偿的过程。本书在大部分篇幅中均试图从成本与收益的视角对债权人利益的保护问题进行了分析，期望不仅从理论的视角对保护对策的价值进行挖掘，更期望对实践中的问题同样具有一定的效用。

---

① 柯华庆：《从意义到实效：皮尔斯的实效主义哲学》，《哲学研究》2009 年第 9 期。

第　一　篇

根源：公司债权人利益保护的理念及制度原因

迄今为止，人类所产生的大多数市场行为或法律行为，不论是冲突与妥协，也不论是技术更新与商业投资活动，更不论是政策设计与法律规制，所隐藏的动机大都离不开"逐利"二字，而且其深层因素都是"物质利益"的分配与重新平衡。如果把对"物质利益"的载体称为财产权的话，那么可以说市场中的任何商事主体的任何商事行为均为了在合法的前提下维护自己的财产权。

私有财产权与公共财产权受到平等的保护，体现着平等、正义的精神，是现代民主同财产权紧密联系的表现，更是国家、社会及市场成长的基础。一国的政策、法律及各类规章的制定均应以公平的对待私有财产权与公共财产权为前提，而不能有所偏见，私有财产权在社会主义国家的宪法中确立了"不可侵犯"的地位证明了这一点。对于私有产权而言，国家通过正式的制度即政策或法律给予必要的界定和保护，非正式制度同时也发挥着一定的保护作用。一个国家法律规则框架往往影响着市场交易成本的水平，从而决定着市场中各类商事主体运行的效率，反过来，运行良好的商事主体同样促使市场的高度专业化与成熟化，进而营造起一个信用度较高的市场环境。然而，人类本性在追逐利润的同时往往会放大贪婪的一面，在市场中侵犯他人合法权益以获取非法利益，这是我们需要通过法律对策来进行调控。

公司债权人是市场中以公司为核心众多利益群体中的一员，其利益理应得到法律的保护。以财产权的合法保护为根基，公平与正义的价值理念、私权合法保护的理念、社会责任承担的理念共同铸就了公司债权人利益保护坚实的理论基础。公司债权人利益的保护所具有的深厚的理论基础使得立法者在对市场中商事法律规则进行设计时应关注债权人利益的合理保护。在公司中，债权人往往同股东存在着一定的利益索取冲突，这种冲突来源公司信用即公司资本或公司资产的不稳定，极难给予债权人充足的利益保障。为能够清晰的认知公司信用的基础性要素即公司资本或公司资产，我们必须以"法理学的分析方法与跨学科的视角"对于公司融资的来源"素材"进行深度解析，以明确各类公司出资方式的合理、合法性依据，进而为公司债权人评判公司信用提供合理的参考标准。从公司债权人视角来看，对于公司信用的考察已经由对公司资本的关注过渡到对公司资产的重视。这一转变开启了债权人认知公司信用的新的视野，公司以资产为信用向债权人展现着公司信用展现的一面。重析公司信用的内涵与外延的同时，向我们附带性的传达了公司信用风险的根源，呈现了公司债权人利益受损的因由，这应引起我们的关注，进而以此为出发探讨公司债权人利益保护对策的总体框架与具体对策。

第 一 章

公司债权人利益保护的理念基石

债权人利益的保护在本质上是私有财产权的保护。私有财产权是由法律创设的一个比私人所有权更为广泛的权利束，也是财产上的私权，它排除了财产上的公权，并由此划定了人与人之间的自由界限和维持社会伦理。① 在私有财产权应受到合理、合法的保护的前提下，公司债权人利益的保护承载着现代国家中公平、正义价值理念，迎合了私权保护理念，更加的反映了公司承担社会责任这一重要的价值理念。事实上，法制现代化下的市场中的私权不断扩展过程中展现着对于公司债权人利益的保护的关注，这既表明了法制现代化对公司法发展的影响，同时也展现了私权在商事法律主体内部蓬勃发展的现状。私权在公司法内部不断扩展表现在三个方面，即强调平等精神与主体意识的理念使商事私权主体不断扩大；自由精神的承认和权利意识的接受使私权客体范围逐步扩展；社会责任精神的强化使相对弱势群体的私权获得一定保护。公司债权人利益的维护与保障在前述理念的支撑下形成了坚实的理论基础。

第一节　价值的平衡

公司债权人利益的保护内含着价值平衡的理念。现代公司制度的起源与商业的发展、经济的进步有着极其密切的关系，公司制度产生之初是为适应商业发展而设计产生，但确是借政治之手通过特许的方式妊娠而出。英国东印度公司是英国于公元 1600 年左右借由政府的力量而成立，并不

---

① 参见唐清利、何真《财产权与宪法的演进》，法律出版社 2010 年版，第 30 页。

具有现代公司所具有的有限责任、公司治理等优势，同样，成立于公元1602 年的荷兰东印度公司虽然与现代公司制度相似，也有着许多不同之处，例如，其并不具备诉讼当事人的资格、并不具有法人资格。尤其是当时政治经济环境之下，荷兰东印度公司已经成为荷兰政府之手，行政府之事，负无限责任。现代公司制度与其最大不同之处，在于现代公司所具有的独立法人资格，有限责任的限制。独立法人资格使得公司作为独立的商事主体在市场中进行交易，有限责任使得投资者的风险外部化，极大地刺激了投资者的热情，使得公司这一商事主体得到快速发展。在公司制度发挥有限责任这一巨大优势的同时，风险外部使得公司债权人利益不可避免地受到威胁。最能引起关注的例子即为 2008 年由美国次贷危机引起的全球性金融危机，美国次贷危机的衍生负面效应使得各国经济实体均受到不同程度的损害，尤其是大型金融机构以及上市公司的债权人利益受到较大损失。危机背后的制度性诱因引发的债权人与公司之间、债权人与股东以及债权人与债权人之间的利益纠纷呈上升趋势，这种利益纠纷背后隐含的公司法所追求的价值理念之间出现了纷争，而公司法所具有价值理念即在于削除效率、正义、公平等价值之间的不平衡。

一　效率与正义的价值理念

效率与正义价值的平衡是债权人利益应得到保护的重要价值理念支撑之一。效率在相当长的一段时间里都是主导公司法规则走向的价值理念，正义、公平及安全稍稍次之，毕竟，游离于钢丝之上的平衡时常出现偏差或有侧重。商事主体提高效率以追求利润是其"毕生"的使命，"作为逻辑和经验的结果，观念日益趋同于这种共识，即实现这一目的——追求社会总体福利——的最好方法，就是要求公司经理人对股东利益强烈负责，而且（至少直接地）仅对股东利益负责"[①]。在公司法领域，越来越多的人认为，采取股东导向型治理机制的公司能够增进自身经营效率，已经在更直接的经济竞争中逐渐占据上风。前述的认知明显来自于因股东导向模式下的公司治理机制提高了经营效率而受到推崇。然而，对效率积极推崇

---

① ［美］亨利·汉斯曼、［美］莱尼尔·克拉克曼:《公司法的历史终结》，载［美］杰弗里·戈登、［美］马克·罗《公司治理:趋同与存续》，北京大学出版社 2006 年版，第 34 页。

的法律经济学正面临着一种责难：法律制度是一个价值多维的制度体系，追求效率最大化的经济学在法律实践中能同时使公平、正义等价值得到增长吗？法律经济学者"效率之外无公平"的论断，是否经过了无懈可击的论证？法律经济学能否在保证其他价值不变的前提下增进效率？法律经济学能否确保追求效率的过程最后不会得到零和的结果？[①] 面对如此的疑问，波斯纳在其巨著《法律的经济结构分析》中的回应是："虽然本书不会为将效率作为社会选择的唯一有价值的准则而竭力进行辩解，但本书确实如此假定，而且大部分也许统一它会是一个重要准则。法律研究的经济学方法还被批评为忽视了'正义'。在评价这种批评意见时，我们必须区别'正义'的不同词义。有时它指的是分配正义，是一定程度的经济平等，正义的第二种含义——也许是最普通的含义——是效率。"[②] 可见，正如有学者指出的："波斯纳在强调效率的同时，对法律制度的其他价值之维选择了尊重，而不是自负地试图解释。"由此可以看出，效率与正义两种价值均应得到法律的尊重与保护。

效率的追求是很重要的一个原则，但是正义的维护是现实社会中价值理念不可分割的一部分。如果遵循波斯纳的解释，正义蕴涵着效率的意义，那么提高效率是否会一定实现正义呢？答案也许是否定的，实践中效率的提高完全可能摧毁经济上的平等，也即摧毁了波斯纳给出了正义的第一个含义——分配正义。由此观之，波斯纳所给出的正义概念处于一个较为尴尬的境地。将效率与正义完全无差的平衡一直是法律学者们追求的理想，但却很难实现。公司法的价值体系具有多重含义，现代公司法应尽最大可能的满足现实社会中出现的对多种价值的需要。在某一特定历史阶段，立法者有责任考虑社会的需求，以应时而变或适时调整立法倾向。我国2005年新《公司法》努力适应当代经济的发展，并充分考量了社会各种利益群体的诉求，尽最大可能的将公司法所追求的价值体系进行了平衡。

二 公司法趋同发展下的效率与正义

公司法趋同化发展的进程中蕴涵着效率与正义的平衡理念。从公司法

---

① 罗培新等：《公司法的法律经济学研究》，北京大学出版社 2008 年版，第 5 页。
② 同上书，第 15 页。

的发展是否趋同的理论视角来观察，亨利·汉斯曼与莱尼尔·克拉克曼是坚定的"趋同论"支持者，认为公司法模式的未来道路必将走向统一，这种认知的背后是对公司应遵循股东利益最大化的原则。他认为，"尽管存在这种明显的差异，有关公司治理的基本法律——公司法的大部分内容——已经在上述地区取得了高度的一致，而且很有可能趋同于单一的标准模式，最主要的压力就是，在核心商业区的商业精英、政府精英和法律精英中新兴的股东中心主义理念。对于公司法应当主要致力于增加股东的长期价值的观点，已经不存在任何有力的竞争者，从而形成了普遍共识"。① 虽然亨利·汉斯曼与莱尼尔·克拉克曼是公司法趋同的乐观者，坚定不移地相信公司法治理模式将走向趋同，股东利益模式最后将胜出。但也有反对的观点则对此进行强烈的反驳，例如，卢西恩·拜伯切克·J. 罗认为，结构的强制力有助于解释:为何在一些经济领域尽管已经出现了趋同，而在公司治理领域却依然存在着差异。"路径依赖理论给予了公司法继续存异的理论依据，且还将继续在公司法历史上发挥重要作用"②。莱茵哈德·H. 施密特和杰拉尔德斯·平德勒通过发展并深化互补性概念，揭示了为何公司治理体制之间的差异会合理地存续③。相比较于前面的相对极端的观点，罗纳德·J. 吉尔森则认为，世界范围的公司治理体制可能会出现，该体制在功能上相对统一，尽管在形式上依然存在差异，选择性压力将会致使形式上存在差异的体制朝着功能趋同的方向演进④。其他一些学者更将政治、文化等因素考虑到公司法之中，例如杰弗里·N. 戈登认为，传统的效率观点和政治观点都没有考虑到国家在国家关系中的利益因素这一因素。他主张，对"跨国经济一体化和政治一体化"的追求（或者拒绝），会显著地影响到公司趋同的形势和速度。综合以上观点，我们认为，政治与财产权等因素对于公司法模式的影响巨大但却非决定，而由于各国均有自己的历史底蕴与法律传统，虽然股东利益模式下的公司法在实践中渐显优势，但却无法阻挡路径依赖理论下互补性所导致的公司发展模式差异的存在。全球经济一体化的影响远未达到顶峰，近年来所展

①　参见［美］杰弗里·戈登、［美］马克·罗《公司治理:趋同与存续》，北京大学出版社 2006 年版，第 33—74 页。

②　同上书，第 69—121 页。

③　同上书，第 114—134 页。

④　同上书，第 137—168 页。

现的仅仅是其历史进程刚刚启动所表现出的影响，简言之，全球经济一体化的金融资本市场必将推动各国公司法处于一个竞争平台，而强有力的公司法模式将胜出，但同时会永远附带着其天生的"胎记"。

因此，现代化下的公司法必将是一个平衡各方利益，满足特定环境下公司高效运作的法律规则体系。对于公司相关利益者在特定历史时期所表现出的现实需要，给予适当的保护与满足是现代化公司法的应有体现。无论是"公司法趋同"的观点抑或是"形式存异，功能趋同"的主张，都不能不对日渐兴起的债权人利益保护给予足够的关注。即便在支持股东利益模式终将胜出的"公司法趋同"观点之下也是如此。有学者对此指出，"股东利益至上的观点并不意味着利益相关者必然或者应当不受到保护，这种观点只是表明，保护非股东利益相关者的有效法律机制——或者至少是除了债权人之外的所有利益相关者——应当存在于公司法之外，对于债权人的保护应当置于公司法之内。公司法应当对公司及其债权人之间的关系的一些方面进行直接规制。对此，依然存在普遍的共识"。①

债权人利益在公司相关利益群体中是不可或缺、极其重要的一极。债权人利益在公司利益链中始终弱于股东利益，但其作用却依然重要。在股东利益模式胜出的历史进程中，给予债权人利益保护是已经达成的共识，但保护力度的强弱、关注程度的高低却始终未有终结的定论。在债权人利益没有对自身利益表达出强烈的不满时，立法者较少考虑其利益的维护，因股东利益的胜出使得兴起的股东阶层在公司法规则体系的维护上发挥着主导的话语权。事实上，只有当公司债权人这一利益群体的整体权益受到较为严重的损害的情况下，债权人利益的保护才会受到应有的关注，才能迫使立法者重新对公司法规则的价值取向进行再次考量。目前，法律对策因素等，都将其关注点集中地倾斜于债权人利益之上，正如曾述及的，法律对策的制定有针对性地对债权人利益保护进行了修改，中介机构迫于立法的压力提高了自身对债权人的义务要求，债权人阶层自身小反复争取对自己权益的维护。这些都标明，随着历史车轮的向前此处有重复滚动，时代的脉搏展现出了公司法应迈向的道路，公司法的利益取向应适时地做出取舍或者有所偏重，公司债权人保护制度应得到应有的关注。

---

① ［美］亨利·汉斯曼、［美］莱尼尔·克拉克曼：《公司法的历史终结》，载［美］杰弗里·戈登、［美］马克·罗《公司治理：趋同与存续》，北京大学出版社2006年版，第34页。

三　债权人保护理念选择：价值衡平

价值衡平是公司债权人利益保护理念的重要支撑。短短 150 年间，公司从一个微不足道的角色，一跃成为当今世界最具支配力的经济组织形式。其如此旺盛且长久的生命动力一直为各界学者所探讨。公司的独立人格、有限责任制度是促使公司迅速发展的根本因素。有限责任使投资者免予将公司风险扩延至自身财产，投入公司的财产是其可能损失的最大限额。有限责任对于吸引投资者成立公司、进入资本市场具有非常重要的意义。英国的合伙人委员会（Select Committee on Parnerships）声称，"有限责任制将允许那些谨慎投资的人与他们富有的邻居一起分享公司的股权"，同时，反过来，又意味着"他们的自尊被维护，他们的智力得到鼓励，并有额外的动机去维护秩序并尊重关于财产权的法律规定"。那么有限责任制度是否是政府强制力强加于公司法之中，如果没有外力的介入，自由合约为基础的合同链中是否会形成有限责任制度呢？公司合同理论认为，即使法律没有赋予公司这一制度，在公司合同链各方反复交易过程中，也会不自觉地达成有限责任这样一种契约约定。① 因为，有限责任除资产分割功能外，还具有如下作用：第一，有限责任制有效地减少了对代理人进行监督的成本，也是使监督的必要性大为降低；第二，有限责任促进了公司收购市场的形成，并进而激励公司经理层勤勉工作；第三，有限责任制避免了股东间相互猜忌，降低了股东相互监督的成本；第四，有限责任制促使多元化投资对策得以顺利实施②。公司在近代社会经济建设发展过程中发挥着无与伦比的巨大作用，使得其他类型的商事主体都黯然失色。但有限责任制度的弊端广为公司外部利益者所批评，最大的批评来自于公司债权人。当有限责任制度促进经济发展，提高投资者热情的同时，是伴随着将投资者在公司投资过程中风险的外部化，风险外部化的最大受害者就是公司债权人。效率与公平的价值理念贯穿于我国公司法债权人保护制度始终，就体现在为应对有限责任制度弊端而设计的揭穿公司面纱规

---

① 参见仇晓光、王天玉《论金融控股公司设立模式的立法选择》，《东北师范大学学报》（哲学社会科学版）2010 年第 1 期，第 184 页。

② 罗培新：《公司法的合同解释》，北京大学出版社 2005 年版，第 44 页。

则与公司资本制度之中，其直接的功能与目的则是为防范有限责任风险外部性对债权人利益所可能产生的损害。

第二节　私权的发展与维护

私权的发展与维护是公司债权人利益保护的重要理念支撑。百年前，英国法学家亨利·梅因曾提出其著名的论断，即一般而言，文明程度较高的国家，民商法比较发达且在整个国家法律文化中处于主导地位；而文明程度较低的国家，刑法则比较发达，民商法则相对萎缩。历史对此同样给予证明，此论断不仅正确，同时还对法理学与作为私法部门法的民商法之间关系有着极度深刻的揭示。法理学研究的重要课题之一就是现代社会下的法制现代化。法制现代化蕴涵着多重的意义，法制现代化是经济全球化下的产物。经济全球化是世界各国经济对外开放和国际化的链接，更是各国经济体制市场化的必然成果。马克思在百年前就曾预言，随着社会生产力的发展，人类终将进入"相互依存、相互作用"的越来越紧密的时代。当下世界各国社会的发展也验证了前面的论断，全球化已经成为席卷全球的浪潮，经济全球化已经成为人类发展历史中的一个转折点。在此背景之下，社会各种制度应时改变，法制现代化即是这个理念下的作品。我们认为，作为私法部门法下属的公司法在法制现代化的影响下，呈现着私权在其内部不断扩张的态势。

现代公司制度是一种自治而生的制度，依公司合同理论，公司是多方利益群体通过协商而达成的合同链、契约网。公司内部利益群体遵循公平的理念与对利润回报的追求，通过互动协商而达成合同链，公司这一形式，完全是私权利的表现。然而，早期的公司承担了过多的本不应由其承担的公权力所给予的义务，承受了太多的不可承受之重。当我们回顾世界各国公司法改革的历程，无不在背后反衬出公权力逐步地退出，私权利逐步的扩大的足印。在我国，2005 年新《公司法》对旧公司法所做的修改折射出立法者对私权利在公司内部扩展的认同，并对公权力对公司法的干预进行限制。在新《公司法》中，最低资本额的降低、出资形式的扩宽、一人公司的许可等等，都体现私权的扩展。这些变革的背后，是法律对社会现实需要的满足，是对现实社会中一些已被认同的价值的认同，简言之，是法制现代化下私权的扩展。根据近代公司法向现代公司法的演变沿革规律，从公司法对人、社会和生活之关注程度出发，法制现代化至少在下列四个方面呈现着私权在公司法内部扩张的影响及对债权人利益保护的理念。

一　强调平等精神与主体意识

平等，是公司法现代化下的应有之义，同时，平等精神也是法制精神现代化下的重要组成部分。就宏观而言，国内资本市场与国际资本之间相接轨，各国公司处于同一资本市场内竞争。竞争主体之间地位如何将直接影响各主体的切身利益。有些国家所设置的贸易壁垒，都是对平等原则的违反，对相关跨国公司都是不公平的。当然，类似的情况在不断地减少，遵循着平等的精神理念，公司法内部也在相应的不断改变。在美国《萨班斯—奥克斯利法案》出台以后，任何一个国家的公司在美国纳斯达克上市之后，都将遵守同样的法案规制，这就是平等原则的正确贯彻，各国公司主体地位一致，公平竞争。就微观而言，资本出资者股东与劳资出资者劳动者之间的地位一直处于博弈状态，此消彼长，但总体而言，劳动者一方经常处于弱势地位。公司法的权利配置是否倾向于劳动者，体现私权在公司内部博弈的一种状态，这种博弈的结果必然是劳动者与股东之间私权无外力干涉的一种利益对话结果，因此，从新《公司法》观察，劳动者即职工在公司治理方面的话语权明显加强，其力量较之以往有明显的提高。当然，不可否认，劳动者私权的扩展是在公权力退出状态下而逐步渐进的发展的。

同时，私权主体范围逐步扩大的一个不可否认的现实表现为商事组织形式的扩大。依据公司法的相关规定，股份公司与有限责任公司之间可以在一定条件下相互转换。同时，随着法律允许有限合伙公司形式的出现，更多的商事主体越来越平等的参与到市场的竞争之中。在一直秉承自由市场经济的美国，私权在市场中处于主导地位，公权力介入甚少，其商事主体形式多样，例如，公司、有限合伙、有限责任合伙、有限责任有限合伙，等等。这些商事主体都是私权博弈的成果，适应了市场内部相关利益群体的特定需要。以上主体之间公平的参与市场内部竞争，使得私权对于促进市场经济发展表现得淋漓尽致。在我国，历史上并没有引入有限合伙等形式的商事主体，为适应社会的需要，给予市场主体之间公平的原则，用平等的精神引导商事主体，扩大了商事主体的范围。这种平等理念的贯彻，是法制现代化下最佳体现。

二 自由精神的承认和权利意识的接受

自由原则不仅是法制现代化的基本原则，更成为法制精神现代化的重要结构分支，这一法制现代化原则和精神在私法上体现为意思自治或私法自治。梁慧星先生认为，意思自治或私法自治为民法之基本原理。此一原理贯彻于民法发展之始终，从私权角度分析，意思自治在权利设置、主张、行使和实现之各个环节均有体现，且于约定未违反法律之强制性或禁止性规定时，其效力优于法定。从公司法角度观察，自由原则与精神贯彻始终。公司设立至解散破产，无不贯穿着公司参与者的自由意志，无不体现着公司参与者的自由精神。从公司合同理论分析，公司股东出资方式的拓宽，体现了法律对私权的尊重，表现了立法者承认私权自治在公司内部的成长。股东有权利决定以何出资，法律允许更多的财产性权利出资，是对私权客体的一种尊重。从以前的强制性规定到当下的赋权性规定，私权客体范围扩大，满足了投资者对投资方式多样化的需求，是自由这一价值在公司法内部的体现。同样，自由原则与自由精神在法制现代化下发展。这种趋势无疑使私权的发育和成长程度加速，显然这将反过来促进法制进步，具有一定的现实意义。

三 社会责任意识的出现

在法制现代化的情况下，社会的公平与正义必将得到正当的维护，其中最为明显的是私权更加注重承担社会责任，更加注重对社会弱势群体的利益保护。商事主体尤其是公司是否应承担起一定的社会责任？此问题争论已久，得到认同的是，实践中的公司尤其是上市大型公司都已经在不同的程度上承担了一定的社会责任。在汶川地震期间，国有公司率先捐款所表现出的承担社会责任的义务，其实际行动将那些讨论公司是否应当承担社会责任的喧闹的否定声音轻轻地掩盖了下去。在特定环境之下，公司承担与其规模相适应的社会责任是法制现代化下对公司法现代化的正当要求。承担社会责任，保护社会弱势群体的私权利益，没有任何原则性的争辩余地。我们所要厘定的仅仅是公司在何时、何地、何种方法履行其社会责任的问题而已。弱势群体私权的维护，保障了社会的公平与正义的存续，是法制现代化下公司法在追求公司利润的前提下所不可偏废的一个目标。公司追求利润与效率不能以牺牲其所应承担的社会责任、公司追求利润与效率不能以牺牲债权人利益为代价，显然，这也是私权在法制现代化下公司法内发展的必然结果。

四　公司法制现代化理念的形成

我们认为，公司法制现代化至少内涵了以下几种蕴意：首先，公司法制现代化是一种法制发展的历史过程，是一种动态而非静态的法制发展过程；其次，公司法制现代化是一种可以适时调整自身体系制度而满足社会中出现的对某种价值需要的整体性且适当性的要求；再次，公司法制现代化内涵了法制精神现代化与法律制度现代化；最后，公司法制现代化是一种形式与内容与时俱进的发展演进，并充分反映现代社会的各种价值与需求。基于此，综观各国法律发展的过程，无不围绕着私权与公权的斗争而展开。人类历史发展过程中最基础的博弈在于公权力与私权利之间的博弈。通过法律，怎样平衡私权利以制约公权力的无理性干预，成为法制社会最基本、最核心的课题。

作为商事法律的公司法，私权在其内部的生成与展开体现了公司法制现代化下私权在商业组织法中应有的生命力。早期的东印度公司，虽然已经部分地具备了现代公司的特征，如公司的有限责任制度等，但却是当时英国政府的工具，虽具公司之形，但却行政府之事。又如，我国早期的国有公司，担负着发展国家经济、改善人民大众生活水平的任务，同样缺少现代公司的元素。显然，前述的事实表明，国家公权力介入公司内部过深，私权利在公司内部难得彰显。私权是公司法确立相关内部规则的最基本权利。因此，必须确保私权在公司法领域内的普遍确认和逐步扩张，必须培育法治社会与法治国家的生存土壤，这种发展将贯穿公司法的发展历程。公司法制现代化与私权的关系密不可分，公司法制现代化的发展程度影响私权的实现程度，私权的发育和实现程度反过来也影响一个国家公司法的演进进程。基于新《公司法》的修改，私权在公司法内部的扩展已经非常明显，这一态势将是一个不断波动但却前进的过程，这将催生着公司法制现代化理念的形成。

第三节　公司承担社会责任的理念

公司承担社会责任是公司债权人利益获取保护的重要的理念支撑。社会责任的承担是伴随着市场中商事主体范围不断扩大、业务波及面渐广、政治及经济影响力逐渐增强而出现的。早期的商个体主要以商个人为主，商个人自身经济力量对社会经济、政治生活影响不大，仅仅在小范围内产生一定影响。但在公司这一法律所拟制的主体具有了独立法律人格后，伴随公司的不断发展其自身经济力量不断强化，随着各国市场经济的发展及国家与国家之间的联系互动愈加紧密，公司所产生的社会相关效应被放大，其在社会和市场中的存在已经超出早期商个体经济力量的意义。因此，现代社会中公司的经营不仅影响到公司所在国家或地区的经济发展及社会稳定，同时也对国家之间或地区之间的各种关系产生着不同程度的辐射影响。这样的现实情况促使理论界在探讨公司社会责任这一重要话题的同时，吸引了实践中积极的回应。在公司法发展的当下，公司债权人利益作为公司外部利益相关者重要的一极，其正当利益的保护迎合了公司法现代化下公司社会责任应体现出的道德要求、利益平衡理念及法律要求。

一　公司承担社会责任的缘起：商事组织影响的扩大

商事组织尤其是公司对社会经济、政治影响的不断扩大进而承担起社会责任，其背后隐含着一个不争的原因，即在于采用公司这一商业形式的数量迅速扩展，其影响力已经不得不引起政府的重视。

公司法现代化与私权的关系密不可分，公司法现代化的发展程度影响私权的实现程度，私权的发育和实现程度也反过来影响一个国家公司法的演进进程。平等，是公司法现代化下的公司法精神的重要组成部分，平等观念促使更多的个体在商事实践中采纳公司形式。平等观念在我国私权理念不断扩张的影响下深入民心，法律允许更多的个体可以有机会平等的利用公司这一商事模式，民众日渐接纳公司这一商事主体，更多的民众通过公司形式平等的参与到市场的竞争之中。

无疑,在多种商事主体中,公司形式的商事主体在实践中被采用的范围最为广泛,其对社会经济、政治等方面的影响力随之增强。从宏观处观察,国内资本市场与国际资本之间相接轨,各国公司处于同一资本市场内竞争。例如,在美国《萨班斯—奥克斯利法案》出台以后,任何一个国家的公司在美国纳斯达克上市之后,都将遵守同样的法案规制,这就是平等原则的正确贯彻,各国公司主体地位一致,公平竞争。法律允许民众通过更多的途径采纳公司这一商业模式,并将更多的公司纳入规范范围内,公司主体范围不断扩大,已经在多种商业主体中占据重要的位置。

二　公司承担社会责任的必要性:公司股东与债权人的利益平衡

公司平衡股东与债权人利益,不仅公司作为"社会公民"承担公司社会责任的道德上的要求,也是法律上的义务。作为一个利益综合体的公司,其影响范围甚广,涉及最为重要的利益方即为公司股东与债权人,公司利益的平衡在某种程度上也即是股东利益与债权人利益的平衡。公司社会责任的稳定落实,是在考量相关失衡利益群体的利益缺失后,对利益分配布局进行的重新平衡,对失衡利益群体的一种事前预防及事后补偿。

(一) 股东利益与债权人利益的博弈

股东利益与债权人利益的保护均是公司承担社会责任的一部分,对公司债权人利益的保护是公司社会责任发展成熟的表现。从公司法模式中可以折射出公司对其利益群体保护的偏向。有些公司法模式以股东利益为导向,而有些公司法模式则以公司相关利益群体的利益为导向。有学者认为公司股东利益至上的公司法模式是发展的方向。股东利益至上论的"屹立不倒",不仅来源其在理论上有较为深厚的基础,更因以股东利益为导向的公司治理模式极大程度地促动了公司的成长,因此,市场内及法律规则设计者均不同程度地在公司治理规则的设计过程中将重点放置在股东利益的维护之上。也有的学者认为路径依赖理论及"互补性概念"使得公司其他利益群体亦应受到保护的公司法模式是未来的主流模式。事实上,路径依赖理论的力量不可忽视，轻视国家政策、历史文化、经济发展等因素所影响下的公司法规则必然会存有问题。在多种因素影响下形成的既有的公司法规则的生命力因路径依赖而仍然有存续及成长的动力与空间，因此，公司法不同规则之间可以相容的迥异存在是可以理解的。如前文曾述及，政治与财产权等因素对于公司法模式的影响巨大但却是非决定性的，而由于各国均传承着自己的历史底蕴与法律传统，虽然股东利益模式下的公司法在实践中渐显优势，但却无法阻挡路径依赖理论下互补性所导致的公司法模式差异的存在。股东利益与债权人利益之间的平衡和相互维护，不仅是路径依赖下不同国家公司法隐含的深意，更是现有经济发展水平所决定的，当然，股东与债权人利益维护的水平在不同国家之间呈现着不同的标尺。公司法规则在形式上的迥异将不会改变，但是，公司法规则之间在功能上的趋同也将不可避免。正如各个国家对公司股东利益或债权人利益的保护侧重有所不同，虽然其公司法设计的规则不同，但都不同程度地对这两类重要的投资利益给予了必要的保护。因此，现代化下的公司法模式必将是一个平衡公司股东与公司债权人利益，进而能够承担社会责任的高效运作的法律规则体系。

（二）公司债权人利益保护理念的确立

债权人利益的保护是社会经济平稳发展的稳定器。在股东利益模式稍占上风的历史进程中，给予债权人利益保护是学界及实务界已经达成的共识，但保护力度的强弱、关注程度的高低却始终未有终结的定论。在债权人没有对自身利益表达出强烈的不满时，立法者较少考虑其利益的维护。同时因股东利益模式现阶段的胜出使得兴起的股东阶层在公司法规则体系的维护及改革上发挥着主导的话语权，所以造成了债权人维权困难的局面。因此我们认为，利益的维护来源于各自利益群体的自身"努力"，正如自信是靠每个人自己去争取的一样。当投资者在资本市场内的投资因政策或法律的不完善而受到可以感知且疼痛的伤害之时，他们将会动用自己的力量，维护自身的权益。此时，立法者与执法者都将因利益全体的"声音"，而对相应的法律所侧重追求的不同价值有所选择的调整。事实上，随着美国次贷危机的爆发，公司债权人利益的保护受到了各界关注，道德、政策与法律皆要求公司承担社会责任，对公司债权人利益进行保护。在此背景之下，市场政策有所选择的侧重债权人利益的维护，法律规则具有目的性的为债权人利益的维护而设计,联结公司与投资者之间的会计公司等中介机构同样也被纳入法律规则的规制之中,这背后,都隐含着债权人这一利益群体为维护自身利益而付出的不懈努力。不能否认法律规则的制定与实施均可能是间接性的关注债权人的利益,但无疑前述的现象都已经证明,公司法关系着众多利益群体的切身权益,必须寻求一个尽可能平衡的中点。这个中点即是公司不仅仅追求股东利益,而应承担相应的社会责任,在合理的范围内考量公司债权人利益的保护。

三　公司社会责任的价值:公司债权人保护理念的凝结

公司承担社会责任,是公司平衡利益相关者权益的一种表现,其凝结了公司社会责任所体现的公司应有的公平、正义与安全的价值,挽救了因公司对效率的追求而引发的公平、正义危机。公司对债权人保护迎合了公司法多维的利益追求,体现了公司承担社会责任的应有之义,公平与安全正是公司保护债权人利益,承担社会责任的过程中所追求的价值目标。

在我国,公平的观念深入人心,公平一直是中华民族的传统美德。在一些特殊事件发生之时,公司所承担起的社会责任,尤其是国有公司所承担的义务更表现出公平价值的存在。公平对维护社会的稳定、促进经济的发展有着不可估量的作用,在重大事件面前,效率这一价值往往次之。公司法现代化的历史进程走到了今天,我们不得不审视自身的国情与国际的经济政治形势,在人人都能感知的金融危机之下,人们在追求经济发展的同时,已经将目光放在了社会的公平与正义之上。面对国外众多大型金融机构的裁员、解散与破产,债权人利益不断受到侵蚀的事实,法学家与经济学家不约而同地发出呼声,法律应公平的保护公司债权人的正当权益,使企业承担社会责任,继而维护社会稳定。对此,公司法在变革中作出了积极的回应,例如,我国2005年新《公司法》对旧法做了大量的修改,尽可能地在考虑社会、经济的背景之下,将公司法所追求的价值进行了平衡设计。新《公司法》不仅在资本制度方面做了大量修改以提高公司设立运行的效率,同时也对公司债权人的保护进行了大量的规制以维护公平、正义等价值。

四 公司社会责任实践的需求：公司保护债权人的现实需要

美国次贷危机、通货膨胀引发的公司倒闭潮等经济波动现象背后的债权人利益不断受损，且通常无力自救，此时，债权人利益的保护是公司承担社会责任最好的表现，在实践中债权人保护规则体系的建构与完善亦是迫切需要解决的问题。债权人利益保护问题涉及了立法对公司这一商事主体承担社会责任所追求的价值理念的选择与判定。效率与公平正义、安全并非处于同一平衡线之上，在不同的社会经济背景之下，立法应有所选择的对公司法所追求的价值有所侧重。在世界金融危机背景的影响下，社会价值体系失衡，公司道德与国家政策要求公司承担社会责任以维护公平、正义与安全的价值理念，公平、正义与安全的价值追求应不落后于对效率的追求。公司承担社会责任表现多个面孔，而最重要的则为公司债权人利益的保护。债权人利益的保护不仅仅反映了公司承担社会责任的必要性，更在现实中展现了公司如何承担社会责任。

由美国次贷危机给我们的经验表明，稳定且能够获得保障的债权人制度对保护公司的发展与稳定金融市场发挥着重要的作用。在信奉自由市场经济的政策之下，国家之手较少干预市场内部的规则，在次贷危机之后，美国政府之手终于对市场内的规则进行了调整，其幅度之大为历史所罕见，由此许多人惊呼"资本主义的末日来临"。从法律角度观察，国家强制性规范对自由市场的规制是自由资本市场内部的体系规则失效，没有对公司的监管发挥很有效的监管作用进而导致系统危机。在国家强制性与市场任意性规则的博弈互动中，美国政府之所以出手干预，显然是因次贷危机对美国经济产生了重要伤害，其后果至今难以估计。简言之，社会的稳定与经济的发展都需要国家强制力规范的调控，已非市场自身力量可以掌握。在次贷危机中，影响社会稳定主要的因素有两个方面，首先，金融系统损失惨重，其次，对实体经济造成较大损害。这两个方面都对公司自身造成了致命的伤害。同时，公司的债权人，无论是自愿债权人还是非自愿债权人的利益受到严重损害。次贷危机的发生过程，就与一些债权人权益损失密不可分，互为因果。因此，保护债权人，对社会稳定至关重要。公平、正义与安全的价值得以体现，现代化公司法的价值体系更得到应有的回应，公司法下对债权人的保护是时代赋予公司法的历史使命。

本章小结

现代与传统相对，就法律资源而言，传统的法律制度在历史上的某一阶段必然极大地促进了特定历史时期法制的进步与社会的发展，体现其在特定历史时期存在的价值与作用。但随着历史车轮的滚动，传统这一古老的词语慢慢地被现代化一词所替代。社会的前进与经济的发展自然而然地改变着人们对法律价值产生新的要求，法律制度现代化是一个国家发展中不可避免的必经过程，它反映的是法制更加适应发展着的和变化了的各种社会实践需要，并且能够充分体现现代社会的各种价值目标与价值需求。公司这一商业组织作为一个利益交错的综合体，是否体现了全方位的理性的社会利益需求呢？以公司和同理论视角我们可以更清晰的认知公司利益链中利益的分布。公司合同理论认为，公司是一种契约关系、一个由各个参与方所组成的契约网络，这种契约关系是劳动和资本以及相关生产资料相互协调并长期存在的。在这个契约网络中，股东、债权人、中介机构、劳动者以及相关利益者都是以合同为基础而存在的。所以，在某种意义上讲，公司是一种合同链，相关利益者将自身权利义务通过一定的谈判机制以国家赋予的标准形式固定于合同链之中。各主体都期望通过公司这一商业组织形式达成"最佳合同链"以降低各自成本，同时最大化自身利益。以对公司的这种认识为前提，我们应注意到，在公司法迈向现代化的今天，其存在价值已不同于早期的公司。公司组织成立后，以何者利益最大化为其存在目标？股东利益、债权人利益抑或是其他利益？

我们认为，公司发展应以效率为首要目标，但随着公司能量不断地扩大，以效率为目标的公司法亦不可过度偏离公平这一价值理念，在公司法债权人保护这一课题上，公司法追求的应是最大可能的寻找二者之间的平衡。公司有限责任最大优势在于将投资者的个人财产与投入公司的财产分割，同时仅仅以投入公司的财产承担责任，这一经过"合同链"各方利益全体协商而最后达成的共识，使得投资者可以"肆无忌惮"地利用公司形式投资、扩张、牟利。我国经历了 1985 年至 1986 年、1988 年至 1989 年、1989 年至 1992 年三次清理整顿公司的历程，整顿的历程也折射出了当时国内的"公司热"这一背景。"公司热"中的问题集中在两个方面：出资不实，皮包公司泛滥；官商不分，党政机关办公司，利用权力谋私利。① 以上"公司热"所反映出的问题的根源都是因公司有限责任的存在而导致投资者狂热的设立并滥用公司形式趋向非法或不合理之利。在有限责任的面前，"受伤最深"的莫过于公司债权人。法律赋予公司有限责任这一制度，虽然其优势巨大但弊端却广为学者所批判，公司能否舍弃有限责任呢？答案是否定的。一言以蔽之，对公司债权人而言，公司有限责任制度，利大于弊，我们所应做的则是趋利避害。

我国旧《公司法》中对于债权人的某些保护制度表面上保护了公司债权人利益，但实质却限制了公司对效率这一价值的追求，例如僵硬的公司资本三原则。同时又缺乏对国外先进经验的引进以保护债权人利益，例如公司法人格否认制度。相比于旧《公司法》，2005 年新《公司法》软化了僵硬的资本制度，一方面提高了公司发展的效率，另一方面也切实地保护了公司债权人利益。近年来，在公司法学界渐渐地达成了一种共识，即公司资本维持原则与最低资本注册原则已经失去了对公司债权人强有力的保护作用。最低资本原则设计之初，在于立法者考量最低资本原则代表了公司相关利益者对公司"充足资本的要求"，相信最低资本原则所提公司的"充足的资本"可以充分地保护公司债权人与其他外部利益者。虽然，公司债权人保护是法定资本制度的基础目标之一，但是法定资本制度的合理性却受到了来自法律经济学界的挑战。尤其是近来欧洲公司法相关制度的修改，表明了现在的公司法定资本制度已不再对公司债权人提供更多的保护，且对公司债权人保护制度的替代模式正在研究之中。这一进程体现着法律为平衡公平、效率及其他价值而对于相应规则所进行的修改与完善，继而间接地强化着债权人利益的保护。

---

① 邓辉：《论公司法中的国家强制》，中国政法大学出版社 2004 年版，第 133 页。

第 二 章

公司融资与债权人利益的保护

公司融资的逻辑映照着社会与市场中各类资源流通的真实演变历程，其根源折映着市场主体与各类资源之间的互动关系，深度明晰公司融资的逻辑与因由将给予我们迥异的视角，以重新审视公司资本、资产及整体资信的稳定状态，这将有利于我们观察公司债权人在公司利益群体中的定位、债权人在公司融资中的角色以及债权人与公司治理框架设计之间的关系。

多数学者均认可当下公司法中关于公司以资本为信向以资产为信的转变，认为公司法没有必要再过于严格的限制股东的出资方式。举例而言，以债权为核心，从不同的侧面可以衍生出两条迥异的公司融资方式，首先就是以债权作为公司出资方式的一种普通公司融资[1]，其次就是以债权向公司借贷而形成公司的债务性融资，即将债务性工具作为公司化解融资难的一种策略。这两种以债权为核心而发展出的公司融资模式某些时候在一些投资工具的设计下存在着相互之间的转换或重合。[2] 从出资角度看，债权出资不仅对于股东或公司而言存在着融资后的"如期履约"风险，对于债权人自身而言同样也存在着难以掌控的投资风险，面临着利益保障方

---

[1] 对于公司融资而言，债权融资一直处于被限制的环境中，在"有限许可"的情况下给予债权出资一定的空间，这不仅有助于扩充公司融资的资源，更有利于给予市场中的投资者更多的投资路径选择。在开启公司对债权融资之门的时候，首先我们需要明晰学者所争论的能否作为公司出资的债权具体是指哪些债权。我们认为，这里的债权种类至少应包含两大类，即普通的无"法律瑕疵"的债权以及资本市场中的各类债券。

[2] 出资人以对公司的债权作为出资，即所谓"债转股"，相当于先向公司收回债权，然后再以该收回的债权标的作为出资，只不过是省略了中间程序。此种情况下的债权出资可降低公司的负债，增加其净资产，对公司及其债权人来说，与货币出资的效果完全相同。参见赵芬萍《论债权出资》，[EB/OL]，（2010 - 03 - 1），http：//www.civillaw.com.cn/Article/default.asp？id＝47294。

面的困惑。① 因而，立法在评价债权能否作为公司融资所选择的路径之一时，不仅需要在法理中找到深厚的基石作为理论支撑，同时也要考量一国具体的社会、市场乃至整个国家法律环境建设的现状。显然，社会价值导向、市场信用环境、法律建设现状、道德文化传承等诸多方面的因素均影响着债权出资的可行性及债权出资后续对公司、股东、债权人等公司相关利益群体的合法权益的保护。

当下，自然资源或无形的市场资源在人及其组成的各类法律拟制的商事主体的争夺下造就了资本成长的空间，催生了法律监管规则。公司债权人关注的是公司资本或公司资产是否足够强大，是否有能力对其权益形成稳妥的保护，而在传统自然资源短缺、现代新类型"资源"生成的背景下债权人极难在法律监管规则稀缺的境况下对公司资本的形成及公司资产的变动进行有效的监控。公司债权人对公司资本的关注已经不仅局限在公司资本形成的理论基础，而更加关注公司融资路径多样化背景下公司资产的稳定，例如公司债务工具风险的控制。

可见，对于公司债权人利益的保护而言，我们有必要探究公司融资的根源，对于公司融资"素材"来源的法理基础以及当下资本市场融资环境有一个较为明晰的认知，这样明晰的认知公司债权人利益受损的真正因由所在，才能从公司资本、公司资产以及公司整体资信的层面对公司债权人利益的保护提供一个完善性的建议，同时以此为出发点，将公司法规则中关于公司债权人利益保护的多重对策有机的联结起来，恰当地设计在公司治理的框架中。

第一节　公司融资逻辑的根与源

千年人类历史的演变往往不及中国现代市场中数十年发生的变革，当下的资本自由发展已经从根本上改变了社会经济和社会结构，而公司融资逻辑的展开则内含着资本自由"度"与"量"的演进，在一定程度上影

---

① 公司、股东面临着债权人逃债、赖债的债权质量风险；而债权人虽然以债权出资，但受债权自身性质与特点的影响，它仍然受到被公司或股东"边缘化"的风险，同样难以最大程度上保护自身的利益。

响公司资本、资产乃至整体资信的质量。公司融资的根与源更展现着人类的欲望与矛盾,因而成为社会与市场前进动力的促因。在对公司融资逻辑的梳理中会发现,市场内各类资源的凝聚与形成、各类资本的分类与规制、各类产权的明晰与交易均呈现并源自于人类的欲望。公司融资的逻辑展现在个体层次与社会层次中的投资者计量个人边际收益与边际成本的过程里,由此形成的现代市场经济催生了各类资本、产权生成的经济与法律动因,呈现着公司融资的逻辑,更展现着公司融资是如何对公司资产、公司资信乃至于公司治理中与公司债权人利益相关的各类规则发挥着影响。

一　投资者的欲求与市场资源的供给

(一) 投资者的原始性动力

投资者某些时候可以作为类似社会及市场中资源利用者的角色出现,现代市场经济承认人的欲望,我们鼓励作为投资者的欲望的合理满足,但是这些欲望的实现都应限定在一定的法律制度框架之内。当我们视作为市场与社会中最为基本的元素之一的投资者为资源利用者的时候,应承认其在市场中的任何行为均系出自对自身经济力最大化欲望的考量与需求。人类内在原始性的动力折映在外的欲求影响着人们的行为,公司及投资者对利益的渴求影响自身的决策与判定,继而互动式的反作用于市场与社会,推动两者的波折前进。然而,人们满足其合理欲求过程中外在的影响必然的需要借用客观市场中具体的物质或由借助法律虚拟出的物质进而发挥现实的作用。由此,则投资者的欲求在作用于外之时,极佳的联结了客观市场中的各类物质。投资者与客观市场中各类物质的紧密联结,为其欲求的发挥创造了路径与可能的环境,使得其天然的原始性动力可以同外在的世界通过各种方式融合。客观市场中的物质是投资者欲求的直接对象和现实载体,更是人们实现其欲求所必需借重的条件,更进一步,客观市场中的物质对人们欲求下的原始性动力进行着制约。社会、市场以及各类商事组织均是由人类在满足自己欲求过程中通过与自然、与市场内受限制的物质的博弈而衍生而出。可见,在同客观市场博弈创造财富之时,投资者的欲求必须与客观市场内的各类现实物质相互结合,并在法律制度规制之下不断调和两者产权的矛盾,才能真正成为社会、市场发展的动力,才能最大限度地发挥投资者原始性动力的力量。

（二）市场资源的局限性供给

客观世界中的市场经济，不仅是竞争自由的经济，更是法制约束下的市场经济，以法律制约人们的原始欲求，在正视市场内资源局限性的现实下，催动投资者在法律框架内追逐作为投资者的原始欲望。客观市场中的各类资源并不以投资者欲望的多少、投资者欲求的高低而变化，正常情况下总是处于一个自然均衡的状态下。客观市场内的资源对于投资者的欲求而言，一部分是可以被投资者所利用，可以发挥其经济价值，一部分不能被利用，另有一部分处于二者之间。显然，在客观世界内经济资源已经固化的前提下，经济资源与投资者的欲求之间形成了一个依靠投资者原始动力不可调控的矛盾。这类矛盾在促动市场发展、社会进步的情况下，同样也为理性的社会提出了如何解决的难题。"天下乃天下人之天下，自然资源属自然人共有生存资源，也是投资者共同可以凭借的资源。这在中国叫天经地义，在西方属天赋人权。"① 然而，自然资源的有限性决定了投资者必须通过制度来调控欲求与资源的矛盾，而调控市场资源局限性供给的这一重任被当然的赋予了法律。

（三）投资者掌控资源的维度

市场经济下投资者与市场之间的矛盾源自于其无尽的欲求与客观资源局限的矛盾。同样，对于资本自由、公司融资和投资者对原始欲求的追逐均需对当下市场经济中资源的维度进行深度的解析，如此，将助我们探究现代市场中"资源库"的宽窄，进而对法律如何调控经济资源的分配利用、法律如何调控公司融资路径、法律如何调控债权投资模式的应然状态起到深度的认知。从人与客观世界出发，资源可以从三个维度来认知，即自然资源、人力资源、有形与无形人文资源。② 对于当代资源的认知，应以一个富有前瞻性的目光来审视，曾经无法发挥经济功能的多种资源在当代已经充当了市场内不可或缺的重要经济资源。其中，人力资源与有形或无形的

---

① 参见《道尽道不尽的货币经济：先给美联储上课，再向发改委建言》，《乌有之乡》2010 年第 5 期。

② 参见鲁品越《资本逻辑与当代现实：经济发展观的哲学沉思》，上海财经大学出版社 2006 年版，第 30—32 页。

人文资源历经多年的"磨砺"，终成"正果"。① "资源库"的不断扩充是随着经济的发展、投资者认知度的提升以及投资者与客观市场博弈的演进而出现的，这一趋势将不可避免地继续展现下去，不断地在人类扩展其经济利益欲求的驱动去将更多可利用的各类资源融入法律框架下的经济资源中。② 这类资源将渐进式地进入商事组织融资选择的视野中。

（四）债权增值与市场前进

经济资源在市场法律框架下的制约与规制实现了资源资本化，进而成为资本增值，推动市场前进的不竭动力。客观市场中"资源库"中存有的资源，在未开发之前常常以自然状态存续于自然界或市场中，当投资者对其内在固有的属性充分挖掘，进而充分利用后，其经济价值当然被市场资本化，进而增值。而这一资本化的进程是极为曲折的，在政策与法律双层面不断对制度与经济进行利弊分析、益处取舍的情况下有所选择、渐进式的敞开"资源库"中的资源。处于闲置状态的资源，以及未被政策通过法律认可的资源，均不能成为资本，不能进入市场进行流通，百年前的封建土地等资源即如此。债权这一曾经不被市场中投资者接纳的资源随着市场的逐步开放与前进，已经在公司等商事主体的融资过程中占据了重要的位置，相应的，债权资源在被投资者所认可后，将日渐的被政策或法律赋予可供实现资本化的功能。

二　资本扩展与公司融资

（一）资本成长的空间

经济资源的充足供给与市场空间管制的充分自由共同培育资本自由流

---

① 以体力、知识为基础的人力资源目前已经当然被赋予了合法资源的地位，而有形或无形的人文资源也已经在当代市场中展现着它作为经济资源的强大力量。各地将人文资源在产权交易市场中进行交易即为极佳的例证。

② 当下演进较为明显（并未完全涵盖在法律框架之内）的经济资源包括（但不限于）：智力与品德性格资源，如技能、创新能力、耐心等；无形人文资源，如知识、文化、信息、信誉、社会关系等，在这些经济资源中，债权作为由一些原始性资源衍生出来的可供投资的"资源"已经逐渐被投资市场中的各方利益主体所认可并接纳。参见鲁品越《资本逻辑与当代现实：经济发展观的哲学沉思》，上海财经大学出版社 2006 年版，第 33 页。

通的经济与法律环境，进而造就资本成长的空间，形成良好的公司融资环境。资本犹如一种不断吸取周边物质的"黑洞"，经济资源一旦形成资本，其将不自觉地将市场的各种生产要素有所选择地吸收到资本运行体系中，继而循环往复，永不穷竭。由此，各类生产要素共同铸就了永不磨灭的资本运行体系，不同的剩余价值不断地形成资本，为资本提供成长的空间。显然，任何机制的运行均不能做无本之木，经济资源的充足供给、有效分配均离不开投资者对周边资源的挖掘及环境的利用。剩余价值一旦投入市场经济体系而成为资本，必然具有强大的扩张力量。① 作为一定时期、特定社会、独有历史进程中生产关系下的资本，通常会以实物化或法律拟制的形式出现，在资本不断吸取周边生产要素的过程中，资本成长的空间得到了较佳的外部环境。

自然资源和物质资源是公司资本的"本源性资源"，共同构成了公司融资成长空间的供给源泉。在物质资源和自然资源下，人力资源的持续供给、智力资源价值的认同、资源供给路径的丰富、新兴技术的出现、税率政策的调整、竞争压力的存续等因素不断对资本成长空间进行调控、修补、完善，继而在法律的规制下形成当代资本成长的空间。我们已经注意到，劳动力供给的充裕与否，极大程度上决定着市场内剩余价值的多少，进而影响着资本增值能力的强弱。同人力资源常常融合为一体的智力资源价值的认同以及新兴技术价值的实现，在当代市场中不同程度地影响个体自身对资本的增值能力。同样，作为现实中看得见、摸得着的自然物质资源的丰富与否，已经迫使理性的经济人通过各种办法增进其利用资源的最大功效，以应对不断缩减的自然资源。在对人力因素影响相对较弱的前述几类资源的充分利用下，投资者为更进一步的扩大资本成长的空间，常常借重政策与法律规则对策以影响各类资源的供给路径，调节资本成长空间的维度，最大限度地充分发挥资本增值的功能及其在现代市场中所展现的价值。②

---

① 参见鲁品越《资本逻辑与当代现实：经济发展观的哲学沉思》，上海财经大学出版社2006年版，第74页。

② 政策与法律规则对策对资本成长空间的调控体现在多方面，如对公司税收政策的不断修正与调控、各类商事法律的不断修改，均极佳地展现了政策与法律规则对资本成长土壤的重大影响。

（二） 资本扩张的成本

　　繁荣与枯竭、荣盛与衰败都折映着一个硬道理，即社会与市场中的矛盾性，资本成长空间形成的过程，就伴随着资本与其他自然资源及人力资源之间极难调和的冲突，资本空间的扩张衍生着资本增值的成本。人力资源是市场内剩余价值积聚的最为重要的前提要素，人力资源的充裕供给为市场内资本的剩余价值提供了必备的条件，但却为社会和市场带来了亟须应对的问题。大量过剩人口带来的社会问题及市场问题已经不仅仅出现在现代某个国家，而是某类国家共同面对的问题，在这种状态下，如何协调资本增值对充裕人力资源的需求与人力资源过多而导致的社会矛盾是政策与法律共同面对的课题。就某种层面而言，当资本借重人力资源而获得增值的情况下，其常常通过自身资本的力量反作用于社会，为社会和市场贡献自己的正面力量，化解社会和市场中出现的不和谐因素。① 同样，对于自然资源而言，资本力量同样以其极其强大的力量尽其可能的剥取自然中的各类资源，石油、矿石、森林、净水等均成为资本剥取与调节的对象。

　　经济成本、社会成本、生态成本三者在一定程度上呈现了资本空间扩张过程中社会和市场对资本增值的负面反应成本。公司作为一类商事组织是社会和市场发展的基础，公司与自然人之间的互动、公司与市场之间的和谐发展、公司与社会之间的和谐影响在不同层面、不同程度上受到资本增值、资本扩张的正面影响。然而，资本力量过于强大，其生命力蓬勃在衍生在社会和市场乃至生态圈内，到处都展现着资本的力量，乃至于本应由人类掌控的资本反过来指导人们的行为、设计社会的发展、任意决断自然生态圈的"生死"。资本扭曲了人类正当的生存价值、货币化了本应人性化的社会。② 由此，资本自由流动的过程、资本扩张的过程所衍生的负

---

　　① 当资本在吸取人力资源的情况下，人力资源过多所带来的社会和市场问题是多方面的，不仅体现在对社会和经济的实体影响方面，人对于金钱的多度追求，对于自身价值观的重新设计在更大范围上造成了社会及市场的混乱。而此时，资本正面的反作用于人力资源，其作用的影响力则值得质疑。

　　② 资本力量时时刻刻地把人塑造为只追求资本增值的"单面人"：服从于技术理性的"单面人"。参见鲁品越《资本逻辑与当代现实：经济发展观的哲学沉思》，上海财经大学出版社2006年版，第113页。

面影响内在的受因于资本"魔力"的自我强化，不断发出负面性的衍生效应，其自身已经无法消除这种负面效应，唯有通过投资者的主动"修补"，才能维系资本自由流动的正当效益效应。①

（三）资本扩张与资源约束

客观资源有限性压力必须通过制度才能转化为对人类行为的约束力和引导力，这种制度在其运行过程中会形成一种理性机制，这就是资源约束与激励的实现机制。② 调控有限的资源与无限的人类的欲求，只能通过政策或法律性的制度来协调，在明晰对等责任与对等回报的前提下面对资源的对等消耗。富有主动性的提升人类理性的选择，进而尽量削弱对资源的无度攫取是目前市场机制、权力机制、法律机制共同面对的重要课题。在这些应对对策中，作为相对带有弹性属性的法律规则发挥的协调与保护功能愈加重要。市场机制下产权的明确与保护、权力机制下政府权力触及市场中利益的边界等敏感问题在实践中均需得到来自法律对策的维护。由此，由法律所主导的带有弹性的软约束规则将在调控资本扩张与资源约束的矛盾中扮演重要的角色。③

（四）资本扩张与现实困惑

资本扩张所引发的价值迷失，是现代社会和市场所面临的主要现实困惑。环境破坏、腐败丛生、劣质商品、经济犯罪等被人类所唾弃的现象，在资本扩张的过程中不断展现在人们视野中。当下对此类问题的现实解决路径唯有通过人类主动性对法律对策的设计，进而修正人类的价值取向，从主观性价值的修正继而影响外在的行为，最终对上述问题进行实质性的

---

① 现代社会下的资本与技术对人类精神家园的"摧残"已经体现在诸多方面。正如学者指出，"现时代的特征为'这个世界的崩溃、大地的荒芜、现存一切无条件的物化，总而言之，这是个总体破灭的时代'，现代文明的一切问题，如环境污染、战争威胁、资源滥用与枯竭等，都是这种破灭时代的具体表现"。参见鲁品越《资本逻辑与当代现实：经济发展观的哲学沉思》，上海财经大学出版社 2006 年版，第 122 页。

② 鲁品越：《资本逻辑与当代现实：经济发展观的哲学沉思》，上海财经大学出版社 2006 年版，第 169 页。

③ 例如：各类资源含义及其交易方式的明确规定、排除他人对产权非法的侵占的路径、金融市场内各类约束资源消费的行为、资源垄断与非垄断之间的判定与规制、政府监管市场的内容与税务政策的制定等问题均需由法律居中协调，继而发挥其软约束制度的效应。

解决。① 人类无止境的追求对资本的拥有与掌控,在这一过程中已经渐渐的淡忘了自身的存在与意义,而这种失去对自身存在最为根本性价值追求的现实,完全迷失了人类本应固守的精神家园。在这种情况下,资本与技术对人类的"统治"已经到了无以复加的地步,目前,只有借重多重的对策,尤其是法律对策才能达到纠正的功能。

三 公司融资与现代社会及市场的生成

(一) 法律规则的生成逻辑

公司融资隐含着资本、权力之间的联系与博弈,在争夺资源或社会及市场内资本的进程中催生了相应法律规则的生成。生产关系要素是投资者追求利润不可跨越的需求对象,虽然资本是人们追求的首要目标,但资本的前期天然资源所有权的争夺,催生着各类所有权,进而衍生为各类权利。所以,公司融资背后对天然资源的需求造就了以资本为核心对各类资源的无度索取。同时,在对天然资源争夺过程中的博弈状态下的使用工具,在现代文明社会中已经由暴力工具演变为对权力的分配与掌控。通常掌握权力多的人享有资源或资本的可能性机会相对较多,因此,对于权力的追逐和对权力分配的调控成为政策下法律协调并规制的重要任务。最后,在确定权利和权力的基础上,如何对既有的自然资源、资本、物质利益等各类利益进行分配构成法律规制的核心任务。围绕权力、资本及其衍生的各类权利所形成的经济利益的调控,均由法律进行介入规制,法律规则调控经济利益分配、调控债权资本在公司融资中的位置与角色的逻辑由此而展开。

(二) 资本、权力、文化

市场机制通过产权与货币、政府机制通过法律与权力来实现资源责任与利益获取之间的"对等原则",约束人们的资源消耗行为,激励人们的

---

① 从更深层次而言,寻求解决当代问题的根本性方案,应从最深的哲学层次来探讨当代社会各种消极现象的根本原因,然后再来寻求根本性的出路。参见鲁品越《资本逻辑与当代现实:经济发展观的哲学沉思》,上海财经大学出版社 2006 年版,第 115 页。

资源创造行为。① 在这个过程中，资本、权力、文化三者之间的关系尤为紧密，且存在复杂的博弈状态。显然，连接三者之间的最佳切合点即是市场中的各类商事主体，尤其是公司，在市场中数个追求自身利益最大化的原子在互相不断博弈，如果缺乏规制性的任其自由发展，显然市场内经济的发展可能将产生不可估量的负面效应。而借重道德力量及法律力量在市场中对其内部运行的规则进行重新协调，将起到梳理路径、化解矛盾的作用。在这一过程中，资本扩张的适度制约、权力延伸边界的界定以及一国自身文化对规则的潜在或表面的影响构成了各类法律规则生成的基础。就某种角度而言，这种对市场内因个体过度追求自身利益而出现市场内经济危境，同样可以从对其进行规制的路径与方法来探究调控市场机制失灵的对策，进而实现社会资源配置的最大化。

调控市场失灵的对策需要一个内在联系、外在互接的对策体系，其中应以市场道德力量为调控根基、以法律规则调控为主要路径、以国家权力为调控保障。在连接各类对策之时，应着重参考一国文化及其历史传承，解析文化与历史中某些可能对现有法律规则与行政权力的"实施实效性"可能产生的影响，进而在此框架内不断依据市场内的经济问题修补相应的法律规则。② 因而，道德的力量、社会组织的自律性规则、商事组织之间的互补性辅助等对策均需主动或被动的将自身不可调和的问题赋予法律规则来解决。当然，调控资本、权力以及文化衍生问题的过程中，仍应明晰这种软协调机制中的局限性，继而充分发挥其应有功效。③

（三）软协调机制的局限

经济增长的动源来自多方面，充裕劳动力带来大量的剩余价值，同时，权力腐败、环境污染、劣质产品从另一个层面为某些人带来的"负

---

① 鲁品越：《资本逻辑与当代现实：经济发展观的哲学沉思》，上海财经大学出版社2006年版，第185页。

② 例如：资源产权的明确与否、信息不对称及虚假信息传播的控制、对政府资源挂历行为的有效监管等调控资本流动、规制公司融资的对策都不同程度受到本国文化与历史传承下来某些因素的影响。

③ 软协调机制下其所追求的经济目标与社会公共利益相背离、软协调机制实施效率的拷问等问题都证明了软协调机制都有其自身的局限性。

面性的经济增长",这些"负面性的经济增长"吸引着某些人依赖其增进自身的利益。①此类"负面性的经济增长"种类繁多,例如,地方政府为促进经济增长而放任污染性公司的建设、旅游地区为发展经济而设立赌场、某些行业为自身利益增长而有意忽视对伪劣商品的监管,等等,这种"负面性的经济增长"多数情况由有"能力"的人或部门催生,而这样的生成路径直接影响着社会和市场中法制规则的实效性作用及其应然功能的发挥。在无外界强制性正义力量或道德力量约束规制的情况下,这种"负面性的经济增长"只会"自强"式的发展下去,其发展的过程正是一国法律规则力量削弱的过程。这种循环往复的"自强"式"负面性的经济增长"方式的纠正,必然需要我们政府强制性的介入和人们强大道德力量的影响。

(四) 软协调机制局限的破除

软协调机制局限的存在,催生并反作用了"负面性的经济增长",为纠正这种"负面性的经济增长",进而破除软协调机制的局限,应充分发挥其本有的实效性作用,继而增进公司活力、资本自由度、振兴经济以及强化社会和市场的健康发展。这种局限性破除的对策,不能仅仅以法律规则为核心,毕竟,法律规则是协调并调控政府政策在社会和市场中的具体实施路径与方式。由此,通过政策对社会和市场内的"黄、赌、毒、黑"等现象的强制性"治疗",切断"负面性的经济增长"的多发性诱因,在政策指导下重新设计实体经济新的增长点,封堵"负面性的经济增长"的实现路径,在政策指引下提升道德和法律在社会和市场中的信用指数,纠正"负面性的经济增长"的理念趋向,在这些政策和对策转化为现实的法律并在政府强制力保障实施的情况下,必将有效的控制"负面性的经济增长",更进一步,有效的破除软协调机制的局限性,彻底控制那种"'自强'式的'负面性的经济增长'"。

(五) 法律规则与隐秩序的结构

软协调机制局限的破除及其机制实效性的发挥,离不开政策、道德力

---

①　"负面性的经济增长"意指如毒品虽然为贩卖毒品的罪犯带来经济上的收益,但对于社会、市场、其他人均是负面有害性的行为。

量的双重作用，但是，对于现代市场下软协调机制的失衡，仅仅依赖于两种法律规则之外的力量已经不能独自承担这个重任。市场秩序的形成、社会秩序的设计均出自有形力量以及某种无形力量的推动，在对这两种力量进行比对时，会发现，协调、补充、互动等因素连接了两种力量，继而发挥调控社会和市场的功效。①

法律规则是通过法律程序合法生成的，而隐性秩序则是人们千百年来历史传承过程中所遗留下来的，在社会及市场中这种隐性秩序因其为人们提供了有能力延续下去的动力和能力，进而获得了顽强的生命力，在调控社会和市场过程中发挥着法律规则不可替代的作用。在与隐性秩序对比的过程中，法律规则具有明显的特点，强制性、确定性、有限理性、实施程序公开化是法律规则相比于隐性秩序最为明显的不同，也是隐性秩序不可具有的属性。② 现代社会和市场的调节已经不能局限于对某一力量的单独依赖，而对于法律规则和隐性秩序的优劣对比虽然一直存在争论，但不可否认的是协调两者之间的矛盾与冲突，将会最大限度地发挥两者的正面功效，进而有效调控社会和市场秩序。

四 全球化下市场制度和公司融资的变革之路

（一） 资本流动与现代市场冲突的根源

资本的力量是强大的，其不仅影响着公司的成长、市场的发展与内部规则的建构，更重塑着现代社会的基本结构。这种影响与重塑内载着一种资本力量扩张与人性之间的冲突，更折映着资本力量扩张与社会价值理念的冲突，正是这种资本与人性之间、资本与社会价值理念的冲突催生了资

---

① 20世纪最重要的心理学家弗洛伊德提出，人的行为不仅受到其意识（显意识）支配，也受到其潜意识支配，而且潜意识比意识更重要。自然意识如此，社会意识同样如此。鲁品越：《资本逻辑与当代现实：经济发展观的哲学沉思》，上海财经大学出版社2006年版，第265页。

② 隐性秩序的来源决定了其不可能具有与法律规则相似的特征。当代的物质生产活动中人们所受的资源约束力是隐性秩序的现实力量的直接来源；而历史上物质生产活动中人们所受的物质资源约束力则转化为社会价值体系，转变为精神力量，称为隐性秩序力量的间接来源。鲁品越：《资本逻辑与当代现实：经济发展观的哲学沉思》，上海财经大学出版社2006年版，第276页。

本自由流动、扩张下的现代市场与社会内在的结构与规则。[①] 而这种资本扩张力量的来源即在于资本将其在市场和社会中所能够接触的具有经济意义的事物均收含在以"资本化"为核心的资本力量圈之内成为资本增值的动力与工具。

"资本化"的力量是强大的，它已经可以触及市场中的任何地方。在将生产资料、劳动力、自然资源这三类重要的物质纳入社会生产系统中之后，其可以随其欲求和需要将整个世界"资本化"。在这一过程中，包括日常生活资料的多种事物均称为被"资本化"的对象，于是越来越多的"资本"加入现代市场和社会中，占据着资本流转的各个关键环节。这种被"资本化"了的事物总体以生产资本、货币资本以及商品资本展现在投资者面前，在这三类资本日趋形成的进程中，"货币化"是"资本化"给世界带来的最为根本的变革之一，这一重要功能使得资本在市场和社会中得以畅通流通，为市场内的各类组织发展在资本流通方面提供了便捷路径与渠道。在"货币化"发挥其重要作用的同时，市场和社会中由此而带来的各种矛盾均爆发出来，催生了各类规则的变革。[②]

（二）　市场秩序变革的因由

风险性，不仅是公司融资过程中面临的问题，更是现代社会与市场秩序变革的因由。"资本化"和"货币化"过程中所引发的冲突均源自于资

---

① 这种冲突所带来的现代市场与社会内在结构与规则的变革，更为直接的表现为各类市场中的资料在"资本化"下对社会与市场的负面影响所引发的政府监管层对实践中极为突出矛盾的回应。以天津贵金属交易所对既有的黄金市场金融监管变革为例：处于试运行阶段的天津贵金属交易所吸引了过万的投资者，在运行仅 13 个月之后成交额高达 2800 亿元，然而 90% 客户亏损、做市商完全不参与定价、四个出自股东中三家注册地子虚乌有等等，因此而引发的对"天贵所"等系列性的金融监管就是对事物"资本化"下引发市场矛盾与冲突的法律回应。参见《危险的天贵所》，《经济观察报》2010 年第 4 期。

② 生产资料、劳动力、商品被"资本化"进而"货币化"后在市场中的作用及其所引发的现代市场与社会极深的矛盾极，催生着政策或法律规则的变革。例如重要的生产资料之一的特矿石，在被"资本化"进而"货币化"后，引发了国家政策及相应法规的调控。在 2011 年间，国家发改委、工信部、商务部等相关部门正在联合研究中国应对铁矿石的相关政策措施，其中包括应对铁矿石市场被金融化现象、钢铁公司走出去对策研究、规范铁矿石进出口贸易、整顿国内进口秩序以及外资巨头一些具体并购项目可能涉及的反垄断调查等方面。参见《政府警告力拓 铁矿石谈判不会坐视》，《经济观察报》2010 年第 4 期。

本自由流动开拓新市场过程中所附带的天然的风险性。① 如同资本主义在为世界带来的经济生命动力的同时，也为世界带来了危机和生态灾难相似，资本流动过程中的负面衍生效应无法有效完全的规避，人们所能做的，就是如何通过政策或法律来控制风险的传递与爆发。②

资本流动下的"资本化"与"货币化"引发的现代社会发展冲突，近年来展现得淋漓尽致。例如：地方城市化进程的加快与农民及民众权益的维护、金融系统的高速发展与投资者权益的保护、商业信誉的发展与消费者权益的保护、新技术的发展与民众权益及知识产权这权益的保护。③更进一步，"资本化"与"货币化"在对社会及市场中物质资源产生不断的影响下，间接的在人与人之间形成了一种具有现代社会属性的特质，这种特质在改变着人与人之间的交际关系，使本应平等、慈善、博爱的人际关系蒙上了一层以货币为衡量标准的生活交际方式。这种交易方式衍生的对社会和市场内的各类组织的组织结构、组织监管、治理模式乃至与不同组织的类别化组建动因都有着重要的影响。④

（三）市场制度的环境

当资本自由流通之际，其带来的不仅是西方较为成熟的某些法律规则与调控市场行为的对策，附带资本而生成的强大扩张力与侵蚀力已经重构

---

① 这种天然的风险性源自于成功或失败的不确定性，这种难以预料的属性是资本扩张中的风险，不可完全避免。

② 善与恶、利与弊共同根植于现代市场和社会中。

③ 各类矛盾冲突共同促进了政策与法律的变革，催生了房地产公司融资路径与模式的法律变革、催生了金融监管法律的变革、催生了消费者权益保护的法律变革、催生了知识产权法律保护的变革，等等。例如，2011 年 3 月 25 日，云南绥江县两千余民众走上街头，表达他们对政府城市化工作中对安置政策的不满。云南绥江 "3·25" 事件，即为城市化进程中民众权益与城市化的冲突，虽然基层政府因 "权力无限小，责任无限大" 困局无法给予根本性的解决办法，但此事件的影响也足以推动相关政策及法律的变革。参见《云南绥江 '3·25' 事件的移民诉求》，《瞭望》新闻周刊，2011 年 4 月 9 日。

④ 以商事组织内部的治理结构为例，运用货币下的金钱激励对策等模式对高管层进行监管极佳的折映了货币化下人际关系的特质。可见，由货币化及对资本自由的追求导致了人类理性化下对完善法律环境的追求。正如有学者指出的，"法律是社会关系理性化的结晶，它取代伦理感情而成为判断社会行为的权威准则，非人格的法制取代基于个人人格魅力的人治，构成现代性的鲜明特质"。参见鲁品越《资本逻辑与当代现实：经济发展观的哲学沉思》，上海财经大学出版社 2006 年版，第 304 页。

了全球的市场经济,对全球法律调控规则与模式的影响也已经日渐为我们所感知,这一切的缘由都是——资本。如何平衡并调控资本的扩张力所带来的负面及其内在的推动经济增长的力量需要我们重新审视当下市场制度的硬环境和软环境。当下软环境对回应资本流动并建构市场政策和法律体系极为重要,以文化、意识形态、价值取向、习惯传承等组成的软环境作为市场制度环境的软件基础,是政策与法律规则的变革提供基础性指引。①

(四) 技术创新与后发优势

现代社会与市场秩序中的政策与法律规则的构建在技术创新的态势下积极修葺自身以适应当下技术的发展,充分利用一国后发优势将为我们提供迈向较为完善政策和法律调控规则与模式的道路。② 然而,当下的市场由于部分推动力来源于技术的创新推动,但作为技术创新的主要发源地即发达国家对技术创新在一定程度及范围上已经形成了垄断,这种技术的垄断性已经日益干扰并影响着政策与法律规则的建构。例如,由于发达国家在新兴技术创新方面的领先优势,其无可争议地影响了一国金融业的发展及监管环境,且在诸多方面发挥着衍生影响:金融力量与资本发展的不同、经济总量的不同、科技产业垄断程度与竞争度的不同,等等。

因而,充分利用后发优势是新兴国家应对技术创新落后的必经之路,将为政策与法律的构建提供较为坚实的基础。新兴国家通常孕育着该国自身独特的历史底蕴及文化传统,在西方发达国家奉行"资本为

---

① 各国不同的意识形态、文化传承、风俗习惯使人们对新科技的接受方式与程度呈现不同的风采,进而影响着新科技在不同国家的传送与发展的路径模式选择,继而反作用于其所在国家应对新科技发展的政策与法律。My space 为代表的互联网公司在各国所展现的不同生命力,其本质上同样折映着各国政策与法律环境对资本流通下对软环境的适应效果。参见《百度围墙》、《华为手机美国梦》、《视频网站玩自拍》、《巨人新征途》,《第一财经周刊》2011 年第 12 期。

② 技术创新对一国政策及法律的影响不断增进,其潜移默化的影响渗透至极为细节之处,"以小见大"的日渐对一国文化、习惯、意识产生影响。例如,2011 年中国网络电视台 4 月 8 日消息:中国国务院新闻办正式亮相 iPad。由国务院新闻办公室推出的"国新办"应用程序在苹果软件商店 (App Store) 已经上线,主要内容包括"新闻发布会"、"政府白皮书"、"国家形象片"等,苹果 iPad 平板电脑用户可免费下载使用。"新闻发布会"提供国务院新闻办历年新闻发布会视频和图文实录点播,用户也可通过预告功能第一时间在线收看最新发布会内容。此类潜移默化的影响在现代市场科技不断创新的环境不断上演,其影响虽非直接波及政策与法律等国家调控社会及市场的手段,但却毫无疑问的"以小见大"的间接式的催生着社会规则变革。

神、利润至上"的理念影响下，该国特别的理念价值必然受到影响，而这种影响的传送路径多通过科技产品的更新及其衍生效应而催生。由此，新兴国家应在承接并疏导全球性资本流动的队伍中充分利用发达国家既有的新兴技术，同时在不舍弃自身具有积极意义的价值理念的情况下，大力发展自身的科技产业。科技产业的大力、健康发展的后续影响将辐射一国社会与市场内的诸多方面。一国充分融入全球化下的金融市场即为主要的衍生效应之一，能否切实地利用科技发展经济，推进资本自由的流动，且完好地承续积极的价值理念有助于应对资本流动所带来的负面效应，对一国政策与法律规范的设计与建构都具有积极、正面的意义与效应。

（五）未来之路

个人本位主义与社会本位主义价值的适度融合，是具有中国特色的社会主义市场经济发展的价值取向和文化指引方向。从美国的纯正"个人本位"文化到日本的"团体主义"，均内含着一国的文化背景与历史传承，更折映着该国对社会与市场的调控模式及其独有的经济制度根基。[①] 对于中国而言，其百年来所奉信的儒家文化及影响甚深的佛教理念均侧重于家庭为重，难以诞生以公司为重心的文化基础。[②] 在这种状态下，充分认知自身文化传承中的积极因素，且有所选择地对传承下来的儒家文化进行汲取，对其精华精神进行现代化适应性和变革性的吸收，将极为有助在中国营造一种积极的文化环境，继而为市场经济提供正面效应的引领。[③]

关系本位是中国社会文化的根基，千百年来未曾动摇，重塑中国现代

---

① 学者刘金认为，传统日本社会奉行的是以地域为纽带、以群体为本位的价值意识，这种价值意识演变为现代的团体主义和"会社主义"（即公司主义），培育了日本特有的公司文化，这是日本公司能够称雄世界的主要原因。转引自鲁品越《资本逻辑与当代现实：经济发展观的哲学沉思》，上海财经大学出版社2006年版，第341页。

② 中国市场经济特征可以粗略的概括为：在政府与公司关系上的以"关系网文化"为基础的"政府主导型"。

③ 有一批学者沿用韦伯的范式，把曾经的"四小龙"经济上的成功归结为儒家伦理，用"儒教文化圈"来解释，两千多年前的孔子学说被认为是产生东南亚地区新工业文明的"新教伦理"。参见鲁品越《资本逻辑与当代现实：经济发展观的哲学沉思》，上海财经大学出版社2006年版，第343页。

性文化是中国积极推进经济发展过程中必要考量的因素。① 经济的发展与社会的进步,在初期均可能不同程度的依赖于关系本位中人情关系所带来的某些正面促进作用,但这种情况仅仅存在于某一个特定的历史时期。从长远来看,破除关系本位的固有文化,从关系本位向个体自由的社会模式发展将构成中国未来文化根基的发展趋向。这种趋向模式下的经济发展亦将展现着长期且顽强的生命力。②

城市化加速发展、工业化进程提速背后日渐呈现出资源相对枯竭、环境相对染污的事实,其本源又源于资本自由流通下资本对利润的追逐,日渐影响着一国的政策和法律调控模式和细则。政策和法律对资本自由流动的反应,均因资本流动下对生产资料、商品及劳动力"资本化"与"货币化"所产生的对社会和市场的正面与负面冲击。这种正面或负面的冲击不断修补现有的社会和市场内的政策及法律,资本化下货币对市场经济增长的动力作用不可否定,但其负面性效应的存在亟须政策与法律来规制。这将是一个互动性的作用过程。在这一进程中,虽然资本化极大程度上影响着一国政策与法律的调控路径与方式,但通过重塑一国文化的基本理念将帮助我们极好地调控政策或法律规范,继而对市场进行有效的规制。同时,充分发挥新兴市场国家在科技新技术方面后发优势,以科技推动人们对文化、对价值理念的积极发展,继而正面引导资本流动、商业组织发展,提升社会和市场的活力与竞争力。

第二节　公司融资的法律基础分析

公司融资的逻辑及其根源向我们展示出资本形成所依赖的各类资源,

---

① 关系本位的负面效应已经在社会中产生了不得不关注的整体社会问题。如"盼救情结"的出现,"盼救情节"是我们对社会上一类情绪的概括。这类情绪表现为:对现状不满,盼望有高人来拯救自己。这种"盼救情结"弥漫在大多数中国人中。中国向来是重人治胜于重法治,人们习惯于把改变现状的希望寄托在一两个救世主身上。事实上,人是靠不住的。只有用良好的法规条例来约束和保障每个人的基本权益,拯救才有希望。http://cul.sohu.com/s2011/save/

② 关系本位模式中不可否认的正面效应影响应积极汲取并留存。以血缘性关系而存续的诚信伦理、以爱国主义与集体主义而存续的社会责任理念均是应留存的社会本位文化中的优良"基因"。

以及资本在流通过程中所可能遭遇的局限，并在解析资本形成过程并考量其中各类影响要素的前提下将破除这种可能出现的局限的方法赋予政策的调控与法律的规制。可见，法律问题的深度剖析，已经不能将经济学知识排除在外。效率与经济是经济学理论所处理的两个较为核心的概念，而公平与正义则为法学理论所思考的核心要点。在市场与社会融合、国家同国家交流、经济与法律相互结合的当下，我们已经极难将经济学的概念完全的同法学的概念相隔离。任何期望仅仅围绕本学科知识而就某一社会或市场问题进行研究的想法都忽略了现实社会各个领域之间所存在的不可分割的联系，而其研究结果也必然相对片面。唯有将相对联系比较紧密，互相影响相对深入的学科理念与要素相结合，才能较为全面且深度的把握某一问题与观点，从实践层面明晰社会市场中的具体问题，做到理论结合实际的探讨问题、研究问题，进而解决问题。

事实上，在公司法领域中，公司融资问题对于跨学科研究的需求更为迫切与必要。公司融资涉及法学、经济学、金融学、社会学等诸多领域的问题，公司法学者在就融资问题进行探讨的过程中，已经逐步意识到公司对融资路径与渠道的选择，不同程度地受到一国经济制度、社会环境、人文传承等因素的影响。法律规则对公司融资的影响甚深，但却不足以决定公司对融资方式的"命运"。而不可否认，法律与经济的融合过程中必然产生的不协调与概念混乱，乃至于两类学科内涵要素的负面性碰撞一直存在，这种碰撞一方面对跨学科研究公司融资问题产生了阻碍性的困扰，另一方面为公司融资问题提出了新的亟须破解的难题。尤其值得注意的是，如何梳理并协调效率与公平等经济学与法学之间的核心概念诉求，为商事组织法的核心法律规范即公司法提出了历史性的重要任务。

因此，在对公司融资法律基础进行探析的过程中，我们所应考量的问题，必然不能仅仅局限于对公司融资相关法律的概念的探讨，而应将视野放宽，在一个更为宽广的空间中思考商事组织融资这一资本市场中极为关注的课题。在这一过程中，我们所面对的并需要分析的要素也将不仅仅局限于法律要素，法律之外的经济因素、社会因素、政治因素、文化因素等均应涵盖其中。把脉现实资本市场中与公司融资问题相关的跨领域影响因素的内涵与影响，将为我们提供一个开阔的视野来审视法律层面公司融资规则设计的优劣。

更进一步，从公司融资逻辑的根源出发，公司融资法律基础问题的分析与探究将会围绕在以下几个核心的因素周围而展开：公司融资规则设计的逻辑脉络、法律规则的稀缺性衍生影响、财产与价值的关系、有形权力与经济权力、持续经营与共同目的协调等问题。融资规则的设计是百年商业经验博弈传承下来的"成果结晶"，其蕴涵着商业谈判的协调性结果与商业界人士对其的相对认可，同时承载着国家调控市场微观经济发展的理念与政策。当然，融资规则的设计反映了法律规则稀缺性下国家试图借重司法权力调控并弥补这种规则稀缺所可能带来的法律规制缝隙，在一定程度上更加见证着市场对"商品"价值的认同及财产历经百年的发展经历。更为重要的是，融资规则的设计折映着一国政治环境的稳定与法律对民众保护的力度。最后，融资规则的设计从更为深层展现着一国社会及市场中"信用"资源的生长环境。

一　公司融资规则的逻辑脉络

（一）公司融资的资源性基础

公司融资规则的设计应符合其生长土壤的政治、经济、文化、历史环境，在这些均较为关键的因素之中，中小公司已经日趋形成的融资需求的庞大市场同市场中融资供给资源之间的矛盾因素成为理解公司融资规则逻辑进而破解公司融资规则难题的关键点。现代市场中的投资者及民众对财产权的认知逐渐走出了一个较为开阔的空间，在这一进程中，不断有一些"资本、资产"呈现在投资者眼前，在立法者、监管者、投资者、中介机构及公司这一拟制的法人眼中均对其有着不同的看法与认知。这种认知的模式结果源自于每个主体自身背景及成长环境的不同，在一商事领域中成长起来的商人显然会比立法者更能认知到商标等无形财产在市场中的实践价值及其作用。这种源自于生长环境不同而造成的对资产等财产性商品价值认知的不同直接造成了一种市场中如何衡平资本融资需求对象的差异。在法律等制度规则权衡能否采用某种资产作为公司融资对象的这种差异在市场中不断地衍生出一种负面效应，这种负面性的效应削弱着本可以构成公司融资性资产的价值。峰回路转，在市场发展内在动力的驱动下，各方利益主体渐进式的接纳新的商品价值的认定，当市场中的反映被立法者感知并接受时，才会产生一个自上而下，正式合法的资产价值认定体系。这种背景下的公司融资价值体系的形成必然历经一个较为波折的过程，在这一进程中不可避免地会产生一些冲突与矛盾，然而我们应意识到，正是这种市场的先进性与法律的滞后性之间所产生不可磨灭的摩擦在促使着我们不断对市场中各类商品价值产生新的认知。公司融资体系随着市场的发展及相关资产价值的认知在不断丰富与完善，从有形物到无形物，从既有的财产到未来的价值均被不断地纳入公司融资的对象范围中。事实上，我们认为，在未来的一段时间内，对于公司融资对象而言，必将存在一个更为广阔的天地。将会有更多的各种类型的资产进入投资者的视野中，法律对此会不断提供必要的支撑与回应，在此期间，最大的受益者将是我们的投资者。

（二）公司融资的成长模式

公司融资规则的设计在不同"级别"的公司的融资过程中呈现着不同的态势，市场中多数中小型公司以内源性融资为主，而规模较大的公司则多以外源性融资为主。这种融资模式的形成源自于多个因素，最为主要的原因是公司在对不同融资模式下的商品的价值的认知与掌控能力存在差异，同时，公司在对融资过程中可能出现的公司控制权失控问题的把握存在不同。内源性融资与外源性融资均有各自不同的优缺点，但总体而言，由内源性融资模式向外源性融资模式渐进式的过渡将成为公司融资模式的一个发展趋势。在学界已经达成的一个共识是，市场中大多数公司均是家族公司，这一比重显示着家族公司在市场中强大的能量及其显赫的地位，即便我们遍阅世界范围内数个大型公司，其公司背后的股权结构也不乏家族资本的身影。可以说，世界范围内的多数大型公司均被各国不同的大家族直接或间接地控制着。同样，当我们将目光锁定在国内的小公司中时会发现，大多数的小公司同样由各样的家族控制着，这一态势向我们标明，虽然法律规则在一定程度上多为市场中的大型公司服务，但是我们不应忽略中小型公司的需求，尤其中小型公司中家族的欲求。由家族掌控着的中小公司对于外源性融资多年来一直心存畏惧，毕竟，有可能失去对自己公司掌控权的行为风险极大，家族公司不仅仅承载其多年来经营公司所积累的财富，同样，它更凝聚着家族公司创始人的"心血结晶"。尤其是在中国，传统文化中的许多理念一直影响着市场中的投资者，子承父业这一理念极佳地展现了中国民众对于家族事业的忠诚与守护之心。

惧怕外来资本威胁家族对公司的控制权，不愿外来资本过多的影响家族公司的经营模式,更不愿公司外来的资本影响由"自己说了算"的利润分配方式。这些诸多的因素共同决定了中小型公司即便在对资本处于极度渴求的态度下,也不愿借重外来资本充实内部近乎干涸的资金池。面对这种现实状态,外来资本在利润的驱动下,不断与渴求资本的中小公司进行谈判与博弈,尤其是对于自己投资进入家族公司后,如何界定自身的权利进行了不断探讨,在两者通过繁多的契约约定后,家族公司通常期望尽量约束外来资本的力量,而当外来资本对家族公司经营不善已经不满意时,则期望对家族经营公司的治理结构进行改造。就是在这种"磨合之中",中小公司群体不断地接纳了外来的资本,而这种接受方式所不断产生的摩擦与矛盾,同样证明了,即便在未来,家族公司内部股东的权益与外来资本的冲突将会一直存在,而这种矛盾将会成为影响一个公司如何选择融资模式的重要因素。对于那些规模庞大,管理机制日渐成熟的大型公司而言,能否在内源性融资模式中筹集到足够的资金,以及当自身规模足够大的时候,已经不能凭借自己的力量对公司进行管理这两个重要的因由决定了其更加借重外部资本的援助。内源性资本源于公司内部各类股东的资金输送,而公司内部股东的人数及其财力毕竟有限,这种毕竟有限的资金来源,难以面对大型的融资需求,显然内源性融资无法满足这种需求。同时,公司在逐步成长的过程中,随着规模的不断壮大,其对公司的日常经营与管理均提出了新的课题,已经并非创业者个人的能力所能承载,而在外源性融资模式下,可以有效地借鉴公司外部的力量来充实公司的管理层,进而一定程度上提升公司的治理绩效,有效化解因公司规模膨胀而产生的风险。

二　法律规则的稀缺性与实用法则

公司融资的初始期规制的调控体现了法律规则稀缺性与实用规则的应用。经济概念与法律规则之间的联系极为密切,其在关注自身理论发展的过程中共同走过了一个历程,即都将其理论以牛顿的机械性原理为基础,而后以马尔萨斯的稀缺性原理为基础,然后则以在包含机械性力量和稀缺资源的世界里同时限制和放大个人意志的普遍性规则的法律原理为基础。[①]

————————

① 参见［美］约翰·R.康芒斯《资本主义的法律基础》,戴昕译,华夏出版社2009年版,第6页。

这一理论基础性依据的渐进式转变，见证着市场发展过程中人们对某些概念及其市场价值的重新审视与梳理。同时，经济学与法学对于将原理运用于实践解决问题过程中所关注的焦点存在差异，经济学家从一件商品或一个人的感受出发，而在市场中代表司法权力的法院则从一项交易入手，这一过程中法院所关注的不是一个个体，而是交易过程中在市场内呈现着两个或更多的个体行为。①

法律规则因自身的稀缺性在市场中存有价值，因自身的实用性而需要探寻如何在市场中才能发挥其最大的实用性效用。就公司融资这一资本市场中极为"敏感"的问题而言，其已经被赋予了来自经济学与法学充足的关注。在公司融资方式拓展的过程中，经济学与法学共同印证着一些本并不市场或政府所接纳的商品日渐转为有价值的市场商品。这种价值的赋予，不仅有经验主义的倾注，更伴随着经济学对其在市场中实用价值的重新"计算"。② 例如，专利技术在公司融资初期即公司资本形成过程中被市场及投资者所给予的价值认同，政府对此类商品出资形式的认可，都包含着投资者对其在未来所可能产生收益的价格计算与评估，进而以具有一定价值的形态出现在公司出资方式中。这种价值的认同存有一个较为基本的前提，即其可以被生产出来、进行交换、可以间接方式进行消费，专利技术则可以在市场中被实践的生产出相应产品，在市场中进行交换并获得收益，购买者对产品进行消费。这些基础性的客观前提极为有利的辅助我们对市场中可能产生的"花样翻新"的价值商品进行限制性的排除，有利于调控公司资本初始性形成的质量及其后续衍生影响。③

当然，作为掌控实用法则的司法部门，一直在市场中为投资者及政府部分对于公司融资进行"把关"。法院对于市场中交易多方群体的利益关注及其自身所载有的公权力意志，在承载着平等、正义、公平、效

---

① 参见［美］约翰·R. 康芒斯《资本主义的法律基础》，戴昕译，华夏出版社 2009 年版，第 7 页。

② 经济学理论已经从商品迈向感受，价值这一概念已经在经济学下转变为动词而非名词，价值变成了估价，变成了经济筹划。在这里，价值被赋予了一种带有主观或者意志性的内涵，即我们对某种商品或行为所具有的"预期"，它构成了我们对某些商品或行为在心里的价值默认。参见［美］约翰·R. 康芒斯《资本主义的法律基础》，戴昕译，华夏出版社 2009 年版，第 7 页。

③ 新公司法第二十七条扩大了出资物的范围，规定凡可以用货币估价并可以依法转让的非货币财产均可作价出资。

率等理念下介入市场中公司融资初期的资本形成纠纷，即就瑕疵出资、出资不实、抽逃出资、虚假出资以及出资评估纠纷等进行审查。法院在审查过程中所关注不仅仅是个体的利益，而是以审视一种市场交易的视角来探究出资行为的合法与否，进而如何"修补"。审理过程中，出于对出资问题特点的考量，法院经常会借鉴商业层面的知识与分析方法，对公司出资问题进行解析。其所试图达到的是司法判决后的实用法则真正探寻到了掩盖在机械的、心理的、伦理的和政治的维度中的经济学和法理学维度。①

三　财产与价值

公司融资及其资本初始性形成的过程见证了财产概念的发展及其与价值之间的互动。公司资本初始的过程呈现着一个逐步扩张的态势，这种态势下向我们展现着一个不争的事实，即人们对财产含义的更深更广维度的解读与接纳。财产，这一诞生百年的概念在现代市场经济环境下逐步展现出其自身的丰富的内涵，当财产的含义已经超越仅仅是物的时候，其重要性已经跨度到与物有关的附带有期望的行为。对公司资本形成而言，这种期望行为所代表的商品应是商业资产，同时具有使用价值。这一过程中较为重要的是投资者对无形财产的认可与接纳，当财产的含义从有体物扩大到无体物之时，无形财产所代表的负担和机会同样具有了交换价值，成为商业资产。② 事实已经证明，在科技发达、信用成熟的市场经济环境中，这种无形财产在某些方面比有形财产更有价值。③ 百年传承下来的著名商标及其背后所内涵的拥有巨大价值的商誉均见证着无形财产在市场中的实践价值。当下市场中的财产内涵已经从有体物变成了任何事物的交换价

---

① 参见［美］约翰·R. 康芒斯《资本主义的法律基础》，戴昕译，华夏出版社 2009 年版，第 9 页。

② 负担是他人对我的义务，而机会是他们的自由权，是他们对我没有义务的地方，但是两者对我和从我处购买负担和机会的第三方都有价值，因此也就在交换价值或资产的意义上，这两种东西都是财产。参见［美］约翰·R. 康芒斯《资本主义的法律基础》，戴昕译，华夏出版社2009 年版，第 22 页。

③ 当代社会中无形财产一般包括：专利权、著作权、商标、信誉、商业声望、信用、继续经营的权利、劳动市场的准入权利，商品市场和金钱市场的准入权等。

值，而且其内在的价值在一定范围内得到增长。例如，始终具有交换价值的一项商业经营的信誉虽然早已被承认，但仅仅被当做可从他人处期望获得的这一行为，而如今则承载了价值而成为一种特殊的财产。① 财产，在现代意义上看，已经不再仅仅限定在我们曾经手可触及的实体物，这一转变必将为公司资本形成提供更为便捷的融资模式。尤其应为我们注意的是，财产价值形态的扩大，在市场经济环境下已经不仅仅局限于公司这一典型的商事组织，同样也将在其他类型的商事组织中展现。有理由相信，未来商事组织的融资方式及产品将会以下面的态势呈现在投资者面前："正是在自然与人的经济之中，不需放大或扩展，甚至是否受抑制也无关紧要，单单对资源进行比例组合就可以创造新的令人惊叹的具有更高价值或至少在价值序列上位列有异的产品。"②

四 经济权力与交易

现代公司资本形成及其日后融资行为在更为深层面呈现的是经济权力与道德权力的博弈。商品经济价值、权力约束、道德底线、信用保障，以这四个核心概念而展开的由国家公权力引导的公司融资体系治着市场经济中公司融资领域。市场经济中必然存在着因社会机构、社会等级、人群资质等条件迥异所形成的天然不平等，在这种不平等中一个最为重要的相对平等是政府部门作为大多数民众意见的代表者掌控者制定政治、经济、文化等方面政策的权力，其中最为重要的一项是经济权力。在公司对资本形成与融资模式选择的过程中介入了一定的国家经济权力来调控，这种在商品经济价值上面所限定的权力约束迎合了社会与市场中道德底线。当下的问题是，公权力已经很难仅仅通过公权力介入来保障这种权力约束下所遵守的道德底线。毕竟，实践已经证明法律并非万能。人们已经将对这种

---

① 在对无形财产价值认同感到欣慰的同时，我们必须以一个重视的态度来观察有形财产在市场中真正的价值所在，事实上，财产真正所着重强调的，也不是有体物本身，而是对有体物期望的使用，也就是与该物相关可以开展的各种活动。参见 [美] 约翰·R. 康芒斯《资本主义的法律基础》，戴昕译，华夏出版社 2009 年版，第 17 页。

② 参见 [美] 约翰·R. 康芒斯《资本主义的法律基础》，戴昕译，华夏出版社 2009 年版，第 39 页。

权力的制约的衡平机制给予了社会信用环境的"滋养"。①

　　这四个核心概念围绕着具有交换价值的有形财产或无形财产的商品进行交易,交易过程中是各投资者在对即将进行商品价值交换进行价值评估、价值认同、权力约束评估等多种因素权衡的博弈结果。对于每一个可能成为公司未来资本形成种类或融资方式及其具体表现形式的外在商品,其价值评估是投资者与债权人及公权力对其考核的重点。这种围绕着商品进行评估的实际功效作用巨大,将直接影响着这类特定的产品,是否有"资格"可以在市场中成为公司融资的资产性价值商品"储备池"中的一员。更进一步,这种对商品进行具体价值分析的过程中,投资者、债权人及公权力都不自觉地通过自身或借重专业机构对某类产品的残值、持续生产场所价值、信誉价值、政治价值、持续经营活动价值等五种估值程序来分析。

　　因此,任何可能成为公司融资路径或方式的商品均需要在一个政治相对稳定的社会下才能生成。在政治相对稳定的社会条件下,各类评估对策可以趋于一个平稳的态势,这种情况下才有可能出现我们所期望的一种来自公权力对商品价值的持续性认同。同样,对于商品的残值及其他需要分析的价值因素也只有在一个稳定的社会中才能发挥出其真实的效用。以公司资本形成之初对出资资本形态的考察为例,对于知识产权出资及其他无形财产出资在资本中所占比例的要求,均展现了市场中投资者对知识产权这种无形财产能否作为我国市场经济中具有交换及使用价值的商品的一种判定,这种判定的依据即为当下我国社会中政治的稳定、市场信用环境的渐趋完善,及其他商业信誉机制的建立与评估。当然,我们在解析商品价值的同时,对于当下社会及市场中的信誉价值、政治价值及持续经营活动价值等估值程序的现实功效的具体作用,我们仍无法给出较为清晰的厘定与判断。②

---

　　①　近年来,国内民众不断出现的对儒学等传统学教理念的重新推崇,一定程度折映了民众思想依赖的空乏,没有理念的支撑,社会及市场信用环境极难形成。

　　②　这一价值解析过程十分复杂,至今我们并未得到有效的分析方法。以持续生产场所价值为例,给予工程师进行估价的说明信息与给予持续经营的未来购买者是一样的,这样的未来购买者已经拥有了持续经营活动或其特许权,但是并不直接拥有生产场所,所以他渴望了解需要花费多少钱才能使得持续生产场所达到供应实际服务的现实情况,从而使则怀中业务能获得预期服务的现实价格。而这一过程中所产生的可能的价格计算就是一个极为困扰的难题,对于该生产场所未来可能的促销、建设、法律、工程、保险、建设期间的特殊事情津贴、行政开销、银行利息等的分析均存在着不确定的因素,进而影响我们对于持续生产场所价值的判定。

五　持续经营与公共目的

在对公司资本形成过程中的相关"资源"进行深度考核之时，我们应对下列相关信息进行重点把握，以判定市场中的某类"资源"是否具有成为资本的"潜质与资格"。事实上，市场中的每一类"资源"均有机会由天然的资源转变为公司资本所需的"资源"，这种能否促成转变的因素集中在以下两个方面：即资源的财产性、资源的自由权性。

首先，市场中的资源在现实中多以有体物的形态出现，其自身具有财产性与自由权性。对于经济学家而言，市场内以有体物形态呈现的资源多被称之为商品或者资本，其内涵着一定的交换价值，这种价值在市场中所形成的根源在于其形成过程中所凝聚且积累的劳动。如果从这种形态资源的形成过程观察，显然其自身的交换价值是在劳动力不断与市场中其他生产要素交换的结果。

其次，市场中的资源在现实中以无体物的形态出现，其自身所具有的财产性与自由权性均需得到强有力的法律的认定，同时获得市场中投资者的认可。当下市场中尤其是资本市场中这种无体物多被赋予了资产与负债的概念，其内在所展现的是某一商品未来的状态，负载着市场及投资者对其的一种价值形成期待，例如其在市场中未来可能的销售或净收入所形成的一种期待性交易成果。

再次，资源可以在市场中达至以下两个目的，即可以获得在预期的商品和证券市场上的购买力或者获取所需的权力，以及构成持续经营体所期望的活动的所有买卖、借贷、雇佣、辞退、租赁、支付债务并且收取债务支付等一切未来交易，及其信誉、特许权、其他市场机会和债务清算的预期集合。①

上述三个方面因素的考量应成为市场中公司对其所需求的资本是否"适格"的分析重点，从商品到对商品价值的评估，再到这种价值评估所依据因由是否充分，三者之间形成了较为紧密的联系，将市场中的各类有体物或无体物均进行了价值尤其是交换价值的深度解剖。这种可以在市场

---

① 这种持续经营体在市场中可以以公司、合伙等各种形态的商事组织样态存在。参见〔美〕约翰·R.康芒斯《资本主义的法律基础》，戴昕译，华夏出版社2009年版，第149页。

中以带有交换价值被买卖的商品，将可以借重资产及负债对其评估后的结果呈现在市场及投资者面前，供其选择。而公司资本形成这一过程中，也极为现实且明晰地展现了市场与投资者对前述各类资源进行"资本化"的做法。从期望及预期到物化资本，再到资本化，这一进程印证了在当代市场经济中各类资源逐步成为公司资本需求对象的成长"经历"。

人生而有欲望，进而有欲求，这种欲望所伴随的欲求是对自身私欲的一种满足性追求，在资源稀缺的现实世界中，为满足私欲而展现的欲求必然产生对外界资源的"过度性"获取的冲动与行为。为个体的发展，更为群体的生存，将有限的资源进行合理的分配成为人们共同的愿望，个人只有在群体能够生存的环境中才能得到成长与发展。因人生而有差异，这种差异不仅体现在自然人先天的体质差异，更体现在自然人出生后在社会及市场中所获取的资源的差异，为调和社会及市场中的差异，进而使人人得其所需，人们自发性的创造了市场。而交易这一经济分析中最为基本的单位则构成了市场中满足个体获取自身所需的媒介。交易承载着人们为了满足其自身欲望而表现其意志的方式与行为。在国家认可的范围内，人们以一种自由的意志通过交易在市场中不断互相交换各自的"资源"，以满足自己的需求。

在交易这一过程中，法学与经济学所关注的视野下会出现五个主体的博弈以最终实现交易的过程与成果。交易过程中的买方与卖方、次优替代性的交易对象、公权力的代表，所有的交易及其衍生的商业行为，如公司融资，均以此五方主体的博弈而展开，法律规则将以调控此五方之间的博弈而研判、设计。不能为我们所忽视的是，交易过程中一直伴随着一种力量的干预，其影响至深，甚至决定了交易正面效应维度的大小，即作为公权力对私权利的调控空间，就其本质而言，代表了具有道德力量的理性人在协调相对稀缺资源分配过程中的意志与方式。而这一意志的生长与展现则内含着公平、正义、安全及效率的价值，同时，伴随着自然人的劣性。

第三节　金融现代化下公司融资环境评介

一　金融现代化下公司融资路径评介

金融现代化的多重意蕴持续性滋养着公司融资的生长环境，以银行性金融机构为中心的银行市场融资路径展现了公司融资路径的多样化态势。经济学分析方法在某种程度上不能完全对影响公司融资因素的根源进行全面性解析，将公司融资这一重要问题置于资本市场中、特定历史背景下、具体人文环境中，才能真正地发现公司融资路径背后的"别样风采"。以此出发，我们也将会从债权人的视角更为清晰认知金融现代化下公司融资的内涵与样态。

金融现代化赋予了公司融资新的内涵，公司融资的路径与模式在资本市场中一直展现着品类繁多的样态，这种态势在金融现代化下呈上升趋势。金融现代化与公司融资路径的拓展之间相辅相成，互相促益。在科技创新、理念更新、法律完善、社会进步、市场完善这一宏大背景下，金融的发展核心已经不自觉地在多个方面为自身的发展增添了"现代化"的意蕴。最为明显的是，金融现代化在资本市场中为公司融资开辟了新的路径，创建了新的模式，提供了新的平台，营造了新的环境，继而创造了一个崭新的公司融资对策。

然而，公司融资路径样态的增多，并非意味着任何融资模式对不同类型的公司均是高效的，因此，探究金融现代化下公司融资路径多样化的形成因由，借此评介各类不同融资模式效率的高低、质量的优劣、模式的匹配成为当下极为重要的问题。我们试图从以下几个方面对此问题进行回应。（1）探究金融现代化的内涵及其在当下对公司融资所产生的意义；（2）分析当下资本市场内公司融资路径的发展状态及其未来的变革趋势；（3）解析以银行为中心的间接融资市场内多种融资路径的形成因由及其具体功能；（4）初步探究金融现代化下的公司融资法律规制框架；最后，从金融现代化这一概念出发，提出公司融资现代化这一重要概念，为债权人更为透彻的认知公司融资路径与模式的未来演进提供理论上的支撑。

（一）金融现代化的内涵与意义

银行为主导的间接性融资日渐成为公司极为重要的融资路径，这一进程中重要的"助推动力"即为金融现代化。① 金融现代化内涵丰富、层次多样，在经济、文化、法律、科技全球化的背景下富有崭新的含义。金融

---

① 中国人民银行党委 2010 年 10 月 19 日召开会议称，将推进金融改革开放和金融现代化建设，促进经济平稳较快发展，推动经济发展方式转变和经济结构调整。

现代化为公司融资路径打破了各种阻碍,不断地推陈出新,提炼性的扩展公司融资路径、丰富公司融资模式,在市场中将公司内外部的人力资本、物质资本、有形资本、无形资本均最大限度地融通、活化,激活了公司的"血液",同样以融资为纽带提升了公司治理水准。

1. 金融现代化的内涵

金融现代化是一个内涵丰富的概念,它以金融活动为中心,涉及金融活动、金融人才、金融技术、金融文化、金融实力、金融咨询、金融机制、金融政策、金融法律等诸多方面的现代化。①

(1) 金融活动与金融技术现代化

金融活动的发生与金融技术的革新是金融现代化的起点。金融活动不同于普通商业活动或工业活动,金融活动是资本市场中最为特殊、高级的交易活动,金融交易均非常复杂,附带有重大的不确定性及风险性。② 这种复杂且急速变化的交易活动必然需求强有力的高科技技术支撑,金融技术也因此获得了前所未有的发展,从而进一步推动着金融活动的快速发展。③ 金融技术在创新过程中的技术革新性、技术成熟性、技术稳定性及安全性均影响着金融活动的发展,在金融技术全球化的当下,金融技术的不断创新已经铸就了金融活动高速发展的基石。④ 可见,金融活动与金融技术现代化是金融现代化形成的逻辑基点。

(2) 金融行业与金融文化现代化⑤

金融行业的生成与金融文化的形成是金融现代化的成长土壤。金融行

---

① 金融现代化内含着诸多社会与市场层面的现代化,可见,金融现代化将成为一国之所以成为"强国"的重要标志。

② 金融活动包括:货币的发行、流通与回笼,货币的借贷,外汇、金银的买卖,各种有价证券的发行与买卖,票据贴现,信托,保险等。

③ 华尔街证券交易所中的计算机交易方式更新、下单模式转变,如网上股票交易、手机股票交易等诸多金融技术的创新均促进了金融的发展。

④ 2010 年 11 月 5 日上午 10 点半左右,上海证券交易所部分交易席位出现技术性故障,导致大量委托无法完成。经济观察网,http://www.eeo.com.cn/。

⑤ 2011 年上半年,多位美股重量级投资人都发布了最新的 13F 申报表。包括亿万富翁沃伦—巴菲特执掌的伯克希尔·哈撒韦公司、美国著名对冲基金经理大卫·埃因霍温(David Einhorn)执掌的对冲基金 Greenlight Capital、大卫·泰珀(David Tepper)的 Appaloosa Management 对冲基金、阿克曼管理的对冲基金公司潘兴广场资本管理公司(Pershing Square Capital Management)、对冲基金管理公司保尔森及公司(Paulson & Co.)。腾讯财经网,http://www.finance.qq.com/a/20110219/001029.htm。

业孕育着金融现代化的生长土壤，而金融行业中金融文化环境则成为滋润金融现代化的"养料"。从公元前 5000 年开始，历经千年的演进，人们所从事的行业不断更新，例如，农业、牧业、渔业、制造业、服务业、制造业、工业等等。① 利息的发明、罗马股票的出现、中国纸币的使用、荷兰东印度公司的风险股份乃至于纽约证券交易所及共同基金的诞生共同见证了金融行业的起源与发展，而从未缺失的金融文化同样蹒跚前行，呵护着这个历经千年演变的行业。从第一只欧洲债券到美国资本市场的诞生，从 20世纪的德国债务到利奥波德国债券，不同时期的金融行业的发展不仅滋润着金融文化的缓慢育养，更见证了金融现代化在全球范围内的成长。② 由此，金融行业的出现与金融文化的形成一起成为推动金融现代化成长的根基。

（3）金融实力与金融咨询现代化

金融实力与金融咨询的现代化发展是金融现代化过程中的核心体现。金融实力影响巨大，作为软实力的金融发展为国家硬实力如工业生产、公司投资、货物出口提供金融支撑，没有发达强大的金融实力，金融现代化职能是一个"空中楼阁"。同样，金融实力的增长是在金融咨询行业的"呵护"下缓慢增长的，可以认为金融咨询行业为金融实力的增长开辟了新的路径与模式。③ 金融实力的强大内在的要求金融咨询透明、金融咨询必须自由并十分发达，两者的体现是金融现代化适应并积极推动经济现代化的重要标志。④

---

① 参见［美］威廉·N. 戈兹曼等编著，王宇等译《价值起源》，万卷出版公司 2010 年版，第 17 页。

② 金融技术的发展与金融文化的培育之间存在着不可割裂的关系，如早在加洛林王朝，就有捐赠人把他们的葡萄园、房屋和土地捐给了教堂，作为交换，在他们活着的时候，从这些土地的收益中得到报酬，在他们死后，教堂永久性的每年为他们的灵魂做弥撒或祈祷。参见［美］威廉·N. 戈兹曼等编著，王宇等译《价值起源》，万卷出版公司 2010 年版，第 181 页。

③ 金融咨询行业对金融实力的增长影响甚深。凯雷集团的成长路径、罗斯柴尔德家族的创业历史均印证了这一点，从阳光映照下的金融咨询行业到裙带关系的咨询潜规则，一路为金融行业的实力增进提供着不可替代的指引。参见［美］丹·布赖奥迪著，石志宏译《透视凯雷集团的秘密》，上海远东出版社 2007 年版；［美］尼尔·弗格森著，何正云译《罗斯查尔德家族》（动荡年代），中信出版社 2009 年版。

④ 金融实力的强弱直接影响并决定着一国的经济命脉乃至于政治命运。早在 1818 年，拥有强大金融实力的 N. M. 罗斯切尔德……成为金融中心，影响着奥地利政府与普鲁士政府的"命运"。参见［美］威廉·N. 戈兹曼等编著，王宇等译《价值起源》，万卷出版公司 2010 年版，第 342 页。

（4）金融政策与金融法律现代化

金融政策与金融法律的现代化是金融现代化的外在表现。法律作为政策在调控社会和市场过程中的延伸，有效的以"标准"激励着金融的稳步现代化。同时，政策的制定、法律的设计应适时而变，最大限度发挥自身的调控能力，以增进金融活动的效率、呵护金融行业的发展、培养金融环境的生成，这种应时而变从而改变自身规则设计与调控金融活动的能力，构筑了政策与法律现代化的内涵。从美国 1933 年的《格拉斯—斯蒂格尔法案》到 2010 年的《多德—弗兰克法案》①，从日本 1998 年的《金融再生法》到次贷危机后日本对本国金融行业监管的变革，均可以看出，历次政策与法律的重大变革均是政策或法律在实践中对金融活动的一种适应性的"意见反馈"，是金融现代化的外在表现。②

2. 金融现代化与公司融资

金融现代化在极大程度上丰富了公司融资的路径，拓宽了公司融资的渠道，为公司在资本市场内的发展提供了更为宽广的天地。实践中，公司融资与金融现代化形成的过程中密不可分，金融技术及咨询为公司寻求新的融资路径提供了技术上的支撑，金融政策及法律为公司融资提供了信用环境。

（1）金融技术及咨询与公司融资

金融技术及咨询在金融业的发展过程中不仅为金融活动提供了必备的支撑，更在公司融资方面发挥着不可替代的功能。在 1999 年美国通过《金融服务现代化法案》后，逐步放松了对金融服务业的监管，对于在美国国内的金融机构经营业务领域给予了充足的空间，2000 年美国允许成立金融控股公司，随之后来的《多德—弗兰克法案》等监管法律的施行，均借重金融技术的应用及金融咨询行业的支撑而运行。③ 例如，有价证券的转让、金融票据的流通、信托凭证的流转在缺少金融技术及咨询行业下

---

① The Financial Mmodernization Act: Evolution or Revolution?

② 次贷危机爆发后，与欧美等国加强金融管制不同，日本金融改革延续了自由化和综合经营的发展方向，并加快了金融监管改革的步伐。日本希望通过实施以"增强金融市场竞争力"和"改进金融监管"为主要内容的一系列举措，使日本金融监管更为高效、透明、一致，使日本金融市场在次贷危机后成为全球最重要和最有吸引力的国际金融中心之一。参见王爱俭等《次贷危机与日本金融监管改革：实践与启示》，载《国际金融研究》2010 年第 1 期。

③ The Financial Mmodernization Act: Evolution or Revolution?

无法生存①，可见，在金融现代化的条件下，实现公司融资路径的多样化票据需要金融技术与咨询的必备辅助。

（2）金融政策及法律与公司融资

金融政策与法律将实践中公司对于融资的现实需求通过规则折映在现实中，并加以维护，金融现代化条件下，公司融资的效率及稳定性与政策及法律的呵护密不可分。公司融资的路径与模式均需要通过法律赋予足够的空间，金融活动同样如此。例如，美国在1999年通过的《金融服务现代化法》中，首次提出了金融立法的新观念，即要求兼顾金融"效率与竞争"，同时将其旧存的数量巨大的金融法律法规规范集中在一个法律文件中，予以清理并修改。在这个法案中，它不仅整合了美国庞杂的金融法律体系，更重要的是构建了一套跨越银行业、证券业、保险业及其他金融行业的金融服务体系，为公司融资扩张了崭新的领域。② 同样，2010年美国颁布的《多德—弗兰克法案》也是修补公司融资过程中实践层面对现有法律规范的一种挑战及对相关金融活动风险性的控制。③ 综合而论，金融现代化所承载的丰富内涵，不断回应着资本市场中金融活动对技术、文化、立法等诸多方面的需求，更不断拓展并强化着公司融资路径的多样化趋势。世界各国的金融业发展均印证着这一点，西班牙、法国、美国、日本等诸多国家金融法律的变革及实践中公司融资模式的推陈出新都展现了公司融资路径多样化的生命力及其与立法间强有力的互动关系。④ 而这一切，均生长在一个重大的背景之下，即金融现代化。可见，政策与法律作为呵护金融现代化的有效工具，最大限度地发挥着拓展并维护公司融资渠道的作用。

二 传统自治视野下公司融资路径评介：以《合同法》第342条为中心的考察

传统私人自治理念不仅影响着合同法中某些重要规则的设计，更深

---

① 例如：在19世纪末和20世纪初，美国银行纸币公司设计和印制了世界上很多金融证券，为了防伪，它采用了很多艺术设计。参见［美］威廉·N. 戈兹曼等编著《价值起源》，王宇等译，万卷出版公司2010年版，第121页。

② Financial Modernization: The Gramm-Leach-Bliley Act Summary.

③ Dodd-Frank Act: Implications for Securities Activities of Banks and Their Affiliates.

④ Corporate Finance in Europe.

深的影响着民法之外的商事法律的演进与变革。在展现着公平与效率、体现商法价值诉求的基础上,私人自治理念滋养着商事法律下公司融资路径的不断拓展空间。《合同法》第342条极佳地反映了这一点,专利权转让正体现了私人自治下经济个体积年经验的博弈成果,同样,私人自治所孕育着的合同法契约自由精神深深地促进着公司融资路径的最新变革。

私人自治作为合同法哲学的基础性理论之一,在丰富合同法内涵的同时,对其他民商事法律发挥着不可忽视的增益功效。① 合同法基础性原则的影响已经随着合同法的不断发展而渐进式的将其"精髓"渗入民商法领域,尤其是在商法领域内的公司法中,借由合同法以对公司法的生成及其变革进行解释已经成为商事法学者在破解公司法方面难题时不可舍弃的分析工具。这一点在公司融资路径的演进方面呈现得尤为明显。积年的商业判断经验与百年的商事习惯汇聚而成的公司融资路径中,深深地印刻着合同法下私人自治的理念,更通过其近年来的发展见证了私人自治理念在公司法领域中的发展。《合同法》第342条作为规制市场中技术转让的合同条款,更是极佳的印证了公司融资路径繁多样态中私人自治理念所展现的强大"生命力"。② 专利权转让作为技术转让的应有之义,在市场中见证并践行着私人自治理念在商事法律中的应用,公司融资路径的不断拓展,更成为私人自治理念促进商事组织融通资本、活化财富进程中的可见证的"历史"。

(一) 私人自治在商事法律中的延伸

私人自治理念是现代商事法律的核心基石。契约自由、诚信守诺、道德水准在商事法律形成与发展过程中发挥着巨大的推动作用,其中,契约自由所蕴藏的私人自治理念更铸就了商事法律中多项基础性规则。

---

① 在合同法领域,私人自治即意思自治,其强调民事主体以自己自由的意志为基础而形成的私法领域中的权利义务关系。具体而言,贯穿于此类权利义务关系的生成、变更、确认乃至终止,民事主体履行其义务、行使其权利的过程中"天然"的"选出"国家政策层面的权力干预,只有当民事主体之间无法通过契约性自由化解可能出现的矛盾、纠纷之际,国家之手才能借重司法介入私人自治领域。

② 《合同法》第342条规定:技术转让合同包括专利权转让、专利申请权转让、技术秘密转让、专利实施许可合同。

1. 反映商法中的平等与效率

私人自治直接折映了资本市场中自由经济发展的客观需求。在私人自治理念的引导下，具有自主意识的经济个体在市场中自发的在寻求价值增长与社会经济发展之间的平衡，这种自由竞争下自主性的经济活动在一定程度上促使市场中的"商品"的价格与其价值相统一，更衡平了市场中生产与需求之间的矛盾。① 更进一步而言，私人自治下的权利虽然以一种"无成本"状态呈现在市场中，但其衍生的费用仍无法避免，毕竟权利与义务相对应。② 即便如此，只有透过私人自治以调控并规制经济个体对自身利益的追逐，避免"高成本"的行政权力的深度介入，继而才能协调市场中经济个体之间的矛盾达至商事交易主体之间的平等，提高交易效率。

2. 反映商法中的价值诉求

商法的价值与民法的价值毕竟有所不同，其追逐营业自由与交易安全平衡的二重性迥异于民法的价值，不过私人自治理念仍然体现了商法中的价值诉求。③ 市场中经济个体活动所外在需求的是交易的自由度，自由交易显然充当着市场经济发展的基础，只有赋予市场经济主体以充分的自由，才能激发个体参与市场交易的积极性，以此为出发，交易双方均能获取自己所需的不同利益，同时增进社会整体利益。在这一过程中，缺失私人自治理念的支撑显然会"击垮"原本充满活力的市场交易。可见，私人自治充分地反映了商法中的价值诉求。

（二）《合同法》第 342 条中私人自治理念的展现

《合同法》第 342 条是关于专利技术转让合同的规定，对于专利权、专利秘密等技术性所有权及商业秘密的转让，印证了市场中经济活动正借重着私人自治理念的契约性自由，在不断博弈的过程中日渐形成了为多方交易主体认可、政府承认、市场接纳的规则，充分呈现了私人自治理念的强大作用。

---

① 本文中的"商品"应做广义上的理解：有形财产、无形财产在这里均可作为商品。

② 有学者认为，权利的特征之一，即它们的获得与行使无需任何货币费用。参见［美］阿瑟·奥肯著，王奔洲译《平等与效率：重大抉择》，华夏出版社 2010 年版，第 8 页。

③ 参见李少伟等《私法文化：价值诉求与制度构造》，法律出版社 2009 年版，第 203 页。

1.《合同法》第 342 条中的契约自由

在《合同法》第 342 条中规定了专利技术转让合同的相关规定,其赋予市场中交易主体之间一定的交易空间。对于市场中何种"商品"可以转让、何种"商品"不可以转让,均内含着交易主体对自身利益的考量,而据此所作出的决定正是意思自治的体现。专利权是随着科技进步、经济发展、金融行业成熟而出现的,其作用已经为市场内投资者所肯定。在当代知识经济时代,投资者在市场中承认其内在的权益属性与实用机制,并赋予其法律上的地位,这均源于契约自由背后的私人自治理念的"潜在影响"。

2. 私人自治理念对《合同法》第 342 条的影响

《合同法》第 342 条所调控的专利权,对现代公司而言,是一种极为重要的无形资产,对公司而言尤为重要,由专利权到专利技术秘密的转让体现了私人自治理念下市场交易主体商事经验在不断地"转化"为"现实"。商事主体通过私下或公开的交易博弈,不断对市场中可供使用的"商品"价值进行评估,以判定其在市场中的真正功效与实际价格,对于专利权价值的评估、对专利技术秘密价值的测量均体现了这一点。在交易主体对商事经验从专利权到专利技术价值分析并认可的进程中,间接性地促进了专利技术在市场中、公司间的融通及交换,这潜移默化地拓展了公司融资的路径与渠道。可见,品类繁多的资本样态在市场中得以存在,其重要的原因即在于交易主体之间私人自治理念下商事博弈所产生的价值与规则层面的认可。

(三) 公司融资路径与私人自治

《合同法》第 342 条并不能反映私人自治理念在公司融资过程中所发挥的实效性作用,它仅仅作为契约自由下商事主体交易过程中的阶段性"成果"。对于公司融资而言,私人自治理念的发展与演进正在逐步扩大其对市场中商事组织融资方式的影响,这既体现了公司融资路径内在的隐含的契约属性,更表明其未来的发展必将更进一步得益于私人自治理念。

1. 公司融资路径的契约性

现代商法的发展历经了百年的发展,其传承过程中的文化基础上的工商社会、有限政府、群己分立、理性宗教根基均与私人自治理念密切相关。① 同

---

① 参见李少伟等《私法文化:价值诉求与制度构造》,法律出版社 2009 年版,第 239—246 页。

样，公司融资路径的生成与发展也不自觉地伴随着私人自治理念的呵护而缓慢但却充满活力地成长。公司融资路径的多样化发展态势，正是在私人自治理念影响下的交易者在不断拓展并不断挖掘可供评估、转让的"商品"过程中所展现出来的私人自治的"外在面貌"。或许，所有权是一个社会历史现象，它随着社会环境的变化而变化，在不同的历史时期，总是呈现不同的面貌。① 公司融资路径与所有权一样，亦是"历经风雨、应时而变"，作为变动不拘的融资路径迎合了市场中不断出现的可为投资者接受的有价值且可以转让的资产。这种融资路径的不断拓展正展现了公司融资过程中不可缺失的契约属性。

2. 私人自治理念对公司融资路径的影响

私人自治理念精华的汲取与运用，将更进一步提升并扩充公司融资路径的空间。公司融资路径近年来的发展呈现一个上升的趋势，从货币到货物、从专利权到专利技术、从产权到人力资本等各类融资渠道的选择均受益于私人自治理念的影响。我们认为，这种影响在公司未来的发展中不会减弱，相反，这种正面性的影响将持续性的扩张公司融资路径与方式，不断为公司融资提供新的"商品"，增益公司、增益投资者、增益市场。

（四）私人自治未来的变革趋向

合同法视野下的私人自治将不断呈现出新的发展态势，但不可避免地将受到来自国家层面强制性权力的干预，对于公司融资而言同样如此，力图在未来的立法发展中寻求私人自治与国家干预之间的平衡点，将成为私人自治未来发展中所需着重考量的要点。

1. 私人自治与国家干预

私人自治本应成为市场中交易主体所信奉的"圣则"，然而，德行和恶习从未分开过，一直伴随在市场中交易主体左右。这种态势下，私人自治的正面效应的发挥将受到限制，其衍生的负面性效果将不可避免地冲击市场规范。正如过度的合同自由将造成市场中的不公平一样，不加限制的私人自治无法给予市场中所需的正义与公平，更遑论追求效率。在市场中强势交易主体可能在私人自治这一本应提供平等交易机会理念的遮盖下，毫无保留地追逐其原始的欲求，不断通过自身优势欺压交易对手。此时私

---

① 参见李少伟等《私法文化：价值诉求与制度构造》，法律出版社 2009 年版，第 2179 页。

人自治的缺陷亟须国家强制力干预才能平衡所可能造成的市场不公。可见,在私人自治的未来发展中,平衡私人自治与国家干预将成为合同法、公司法及其法律所调控的重点。

2. 私人自治视角下公司融资路径的拓展性变革

现实生活中,显性合同与隐性合同共同发挥着调控市场的重要功能。① 而无论显性合同抑或是隐性合同,私人自治的理念均根植于其中,发挥着其不可替代的作用。对于公司融资而言,私人自治理念所指引下的显性合同与隐性合同共同呵护了多年公司融资路径的成长,在借重国家强制性干预的措施下,最大限度地降低隐性合同所可能带来的负面性影响,同时增进显性合同的正面性效应。在未来,私人自治理念下所指引的合同法效应将不断为公司融资"开疆辟土",创造一个可供投资者选择的更为广阔的"空间",当然,这一进程中如何平衡私人自治与国家干预仍将成为立法者与投资者的重要考量要点。

在 30 年的改革开放过程中,私人自治理念深入人心,为更进一步的融通公司财富、刺激投资人经济活动,商事交易者日趋推崇私人自治与交易自由,这间接导致《公司法》、《证券法》、《破产法》、《基金法》的不断修正,我们认为,在市场经济繁荣、公司财富融通的背景下,私人自治理念及合同法下内涵契约自由的相关规则必将呈现繁荣的发展趋势,将会更为深远的影响公司融资的路径与模式。

三 金融现代化下公司融资路径的变革

金融业快速发展背景之下的公司在选择融资路径的时候所考虑因素繁多,其主要考虑的因素如,市价净值比率、财务杠杆率、预期通货膨胀率等等。② 此类需考虑的因素在金融现代化的背景下不断呈现增加的趋势,金融现代化发展的进程中给公司在选择采用何种方式融资中提出了更多的需要思考的问题。当公司考虑通过债务融资时,其需要考虑投资者未来的收益率是否会降低、财务风险是否会加大、治理环境是否会提升等等。然

---

① 参见〔法〕内尔纳·萨拉尼耶著,费方域译《合同经济学》,上海财经大学出版社 2008 年版,第 38 页。

② Capital Structure Decisions: Which Factors are Reliably Important?

而，这些因素的考量并不能够完全解释公司选择不同路径的所有动因，仅仅从经济因素对公司融资别样的路径进行思考显然不能达至理想的境界，公司经营环境、金融文化状态、投资者心态、政策及制度的传承等因素均应考虑在内。①

1. 影响公司融资因素的分析

（1）传统因素分析

公司对于融资方式的选择空间随着金融业的逐步发展而渐进扩大，在这一进程中，一些因素持续性的影响着公司融资模式。公司规模、通货膨胀率、公司利润率等因素影响着公司融资过程中的选择方向。公司在面对众多所需考量的因素时常会思考如下问题：是否应对众多因素全方位的进行分析及平衡、是否可以将其中的因素进行替换、被替换的因素是否会对融资产生负面影响？

显然，在众多因素中，它对公司融资的影响有所偏重，产生的影响有所不同。相比较而言，公司通常对于通货膨胀率的考虑最为轻。② 公司利润率这一因素的考量则随着金融业的发展历经了起伏跌宕的变化，19 世纪 80 年代利润率对于公司融资而言至关重要，几乎决定了公司是否有资格获得外部的融资。这一态势随着私募股权投资基金的快速发展而有所降低，在投资基金将公司发展的未来考虑近投资回报率之中时，公司当下利润率的重要性退居其次。③ 但对于运营中的公司而言，现金流量现值仍是不可忽视的考察要点，毕竟其可以反映公司为股东创造财富的能力。④

公司限于多方面的能力，或有所取舍地对某些因素进行替换式考察。例如，公司的定期销售额度替换公司资产、短期国库券替换预期通货膨胀率、用担保物替换公司有形财产等，这些考察因素替换在本质上并不会对公司融资方式产生重大的影响，可见，不同考察因素之间在某种程度上可以互通。其中，在对公司市值比率、盈利情况、有形财产、销售额度这四个因素进行考量时，决策者均十分审慎。被"忽略"的预期通货膨胀率及行业平均财务杠杆率通常对公司融资影响不大。融资顺位理论、市场择

---

① Capital Structure Decisions：Which Factors are Reliably Important?

② 当然，通货膨胀率对于众多以出口业务为主的公司影响甚巨，常常决定着公司生存的"命脉"。

③ Capital Structure Decisions：Which Factors are Reliably Important?

④ A Review of Research On The Practices of Corporate Finance.

时理论均无法全面的解释公司融资的动因，但却为我们探究公司融资动因提供了可供参鉴的指引。目前来看，暂无一个统一的财务杠杆率来对上述提及的各类因素在影响公司融资方面的功能进行统一解释。

（2）多样化因素的解析

制度性因素之外所可能产生的必要考量因素逐步进入学者针对公司融资研究的视野。技术的更新、投资者内心的状态、家族环境的影响、地域性历史的传承、政策环境的稳定等迥异于传统所考量的因素在实践中对公司融资切实地产生着潜在但却不可忽视的影响。

首先，技术的更新使资本市场中多样化的融资渠道在实践中成为可能。种类不同的融资路径与方式，在理论上成为可能之后，能否在实践中践行则需要得到技术层面的支持。在我国早期，纸币的产生、期票的发明均不同程度充当并融通当时的货币、经济及技术在"创作"纸币与期票过程中的作用，进而对当时经济的重大影响显然不言而喻。[①] 从西周时期即公元前 1046 年到前 771 年的青铜符木，到 1776 年美国对纸币在金融方面的创新设计，见证了技术革新对金融活化的巨大效能。[②] 当代的公司融资的便捷实现，更加与高新科技的支撑不可分离，证券交易所技术的革新、数据统计技术的成熟、专利技术的"可验证"不仅为资本在公司与市场直接的流转提供保障，更加创造出新的可供转让的"商品"。[③]

其次，投资者的心态同样影响着公司对融资路径的抉择。市场中的经济发展状态不同，培育了不同"想法"的投资者，发达市场中的投资者与欠发达市场内的投资者对当代融资方式不同功能的认知存在一定区别。这种认知的区别本源自投资者心理对具体融资方式价值的认同或对其风险的估算。债券融资与股权融资在不同类别投资者心中占据着不同的地位，投资者潜在的对这两类融资路径的价值及风险认知度不可避免地存在偏差。而这种认知度的偏差虽然受到投资者自身智识的影响，但更深层次上，投资者内心对两类融资路径功效的"默认"，往往极少因外界因素而"修正"。

---

① 参见［美］威廉·N. 戈兹曼等编著，王宇等译《价值起源》，万卷出版公司 2010 年版，第 75—76 页。

② 同上书，第 123 页。

③ 专利权、专利技术秘密的转让或出资，均内在的需求一定技术的支撑。

　　再次，家族环境制约着投资者对公司融资路径的考量。世界范围内公司虽然法律形态各异，但大多数仍是家族型公司，家族公司创始人所形成的公司环境、传承下来的家族精神往往决定了投资者对公司融资方式的选择。没有人会怀疑，当年罗斯柴尔德家族金融体系的形成，无不受到了来自其家族内部环境的巨大影响。① 对中小型公司而言，家族环境的影响力有增无减。在中小公司中，家族环境的融洽将促使其更多地选择在"家族圈"内部融资，而较少选择借重外部渠道融资。这种家族环境的影响同样是潜在且不可替代的。

　　另外，地域性历史及经济发展特色也影响着公司融资方式。在发达地区，由于经济意识开化、财富观更新、投资意识较强促使了当地投资者能够以更为积极的态度面对公司在融资中所考量的因素，相反，那些欠发达地区的投资者在诸多方面都存在"财富思想僵化"的问题。这种情况的存在，一定程度上限制了投资者对新兴融资工具的选择，抑制了对新兴融资方式的采用。

　　最后，政策环境的稳定。投资者尤其是不同国家、不同地区的投资者对于当地投资环境是否完善，政策法律是否稳定充满着殷切的期望，这常常决定了其可供选择的融资方式。在证券市场比较完善的资本市场中，可供选择的融资方式较多，而此时政策环境虽然成为投资者所需考量的要素，但其影响力却非绝对。然而，在证券市场不发达的资本市场中，如果能够确保所投资金能够安全的退出并回收往往成为投资者关心的问题，而此时政策及法律的稳定性则成为投资者核心的考量因素之一。

　　2. 公司融资路径的变革

　　公司融资路径的演进趋向一直保持着一种"自发性拓展"的态势，融资路径多样化、融资方式不断更新、融资品类不断增加，这种发展状态将持续性地呈现在未来的变革之中。

　　(1) 融资方式不断更新

　　融资渠道在金融现代化这一背景下不断拓宽。担保性融资、经常性融资、资本性融资、间接性融资、外汇融资、衍生性金融商品交易等均体现了资本市场中以银行为核心的金融融资体系。事实上，在我国，以银行为

---

　　① [美]尼尔·弗格森著，何正云译：《罗斯柴尔德家族》（动荡年代），中信出版社 2009 年版。

核心的融资路径一直是大型公司的主要融资路径，在国企改革的过程中银行对于国企改革金融层面的支撑及作用是显著的。然而，这种单一依赖银行融资的路径不仅限制了公司融资的渠道，更催生了垄断性的腐败。让市场中投资者困惑的是，这种垄断性腐败却间接地促成了公司融资市场中某些间接性的融资路径，尤其为获得银行贷款困难的中小公司开辟了一条虽然有悖法律，但却不得不铤而走险去探索的公司融资路径。① 但是，这种态势随着资本市场的进一步开发与发展有所改善，更多的成长能力强的高科技公司试图通过证券市场为自身融资，创业板的启动与发展即印证了这一点。可见，市场中已经不仅仅局限于单一的直接性融资，间接性融资的渠道已经渐进开通，所需的是未来不断地完善。

（2）融资品类不断增加

投资者出资方式正日趋多样化。人力资本出资、知识产权出资、专利技术出资等，正在不断增加公司融资的品类。融资品类的不断拓展，是资本市场中投资者、公司、监管部门乃至民众对市场内不断出现的能够折映"社会必要劳动时间的商品"的价值的认同。事实上，货币作为在市场中价值的代表在社会与市场中是极为必要的，它通过一种实在的物来表现某种社会关系。显然，货币本身所附带的社会属性可以通过多方面表现出来，例如以白银等金融性货币材料、以物质形式表现等。同样，对于货币之外的其他商品而言，在公司或投资者对其是否能成为公司与投资者及监管者共同承认的出资货币时，众多主体所考量的是其能否反映市场中的价值，能否反映社会必要劳动时间。公司法对于公司融资品类的规制正呈现着日趋扩张且反映实践需求的发展态势，实物、知识产权、土地使用权等可以用货币估价并可以依法转让的非货币财产均可作价出资，这一规定给予了公司融资品类扩张的现实空间。②

对于公司融资品类现实空间的广度与维度，其内含着两个决定性的因素，即融资品类能否反映社会必要劳动时间、能否在市场中代表价值、能否在市场中依据其自身的价值合法转让。随着市场对各类物品价值的发现与承认，更得益于科技的进步，愈多的物品可以被赋予市场价值，同时在

----

① 银行内部的各级领导，多借重自身的资源，通过多种方式间接性的向中小公司提供小额融资，进而获取自身的收益。

② 参见新《公司法》第二十七条。

一定的条件下可以合理估价，进而作为公司融资品类被依法转让。在这种背景下，更多的有市场价值的"商品"将被赋予融资品类的资格。金融现代化的情况下，必将给予公司融资品类多样化以新的意义。对于当下法律所禁止作为出资的劳务、信用、自然人姓名、商誉、特许经营权或者设定担保的财产，在未来毕竟会受到来自价值认同、技术评估等多方面的影响，部分地被投资者与公司接受，进而转化为公司融资品类之中。这一趋势并不以投资者或公司自身的意志决定，而是在市场经济发展的情况下"商品有用性"或其"现实价值"的外在呈现的衍生影响力，这一空间必将不断扩张。

四 融资法律环境完善及对债权人利益保护的初步探讨

金融机构尤其是商业银行应在遵守行业规则、社会责任、商业道德的情况下稳步发展，这种发展将有利地推动高效、透明、守信、明法的公司融资法律环境的形成。鉴于金融机构在市场内、社会中、政策层面的"优势"，将资本市场作为自己发展过程中的"自动提款机"的经营理念应得到有效遏制。以健康融资为商业银行发展理念、以透明融资为公司融资理念、以诚信受约为市场建设方向、积极建构更为完善的公司融资法律环境以保护公司债权人的利益。

（一）更新公司融资的商事理念

商业银行健康融资与公司透明融资在不同层面铸就了现代资本市场具有导向力的商事发展理念。公司融资路径的拓宽伴随着商事理念的不断更新，中国商事理念的发展多年来走过了一条服务于计划经济到服务于市场经济的道路，这种理念的演进历程同时影响着并见证着公司融资理念的内在发展。同样，商业银行融资理念也在印证着商事理念的不断进步。健康、透明的引导资本市场资金的流通是现代商事理念发展中的应有之义，更应是现代金融机构与实业公司发展的固有取向。在这种逻辑之下，修正商业银行融资理念、端正公司融资路径则应为我们重新思考。

商业银行融资理念应以健康、控制为当下的主导方向。证监会对于目前资本市场中金融机构尤其是商业银行的融资动向感到不安，为在资本市场中形成较为良好的银行融资预期，要求金融公司在融资前应详细披露其资本发展规划及相关问题。公司融资应以透明、适度为当下的主导方向,积极争取商业银行的回应。商业银行应针对中小公司融资数额小、融资频率高、融资期限短、抵押能力弱等固有特点,富有实效性地为中小公司设计融资对策,以解决实践中中小企业融资难的问题。①

(二) 培育诚信的商事环境

商事环境的培育内涵着商业经济环境与商业法律环境共同建设双重蕴意。商业经济是资本市场形成并发展的基础,商业法律则是呵护商业经济活动的重要保障,两者之间互动性的促进发展成为当下商事环境的内在主体。商事环境承载着商业信誉与法律威信,作为正式规则与潜在规则的外在表现,法律威信与商业信誉共同服务于商业经济活动。受制于传统文化因素的历史性传承及影响,至今在资本市场中对商事信誉认可度的淡薄、对法律威信的冷漠极大程度上影响着一个拥有法制内涵的商事环境的形成。②

商业信誉这一经济活动最为基本的构成要素不仅影响着商业活动的正常进行,更影响着商业活动进行的效率,同样,商业法律在市场中的"威信",更进一步的影响着商业交易的效率。由两者结合所形成的商事环境是公司融资的平台,当然这种平台下将会更为细化的分为银行市场、中介市场、监管市场等,但极为重要的是,对于公司融资而言,作为基础性的商业信誉与商业法律是否能在市场中"撑起天空"将直接决定着公司是否可以在市场内正常运营。因此,塑造商业信誉与商业法律在市场中的"地位"将有助于为公司提供一个健康的融资平台。

---

① 例如,张家口市商业银行把支持中小公司发展作为义不容辞的社会责任,采取强有力措施提供优质服务。第一季度累计发放中小公司贷款 52.98 亿元,余额 120.2 亿元、较年初增长 11.3 亿元,有效地缓解了当地中小公司融资难问题。参见《张家口市商业银行多措并举助中小公司解决融资难》,《张家口日报》2011 年 4 月 29 日。

② 一国文化在历史更迭进程中持续性传承下来的观念对当下的市场经济发展所产生的影响十分巨大。例如,在中国有一种宗教信仰就是敬天法祖,对祖宗的一种信念,他觉得把功劳一定要归于祖先,孝子就是要光耀你的门楣,就是要光宗耀祖。所以因为有这样的话,实际上像坟地也好,这种祖坟对中国人有双重意义,一层意义就是土地产权的意义就是物质上的意义,这块山是我们家的,另外一层就是精神层面的意义,它是精神和物质的双重意义。这种观念部分地推动了国内当下天价墓地的形成。http://bbs.ifeng.com/news/detail_ 2011_ 04/18/5812886_ 0.shtml

（三） 完善公司融资的法律规则

回首公司融资的法律规则演进进程，从公司法、证券法、信托法、基金法、银行法等诸多法律规范入手，细致的修补现有法律规范的不足应成为完善公司融资法律规则的方向。同时，对于公司融资法律规则设计的优劣评判，我们应在设计中积极从更为宽广的视野进行审视，文化层面的因素、历史规则的影响、规则与习惯的碰撞、经济发展的现状、政策制定的背景、社会层级的互动等诸多层面皆是我们应着重综合性考量的要点。毕竟，公司融资路径与方式的决策权均掌控在自然人的手中，而当我们置身于社会与市场中时，单一的法律规则已经不足以对我们考量公司如何融资、融资渠道、融资额度产生决定性的影响。我们应试图做到的是，将法律规则之外的对公司融资能够产生重大影响的因素进行解析，并将这种因素的考量要点在最大程度上进行法律规则与政策制定层面的转化，真正做到以法律、政策反映现实需求，才能富有实效性的设计出高效的公司融资法律规则。

商事法律规则的设计对于公司融资而言意义重大，然而随着商事法律研究的进步与各领域学者思想的"碰撞"，我们已经不得不达成一个共通的"默识"，即法律规则不足以独自全面的调控公司融资路径与方式。基于此，从一个更为宽广的视角来看，以多层面因素为思考的出发点，借重更多类别知识的智慧为公司融资设计高效的融资规则的路径与方式将是我们的必经之路。

第四节　债务融资风险的监控与
债权人利益的保护

公司债权人以公司信用为保护自身合法权益的依靠，而公司信用是一个内涵丰富的概念，内含着诸多信用元素，其中公司债务信用是极为重要的信用元素之一。万事皆有利弊，债务融资也存在一定的风险并影响着公司信用。公司借助外部债务融资路径在为公司提供充足并可支配的流动资金解决其融资这一重要难题的同时，也为投资者们带来了极难回避的公司债务风险。当下，公司债务风险是公司信用风险中的一个独立风险源为我们所承认，在资本市场发展迅速、公司融资渠道逐步拓宽的背景之下，公司债务风险极为深远地影响着公司信用的稳定与安全，亟须我们认真应对。

通常而言，作为公司信用的核心要素之一，公司债务风险是指在资本市场内由于公司融资需求路径的变化、债务期限结构的变化以及市场宏观经济法律与政策的变化等多种不可完全预知的因素给公司财务的稳定性带来的不确定风险。实践中，公司发生债务风险之时，通常表现为公司财务突发困难、偿债能力急速下降，尤其在公司应对措施不当之时，极容易导致公司投资者权益收益率下降，乃至最终致使公司面临破产危机，因此，在富有效率的利用公司债权融资这一有效工具的同时，及时的债务风险检测与控制是必要且有益的。

一　公司债务的正负效应

（一）公司债务的正面效应

作为解决公司融资这一"现实难题"[①] 之一的重要对策——公司债务融资，不论对投资者抑或是公司自身而言，都有着诸多的有益之处，这些正面效应的存在为公司债务融资提供了许多无法被取代的独有优势。公司进入某一经济领域或从事某一项投资项目的决策都会影响其经营风险，而（部分或全部）用债务对公司的投资进行融资决定了公司的财务风险。[②] 债务融资为股权投资者及公司所偏好，不仅因其具有财务杠杆效应，更因其具有可以为股权投资者降低货币贬值损失、为公司减少上缴所得税等正面效应。

首先，财务杠杆效应。债务融资所具有的财务杠杆的正面效应多为股权投资者及公司所偏好。财务杠杆是指由于公司债务的存在而导致在资本市场内普通股每股利润的变动大于利息税前利润变动的杠杆效应，债务融资会使公司债务杠杆比例提高。[③] 通常，在调节公司融资结构之

---

① 参见吴晓灵《"小公司融资难问题"是重中之重》，中国经营网，2010 年 2 月 9 日；董文标：《试解"小公司融资难"》，财经网，2010 年 3 月 2 日。

② 蒋屏：《公司理财》，中信出版社 2005 年版，第 191 页。

③ 参见高明华等《公司治理学》，中国经济出版社 2009 年版，第 111 页。

时，借用适当的债务融资进行公司融资结构配置可以为公司带来额外的获益。当公司的投资利润率高于负债利息率之时，公司处于盈利状态。此时，公司借用债务融资所进行投资创造的利润在扣除债务利息之后，仍会存有一部分剩余利润，这部分利润就是公司借用债务融资而获得了最终剩余收益，通常归公司及投资者所有。可见，借用债务融资财务杠杆这一高效率的融资工具，在投资利润率高于负债利润率之时，财务杠杆的积极效应得到彰显，债务融资的正面效应得到体现。因此，在不否认财务杠杆负面效应的情况下，股权投资者多承认并积极探究借重债务融资，以期发挥其正面效应，这是公司债务融资受到股权投资者"宠爱与追捧"的重要原因。

其次，减税效应。减税效应通常是公司与投资者选择债务融资的主要动机。商人以获利为最终追求，虽有失偏颇，较为极端，但确实是资本市场内商战博弈的真实写照。股权投资者投资并经营公司的最主要目的是获利。多数情况下，投资者评估市场投资环境优劣时最为重要的参考标尺即为政府对公司的税收政策，税收在公司的利润"蛋糕"形成中占据着重要的一块。可见，降低缴税额度一直是投资者期望通过合法路径所追求的商业目的。公司债务融资有效且合法的为投资者提供了可供选择的对策。会计法规定，公司负债利息的费用计入公司的财务费用，在公司税前成本中可以抵扣。因此，公司借用债务融资可以有效的、合法的减少上缴税额，最大限度地为投资者留存有利润空间，这无疑将激励投资者在考量公司融资结构之时，将债务融资纳入重点考虑要素。

再次，避免货币贬值的损失。市场经济与资本市场密不可分，与宏观经济政策波动同样密不可分，债务融资在货币贬值的情况下，可以间接地降低公司损失，减少投资者利益受损。通常，一国市场内的通货膨胀与紧缩之间处于一个波动的状态，在通货膨胀之时，交易货币处于贬值的阶段，公司偿还债务金额的实际价值比发生通货膨胀之时要小。此时，货币贬值所带来的货币价值萎缩风险被转嫁到了债务人身上，有力地为公司及股权投资者降低了因通货膨胀所带来的损失。实践中，金融危机极为完美地为我们展现了债务融资避免货币贬值风险的有利之处。无论是作为进出口贸易的公司，抑或是大量持有美元的中国与日本等美元债权国，无不遭受到了美元贬值所带来的巨大损失。① 作为经过包装、设计后的华尔街公司所打造出的金融衍生品风险，被持有者即世界各地的金融衍生品债权人所承担。可见，适度、巧妙地借用债务融资，将合法且有效地化解债务公司与股权投资者自身面临的通货膨胀及货币贬值风险。

最后，降低资金投入风险。股权投资者在追逐利润的同时，实时地在做出各种监测及预防措施以防止公司经营风险造成的损失可能危及自有投资资金，而债务融资则较好地解决了这一点。公司在有限责任原则下，股权投资者仅仅需要用其投入公司的股权投资承担无限责任，而不会危及个人自身财产。然而，即便如此，投资者也常会思考如何避免公司中投资资金的安全问题。由于公司债权人多数情况下存在偿付顺序的安排，在公司财务风险不胜危机之时，借用债务融资而不仅仅依靠自由的股权资本将有效地化解公司偿付问题，有效地避免因单一融资路径所可能引发的公司财务风险危机，进而避免自身投资资本的安全，降低资金投入的风险。

(二)　公司债务的负面风险

公司信用中的债务风险元素之所以存在，是因为债务融资在为投资者与公司带来巨大有利之处的同时，同样存在着扩大公司财务风险和增加公司经营成本的风险。

首先，扩大公司财务风险。债务融资是一柄利弊皆存的双刃剑，不仅是解决公司融资难问题的有效工具，同样也是引发公司财务风险的主要诱因。通常，借用债务融资的财务杠杆的正面效应可以为股权投资者带来超额的收益，但是，财务杠杆的负面效应往往对股权投资者可能造成致命的打击。当公司借用债务融资时，如果投资利润率过高的低于负债利息率，

---

① 2010 年 10 月商务部部长陈德铭称:美元"失控"带来输入性通胀冲击，中国外贸也面临美元失控难题。以辽宁省为例，来自沈阳海关的统计数字显示，2010 年前 8 个月辽宁省外贸出口和外贸进口呈现同步增长，进出口贸易总值达 525.9 亿美元，同比增长 42.9%。其中，出口贸易总值 284 亿美元，增长 46.5%；进口贸易总值 241.9 亿美元，增长 38.9%。不过随着美元的持续贬值，这种数字的增加反而成为一种难言的尴尬。美联储公布的数字显示，从 2010 年 3 月至 2010 年 10 月，美元已经实际贬值接近 7%，平均每月贬值接近 1%。而按照目前辽宁省出口贸易总量计算，随着美元的持续贬值，辽宁省平均一个月实际的美元收入已经贬值接近 3 亿美元，而如果将这些美元折合成人民币计算则接近 20 亿元。"因为美元不再'值钱'了，所以辽宁省出口额越大，无形中的损失也就越大。"参见《美元贬值辽宁出口每天"少挣"7000 万》，《华商晨报》2010 年 10 月 28 日。

也就是公司的债务融资带来的利润不足以支付债务融资所产生的利息，则股权投资者将会面临用自身资本创造的利润来弥补不足以支付的利息部分的情况。可见，公司债务融资必然且不可避免地伴随着公司财务风险，往往这一弊处成为引发公司债务危机乃至公司信用危机的导火索。

其次，增加公司经营成本。公司债务融资在到期之日的偿付往往成为增加公司经营成本的主要原因。债务融资占据公司资本的比例一直是投资者认真思考对待的问题，往往借入资金和公司自有资金的比重与公司的经营成本有着密切关系。公司高管会实时地关注到期或即将到期的公司债务，以设计公司偿付债务及公司资本结构。显然，如果公司债务偿付较为集中，必然会对公司资金的周转产生不利影响。

二 债务工具信用风险与监测

通常，公司可以采用多种形式与路径进行债务融资，当然，这也加大了债务融资工具的信用风险。长期或短期的银行贷款，公开或私募的发行债券，有担保或无担保的债券乃至次级抵押债券，等等。公司或投资者有需求，市场就会生成供给。种类繁杂的债务融资方式开启了资本市场别样的篇章，不仅为投资者提供了较多的债务工具选择机会，也为投资者与公司使用债务工具时提出了新的风险监控话题。

（一）债务工具类别分析

债务工具适用的条件和期限多有不同，一般而言，不同债务工具的采用，既是公司商业的决策，也是公司信誉的展现。信誉指数高的公司往往可以获得更为优质的债务融资资金，借款期限较长、利息较低的债务融资往往青睐此类公司。相反，信誉指数低的公司往往会进入恶性循环，无法筹集所需债务资金，进而发生公司财务危机。可见，债务工具类别繁多，含义复杂。

首先，贷款。贷款是资本市场不发达背景下公司采用较为多的债务工具形式。贷款通常分为普通双边贷款以及具有特殊性的多边贷款。依据公司财务风险指标及其对债务融资额的需求，公司与债权银行进行彼此信息的沟通，尤其是在债权银行对债务公司的需求与公司未来的发展前景明晰之时，确定采用双边或多边贷款方式。通常而言，债权银行的贷款反映了公司的基本信用指数高低。多边贷款多存在小型或中型的公司中，债权银行自愿承担交易对手可能存在的商业风险，在债务人面临财务危机时分担其相应的损失。而多边贷款则是多个银行组成的银行团对大型债务公司给予的"高信用"贷款。在资本市场不甚发达的国家中，大型公司往往通过这种多边贷款方式以获取所需的大额债务资金。

其次，债券。在公开的证券市场内，固定收益证券包括多种类的证券，例如最为常见的普通债权、无担保长期债务的信用债券、对房产适用留置权的抵押债券、设备信托证书、零利息债券，等等。在公开市场中，债券比较贷款是更为灵活的债务融资工具。因二级市场中的信息流动顺畅，信息披露透明，不仅可以受到多方投资者的有效监督，同时更可以为小型投资者购买。

再次，混合型债务工具。混合型债务工具一直是投资者较为青睐的融资工具。优先股是在资本市场中适用非常广泛的混合债务工具的代表。实践中，复杂的混合型债务工具很多，银行家与证券商不断开发出新的混合型债务工具。事实上，混合型债务工具受到如此重视的原因是，其可以为投资者提供不同程度的税收上的收益。通常，混合型债务工具并不十分简单、直接的将债务定义为纯正的债务融资。其是否是公司真正的债务，取决于其在融资过程中存续的时间，如果实际的债务成分极少，它则既有可能会成为仅仅是一个名义上是债务的股权投资，仅仅是一个公司名义上需要偿付的借款数额。

最后，其他路径。融资租赁、呆账证券化、商业票据、私人募资等路径在实践中作为公司债务融资工具发挥着重要的作用。金融创新为银行家和金融家们提供了创造债务工具的契机，获利是金融产品创新的动力，结构复杂是金融产品创新的特点，面对如此之多的债务工具，资本市场已经鱼龙混杂甚至虚假成风，投资者显然眼花缭乱乃至不识真假。债务工具信用风险凸现，内力的规制毕竟是有限的，借重外力监管是提高债务工具信用的唯一良方。因此，信用评级工具显得尤为重要，通过信用评级有效的分析债务工具内容与风险，极为有效的帮助债权公司降低使用债务工具潜在的风险。

（二）信用协议和债券契约的风险监测

债权人在评估债务工具质量之时，往往借用一定的信用评级方法以对其信用的高低作出判断，预防风险。通常，信用分析师通过信用协议以及债券契约来审查债务工具的内容与信用，检测债务工具的稳定性与风险性，并起到预防的作用。

首先，监测的信用信息。适用债务工具之时，信用评级师通常要对债务公司进行多项的资信调查，其目的在于解剖公司资信情况，明晰公司的资信尤其是其财务状况是否健康运行，是否有足够的能力使用所借用的债务工具。剖析的结果不仅是债务公司可以获得何类债务工具的依据，更是债权人做出是否借贷的主要参考标尺。因此，信用评级师对公司资信的剖析对借贷双方而言都至关重要。

一般而言，信用评级师主要关注债务工具使用中的以下情况：公司现存状况是否正常；公司经营活动是否健康；公司是否存在信用悬崖；公司是否存在财务承诺，如果存在，对公司财务信用有何影响；公司是否存在非财务承诺，如果存在，对公司非财务信用有何影响；违约的标准及补救措施方式。前述需要信用评级师分析的公司信用信息，较为全面地描述了公司的大概资信轮廓，为债务工具的适用提供了一定的监测依据。例如，公司是否有信用悬崖或公司是否有财务或非财务承诺，直接影响到公司的财务稳定状况。显然，如果债券持有人对债务公司资信怀疑甚至不信任，将有可能会利用信用悬崖等条款强迫公司赎回债券，这样公司财务随时会处于风险的边缘。这类契约条款是否存在着检测，对于是否适用债务工具以及适用何种类的债务工具起到一定的判断依据作用。

其次，监测的信用内容。无论是信用协议，抑或是契约，作为合同的一种形式，都是通过借贷双方详细的沟通后，规定了债权人和债务人之间在选择适用的债务工具中的相关权利与义务。在对契约进行监测之时，债权人和债务人应将注意点集中在影响双方权利与义务最为重要的地方，通常包括以下几个方面：首先，债务发行人的详细信息，例如，发行债务工具的数量、发行价格、债务到期日、债务人的财务核心信息、对所募集资金的使用介绍等；其次，陈述的内容，例如，借款人自身情况的陈述是否虚假，公司的经营能力、内部控制系统是否如陈述所言等。再次，关于承诺以及违约事件的规定，契约中应包含详细的规定，将未来可能发生的违约情形包含其中，对自身承诺的内容如公司信用触发器、契约中存在的限制性条款等。通常，前述的监测信用内容可以帮助借贷双方详细了解对方的资信，例如，承诺中可能包含的调节债权人内部之间以及债权人及其代理银行之间的关系的规定；发生纠纷之时双方选择特定法律体系来解决纠纷等规定。可见，债权契约内容详细监测，可以帮助信用分析师获悉公司可以利用的不同融资的来源及其潜在风险。

三　破产债务的风险与控制

公司在面临财务危机之时，常常处于破产的边缘，破产之际公司债务风险的认知与风险的控制，以及对不同种类债权人的偿付安排非常重要。事实上，往往借助事前明晰的债权偿付安排降低了债权人事后面临风险的程度，可以有效地为公司破产债务降低风险。

（一）破产危机中的债务法律风险

破产程序中债权人权益实现的程度取决于债务人财产的价值多寡，在市场经济中，债务人财产的价值往往随着商品市场的波动而发生变化，与此同时公司的经营情况也决定着债务人财产能否保值和增值。[①] 世界各国破产制度不尽相同，在不同政治、经济与私人财产制度规则背景之下形成了不同利益群体保护倾向的破产制度。例如，法国对待公司破产，倾向于将债权人利益置于与其他投资者利益一个水平线之上来进行破产程序规制，债权人较难得到利益的保护的优势。相比之下，英国破产制度对于处于利益受损边缘的债权人利益给予倾向性的保护规则。而德国的破产制度利益保护取向，则处于相对中间的位置。通常，在德国破产制度下，面对公司所可能出现的重组计划，法院不能够强迫债权人接受。同时，虽然法院所任命的公司破产管理人，也需要听从公司债权人会议做出的指示，债权人的话语权举足轻重。众多利益保护倾向不同的破产制度之下，破产债权人所面临的法律风险，在本质上却十分接近甚至相同。无效率的司法程序将对债权人通过走正常渠道发布破产决议的利益产生不利影响，进而导致债权人完全放弃正式的破产申请程序。[②] 可见，提高效率、控制风险是

[①] 参见齐明、仇晓光《我国破产法中自愿破产原则的反思与重构——从中美重整制度的比较出发》，《东北师大学报》（哲学社会科学版）2010 年第 4 期，第 27 页。

[②] ［美］谢辛斯基等编著：《自由公司经济体的创业、创新与增长机制》，刘志阳、吴桂兴、陈惠国译，东方出版中心 2009 年版，第 245 页。

各类破产程序所共同倾向的。

首先，法律风险之一：破产中止申请。在有破产法庭的法系中，破产法庭做出阻止债权人的求偿以及执行担保的请求被称为破产中止申请。破产中止申请的过程，是法庭在对债权人与债务人、债权人之间的利益做出"苹果"的过程。时间不定，几个月到几年不一。相当一部分债权人的利益虽然在法庭的研判之下会得到合理的划分，但是由于中止期限的存在，其利益由于不能得到较为及时的回收，必然受到一定的损害。当然，不可否认的是，在中止的过程中，由于给予了法庭以及公司一定的时间以重新对利益进行分配，会给公司所有者、管理者以及债权人一个时间段，以了解公司实际价值，帮助其做出一个较为合理的安排。

其次，法律风险之二：朦胧期或优先期。在公司的财务危机爆发之际，法庭并非会第一时间确定并登记公司相关财产及经营决断是否合法，需要对其进行重新调查。在法庭确认之前，债务公司股东及高管极有可能通过转移公司资产、未经其他公司提供担保，以掏空公司资产。这种不法的操作常常使债权人利益受到严重损害，且恢复极难，成本极高。优先期的实践在不同法系中不同，德国较短，时间在几个月，美国、意大利以及法国时间较长，可达全年。

（二）破产债务的偿付顺序

公司破产之际，各类投资者利益处于一个极为敏感且极为复杂的境地，利益之争尤为激烈。通常，公司股东、银行投资者、雇员、政府部门、供应商，都会为了及时获得较高的利益回收而争取第一顺序受偿。公司债权人一般包含五个层次：有特权的债权人、有担保的债权人、无担保的债权人、次级债权人以及公司股东。由先至后的顺序反映了不同种类债权人受偿的能力与次序。在发生借贷之前，或公司破产之际，债权人明晰自身所处的债务偿付次序位置，有利其认清自身受偿的预期状况。

以有担保的债权人为例。债权人在公司财务危机与破产之前，要求公司将对其有担保的资产转移到一个特设实体（SPV），担保资产被隔离公司资产外。作为隔离后的担保资产，不再是公司的经营性资产，公司破产时，SPV 的现金流量可以剥离出公司经营资产之外。这样，可以极为实效性的起到预防公司财务危机与破产风险的作用。可见，相比之下，有担保的债权人能够获得较为安全的债权保护。

(三) 破产债务的风险监控

首先,担保的完善。担保是债权人获得债务清偿的有力对策,在与债务公司进行担保谈判之前,债权人有必要对所考虑担保资产的实际价值进行调查。债权人应明确债务人已经通过相关的声明与保证确定债权人也就是担保物的受益人拥有对担保资产的绝对优先权利,防止事后可能出现的意外先担保情况。在公共部门进行抵押登记成为证明担保物价值的有效方法。当然,在破产发生之时,对于同一个担保资产上所存在的不同债权人请求权,则需按照登记日期进行排序。

其次,监测特定资产受托人。由于在设立特设实体的情况下,必须通过雇用相关的外部机构以经营控制这类资产,服务机构与受托人显得尤为重要。受托人往往是监督、保管和管理职能的实体。由于其职责所在,主要负责监督特设实体受到的基金不被服务机构非法动用,增加风险,因此,对其进行监测有利于剥离资产的稳定与安全。

再次,明确债务期限及债权人协议。债务层次之间的债权人为争取获得利益回收而破坏正当的债权受偿顺序是可能发生的。信用分析在最高级别的债务给付之时,特别注意其他层级的债权人,防止可能出现的企图破坏受偿顺序。显然,如果受偿过程中违背了这个受偿顺序,将导致更低级的债务反而优先受偿,从而影响整体利益分配格局。

最后,完善契约、触发器以及担保文书要求。标准化的契约在实践中为债权人所接纳,但不能规制所有可能发生的事件。债权人总是期望通过多种有效对策以对债务公司现金流量进行监测与控制。首先,尽量详细设计对交易中担保物的规定,债权人可以确保在没有任何资产处于担保物之外。通常,固定资产、有形资产、无形资产以及相关的金融资产都包含在规定的范围之内。其次,严格规定以财务契约形式出现的触发器。在触发器下所设计的不同阀值被"引爆"时,应采取不同的措施,由违约时的后续赔偿至公司危机时的接管或更换公司高管,一个渐进严格的触发器常常会起到有效的预防作用。

四　强化债务工具风险监控建议

传统经济分析观点认为,公司破产程序的启动应以公司资产低于公司负债为"信号",一旦公司资产触及这个"底线",公司就应及时启动破产程序,以最大限度地维系各方权益主体的利益。当然,在市场中经营多年的公司资产的评测是一个极为艰难的现实问题,我们只能借重对公司现金流的监测以衡平公司面临破产危机的几率。[①] 对于评测公司现金流的监控对策具有一定的复杂性,在公司面临破产风险之际,公司股东及公司高管人员均有一种转嫁公司破产风险的动机,故而对公司实际情况最为了解的股东与对公司运营情况最有发言权的高管人员很有可能拒绝对面临破产风险的公司进行资产质量的评测。同时,来自美国、加拿大、英国以及德国的经验告诉我们,法律为应对公司面临破产之际可能出现的公司实质控制着及高管人员的"风险转嫁动机"已经不同程度上通过赋予高管人员在公司破产之际,承担一定的责任并履行一定的义务,以控制其不适当的行为。[②] 公司高管拒绝对公司资产进行破产风险的评测,显然会刺激股东等利益群体在最大限度上保存公司资产利益,以充实自身权益。可见,对于正常经营中的公司进行债务工具风险的检测,将有助于避免公司面临破产之际极端状态下的公司风险。

(一) 拓展监控债务风险工具

首先,发挥中介机构的信息披露功能。债务工具风险的存在不可避免且很难察觉,乃至于普通的专业人士在未尽职尽责之时也会忽略或未察觉此类风险,强化并发挥中介机构专业人士对债务公决风险监测的功能尤为必要。中介机构人士在尽心竭力的"挖掘"公司债务融资风险之时,不应仅仅草草提示公司管理层或仅向公司做以形式上的汇报即完成自己的任务。鉴于中介机构对公司债务风险的敏感性与直接性,应规制中介机构人士将债务风险向公司相关利益群体(股东、债权人、管理层乃至相关监管部门)定期及时披露,这种强制性的特定类别的信息披露将切实的发挥中介机构对公司债务风险的监测功能。

其次,借重公司经营者的道德风险底线。公司债务风险犹如公司股东

---

① 对公司的现金流进行监控,是一种观察公司偿债能力强弱效果较为明显的对策。当公司不能够及时偿付其已经到期的债务时,极有可能引发破产风险。

② 英国、德国等在对公司高管人员监控层面进行了必要的规定:当公司高管人员在通常的情况下应该意识到公司进行破产清算的后果会产生更多的积极效应,如果其有意回避对破产清算等问题,则应承担一定的法律责任。

及董事等掌控公司者脚下的"透明的地雷",而公司掌控者的道德底线则是监测"透明的地雷"的"检测仪器"。中国的道德生态一直不鼓励培育道德资产,谁讲道德谁倒霉,谁不择手段谁成功。[①] 道德风险的底线,是法律调整社会关系的边界,适当提高并借重规制公司掌控者的道德底线,有助于提升公司监管者的"责任心"与"敏感性"。公司在追求什么? 利润,道德,还是其他? 我们可以肯定的是,预防并控制风险,无疑是公司在经营中一直追求的。显然,重塑并提升公司掌控者的道德根基,将是公司债务风险监测体系的内在必要要求。

(二) 完善评估回收预测

认为资本市场有效并达到完美的观点是很难被接受的,这一点同样适用于债务风险的控制,将债务工具风险控制到最低点,是我们努力的方向。[②] 事实上,债务工具存在的风险一定程度上降低了债务工具的信用,必须积极应对以降低风险提高债务工具信用。能够切实有效的提高债务工具信用的规则对策至少应具有两种重要的功能,即不仅需要可以在公司正常经营过程中反映出公司可能的违约风险,更需要反映出公司出现财务危机之时公司资产可能的回收期望。

首先,重析财务风险类别。重析并可以明晰较为详细的公司财务风险类别,是提升债务工具风险的首要前提。财务风险类别通常包括但不限于:公司融资结构中负债比例过高;公司经营业绩惨淡,财务状况一般;公司经营业绩一般,财务状况拮据;公司遭受外部与内部的冲击而违约,等等。对于公司财务违约类型的深度剖析,将为我们呈现出可以预见的公司财务危机。举例而言,负债过多,经营良好的公司。此类公司多募集了大量的债务作为公司融资结构中重要的一部分,期望通过良好的经营业绩来创造足够的利润弥补债务带来的资金成本,并偿还债务。这类公司在市场环境较佳的时候往往可以创造预期的超额利润,偿还债务。但是,在市场经济环境较差的时候,此类公司极易发生债务偿还困难,进而引发公司

---

① 刘军宁:《公司家,小心脚下的地雷阵!》,《绿公司》2010 年第 3 期。

② 参见 [美] 道格拉斯·R. 爱默瑞 (Douglas R. Emery)、约翰·D. 芬尼特 (John D. Finnerty)、约翰·D. 斯托 (John D. Stowe)《公司财务管理》(上),中国人民大学出版社 2007 年版,第 429 页。

倒闭的情况。可见，对财务风险类别有较为清晰的认知，可以对公司债务工具风险起到良好的检测作用。

其次，评估财务危机中公司价值。公司财务危机中的资产价值标准化评估，是控制债务工具风险的重要方法这一点在国有公司中尤为重要。[①]折现现金流方法以及市场价值法是信用分析师对陷入财务危机中的公司常使用的价值评估方法。对于公司股东以及债权人而言，公司重组多数情况更为双方所期望，以获取各自最大的利益回报。因此，在公司面临财务危机之时，谨慎的对债务公司以未来可以持续经营的假设来进行价值评估是信用分析师常考虑的重要措施。

再次，评估资产回收期望价值。公司财务危机中资产价值的回收期望评估，是检测债务工具风险的重要对策。公司违约原因很多，在因违约而引起的公司破产之前或破产之时对公司资产回收价值进行预测是十分困难的。破产成本的存在、破产规则的适用、债务偿付中的成本、资产回收周期性的成本，等等，都将影响公司资产回收的价值，进而影响面临破产风险公司的未来信用。

最后，度量信用风险。信用风险的精确度量，是对债务工具风险较为全面的检测，为提高公司债务工具信用最后的良方。信用分析师对破产公司的信用风险分析，并非仅仅凭空想象，而是依据公司资产等相关因素的数据而判定。总体而言，有两类因素对破产之际的公司信用风险十分重要，即公司是否能及时履行还本付息义务的能力，以及在违约发生之时债权人对债务公司的预期回收前景价值的判定。信用评级信息对公司违约具有非常显著的精确预测能力，使用得当，是债务工具风险预防的重要工具。

公司信用是一个内涵丰富的概念，内含着诸多信用元素，其中公司债务信用是极为重要的信用元素之一。万事皆有利弊，债务投资也存在一定的风险并影响着公司信用。公司借助外部债务融资路径在为公司提供充足并可支配的流动资金解决其融资这一重要难题的同时，也为投资者们带来了极难回避的公司债务风险。当下，公司债务风险是公司信用风险中的一个独立风险源为我们所承认，在资本市场发展迅速、公司融资渠道逐步拓宽的背景之下，公司债务风险极为深远地影响着公司信用的稳定与安全，

①　参见杨文《国有资产的法经济分析》，知识产权出版社 2006 年版，第 490 页。

借重度量信用风险、评估财务危机中公司价值等多种对策将有助于强化监控公司债务风险。

本章小结

公司债权人利益的保护涉及公司法框架内外诸多重要的法律问题,探求其利益保护的理念根基与受损因由是我们试图设计并构架债权人利益保护对策的首要任务。

公司债权人利益的保护内含着坚实的理念根基,价值衡平理念、私权发展与维护理念以及公司社会责任的承担理念均从不同视角给予法律保护债权人利益的充足的理论上的支撑。公司法框架内的诸多法律规则的设计需要综合考量公司及其相关利益群体的重要利益,尤其是公司股东的利益,在将公司债权人利益同此类利益群体利益做以对比之时,债权人的利益往往被忽视。然而,当我们从价值理念、私权保护、社会责任这些极为重要的法律概念入手,则会看到公司债权人利益的保护已经到了一个不得不引起我们重视并给予关注的程度。

同时,公司融资路径及模式多样,其融资根源往往展现着公司赖以生存的"血液"的来源,不论是早期的实物性融资,还是现在的无形资产融资都对公司资本及其资产产生着重要影响,进而影响着公司债权人。同时,作为融资模式之一的公司债权性融资,对于股东而言是公司采用债务工具运用的一种选择,而这种选择利弊皆存,虽然在某些时候对提高公司财务运行效率起到积极的促进作用,但同时却也隐藏着公司财务风险。

从公司债权人层面看,公司融资模式的选择直接对其利益的稳定与保护产生着影响。市场中的何种"要素"可以成为公司资本形成的来源、何种"要素"可以构成公司的资产均影响着公司对债权人利益保护的能力与强度。因此,我们应审慎地对待公司融资过程中对于市场中各类"要素"的选择,有所侧重地依据当下市场中的各类制度与环境来鉴别各类"要素"成为公司资本乃至于在进入市场中其价值波动的状态,继而为公司债权人利益的保护提供一个稳定的保护。

第 三 章

公司债权人利益受损的根源探寻

随着世界经济的周期性波动与美国次贷危机的爆发，公司债权人利益的保护问题引发了各界前所未有的关注，道德、政策与法律皆要求公司承担社会责任，对公司债权人利益进行保护。在此背景之下，国家政策向债权人利益保护倾斜，立法者有针对性地对债权人利益保护的法律对策进行了修改，中介机构迫于立法与社会的压力提高了自身对债权人的诚信义务要求，债权人利益阶层自身亦极力争取对自己权益的维护。这些都表明，随着历史车轮的向前滚动，时代的脉搏展现出了公司法迈向对公司债权人利益进行充分保护的道路，公司法的利益取向应适时地做出取舍或者有所偏重，公司不仅仅追求股东利益，而应在合理的范围内考量公司债权人利益的保护。构建债权人利益保护的对策，最为重要的是明晰债权人利益受损的根源，公司债权人以何为信，其正当权益又为何受到威胁均需要我们明确。

第一节　公司信用危机引发的风险

债权人是公司利益主体中不可或缺的重要组成部分，其利益的保护对维护公司利益增长与市场经济的稳健发展具有重要的作用。面对公司有限责任所引发的风险外部性问题，债权人利益不断受到损害，投资回报率不断下降，所付出投资成本不断攀升。在资本市场发展迅速的当下，伴随公司信用危机的爆发，债权人利益面临着利益受损扩大的风险。债权人种类不同，经济力量、投资力度以及对利润的回报期望也不同，但是，债权人却都以公司信用为自身利益获得保护的基础。

一 公司信用与债权人利益的关系

公司信用与债权人利益的关系内涵着多种信用要素的公司信用,对债权人利益起着重要的保护作用。不同种类债权人,其投资利益的正当获取,都不同程度的受益于公司成熟的信用。

(一) 债权人类型解析

布莱克法律词典主要从两方面给出债权人的定义:债权人是指提供货币或者货物信贷的人;债权人是指对另一方有明确的请求权的个人或商事主体。[①] 具体而言,实践中,债权人类型多种多样。

首先,根据债的发生原因,公司债权人可以分为侵权债权人、无因管理债权人、契约债权人以及不当得利债权人。

其次,根据债的发生是否基于债权人自愿,公司债权人可以分为自愿债权人、非自愿债权人。其中,自愿债权人常称为主动债权人,一般是通过与公司签订契约,与公司发生债权债务的债权人。而非自愿债权人又常被称为被动债权人,一般是因公司侵权行为而享有对公司损害赔偿请求权的债权人。

再次,根据公司资本融资渠道,公司债权人可以分为一般债权人、夹层债权人。其中一般债权人是指仅仅通过对债务公司借贷,而对公司享有债权请求权的债权人。而夹层债权人,则是指通过向公司投资股权或债权资本,而在一定条件下可以相互转化的债权人。

最后,根据债权人自身能力的强弱,可以分为强势债权人、普通债权人。其中强势债权人是指债权人自身实力较强,拥有强大的资信实力以及其他方面的能力,可以对自身利益提供充足保护的债权人。而普通债权人是指,债权人自身能力较弱,自身经济能力以及其他方面的能力均不能对自身利益形成较为完善的保护的债权人。

本书采取广义的公司债权人定义,即包括相关形式的各类公司债权人。通常,债权人对公司及债务人均有独特的利益需求,正如有学者所指出的:"首先,债权人将会更加高兴并感兴趣,如果他的债务公司在其贷

---

① Bryan A. Garner. Black's Law Dictionary [M]. West Group, 2001: 161.

款过程中都具有足够的资产；其次，债权人将迫切的有这种意愿，即希望阻遏债务公司贷款给可能与其一起分配债务公司资产的其他的任何债权人；再次，债权人希望债务公司的资产一定程度的保持自由，其资产上不存在享有优先权债权人的任何可能的留置性利益；最后，债权人希望债务人能够为其保留一些财产作为防护垫，同时希望，债权人的请求仍然存在、未获还款的时候，排在他后面的权利人（一般是股东，但有时候是被附属债权人）不得带走这些财产。"① 可见，就其本质而言，债权人对债务人具有如此之多的期许，都是为了更好地通过限制公司的某些行为，以为自身利益提供更加完善的保护。

（二）公司信用对债权人利益的保护

"你会无所顾忌的把钱借给他吗？"这是全世界的投资者、贷款人以及公司高管在履行自身义务时，不可回避的一个古老却负有现代意义的话题。现实中，当借款人计划用自己的钱来投资，就必然要通过对投资对象做出比较充分的分析，尽可能的检查投资对象的所有财务、经营以及发展等状况，以预测自己的投资是否会在未来为自己带来一定的回报。这种对投资对象进行分析的过程，就是对投资项目的信用分析的过程，是对债务公司信用分析的过程。正如有学者对公司信用分析的定义："公司信用分析是一个分析框架，通过它，我们可以系统、全面地评估公司及时清偿债务的能力和意愿。"② 因此，信用，对债权人与公司而言并不是一个陌生的话词，债权人利益以公司信用为保障。

我们认为，狭义上的公司信用是指传统公司法观点所认为的，公司资本为债权人利益提供保护的法律对策，即"公司以资本为信"。广义上公司信用则是指借重由公司资产、信息披露、责任规制以及其他通过契约自由或国家强制等方式而形成的对债权人利益提供保护的法律对策。纵观公司法的发展历史，可以发现，公司的资本制度在对债权人利益的保护中，曾一度处于极其重要的位置。公司以资本为信曾被债权人视为重要的维权

---

① 参见葛伟军《公司资本制度和债权人保护的相关法律问题》，法律出版社 2007 年版，第25—26 页。

② ［美］布莱·甘吉林、约翰·比拉尔代洛：《公司信用分析基础》，许勤等译，上海财经大学出版社 2007 年版，第 1 页。

利器。在相当长的一段历史时期内,公司资本一直是公司法保护债权人利益的主要力量。然而,无论日渐为学者所抛弃的公司以资本为信的观念,抑或是对充满生命力的公司以资产为信的认知,都仅仅是从狭义的角度对公司信用进行的探析。正如有学者已经注意到的,"公司信用质量的形成和发展,起源于公司所处的宏观经济环境和经营环境"。[①] 政府行为、行业风险、经营风险、财务风险无疑都会对公司信用的优劣产生不可忽视的重要影响。基于此,我们的认知是,公司信用应是一个开放性较强、具有强大包容能力的动态概念。狭义的公司信用概念已经无法适应当下资本市场内债权人利益保护的需求,相比之下,广义上的公司信用则为债权人利益保护提供了较为开阔的保护空间及完善的对策体系。因此,我们认为,公司信用是指以公司资产、信息披露以及责任规制三种法律对策为主,辅以通过契约自由及国家司法介入等其他法律对策,通过多种对策各自及相互之间内在的融合,而为债权人利益保护提供的完善保护对策体系,债权人以此为信。

二　公司信用危机在金融危机中的放大

在金融危机背景之下,内含着公司资产、信息披露、责任规制三种主要信用要素的公司信用受到来自内部与外部的不利因素冲击,公司信用危机在这种背景之下得到放大,对债权人利益造成了巨大的伤害。具体而言,公司信用危机的放大主要体现在以下几个方面。

首先,政府风险加剧。政府政策的不稳定变动、金融市场的波动发展、宏观经济因素的不可预测以及外汇风险都是政府风险加剧的内在原因。以本次美国次贷危机与金融危机为例,无人可以否认危机背后的政府宏观经济政策以及货币政策的因素对危机的诱发与促动效应。可见,法律是经济的反应,理论的变革来自实践的力量,政府错误或不当的政策风险在极大程度上影响了公司信用的质量。

其次,金融行业风险加剧。成熟的金融市场包括一系列的金融中介机构,它们极其有效地将市场内买方与卖方连接起来,并有效地为双方的交

---

① ［美］布莱·甘吉林、约翰·比拉尔代洛:《公司信用分析基础》,许勤等译,上海财经大学出版社 2007 年版,第 2 页。

易进行分析、定价、审核。通常，这些金融机构包括商业银行、保险公司、私人基金、投资银行以及共同基金。金融中介机构不仅为金融公司服务，同时也为市场内的实业公司提供服务。出于追逐利润的动机，金融中介一些行为已经为市场内所有投资者所痛批，但投资者出于需求却仍然离不开金融中介的服务。显然，投资者借助金融中介机构服务获利，金融中介机构借重投资者获利，两者是相辅相成的。但是，金融行业的风险，在金融中介机构的金融创新工具下已经被数倍的放大，受益的是中介机构，但承担风险的确是市场内的投资者。

再次，经营风险加剧。其一，经济全球化为公司带来更多参与全球市场竞争的机会，公司产品质量、价格、客服服务以及其他公平竞争的因素，在经济全球化下迫切的需要提升的同时，公司经营风险随着竞争的增加而扩大。例如，通常情况下，债权人向一家公司提供信贷，当这家公司的经营处在一个十分困难的时期但却有极强的市场竞争力时，债权人会愿意向这家公司提供借贷，甚至会为这家公司缓期还款免责。然而，面对高度竞争的市场，没有人能保障公司不会出现经营风险，这无疑会放大债权人的借贷风险，同时反作用于公司自身。其二，随着资本市场的发展，金融业与实业呈现出日渐混合的趋势，银行参股地产公司、投资基金参股汽车产业等等，此种状况在资本市场发达的国家已经是资本市场内公司商业战略的常态。在这种背景之下，公司高管具有更多的机会运用商业投资手段及资本运作对策为公司获利、为自身谋益。可见，伴随资本运作手法的翻新，高管经营公司过程中，追逐自身利益最大化的机会逐步增多，为高管开辟了难以回避的追逐利润渠道，扩大了高管经营风险。

最后，公司财务风险加剧。会计分析、费用成本、负债比例、兼并计划以及资产周转率都是公司财务政策所考量的不同方面，显然，每个部分都构成了公司财务风险的一部分。金融市场内复杂的财务报表，实业公司中复杂的资本结构与融资设计，显然不是公司为了迎合债权人利益而制定的，财务政策决定着通常是为了"有利于公司经营自身"，进而为了"股东利益"而制定财务报表。金融工具的运用使得公司的财务报表在更大程度上存在一定的不确定，极少有分析师可以轻易的看透财务报表背后的公司真实资信状况。在这种情况下，财务报表的真实性及可比较性已经在一定程度上需要债权人付出更多成本去研究、分析。此时，已经为金融市场内部所证实的是，公司财务风险已经被急剧放大。

第二节 不完备契约对债权人利弊的效益解析

不完备契约的存在是债权人利益受损的重要原因。公司契约本质上具有不完备契约的属性,而债权人进入公司契约网之时,已经天然的带有不完备债权契约的特点。不完备契约在损及公司信用的同时,也提高了债权人维权的成本,减低了债权人的收益。可见,保护债权人利益的对策,即是债权人通过法律对策弥补不完备契约,增进公司信用,以降低其维权成本,提高投资收益的博弈过程。

一 公司信用与不完备契约的关系

契约是由一系列的承诺所组成,所有的承诺都是在多方当事人签约之时做出的,当事人都预期并认为在所签署的契约到期之日这些承诺都能兑现。契约可以分为完备契约与不完备契约。完备契约,是指当事人的承诺完全的包含了当事人之间在未来履约过程中所预期到的所有事件(权利与义务)。例如,对方履约的质量、违约的几率、获得赔偿的程度等,如果对此种情况都做了完全的规定,那么这个契约就是完备契约。显然,不完备契约是指当事人在签约之时的承诺并未完全包括未来预期的所有各自权利和义务的契约。由于未来是不可预测的,未来的变量(例如,技术困难、努力程度、市场变化、宏观政策等因素)价值不能得到明晰的确证,事物的发展状况总是出于人们的意料之外,现在的承诺并不能代表未来的守信,因此,市场内存在的契约多为不完备契约。从本质上而言,足够复杂的状态必然会导致不完备契约的出现,这种不完备契约所带来的交易成本只是一定程度上的降低,并不能彻底消除。

对债权人而言,完备契约将保障公司信用的真实性,然而面对不完备契约广泛存在的事实,只能借重公司法以降低不完备契约所产生的成本。公司法虽然尽可能的将未来不可预见的信息涵盖在内,但那只是一种美好的"理想",公司法只能在一定程度上降低双方因不完备契约所产生的交易成本,而不能完全消除。同时,对债权人而言,通过与债务公司签订一系列的合同以规制债务公司未来可能对自身利益造成损害的事件的发生，不失为一种较好的对策。毕竟，只有债权人才知道，自身的利益在何种情况下才会受到债务公司的侵害。不完备契约所产生的交易成本的存在，使得债权人不可避免地承担一定的获利风险，不可避免地经受着未来债务公司可能的侵权的行为。债权人以公司信用为信，导致了债权人必然借重公司法等对策以弥补不完备契约缺陷，解决不完备契约引发的问题。对公司信用的维护过程，就是对公司不完备契约缺陷的一种弥补程序。因此，就本质而言，公司信用的各个信用要素均是对债权人与债务公司在签约之际对未来未预料到的权利与义务发生的前提性规制。可见，完备契约代表了质量较高的公司信用，当出现不完备契约之时，公司信用受损，而多种保护对策的借重则弥补了不完备契约所遇到的问题，重塑了公司信用。

二　不完备契约对债权人利益保护收益与成本的影响

不完备契约的客观存在，一定程度地提高了债权人保护自身利益所付出的成本。债权人与债务公司之间的债权契约完备性是相对的，而不完备性则是绝对的，债权契约一旦形成，债权人就要面临不完备契约所造成的可能性风险。实践中，债权契约不完备性隐含着诸多的风险：债权人与债务人缔结契约之时能预测到公司的未来现金流的质量吗？能够预测到资本市场的系统性风险吗？能够预测到公司实际控制者的管理能力吗？能够预测到公司管理者是否会对公司与债权人利益尽职守责吗？公司所提供的收益信息真实可靠吗？如此等等，公司的现金流、资本市场利率变化与系统风险都是债权人面临的未来不确定风险，而期望通过契约将这些风险都涵盖，注定是不切实际的。因此，不完备契约在某些方面增加了债权人面对的风险，提高了债权人利益的保护成本。

首先，提高信息搜寻成本。股东是公司内部投资者，而债权人是公司外部投资者，债权契约履行过程中影响债权人利益变动的关键信息都是由公司的内部投资者股东对外披露。债权人可以通过约定及公司法规定获取契约履行的信息，但是债权人为确保获取信息的可验证性，需要向中介公司（例如审计公司）支付一定的费用，不仅这类费用不可避免，债权人又要承担着中介公司增信服务附带的不确定风险的成本。显然，在债权人支付验证成本之时，其通过债权投资而获取最大化的收益必然会受到影响。

其次，提高利用制度成本。在公司危机之时，债权人常常通过第三方即法院的介入获得利益的最后保障。但是，对于公司破产所产生的不可避免的费用，常常需要债权人为之承担部分成本。如果债权人选择公司破产而获取利益的保障，就必然要计算破产成本对其预期固定收益的影响比例。① 这类成本的存在，也无疑提高了债权人利益的保护成本。

最后，提高公司控制者敲竹杠的成本。债权人最难以应对的是公司实际控制者损害其利益的行为。在信息不对称情况下，债权人面临的利益受损风险非常明显，即便在信息对称的情况下，债权人也面临股东机会主义行为，经常饱受作为公司财产剩余索取权人（股东）的滥权获利行为威胁。通常，公司控制者为自身利益，对外融资举债，尤其是当对外新债级别高于旧债之时，原来的债权人投资利益保护程度就会下降。同时，公司控制者对股东分配股利的政策不可能尽为债权人所提前获悉，在不能通过事前契约进行有效规制的前提下，股利政策作为公司正常经营决策范围之内的决定很难为债权人所影响。防止并抑制对股东股利的过度发放，提高了债权人保护利益的成本。

第三节　有限责任对债权人利弊的效益解析

有限责任原则的存在是债权人利益受损的另一重要原因。有限责任原则在市场内各个商事组织内普遍"存在"的事实彰显了其无与伦比的功效。② 但其永不可消除的风险外部性则一直为外部利益主体所诟病。金融危机下公司有限责任原则使一些金融机构的股东及高管可以庆幸自己"逃过一劫"，然而债权人利益受损的事实却仍需面对劫后余生的有限责

---

① 参见齐明、仇晓光《我国破产法中自愿破产原则的反思与重构——从中美重整制度的比较出发》，《东北师大学报（哲学社会科学版）》2010年第4期，第27页。

② 商事组织投资者通过多种方式以限制自身承担责任的风险程度，真正'无限'责任的情况几乎没有。有限责任是普遍存在的。参见［美］弗兰克·伊斯特布鲁克、丹尼尔·费希尔：《公司法的经济结构》，张建伟、罗培新译，北京大学出版社2005年版，第46页。

任原则。有限责任永远伴随着贪婪的人性，世界银行体系的崩溃、数十巨型金融机构的破产即为人性贪婪而激发的获利之心留下的历史性"瞬间结局"。可见，有限责任偶然间的成本高涨使债权人利益受损殆尽，平衡有限责任的成本与收益的重任则被一定程度上给予了揭穿公司面纱这一法则。面对有限责任所引发的风险外部性，道德风险已经被数倍的放大，揭穿公司面纱法则并不能承受平衡有限责任成本与收益之重任。其他配套对策亟须完备。

一　有限责任原则对债权人的收益与成本

有限责任原则功能众多，隔离投资者风险、分散投资者投资、降低公司内外部监督成本等等。然而，人生不止一种角色，有限责任也不止一种功能效应，从债权人视角看，有限责任原则利弊皆存。

（一）　有限责任对债权人的收益：扩展逐利渠道

通常的见解是，有限责任原则的优势集中于以下几个方面：首先，大大降低了投资者监督公司内部代理人的成本；其次，降低了投资者之间互相监督的成本；其三，有限责任原则推进资本市场中股份的自由流动促进了市场效率的增长；其四，在信息充分流动的市场内，有限责任使市场价格在一定程度上反映出公司的价值及其他公司资信；其五，投资者在市场内的分散性投资对策成为可能，使投资者可能形成最优投资决策。[①] 以上五点优势基本涵盖了有限责任对债权人所有的有利之处。我们认为，对债权人而言，重要的是有限责任原则更加丰富了债权人投资的路径模式，债权人放弃债权使用权而将其投资于公司，扩大了债权人的投资模式。通常而言，公司融资渠道主要来源股权与债权的融资，两者比例在任何公司中都不尽相同，对债权融资比例的需求视不同行业不同公司而定。我们注意到，近年来我国证券市场中债权融资量得到提升，例如，2008 年上半年商事公司融资总额为 2490.72 亿元，融资额比 2007 年上半年上升 25.31%，其中债券融资比例明显提升，占据了 29.33%，债权融资比重

---

① ［美］弗兰克·伊斯特布鲁克、丹尼尔·费希尔：《公司法的经济结构》，张建伟、罗培新译，北京大学出版社 2005 年版，第 49 页。

占据了重要的份额。① 值得注意的是,资本市场发展初期债权获益的渠道仅仅局限于利息与本金的回报,但投资者借助有限责任的优势,通过资本市场内独特"金融智慧"的巧妙设计,扩大了债权人债权投资的回报方式,夹层资本(Mezzanine Capital)② 即为债权投资多样化的方式之一。具体而言,在有限责任原则下,公司债权可以在一定期间内转成股权,从而扩大了债权利益的投资路径。例如,比较典型的夹层债务供应者可以通过选择进而将其所提供的融资其中部分分离,通过股权投资参与权(Equity Participation Rights)抑或是转股权(Convertibility)均可将其转换为债务公司的股权。③ 显然,在无限责任原则下的其他类型商事组织中是无法完成债权投资者此类投资身份转变的,试图通过此种投资渠道获益断然无门。因此,我们认知到,有限责任原则极大程度地丰富了债权人投资及获取回报的渠道,增加了债权人的投资收益。

(二) 有限责任对债权人之成本:提高逐利费用

首先,债权人逐利直接成本被无限放大。一般而言,债权人追逐利润的直接成本包含但不限于:搜寻优质债务公司的信息成本、谈判缔约的时间成本、监督公司控制者滥权的监督成本、监督债务公司商业投资的监管成本、债权资金投入回报的风险成本,等等。然而,在有限责任对公司高管个人财产的安全庇护之下,公司控制者对利润的贪婪促使其去采取更多的对策、冒更多风险进行商业投资,此时前述债权人的逐利直接成本在有限责任原则下被人类的贪婪前所未有的放大。

其次,债权人逐利过程中所产生的间接成本也不断增加。实践中,僵化的资本制度、不完备的信息披露制度、缺失的审计师责任规制、亟须明晰的股东及高管责任无不是债权人在有限责任的"威胁"下追逐利润所

---

① 此数据未将非 A 股上市公司所发行的公司债券、短期融资券计算于内。参见《债券融资比例上升 公司债券大发展面临新机遇》,《中国证券报》2008 年 7 月 31 日,第 3 版。

② 夹层资本(Mezzanine Capital)是风险与收益介于公司债务资本和股权资本之间的资本形态,其本质是长期无担保的债权类风险资本。当公司进行破产清算时,优先债务提供者首先得到清偿,其次是夹层资本提供者,最后是公司的股东。因此,对投资者来说,夹层资本的风险介于优先债务和股本之间。

③ 资本市场中,可转换债(Convertible Debt)、次级债(Subordinated Debt with Warrants)以及可赎回优先股(Redeemable Preferred Equity)都是常见的夹层资本形式。

引发的间接性"附带性成本"。应注意到，此类间接性成本并未因法律的改进而有较大幅度的降低。虽然公司法与证券法不断修改与完善的目的之一即在于监管并防止公司股东、公司高管等对公司有实质影响力的控制者滥权逐利，并通过有限责任以规避债权人对其个人财产的追索。但法律改革后的债权人在与公司实际控制者的博弈过程中总处于劣势，历次监管法律的出台无不证实了这一点——"监管失败引发债权人利益受损，继而完善监管法律"。原因何在？或许正如目前资本市场内皆认知到的，面对有限责任的庇护，人类贪婪的本性若无法得到有效遏制，必然会导致下一次"次贷危机"，"安然事件"、"雷曼事件"的再次光临也只是时间的问题，有限责任对债权人所产生的成本将永不可完全消灭。

二 风险外部性问题的成本解读

债权人利益缘何受损？逐利成本的提高内含着何种因素？我们认为，债权人利益受损的原因主要归因于有限责任的风险外部性问题。具体而言，虽然资本市场内债权融资比例不断攀升，但却难以发现任一公司的融资结构完全依赖债权融资，原因就在于风险外部性所引发的债权融资高成本。在公司经营及融资过程中风险外部性问题所引发债权融资高成本具体表现在：债权融资的激励效应成本、监督成本以及破产成本三个方面。

（一）债权融资的激励效应成本

通常，高债权比例融资必将导致公司实质控制人（大股东或管理者）内在的产生经营激励效应，以债权资金为冒商业风险的资本。显然，在股东投资十万元的公司中，债权人绝不可能考量向其借贷一千万元的债权资本。一般情况下，一千万元债权与十万元股权的融资结构必然促使经理或股东有强烈的动机进行高利润、高风险的商业投资。但即便商业冒险投资成功率较低，且伴随着一定的风险，获得成功的巨大收益将使股东及经理人受益，而投资失败的绝大部分风险成本则为占据公司融资额比重最大的债权人所承担。因此，为降低激励效应所带来的可能性高成本，债权人往往对债务公司要求较为高的利率回报，以及对公司投资进行一定的风险投资限制。然而，在面对市场中商业博弈的激烈竞争，为回应股东对利润的追求及开放资本市场中经理人市场的残酷竞争，激励效应所产生的债权投资成本总是难以被有效稀释。

不可否认的是,如果商业冒险投资获得成功,债权资本收益者将获得相对更稳定的投资回报保障。对此有学者曾指出:从市场的现实角度考量,在运用市场价值规则之时,债权与股权投资者之间因有限责任引发的风险外部性所招致的不可避免的潜在利益冲突很有可能并不十分重要,通常如果一个商业投资机会能够使公司市场成本上涨幅度超过公司市场价值上涨幅度,不仅可以增加公司股权投资者的投资价值,同时也可以增加公司清偿其债务的能力,使债权人获益。① 但在现实的资本市场中令人不容忽视的事实是,商业投资的成功与否存在着太多的不确定性因素,而往往经理人甘冒风险而投资的项目均风险大于稳定。鉴于此,我们认为风险外部性所引发的激励效应所带来的高成本难以在短时间通过法律规制得到有效的稀释。

(二) 监督成本

债权人可以通过事前的监管以规制公司的商业投资行为及某些财务政策以消除激励效应所带来的弊端,但同时也由此产生了一定的事前监督成本。一般而言,债权人通常在投资债务公司债券之前,通过与债务公司签订尽可能详尽的合同来约束债务公司不当商业行为以降低债券投资风险。为达至前述目的,事前的合同限制必然要尽可能的覆盖公司绝大部分的商业经营决策的风险。然而我们注意到,这种对策的负面效应已经广为债券持有人及债务公司所诟病,例如,谈判及履行诸多繁琐限制条款的成本增加了债券投资者的成本,诸多限制投资条款对公司经营商机的限制也可能致使公司获利能力的下降。

因此,债权人与公司控制者都有动力去积极协商以达成事前监管的统一"监督样板"以降低监督成本。债券持有人有足够的动机去订立类似的条款以监督公司控制者的行动,其最终目的在于衡平此类监督成本与债券持有人从这些监督活动中预期获得的收益。公司实际控制者是否也有动机采取此类事前监督的活动呢? 我们认为,因事前规制合同中的条款将直接影响公司未来的投资计划、财务结构,公司实际控制者必

---

① ［美］迈克尔·C. 詹森:《组织战略的基础》,孙经纬译,上海财经大学出版社 2008 年版,第 73 页。

然有动力重视此合同条款。同时，出于降低对自身约束的要求及降低因此而产生的公司费用成本，公司实际控制者也必然有动力提前进行沟通以减少并稀释此合同条款。例如，债券持有者可能通过事前的规制要求公司在启动投资项目之时应制作较为详细的定期财务报告，而此项成本必然为公司所承担，公司实质控制者如果能比债券持有人以更低的成本获取这类财务报告信息，则可以一定程度上降低公司成本，为公司实质控制者带来好处。因此，公司控制者将主动并积极地通过事前提供类似的允诺将制作定期财务报告的"要求模式"以降低此类成本。然而我们必须注意到，事事不能尽在事前的"监督样板"中设定为资本市场内公司经营中的不争事实。所以，此类监督成本的不可消除为债权人投资成本居高不下的另一重要原因。

（三）破产成本

在破产过程中，债权资本投资者也承担一定的破产成本。公司破产是公司内部与外部各种权利主体博弈、权利重组的过程。这一过程在某种程度上会消耗公司仅存的一定的剩余公司资源，例如，公司破产的过程中，将不可避免的雇用某些专业中介服务机构为公司破产程序而服务，因此在面临公司破产抑或是重组的选择过程中，破产成本常常成为公司债权人所考量的因素。通常，破产阶段的管理费、律师费、审计费以及诉讼等费用均为破产成本费用。破产成本费用的重要性已经为学者所关注，例如，"沃纳（Warner，1975）研究了1930—1955年间11起铁路破产事件，估计平均破产成本为破产前第三年公司价值的2.5%（在0.4%—5.9%之间），平均破产成本的货币值为188万美元。"[①] 正如学者注意到的，破产成本占据公司价值的份额虽然不足以对公司价值产生过多的影响，但破产成本影响着"公司的需求函数或成本函数的变化，并进而影响公司的现金流量"。[②] 可见，破产对债权人产生一定的成本，为债权人利益损害不可回避的重要原因。

---

① ［美］迈克尔·C. 詹森：《组织战略的基础》，孙经纬译，上海财经大学出版社2008年版，第77页。

② 参见［美］迈克尔·C. 詹森《组织战略的基础》，孙经纬译，上海财经大学出版社2008年版，第77—97页。

本章小结

近年来资本市场急剧的膨胀,追逐利润的动机使得市场体制内各种弊端暴露无遗。公司高管追求高额的利润、中介结构追求更多的业务,这些贪婪的欲望在日新月异的资本市场中找到了可供滋生的肥沃土壤。新型金融工具在金融机构的利用下,不仅掩藏了金融机构真实的资产状况,更将公司高管以及中介机构所可能获得的利润数倍放大。没有人能抵挡如此巨大利润的诱惑。住房抵押贷款证券、信用违约掉期乃至更为复杂的新型金融工具助推了人们的贪婪。在这种背景下,无论是市场的监管者,抑或是债权人自身,都无法通过简单的信息披露而对公司真实的资产信用进行分析,更无法有效地掌握并规制公司高管的行为。其结果是,公司信用发生危机。而当金融危机爆发之时,公司信用危机得到前所未有的放大,在无人可以计算出这场公司信用危机所造成的损失之时,一个不争的事实是,债权人利益受到巨大损害。

而事实上,公司信用被认为是公司债权人利益得以保护的重要依靠,在通过对于公司信用的内涵与外延进行解析后,我们更加清楚地认知到了公司信用的真谛,明晰了公司债权人利益受损的因由。有限责任风险的存在、公司债权融资成本的存在均导致了公司债权人利益受损风险的不可避免。当我们将公司信用这一概念置于不完备契约视角下进行观察,我们看到了公司信用、债权人及其他利益相关主体所试图缔结完备契约的期望,但现实中不完备契约所附带的负面性影响已经通过公司信用展现出来,影响着债权人利益的稳定保护。因而,在明晰并评测公司信用风险源后,可以有效地并富有针对性地构架公司债权人利益保护对策。

第 二 篇

对策:公司债权人利益保护
对策的总体解说与具体对策

公司债权人种类繁多，从不同的视角可以观察到市场中存在的具有不同特点的公司债权人，各类债权人之间对保护自身利益的公司法对策存在着区别。强势债权人与弱势债权人、自愿债权人与非自愿债权人、金融债权人与普通债权人，等等，这些不同分类方法下的债权人各自拥有自身的特点，法律在一定程度上不能统一的为不同类别的债权人设计十分具体、周全的对策，但却可以为品类繁多的债权人为保护自身利益而可能采取法律对策层面的方向上的指引。在法律框架中，综合性的采用多种法律对策，才能为公司债权人利益的保护提供一个相对较为完善的保护体系。公司债权人利益保护的法律对策涉及公司法与证券法框架内的诸多法律规则，并非仅仅某一单一类别的法律规则所能独自承担保护重任。总体而言，以公司资信、公司信用为核心而展开的公司资本规则、公司信息披露规则、公司责任规则这三个方面的对策构成了公司债权人利益保护的最为主要的法律对策。

具体而言，信息披露规则功能的极效发挥依赖于信用评级机构、专业审计机构等中介机构的辅助，对中介机构的责任规制是调控公司法外第三人机会主义行为的重要对策。在鉴别严格与宽松的信息披露规则所产生的实践效益的前提下，我们将参酌各国经验并重新厘定会计准则的利益导向定位，进而重塑我国会计准则的设计理念及规则，继而针对不同类型债权人及公司设计特色的信息披露规则。信息披露规则影响下的内幕交易问题对公司与债权人获益的保护影响至深。内幕交易引发的后期效应因个案的不同而可能呈现截然相反的结果，我们应直面金融产品创新与商业组织不断演进的现实，针对不同类型公司下内幕交易产生的后果进行个案的实证解析内幕交易的公平性及判定标准，并追随美国对内幕交易的从严设计，严格设计禁止公司经营和公司控制股东进行内幕交易的调控制度。

同时，竞争经济下经营者责任的界定与追究同样极为重要的影响着债权人利益的保护。董事会是债权人关注的核心，经营者的责任调控则构成了消除股东机会主义风险进而影响董事会能否发挥最大机能的关键要素。我们应试图寻求经营者对债权人所承担责任的法理基础，进而构筑责任的规制理念与具体规则设计，调控经营者责任的承担方式与衡平机制，即抑制经营者所可能有的机会主义行为，更维持经营者的经营激情与活力。在这一过程中，我们应重点关注社会转型时期审计师责任的调控。强化审计师的责任可以在一定程度上保证公司财务报表准确的反映公司相关的会计信息，潜在的促进控制股东及经理人遵守诚信义务。衡平审计师责任的过度扩张与适度设计审计师责任的低效性保护措施可以为审计师预留一个可以"尽心"审计的空间。

事实上，在我国关于公司债权人利益保护的问题，学者从不同视角对其进行探讨与研究，有学者从公司资本规则的路径出发对资本规则的设计所能对债权人利益保护的强度影响进行了剖析，也有学者从信托理念出发，通过对董事责任规制的根源探究进而解析公司董事对债权人所负受信义务。然而，商业发展的速度及金融产品创新的速度乃至于股东机会主义的展现方式均远远超过了债权人所能借助的公司法所能给予的保护策略，公司自治空间的扩大在回应股东正当诉求的同时不自觉地为债权人维护权益提出了新的困惑。公司董事责任的调控机制无法及时弥补资本规则设计变动所遗留下的漏洞，公司集团内部模糊不清的法律关系更是让债权人迷思，司法介入债权人利益纠纷的边界以及行政权力的不当介入更使得公司治理呈现着亟须调控的状态。

第 一 章

公司债权人利益保护对策的总体解说

在公司法现代化的条件下，商事主体范围不断扩大，公司内部利益的平衡以及正义、公平与安全理念在公司内部的折射都蕴涵着公司社会责任的合理性与合法性。公司债权人利益是公司相关利益群体中重要的一极，作为公司承担社会责任的一个面孔，公司债权人利益的保护体现了内涵的多种价值公司社会责任。保护公司债权人利益的法律规则应内置于公司法之中，除在某些极端状态下揭穿公司面纱规则的适用之外，维护债权人利益的规则集中体现在公司资本制度的软化及替代机制、公司高管义务的强化及责任追究、信息披露制度的透明与及时以及司法权的正当介入等方面。

第一节　公司债权人保护对策的极端
展现：揭穿公司面纱规则

债权人常常借助揭穿公司面纱规则以保护自身利益，然而揭穿公司面纱规则对有限责任制度的破除动摇了公司最基本原则之一——股东财产的有限责任与公司法人财产的无限责任。因此，揭穿公司面纱规则是司法在不得已之时而适用，用以纠正公司有限责任公平价值失衡的工具，所以，伴随有限责任制度而生的揭穿公司面纱规则在实践的适用中应慎之又慎。

一　揭穿公司面纱规则的契约性本质

经济增长来源于制度的有效安排，经济的竞争即为制度之间的竞争。

有限责任制度不仅是积年商业习惯与智慧的结晶，更是商事主体追逐效率过程中的不自觉杰作。事实已经证明，具有强制性规范属性的有限责任原则内蕴着商人百年谈判与博弈的经验，不仅是契约"纷繁复杂的缔结过程"的完美展现，更是政府与市场博弈的双赢成果。具有契约属性的有限责任制度内蕴着多方利益主体谈判的结果，当事后博弈主体试图"违约"之时，事后的揭穿公司面纱规则是对有限责任原则风险外部性最好的"违约惩罚"。

首先，从债权人视角看，揭穿公司面纱规则是对股东违背与债权人合同诚信义务的违约惩罚。具体而言，诚实守信、守时履约必然是债权人在与债务公司交易之前对债务公司的期望，并因相信债务公司会依市场内"公认法则"而经营公司履行相应义务。而当债务公司的股东故意掏空公司资产、转嫁公司经营风险于债权人的时候，债务公司股东违背了在债权人投资之时对其的承诺，应承担违约责任，债权人则可以破除公司面纱，直索公司股东财产。其次，从市场角度看，揭穿公司面纱规则是股东违背多方诚信义务承诺的惩罚。市场对公司有限责任原则的承认源于市场内部各利益主体之间的默示契约链，即公司股东、债权人、审计师、律师、司法系统以及众多利益相关者之间对各自主体地位、权利、义务及市场规则的认可。公司股东的诚实守约、债权人的守法借贷、审计师的精细审查披露、律师的诚信敬业以及司法系统的公正廉洁等都是市场内各利益主体所允诺的自身对市场规则的遵守。当公司股东滥用有限责任而致使公司仅仅沦为其获利躯壳的时候，股东违背了各利益主体之间的默示契约，揭穿公司面纱使股东承担责任是对此种多主体之间契约链违背的一种惩罚措施。最后，从政府的视角看，揭穿公司面纱规则是对股东破坏市场规则的惩罚。国家干预与市场自身调节是市场经济运行的调节手段，市场中商事主体之间的商事交易影响着市场自身经济的正常运行，当某一主体破坏市场内"游戏规则"，则必然会破坏市场的正常运行。我们认为，法律规定在一定条件下适用揭穿公司面纱规则，是国家通过法律干预市场运行的正当、合法、合理的手段，在市场利益受损的情况下，对公司股东破坏市场规则的惩罚。

二 揭穿公司面纱规则的效益与成本

揭穿公司面纱适用与否隐含着一定的经济因素，效益与成本的平衡是债权人维护自身利益、诉求揭穿公司面纱之时必要的考量因素。

首先，一个基本的共识是，揭穿公司面纱规则为公司债权人利益的维护提供了一个事后救济措施，在一定程度上补偿了债权人受损的利益。这种补偿利益可以细分为揭穿公司面的经济效益及非经济效益。其一，经济效益，以债权人利益的补偿为例，如股东通过十万元投资公司而引进90万元债权资本的融资，公司成立后股东抽逃公司注册的100万资本，并将公司为其他公司设置担保，而此时债权人则要承受所有风险成本。若假定股东个人资产100万元，则在忽略诉讼等费用后，通过揭穿公司面纱规则债权人可以获取90万元的利益补偿。因此，我们认为，合理、适度的适用揭穿公司面纱规则将会增进债权人通过追诉股东而获得的补偿能力，提高债权人利益保障的能力。其二，非经济效益，以公司法及司法的信用为例。公司法及司法为保护债权人利益之最终工具，当债权人利益受损时，亟需公司法及司法公平正义守护之功效的发挥而对其利益进行救济。在揭穿公司面纱规则的情况下，对滥用公司有限责任的股东责任的追究，使债权人利益受到补偿的同时，必然提升司法的公信、公司法的权威，进而增进两者的信用指数。需要注意的是，此类非经济效益的市场效应并不低于对债权人经济补偿而带来的直接市场效益。

其次，万事皆有利弊，揭穿公司面纱规则亦有成本的存在。第一，从股东的视角看，一方面，揭穿公司面纱规则的适用，必然提升股东防范商业风险的成本。另一方面，"低质量"的司法与法官必然会引发"低效"的揭穿公司面纱的适用。无疑，面对商业投资机会而胆怯、过于谨慎的完成商业计划、减少商业投资，都将降低公司价值、间接提高揭穿公司面纱之后的公司经营成本。因此，适用揭穿公司面纱条件错误、适用揭穿公司面纱几率过高都可能沉重打击公司的利益及股东的信心。第二，从债权人的视角看，增加保障债权人获得利益的成本。美国华盛顿大学著名法学教授罗伯特·汤普森在其进行的一项揭穿公司面纱的实证调查分析中，对将近2000个美国各州的揭穿公司面纱案例进行了归纳、统计、总结分析，发现揭穿公司面纱于司法实践中适用的条件甚多，达至85个之多。[1] 可见，揭穿公司面纱的适用条件多样，即便其适用条件远少于罗伯特·汤普

---

① Robert B. Thompson. Piercing the Corporation veil: An Empirical Study ［M］. West Group, 2001: 1040—1060.

森教授的解析结果,但其复杂的适用要求仍为困扰法官在实践中审理案件的主要因素。显然,在司法体系不成熟、法官素质不高的非案例法国家中,适用揭穿公司面纱无疑增加了法官滥权寻租的机会、提高了司法审理的各项成本、增加了审理结果不合理且不合法的几率、加大了市场受损的程度、降低了司法信誉、徒增债权人寻求救济的成本。基于此,我们的认知是,静态的法条不足以应对动态的商业行为,不足以应对适用条件多样的揭穿公司面纱规则,只有提高司法的质量及法官的专业素质才能降低此类成本。

三 揭穿公司面纱规则的适用

在实践中,公司人格否认(揭穿公司面纱)规则较少应用,但实务中发生的需求却愈加紧迫。究其原因,本书认为,第一,公司人格否认是对有限责任制度的一种"刺破",个案中人格否认的适用,会对公司制度的基石有限责任制度产生一定的冲击,没有充足的法律原因,法院不会冒此"风险"。第二,公司人格否认规则在新《公司法》中仅是较原则性规定,而英美法系下之公司人格否认规则均来自各州历年不断积累的案例。若想借助成文法的原则及列举性规则以期望将公司人格否认样态均含在内,恐难以达此目的,唯有借助最高人民法院的司法解释,同时辅以成文法原则,在实践中积累经验,才能不断理清公司人格否认在我国国情之下所适用的条件。

(一) 域外的经验

各国都通过成文法或者判例法形成了自己的公司人格否认制度,吸取域外经验,而充实我国公司法人格否认使用条件是一条必经且高效之路。

1. 日本适用公司法人格否认之条件

日本通过 1969 年 2 月 27 日的一项最高判决而展开。该最高判决认为:(1)赋予公司法人格所依据的政策是为了对社会性存在的团体评价其价值而制定的立法政策。(2)对于社会性存在的团体,当认为其作为权利主体应予以认可时,则将通过立法技术性赋予其公司法人格。因此,公司法人格否认的条件判示如下:(1)当公司法人格全然只是躯壳时;(2)当出于回避法律适用的目的而滥用公司法人格时;(3)如果参照公司法人格本来的宗旨，认为不能认可其公司法人格时；（4）被要求应否认其公司法人格时。

2. 韩国适用公司法人格否认之条件

在韩国，一般提出两个适用要件：（1）控制形态要件：公司的独立法人格并不与股东（社员）个人分离而存在，两者的利害及所有相一致，或者存在股东（社员）的公司控制；（2）资本不充分（公正）要件：总投资（资本及负债）对于该公司的运营不适合的情形和负债（大大）超过资本的形态。在我国，公司人格否认一般适用以下条件：（1）公司股东滥用公司法人独立地位和股东有限责任；（2）逃避债务；（3）严重损害公司债权人利益。

3. 美国适用公司法人格否认的条件

在美国，一般考虑以下四个方面：（1）股东对公司之控制力；（2）股东与公司资产之混淆不清；（3）公司形式之不遵守；（4）公司资本不足以及"公司人格主体原则"。同时，美国华盛顿大学法律教授罗伯特·汤普森曾主持一项关于揭开公司面纱的实证分析，通过对美国各州近2000个案例进行统计、归纳总结法院在审理这些案件时所提出的理由达85个之多。其中主要理由：（1）资产显著不足。法院以此揭开公司面纱的比例为73.3%；（2）缺乏公司手续，包括不召开股东大会，没有记录或其他非正式程序。法院以此揭开公司面纱的比例为66.9%；（3）股东与公司人格、业务混同。法院以此揭开公司面纱的比例为85.7%；（4）虚假陈述，包括对公司的资产、财务状况、当事人给付能力等不实表述。法院以此揭开公司面纱的比例为94.1%；（5）股东控制，包括股东拥有公司的全部股份、支配公司的费用开支、担保公司的债务、将公司作为一个部门或使公司丧失独立性。其中，主要是指母公司对子公司的过度、不当控制。法院以此揭开公司面纱的比例为57%；（6）混淆或缺乏实质分离，如股东将公司的财产视为已有，股东与公司成为代理关系。在这种情况下，极容易使法庭将公司视为股东的"另一个自我"或"工具"，法院以此揭开公司面纱的比例为97%；（7）利用公司逃避契约义务；（8）利用公司规避公司法定义务。

（二）我们选择适用的趋向

有限责任原则对股东及公司均有着难以形容的巨大吸引力，投资者极难设想无有限责任保护下的公司为何样，更难以想象无有限责任的庇护将如何在市场内进行冒险的商业投资，因此，适用揭穿公司面纱规则的条件应尤为谨慎。依据罗伯特·汤普森教授的实证研究结果，取其要者，主要包括但不限于：公司资本严重不足，即公司设立之原始资本不足以及公司经营中资本不足；公司手续严重缺乏，即公司不召开股东大会、不召开董事会等；公司内部人事混同，即公司股东与公司董事、经理，股东业务与公司业务严重混同；对公司自身资信的虚假陈述，公司自身资产结构、公司高管人员资信情况等影响公司的重要资信信息的虚假陈述皆可导致公司欺诈；大股东控制公司，即大股东控制公司绝大部分股份，将公司完全作为自身一个获利工具而使公司丧失最基本的独立性。值得我们给予关注的是，前述适用揭穿公司面纱的条件在实践中也仅占可能因公司股东滥用有限责任欺诈债权人情况的极少的一部分。

更进一步，揭穿公司面纱的适用条件虽多，但无疑集中三个方面的考量：其一，公司法人资信考量；其二，公司投资者资信考量；其三，公司高管资信考量。具体分析，首先，从公司法人独立视角观看，公司法人与公司投资者资产截然分离，并未受公司投资者财产波动的影响。其次，从公司组建资源来源而看，公司由物质资本与人力资本所组成，人力资本即为公司股东、高管与雇员，物质资本即为股权资本与债权资本。最后，从代理理论视角看，人力资本中公司股东、高管尤为重要，他们深深地掌握着公司行进的方向，对公司的运营有着重要的影响。综前所述，公司法人资产为公司对债权人承担无限责任之资产基础，而其资产的优劣与波动则为掌控公司的高管人员所左右，如果公司股东滥用公司有限责任，通过公司高管而践行滥用有限责任行为，则必然会导致公司资产严重受损，进而危及公司债权人利益。因此，我们认为，揭穿公司面纱的适用条件究其本质而言，无不是对公司股东、高管以及公司法人资产的资信的考量。

第二节　公司债权人保护对策的一般框架：
资本规则、信息披露与责任规制

揭穿公司面纱规则仅仅为公司危机之时债权人获取利益保护的极端保护方式，对于公司设立至破产清算之前，揭穿公司面纱一定程度上仅仅具有威慑的作用。这种公司"极端态势"下的保护利益规则并不能在公司日常经营中对公司债权人利益保护给予必要的保护，而通常情况下，在资本规则变动的背景之下，借重公司财务分析、信息披露、责任规制以及司法介入等对策形成保护债权人的常态性法律对策框架，是债权人迫切期待的。

一 公司债权人保护对策一般框架构建的内在动因

我们认为，有限责任原则所产生的风险外部性问题不可避免，一方面是因为有限责任原则对公司实质控制者的庇护，另一方面则在于外部权益主体的不可替代性。后者是债权人面临不断出现的风险威胁的关键原因。具体而言，风险外部性所带来的债权成本并未阻止公司经理吸收公司债权的融资。其中一个最重要的原因即在于公司对融资的需求。资本是公司的血液、市场的动力，然而融资能力不足、融资渠道不畅、融资成本过高一直是公司的困扰。无论我国抑或西方，当公司自有资金不足以开展其认为可以达到预期获利项目之时，外部融资则为其重要的考量之一。在公司面对潜在的投资获利机会之时，当丧失获利投资机会的损失即获得投资机会所可能带来的增加价值大于吸收债务资本所带来的债务成本之时，公司依然会选择承担此成本而获得外部债权融资。因此，债权人利益受损的原因在资本市场内部很难通过市场自身的演进而消逝，只有通过外部及内在的法律对策及相关政策才能最大程度的降低债权人利益受损的程度，进而保护债权人利益。

二 公司债权人保护对策一般框架的构建

事实上，公司法内的债权人利益的保护对策集中在公司资产、信息以及公司高管等人员的责任规制三个方面（司法介入对策为公司法外在的立法延伸）。三种对策并非各自完全独立运行，三者之间存在着一定的联系与互动。我们基于这三种法律对策自身独有的特性以及在实践中对债权人利益保护发挥的具体不同的作用，认为一个较为完善的法律对策体系应以公司资产为根本、信息披露为渠道、责任规制为保障（如图1—1所示）。

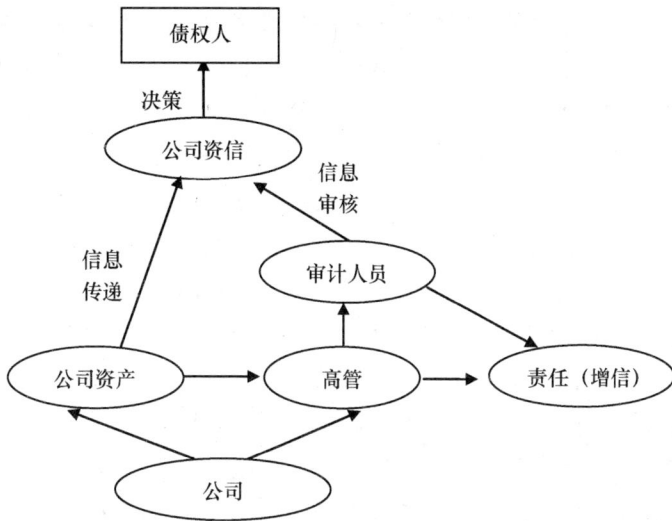

图1—1 债权人利益保护对策的一般框架

首先,公司资产为债权人利益保护的根本。债权人以公司资本为信的认知,已经日渐为债权人以公司资产为信所替代。显然,无人可以否认当公司可以提供充足现金流的时候,债权人利益会得到妥当的保护,可见,公司资产已经被债权人视为自身利益受损后公司对其利益进行弥补的最直接资源。

其次,公司信息披露是债权人获取影响自身利益波动的相关信息的渠道。毋庸置疑,公司资产为债权人利益提供的保护为债权人所信服,然而,如果没有强制性规范的要求,如果没有公开、透明的资本市场,公司显然缺乏足够的动力与激励去将自身重要的资产信息对债权人披露。因此,无论是在比较成熟的资本市场中,还是在处于发展之中的资本市场中,债权人常常借助公司法及证券法的强制性信息披露对策以获取影响自身利益的公司重要信息。显然,详尽、可信的公司资产状况,必须经由强制性规范所要求的信息的传递才能为债权人所获悉,也只有如此,才能真正的发挥公司资产的实际效用。可见,公司的信用,就是依靠及时、可信并且不带倾向性的由会计师、审计师所制定的审核信息结果,经由公司高管而对外披露的公司信息而为债权人所获知的。

再次,公司高管等人员责任的规制是对债权人利益的保护提供最有力的保障。对债权人而言,实践中其直接面对的并非是公司资产抑或是公司信息，其直接面对的是掌控公司经营的公司高管。无论公司资产的质量优劣，抑或是公司信息对外传递的畅通，都主要由公司的实际控制者即公司高管掌握着。因此，公司高管责任的规制对保障公司资产信用、公司高质量信息的传递，进而为债权人提供最有力的保护发挥重要的作用。

最后，在上述三种对策之外，公司法在立法及司法实践中的延伸，给予了法院通过诉讼机制对债权人利益进行最后保护的功能。公司资产、信息披露以及责任规制为债权人利益保护提供了基础性的保护，当公司高管滥用权力以自利的时候，债权人常常被劣质的公司资产与信息伤害。面对变动的资本市场以及高管们的"高智慧"资本运作、金融技巧，公司法也常常处于被动状态，无法应对实践中出现的债权人利益受损问题。在这种情况下，具有契约属性的公司法不仅通过在立法上的延伸，更通过在司法实践中的延伸即公司诉讼对债权人利益提供保护。因此，法院为公司法对债权人提供保护的最后屏障。

综上我们认知到，债权人利益保护是公司法及相关商事主体法的主要目标之一，在以公司信用为基础而形成的对债权人利益保护的对策中，应以一个开放并包容的视角审视公司法对债权人利益的保护对策。在曾经以债权人利益保护为中心的资本规则设计向以刺激公司效率增长为核心的资本规则变革的过渡中，我们注意到公司效率的增长、股东利益的增加，迎合了公司对效率价值的追求。然而，公司安全价值不应为我们所忽视。公司资产为债权人利益保护的核心，被学者及实务界人士赋予了极其重要的历史重任，但其所能发挥出的保护作用却有其内在的限度。实践中，发挥公司资产对债权人利益的保护作用，一定程度上取决于信息披露、责任规制以及司法介入等契约自由及国家强制介入对策的辅助。软化下的公司资本制度亟须对前述相关配套机制进行设计与完善。正如有学者所认知到的，"就保障债权安全而言，高额资本未必会带来高安全，公司经营不善使净资产减少甚至亏损、公司投资者或经营者诚信度不高等非资本因素也会给公司债权清偿带来不安全影响。那种漠视非资本因素对公司债权的影响，将资本担保功能绝对化、将资本形态绝对物质化等以牺牲效率而换取债权安全的做法是一种僵化的资本理念"。[①] 显然，面对现代经济中快速

[①] 仇京荣：《公司资本制度中：股东与债权人利益平衡问题研究》，中信出版社 2008 年版，第 3 页。

发展的资本市场，僵化资本理念下的资本制度不仅不会为债权人利益带来足够的保障，反而会阻遏公司的发展，降低市场的效率。在顺应国家立法层面对公司资本放松管制的背景下，我国 2005 年《公司法》降低了对公司要求的最低资本额限度，债权人利益保护的新机制在破除旧有的不能对债权人利益形成保护的资本规则后亟须开启。

本章小结

债权人利益受损的根源在于风险外部性问题所引发的道德危机，进而引发公司信用危机。这种公司信用危机的风险不仅仅存在于采用有限责任原则的公司中，在其他样式的商业组织模式中同样以不同的方式存在。只不过道德风险所引发的公司信用危机在利己之心的驱动下并在有限责任的"温润土壤"滋养之下得到了放大。

事实是，股东追逐利润而采取冒险行为获取可能的投资收益，但却并不承担可能出现的巨大成本，商业冒险行为的一部分风险为债权人所承担。在这种情况下，股东行为所引发的风险成本转嫁成为债权人的投资成本，无疑对股东形成了一种潜在的冒险投资激励，而对债权人则形成了其不可回避的投资成本。揭穿公司面纱规则这一保护债权人利益的极端对策、面对债权人利益受损的严重态势以及伴随道德风险而出现的多种债权人受损样态，已经无法独自承担保护债权人利益的重任。

基于此，我们的认知是，在股东明晰有限责任所带来的保护屏障的优势下，道德风险在实践中的蔓延引发了股东诚信义务危机、高管诚信危机以及公司审计师诚信义务危机，进而引爆了公司的信用危机，影响到了公司债权人稳定的获取收益。面对揭穿公司面纱所无法独立承担的衡平有限责任风险外部性问题所引发的"风险束"重任，面对公司信用危机损害债权人利益的事实，我们应借重信息披露、财务分析、责任规制以及司法介入等多种法律对策而形成债权人利益保护一般结构性框架体系，并从实效功能视角出发，积极修补债权人利益保护机制，重塑公司信用对债权人利益的保护。

第 二 章

公司债权人利益保护对策之一：
资本规则的检讨与改进

公司资本已经不能为债权人利益的保护提供可信赖的依靠，在效率与公平之间，软化后的资本规则亟须寻求平衡公平与效率的失衡。调适公司利润分配规则，并借重公司财务分析工具，以维护公司资产的稳定与安全，不仅是对软化后的资本规则的立法回应，更是对债权人利益保护对策的重新修补。

第一节 公司信用的检讨

金融危机后的资本市场中处处存留着恐慌、虚假、怀疑与不信任。金融界人士心存感激之情期盼经济复苏之际，迪拜世界的延期清偿债务再次让法律与经济界人士瞠目[①]：公司安全吗？公司是否值得相信？公司的信用究竟在何处可以寻觅？债权人究竟以何为信？

---

① 迪拜世界是迪拜在全球投资的旗手，其债务危机引发全球金融市场的关注与恐慌。凤凰财经评论指出，迪拜暂停偿债的要求对国际银行来说是个更令人不安的情况，这些银行近年来转向富产石油的中东寻求收入来源。地方和国际银行都仍在"舔舐"今年沙特两家大型家族性公司集团的债务问题造成的"伤口"；这两家集团欠 100 多家放贷机构的钱，保守估计有 150 亿美元。事实上，作为一个跨国际性控股公司，其投资组合包括一些知名公司和一批优秀的项目。它发挥着酋长国促进经济快速增长的重要作用，其宗旨是引导经济增长。迪拜世界认为，公司的成功是共生。该公司的理念是基于基本面强劲，最佳道德操守和诚信。然而，残酷的事实已经沉重打击了投资者信心，我们不禁质疑，公司信用究竟何在？《迪拜世界暂停偿债引发欧洲股市大跌》，英国《金融时报》2009 年 11 月 27 日。

一　资本信用：缺失效用的古老设计

公司以资本为信，是一个为公司法、公司财务学及会计学所逐渐抛弃的认知。曾几何时，信用之于公司，在我国是经由庞大的注册会计体系来传达：公司以资本为信。[①] 公司资本是公司赖以生存的养料，为公司组织的"血液"。公司资本的多少，曾经是衡量一个公司信用强弱的标尺。但随着我们对公司资本制度僵化、低效甚至对于公司信用无意义之解析的接纳，公司以资本为信，已经是一个过时且古老的概念。现在多数学者都认为，公司资本制度的作用仅仅在于为债权人提供一个心理的安慰但却无实际中的效果。在会计上的财务数字模糊、未明确之时，债权人期望从公司财务报告的注册资产处得到保护的愿望并不能实现。变动中的资产在资本市场内的增减，无疑摧毁了债权人天真的想法，债权人意识到是资产而非资本才是他们利益获得保障的有力武器。现实的打击是疼痛的。有学者曾经指出，"在中国资本市场的公司信用危机的现实面前，在虚假出资、抽回出资、抽逃出资成为一个几乎'制度化'的现实面前，我国法定资本制度内涵的公司资本信用命题成为了一个令人困惑的悖论。"[②] 我们认为，面对公司法专家对"公司以资本为信"观点的批判、公司财务专家对"公司以资本为信"的拒绝、立法者对"公司以资本为信"的扬弃，债权人已经愈加接受了一个已经几乎被认同的事实：公司资产负债表内变动着的"资产"以及具有实效的公司偿债能力标尺（solvency margin），才似乎真正的能够反映公司现实的资信，才能够为其利益提供切实的保障。对此，江平教授早已指出：公司的资产信用，是市场经济中与对方交易的可信度中最主要的一种资本信用。[③]

通常，公司章程、公司发起人以及公司资本被学者评价为公司的三大要素。[④] 然而，被赋予如此重要位置的公司资本在实际中并未对公司债权

---

① 傅穹：《重思公司资本制原理》，法律出版社 2004 年版，第 82 页。

② 同上书，第 83 页。

③ 参见江平《现代公司的核心是资本公司》，《中国法学》1997 年第 6 期，第 26 页；傅穹教授在《重思公司资本制原理》一书中评析道：江平教授就"公司与信用的关联"，提出了这样的命题：现代公司的核心是资本公司——资本公司的灵魂是资本信用原则，而资本信用原则的核心是资产信用。

④ 参见赵万一、卢代富《公司法：国际经验与理论结构》，法律出版社 2005 年版，第 112 页。

人利益形成强有力的保障。即便对于公司资产，在资本市场迅速发展、金融工具不断创新的当下也面临着其应对无力的事实。例如，在对美国次贷危机引起的金融危机做法律评析的时候，吴志攀教授洞悉道："与投行搭档的律师们如今才如梦初醒：原来投行的账面资产竟然会像变魔术一样直线下降，就如同尼亚拉加大瀑布所形成的水雾，看似有，伸手过去却什么也抓不到。虚拟资产成了一个数字游戏。"① 基于前述法学家们的释悉，给予我们的认知是，通常而言公司资产为公司债权人的信用之源。同时，我们必须意识到，对于金融市场中的公司而言，动态的公司资产亦需要我们审慎面对。理性的债权人对公司资产负债表上资本的变动并不关心，看似固定的资本随着时间推移日渐变动，事前的验资等强硬防范措施并未起到期望的效果。事后的资本维持原则亦在无法阻挡股东各种变相的"资产抽回"的情况下失去对债权人利益保护的效力。相比之下，对"动态资产"的实时记录，才能有效地反映对公司不断变动中的资信情况。正如英国教授 Choleshaw 在其《信用分析》一书中指出的："股本（capital）越多，借贷越容易，并向世人表明所有者投身于商业的信心。"须注意的是，文中所引的"capital"是从通常的"净资产"含义来讲的。② 我们认为，学者对前述观点的深入洞察，再次印证了公司债权人舍弃"资本信用"的现实。因此，资本信用悖论为债权人所接纳不仅是市场经济动态发展于法律层面的反应，也是法学者对"公司以何为信"的共识性回答。

二 公司信用的重新解读

市场无信不建。通常而言，法律为调和市场之手段，但市场内部的不协调甚至矛盾也常常求策于社会价值的帮助。因此，在市场内的投资者急切的需要得到一种社会价值的指引与规制，市场必须通过法律与社会价值共同来调和，以避免在某种特殊市场规则下可能出现的行动。③ 我们注意到，社会不存在不具有基本伦理判断的市场价值，任何一种市场价格体系

---

① 参见吴志攀《华尔街金融危机的法律问题》，《法学》2008 年第 12 期，第 29 页。
② 参见傅穹《重思公司资本制原理》，法律出版社 2004 年版，第 87 页。
③ ［美］A. 爱伦·斯密德：《财产、权力和公共选择：对法和经济学的进一步思考》，黄祖辉等译，上海人民出版社 2006 年版，第 39 页。

体现着人们对某一伦理关系的起码认同。[①] 所以，市场虽然是理性经济人集合的产物，但是善良、诚实等伦理道德也存在市场之中。基于此，公平、善良、诚信的成熟资本市场是一直为各国所追求建立的。何谓"成熟的资本市场"？道德理念荡然无存，虚假、欺诈充斥的金融市场对投资者而言具有信用吗？可称其为成熟的市场吗？2009 年中国山西"煤改"的背后，隐藏着多少贪污与受贿，又有多少不为人知的煤井事故造成的命案，道德缺失至于此，这样的市场也可以称之为具有信用的成熟市场吗？[②] 面对理论的解析与实践的"血例"及均为否定的答案，我们的认知是，市场因信而建，起码的道德理念与社会价值是信用市场建立的基础。市场信用的内涵区别于公司信用的内涵，较之为广，商事主体之信用、政府之信用，更辅以公平、诚信、守约等社会价值与道德理念共同构成市场之"信用束"。

公司无信不立。总体而言，公司不仅表现为一"契约网"，同时也表现为一"财产束"，这两个视角都蕴含着公司信用的理念。首先，公司是"契约网"，公司是由股东、债权人、雇员、高管等合同主体通过长期契约而组成的"契约网"。从这个视角观看，股东与债权人为公司资本的出资者，而雇员与高管则为公司的人力出资者，双方均共同向公司输入"血液"而促成公司成立及日后的持续经营。每个合同方均因其"贡献"而在公司内外享有一定利益索取权，股利、本金、工资、待遇等皆为其回报。可见，公司存续的长短、经营业绩的高低与各合同方具有不可分割之利害关系。因此，公司信用源于公司自身内部"契约网"之下含有的各利益方信用元素。所以，股东股权、债权人借贷所形成的公司资产以及雇员的技能、高管的管理共同构成公司之资信能力，即公司信用。其次，公司是"财产束"，公司由各种财产构成，物质财产、劳动财产皆为构成公司财产的基础。对于劳动的价值存在，有学者曾指出："财产不单纯是物质的派生物，它也是某一团体选择的反映。这种选择是关于某种努力在人们头脑中形成一种可以被认可的权利的选择。跑得飞快的贼不会像专业运动员那样受到赞美。人们总是从众多可能的努力行为，选择某些劳动结

---

① ［美］A. 爱伦·斯密德：《财产、权力和公共选择：对法和经济学的进一步思考》，黄祖辉等译，上海人民出版社 2006 年版，第 39 页。

② 参见山西煤改《百亿黑金内幕曝光》，《凤凰周刊》2009 年第 31 期，第 20 页。

构，赋予其财产地位。"① 可见，财产是社会关系的产物这一论断，② 给予了财产以道德及社会价值的内涵。当"财产束"内涵着道德与社会价值之时，一个基本的认知告诉我们，公司这一"财产束"的信用不仅仅来自于其"物质财产"，也来源于"劳动财产"。因此，公司作为"财产束"的事实，同时也反映了公司内在存在着道德的理念与社会价值。所以，公司的信用也来源于"财产束"的信用。

依据《辞海》对信用定义为：信用是指遵守诺言，实践成约，从而取得别人的信任。③ 然而，从不同的视角看待信用会得出不同的解析结果：社会学认为信用是指对一个人履行义务能力尤其是偿付能力的社会的评价；经济学认为信用是指通过借贷货币资金或延期支付方式的商品交易活动的一种总称；另有学者从纯经济学视角对信用加以定义，认为信用是指因商品价值交换之后而产生的赊销活动，它是以协议和契约保障的不同时间间隔下的经济交易行为。我们认为，对公司而言，公司的成立，在于政府、市场、投资者三方将"信用要素"赋予公司这一"契约网"、"财产束"。因此，前述的解析给予我们一个基本的认知：即"契约网"的信用源于合同各方的信用，"财产束"的信用源于"物质财产"及"劳动财产"。故而，我们认为，公司的信用与市场信用相似，亦为一个"信用束"，资产信用、股东信用、债权人信用、高管信用以及雇员信用等共同构成公司的信用。④

---

① ［美］A. 爱伦·斯密德：《财产、权力和公共选择：对法和经济学的进一步思考》，黄祖辉等译，上海人民出版社 2006 年版，第 36 页。

② 同上书，第 35 页。

③ 《辞海》，上海辞书出版社 2009 年版，第 1019 页。

④ 各"信用要素"对公司信用起着重要作用。以公司高管信用对公司信用的影响为例：投资大师巴菲特旗下的伯克希尔·哈撒韦公司（Berkshire Hathaway）资产负债状况并没有在金融危机下遭受严重打击。巴菲特利用自己庞大的现金储备四处搜寻"物美价廉"的好买卖……他买进的优先股已经飙升了约 50%。不过，2008 年伯克希尔·哈撒韦的股票随整体股市一起暴跌……为什么会有这样的差距呢？分析人士难以说出眼下有什么值得担忧的事造成这种局面，不过一个日益显露出来的问题却是伯克希尔·哈撒韦公司领导人计划。在巴菲特退出公司之时，"巴菲特溢价"——巴菲特带给公司的无形资产——对该公司股票的影响将会减退。巴菲特的知识和能力是可以取代的，不过由于他的标志性地位是不可取代的，其个人信誉与信用无法被取代，伯克希尔哈撒韦未来投资机会的经济吸引力将可能会下滑。参见巴菲特《伯克希尔·哈撒韦价值几何》，《华尔街日报》2009 年 10 月 9 日，第 5 版。

第二节　最低资本制度"留存"的法经济学分析

公司最低资本制度这一已经为学者研讨并批判的概念，记录了公司债权人为之付出信服力的历史进程。最低资本制度的存废为学者所争辩，域外的经验多倾向于废除最低资本制度，而只保留"象征意义"的最低资本制，以便于公司效率在资本市场内的提高。然而，广被批判的公司最低资本制度在英国 2006 年公司法推出之际并非完全废除，而是有所选择的保留了下来。德国股份有限公司法定最低限额也未被完全废除，而仅仅是不断降低。① 这种立法的选择给我们带来了疑问，最低资本制度价值究竟几何，对债权人利益是否仍起到些许保护作用，是否还有留存的必要？

一　最低资本制度功能的效益分析

最低资本规则曾经发挥的功能不应被忽略，曾经为债权人所信服的公司资本仍然对现在市场债权人利益的保护发挥着不能为立法界及实务界所抹杀的功能。然而，面对市场的变化、公司结构的演进以及财务的复杂性加剧，必须对最低资本规则的存废给予回答。以动态并发展的视角看，渐进式的舍弃并寻求替代规则应为其未来的发展趋势。

（一）制度设计之因：维护债权人收益

通常的见解是，最低资本制度设计的直接动因在于证明出资人经营公司的能力以及为债权人的利益提供保障的能力。从公司风险外部性视角看，因公司有限责任原则而需要设定最低资本额以便对债权人利益进行保护似乎为当代法学者解析最低资本制度存在原因的有力解说。"有限责任"原则的设计主要是用来激励投资者为商业冒险活动提供风险资本而不需要过于担心一旦投资活动失败可能危及投资者的其他个人财产。② 正

---

① 殷盛：《欧盟的公司资本制度变革》，《法学》2001 年第 9 期，第 146 页。
② 夏雅丽：《有限责任制度的法经济学分析》，法律出版社 2006 年版，第 29 页。

如 Clark 教授曾指出的，有限责任原则为公司出资者承担责任提供了一个可承受的上限，同时，出资者必须放弃其对所投资资本的直接掌控权。此时，"资本三原则"以及债权人必要的公告制度，给予公司取得了独立于公司出资者自身其他财产的财产权利。[①] 显然，有限责任原则使本应由出资人承担的商业风险转而由债权人承担了。

所以，最低资本制度即为在前述学者解析并论辩的有限责任原则下为债权人利益的保护而设计的一个保护对策。正如有学者指出，"最低资本额要求，在法经济学家看来，不过是回应有限责任引发的道德危机的机制之一，其背后的支撑是将风险成本内部化"。[②] 然而，以规则设计之初目的的最大获益者债权人的视角观之，最低资本制度的外表强悍却无法隐藏内在的虚弱无力，一切公司的经营活动皆可导致公司资本的变化，而在公司破产之际能对债权人利益提供补偿的是公司的资产而非公司法规定的最低资本。化解风险外部性引发的社会成本，减少债权人利益受损的几率并降低债权人利益受损的程度是最低资本制度所期望达到的目的，但实践中却只是"水中月，镜中花"。可见，最低资本原则对债权人利益的维护几乎只能是徒具形式，而无实质功效。

（二）制度设计之功能：历史的视角

在近乎确定的判定最低资本规则的功效之前，有一个疑问尚待我们明晰，即最低资本规则是否自设计之初从未发挥过功效？至今仍然保留最低资本规则的国家的立法者们难道对现实的动态资产优势视而不见吗？我们认为，万事皆有因果，最低资本制度存在之初必然发挥其设想的功能，而此种功能的影响在某些具有特定历史、文化背景的国家中传承至今。我们注意到，资本市场在各个国家的形成都不是一蹴而就的，必然经过多年的培养、呵护、引导才渐进形成。在市场中，众多生产要素出于对降低交易成本（例如，减少信息获取费用）等原因的考量而组成商业组织。此过程漫长且复杂，究其原因，显然在于市场内生产资料的稀缺，导致了并非人人都有能力聚集众多生产要素在一起而组建公司。而在市场发展日趋成熟的当下，前述情况已经大为改观，不仅因为生产资料日渐丰富，经营

---

① 夏雅丽：《有限责任制度的法经济学分析》，法律出版社 2006 年版，第 34 页。

② 参见傅穹《重思公司资本制原理》，法律出版社 2004 年版，第 133 页。

人才日渐充足，同时一个不可忽视的原因是，当代金融市场内的某些服务型公司并非需要大量的资本即可运行，而在市场发育初期，服务行业几乎没有，这样的服务型公司是不存在的。因此，早期的公司成立之初，最低资本额可以代表一定的经济实力及雄厚的人脉关系，前者为资金信用，后者则为人脉信用。

所以，在市场发展早期，最低资本额所代表的"资金信用"与"人脉信用"为债权人提供了良好的保障。以我国为例，民国初期的"南洋爱国华侨简照南、简玉阶兄弟集资于 1905 年创办了以烟草公司，资本 10 万港币，后改名为'广东南洋兄弟烟草公司'，资本为 13 万元，后又向北洋政府重新注册，资本 100 万元，1919 年 10 月南洋公司向社会公开招股，当时注册资本额为 1599 万元。就民国初期市场的总体而言，在 1914 年到 1922 年的 9 年中，其共创办股份有限公司 757 家，注册资本 4.33 亿元"。① 从中可以看出，公司的资本额度在当时无论是对外，抑或对内均产生着重要的影响，以致具有实力的公司均利用各种机会增加其注册资本。当然我们也不否认公司在经过成立那一瞬间之后，经营中的公司资产即已经在变动。但不可争辩的是，强大的"资金信用"与"人脉信用"毕竟证明了公司组织者强有力的筹集资金与组建、发展公司的能力。可见，许多公司在经营过程中不断增加自己的注册资本，一方面，在做"面子工程"，另一方面，也证明自己的融资能力。公司出现初期，市场也刚刚形成，信用对于市场及公司而言并未成熟，当代成熟市场的信用在那时是不可想象的。债权人所能考量公司的信用，唯有通过其注册资本的高低，以判定其融资能力的强弱及个人信誉的高低。因此，最低资本规则在特定国家的历史、文化的传递是不会轻易中断的，最低资本额不仅是一个历史传承下的法律对策，还是一种对债权人起到警示作用的工具，更是信用缺失的社会之下必然的产物。

二　最低资本制度的变革方向

最低资本的保留与废弃是法律规则效率与正义之间的博弈。在投资者的视野中，降低最低资本额度而增加投资机会或许更是其内心所期望的，

---

① 参见魏淑君《近代中国公司法史论》，上海社会科学院出版社 2009 年版，第 106 页。

但立法者则不需考虑，为衡平失去保障的公司债权人利益，因此，当下日渐舍弃的最低资本规则引发了后续配套机制的设计。

（一）舍弃：渐进过渡为历史的概念

在当下，资本市场迅速发展，金融创新不断，金融工具与金融机构不断演化，最低资本制度对资本市场中的债权人利益的维护已经无重大意义可言。所以，信用这一曾经为最低资本制度所自豪的作用已经慢慢失去其曾经拥有的效能，无论资金信用抑或个人信用都再不能折映出公司真正的信用。具体而论，从债权人的利益视角看，最低资本制度已不再具有保护其利益的高效功能；从效率视角看，最低资本制是一个低效的安排，"其除阻碍具有投资人心的投资者进行公司组建之外，难有其他功效"。正如有学者指出的，"最低资本额，并不能彰显公司的信用强弱，也不能为债权人提供有价值的财务信息，对于债权人提供了几乎是零的保障。"[1] 面对前述不同视角对公司最低资本制度的否定，我们急需探究的是建立并完善替代公司最低资本制的相关对策。但是，虽然最低资本制度的废弃已经成为当代公司法改革的方向，然而其废弃的日期并不是可以预期的，只能期望于在一个合理、适时的时间点废止。

（二）弥补：积极配置替代对策

我们认为，信息的披露、责任的配置以及偿付能力标尺的设计与完善，是替代最低公司资本制度而对债权人利益进行保护的有效对策。公司资本制度毕竟是与公司治理同样重要的公司法两大支柱，贯穿于公司设立、运营及终止全过程的最低资本制度的废除，必然引发一系列问题。公司有限责任这一霸王原则所引发的风险外部性如何处理？引发的社会成本如何冲销？债权人会安守于公司有限责任所带来的公司投资风险吗？以上答案促使立法者考量废除最低资本制度的后续机制安排，替代机制应着眼于提高公司效率、符合市场经济发展的公司法对策。同时，替代机制必须有利于推动公司在资本市场内的竞争，并且迎合公司契约网内其他投资者的利益需求。因此，类似于最低资本制度似的强制性规范应予放弃，推定型任意规范与赋权型规范是此类对策的改革方向。从而，新的对策既能达

---

[1] 参见傅穹《重思公司资本制原理》，法律出版社 2004 年版，第 147 页。

到保护债权人利益以替代最低资本额规则的目的，又能使其他投资者利益得以维护。虽然，世界各国公司法规则因不同的资本市场设计不同，并被学者定义为"债务人友好型"及"债权人友好型"，如：美国被认为债务人友好型，而英国以及稍逊一筹的德国和法国则通常被归入债权人友好型，日本被认为介于美国和欧盟各国公司法之间。但保护对策皆主要集中于"关联权、规则及标准"。① 因此，我们认为，尽管短期内最低资本制度仍需保留，以配合替代对策的设计，但以下法律对策的设计是亟须立法者及公司法利益主体所给予关注的。

首先，构建健全的财务会计制度。债权人获取利益保护的最直接需求在于了解公司财务信息，而读取公司财务报告则是最直接有效的办法。公司财务报告反映了公司的经营状态、现时的资产情况以及未来可能的发展规划与存在的潜在财务风险。金融市场不断地发展促动着金融工具不断更新，金融衍生品的层出不穷为债权人通过公司财务报告获取公司资信情况制造了麻烦，但毕竟读取公司财务报告要比不读能取得公司更多的信息。基于此，我们可以推断出，提高公司财务报告质量，一个透明、快速、详细的公司报告将为公司债权人呈现出公司真实的资信。可见，健全的财务会计制度是替代最低资本规则必不可少的选择。

其次，对责任规制进行适度的调整。各国公司法改革，都有一个共通的规律，即在调控高管人员责任方面，往复于严格与宽松之间。无人可以否认，没有责任的规制自私的人将无法完全做到"克己"以防止过度的自利。因此，法律选择适度的责任设计是防止高管违法的有效对策。公司董事、大股东、审计师在公司经营过程中的决定都对公司债权人利益形成重大的影响，合理、适度规制董事、大股东、审计师的责任是替代最低资本制度的一个有效选择。

再次，建立富有弹性且高效的司法系统。诉诸司法救济也许是债权人保护自身利益的最后防线。例如，当公司在诉讼与危机的时候司法往往成为公司僵局之时债权人利益获得保障的最后武器。面对公司纷繁复杂的诉讼，专业能力较弱的法官处理公司诉讼的能力必然为弱，同时，由于缺少判例法的引导，法官不仅是无法高效的断案，甚至有诉而不敢接。所以我

---

① 参见［美］莱纳·克拉克曼、［英］保罗·戴维斯、［美］亨利·汉斯曼等《公司法剖析：比较与功能的视角》，刘俊海、徐海燕等译，北京大学出版社 2007 年版，第 92 页。

们认为，软化债权人诉讼程序、提高法官专业素质、引入判例经验并积极利用最高法司法解释，是司法效率获得提高的有效途径，更是防止废除最低资本规则所带来的衍生风险的有效手段。

最后，完善日渐成熟的信用市场。历次金融危机给予我们的教训是，完善的法律也不会完全杜绝欺诈、违法行为，良心、信用才是解决市场信用危机的真正良方。在现阶段，由政府主导而市场辅助的建立市场信用体系是当务之急。渐进的过程难免，但成熟的信用市场亦是可以期待的。我们应注意到，效率是公司法废除最低资本规则所追求的，同时，成熟的信用市场所对应的也是高效的金融市场。我们坚信，长远来看，现时建立信用市场所付出的成本在未来必然可以获得超额的回报。

第三节 资本维持规则的法经济学分析：以资产变动为考量

资本维持规则的核心在于及时监测公司资产的变动情况与维护公司资产的稳定，而股利分配是公司资产流向股东的一种重要渠道，对公司资产的稳定至关重要。过度的股利分配会产生诸多方面的不良影响，例如，股利过度分配减少了公司股东权益，提高了公司的债务比例，此时债权人承担的公司财务风险随之增加；股利过度分配缩减了公司的现金流量，增加了公司剩余资产的财务风险；股利过度分配一定程度上制约着公司的投资计划，客观上为股东投资不足的自利行为创造了条件，将直接损害债权人的切身利益。[①] 在资本维持规则向资产维持规则转变的过程中，规制公司对股东的过度股利分配并借重财务分析工具以监督公司资产的变动状况，是稳定公司资产安全以对债权人利益进行保护的重要方法。

一 资本维持规则的核心：利润分配规则的检讨

利润分配规则为资本制度中影响债权人利益波动最为明显的规则对

---

① 雷新途：《不完备财务契约缔结和履行机制研究》，经济科学出版社 2009 年版，第 183页。

策。公司需要留存多少的利润才能对外部利益者的利益保护形成有效屏障并非政府、法律所能查核并掌握。积年的累计、岁月的沉淀所汇聚的商业经验是判断公司利润分配之"度"以及是否有足够的抗风险能力之"实践标准"的标尺。我们认知到，债权人对公司利润分配的关注，往往超过其对公司投资决策或高管变动的关注，均因公司对股东的利润分配带给了债权人一种"具有真实感觉的伤害"。基于我国资本市场现实基础的考量，减轻"伤害"之痛主要在于两种对策，即软化国企利润分配规则与衡平股东利润分配之度。

（一）软化国企利润分配规则

在 2010 年，中国共产党召开了第十七届中央委员会第五次全体会议，此次会议规划了未来五年中国的改革方向以及施政要点。会议公报指出，"在当代中国，坚持发展是硬道理的本质要求，就是坚持科学发展，更加注重以人为本，更加注重全面协调可持续发展，更加注重统筹兼顾，更加注重保障和改善民生，促进社会公平正义"。同时，会议公报的表述中提及"必须以更大决心和勇气全面推进各领域改革"。可见，继续深化改革的基本方针是坚定不移的，并且指引改革方向的应当是全体社会成员的福祉，但由于其间所涉及的利益格局调整与重构，必然会遭遇到重重阻力，这也就需要在现有的制度框架内寻求更为积极可行的改革对策。经济体制改革仍然将是我国改革的核心内容，对于如何在经济体制改革中进一步体现对民生的关注和保障，以及如何更好地促进社会公平正义等重大问题，我们认为，应当以国有公司改革为基点予以考量和反思。从宏观经济的角度说，目前来看，国企在国民经济总量中所占比重仍是最大的，并且统领着关涉国计民生的主要经济部门；从体制改革的角度说，国企改革在全社会中具有突出的示范效应，始终扮演着改革先行者的角色；从公司社会责任的角度说，国企所雇用的劳动者数量庞大，社会影响广泛，特定的国有背景更是其更好为社会公众服务。但是，国企改革在经历了激荡的三十年后，已经形成了以公司为核心的利益结构，而深化国企改革正是要打破这种利益结构，构建以社会为核心的利益结构，使全社会能够共享国企发展经营的成果。

国企改革一直是改革进程中的关键问题，国有公司的变革重生也是在激烈争议逐步实现的，这种变革与争议的背后是复杂的利益格局调整。

《改革和发展蓝皮书》将国企改革历程分为三个阶段，分别是 1978—1992 年的初步探索时期，1993—2003 年的制度创新时期，2004 年至今的纵深推进时期。这三个阶段的任务和重点各不相同，制度创新以建立现代公司制度为目标，借助于公司法等规则架构实现国有公司的公司化改造，确立国有公司独立的市场主体地位，形成规范化的公司组织与运行模式。而之后的纵深时期则立足于国有公司的公司形态，探索管理国有资产的方式，以便实现产权多元化与治理结构合理化。"历史是真理的唯一出处"，通过回顾国有公司的改革历程，我们发现，迄今的改革走向都是以提升国有公司效率为指向的。追求效率当然是值得肯定的，但如何追求效率以及追求效率的目的则是我们应当不断反思的。

改进国有公司的治理结构是促进公司运营效率的根本选择。建立现代公司制度是国企改革的目标，即实现"产权清晰、权责明确、政企分开、管理科学"。同时，社会公平正义是国企改革的根本目的。国企改革必然是要提升效率，但是效率是手段而不是目的，正如同整个经济体制改革一样，国企改革也应当是以实现社会公平正义为目的。国有公司资本中包含着无数个普通劳动者的辛劳，几代劳动者无私的奉献是国有资本形成的源泉。在这个意义上说，全体社会成员有权享有国企改革发展的成果，国企也应当在社会转型中承担相应的公司社会责任。大型国企，尤其是中央公司，在国有公司改组重构的过程中形成了巨大的资本优势，同时，在实际运营中享受着诸多政策、体制资源，它们有能力为社会公众提供更优的物质成果。但实际上，大型国企上缴的税后利润仍然很低，目前中央公司上缴比例最高仅为 10%。国有公司将利润据为己有当然是为了满足其内部成员的特殊利益，也就是将一部分利润转化为公司员工或明或暗的各种福利，一些关于垄断公司的畸高待遇早已引起社会公众的广泛不满，国有公司不但没有将其经营成果用于促进社会公平正义，反而进一步加剧了社会的贫富分化和不稳定因素。为此，提高国有公司的税后利润上缴比例势在必行。国家收取国企税后利润的实质是国家作为公司的投资人获取公司经营发展的红利，正如同上市公司的股东可以享有公司的分红一样，属于股东的正当权益。从另一方面说，国家是全体人民的代表，国家收取了公司的税后利润应当用于保障民生，促进社会和谐。收入分配结构的调整是今年政府工作的重点，这也是应对当前社会贫富差距过于悬殊的积极手段。为此，更应当将国有公司积累的物质成果提取出来，但不应当再采用行政命令的方式，而是应当将公司视为独立的市场主体，在公司法的制度框架内通过行使股东权来实现利润分配，这才是产权清晰、政企分开的真正体现。国企利润的提取是直接的利益结构调整，即收回公司成员的不合理收益，并将此收益还给社会公众。利益的分配总是伴随着争议，各方利益主体都会发出自己的声音并全力维护自己的利益。国企改革中所涉及的如此巨大的利益结构再调整必然会阻力重重，但是再多的阻力也阻挡不了历史进步的车轮，中国必将以"更大的决心和勇气"推进国企改革，促进社会公平正义，实现科学发展与社会和谐。

事实上，软化国企利润分配政策是债权人受益的前提。具体而言，软化国企利润分配政策对债权人利益起到两方面的促动作用：（1）国企利润分配的软化，在宏观层面将自然的惠及债权人利益；（2）国企利润分配的软化，在政策导向、市场引导方面对保护投资者的理念产生无法计算的正面效益，必然也惠及债权人利益。在实践中，国企利润分配并未尽如债权人之意。我国资本市场中绝大多数的"优质"公司为国资背景的上市公司，其利润分配影响的利益甚广、甚深。现阶段我国国企利润分配规则不容乐观，市场的共识是，国企公司"利润储备已成常态"，"国企公司储蓄——基本上是未拿去投资或返还给股东的利润——大幅增长。据中国央行估计，2007 年时公司储蓄占国民收入的 23%，明显高于 10 年前 12% 的水平"。[①] 因此，建议国企分红的声音不断出现。同时我们认为，将利润从具有雄厚实力的国企中拿出来，将其分配给消费者，必将能带动经济的发展，产生良好的社会影响。"而且表面上看也符合中国政府所标榜的社会主义原则"。[②] 值得注意的是，"美国财政部和国际货币基金组织（IMF）都曾经催促我国让更多的国有公司上缴更多的资金，以便增加国内居民的收入。在发达国家中，此种建议大体适用。但 IMF 近来的研究结果显示，在亚洲，中国及其他国家公司储蓄近年来的增长并未伴随家庭储蓄的下降。显然，亚洲公司的股东们似乎无法让公司经理人停止囤积资金并开始派发股息。因此，这一研究结果支持了政府需出台政策让公司降

[①] 参见《国企囤钱莫如分红于民?》，《华尔街日报》2009 年 11 月 30 日，第 9 版。

[②] 同上。

低储蓄的论点"。① 可见，国企利润分配之路未来的走向如何，不仅是一个保护债权人的法律问题，同时也是一个不可回避的政策问题。②

（二） 衡平股东利润分配之度

利润分配无疑是股东投资公司的直接动因，"投资意味着回报"这一经典评述展现了利润分配对于股东的重要性。债权人对债务公司开展借贷业务的动机为获得利息及本金；高管为公司付出智力与体力的动机为获得薪酬；股东投资公司，动机为获得公司的回报——利润分配。可见，利润分配为股东合理、合法获取投资回报的方式之一。逐利为人之本性，不可控制的逐利本性常诱发"掌握公司"的股东的道德风险，最大化的将公司利润分配给自己，是每个股东内心所期望的。无疑，过度的分配公司利润将造成公司发展受阻自不必言，更重要的是过度分配公司利润常伴随着公司债权人利益受损的事实。因此，合理控制利润对股东的分配为保护债权人利益的重中之重。

然而，债权人对公司利润分配有着不同的偏好。债权人关注公司利润分配的程度尤甚于股东自身，强烈限制利润过度分配给股东是债权人所期望的规制规则。利润分配过度意味着公司偿付债权人利益的资产减少，这是债权人所不愿见到的。因此，债权人一般在与公司交易之前通过合同设计以限制公司在特定情况下的利润分配。例如：（1）公司未来分配利润之时应为债权人预留充足的偿债储备金；（2）当公司分配利润后现金流不足清偿公司债务之时不得进行利润分配；（3）利息保障倍数③必须保持

---

① 中国财政部下属智库的研究人员文宗瑜说，虽然学者们提出了许多建议，但我认为今年改革这项分红政策的可能性为零，明年也一样。他说，渐进式改革更有可能获得支持，在这项分红政策的三年试行期结束时，逐步推出新的改革政策。或许并非偶然，2011 年已接近中国本届政府任期的尾声，所以改革这项分红政策的艰巨任务有可能会进一步向后推。参见《国企囤钱莫如分红于民？》，《华尔街日报》2009 年 11 月 30 日，第 9 版。

② 对于央企上缴利润，财政部已经给出积极的信号：财政部表示，2010 年将逐步扩大国有资本经营预算试行范围，研究提高中央公司税后利润上缴比例，完善国有资本经营预算支出政策体系，推动地方国有资本经营预算工作。《新京报》2010 年 4 月 7 日，第 3 版。

③ 通常，利息保障倍数，又称已经获利息倍数，是指公司生产经营所获得的息税前如与利息费用的比率。它是衡量公司支付负债利息能力的指标（用以衡量偿付借款利息的能力）。公司生产经营所获得的息税前利润与利息费用相比，倍数越大，说明公司支付利息费用的能力越强。因此，债权人要分析利息保障倍数指标，以此来衡量债权的安全程度。

一定水平,否则不得进行利润分配。面对股东与债权人对利润分配不同的偏好,我们为追求高效的利润分配方式应将视角置于公司财务视野之下,毕竟,利润分配是一个触及公司法、公司财务、会计法三大领域的交织性话题。[①] 正如公司法学者所洞察到的:"美国加利福尼亚州公司法和示范公司法的分配标尺的演变,可作为一个范本,这两种分配标尺的设计模式为债权人提供了一个'原本认为或事实上'所能获得切实利益保护。"[②] 我们认为,理性的公司财务视角下的利润分配规则,应蕴涵着自由、简便、高效、公平的理念,即给予股东自由安排的空间、简便的分配程序,同时可以高效的促进公司发展、平等的对待股东与债权人利益。

二　资产变动的监测：借重财务信息分析对策

从公司经营之始到公司破产、解散的过程中,债权人利益的保障强弱均处于动态的变化之中。在这个过程中,公司资产持续的真实展现为债权人利益的保护提供了有力且高效的分析依据。针对公司以何为信而引发的债权人利益保护危机,公司法学者洞察到:"澳大利亚公司法改革中的'从公司资本维持到公司资产维持'(from the rule of capital maintenance to rules of assets maintenance)的核心建议、2001 年英国公司法最终报告对公司资本筹集规则(最低资本额安排、非现金出资的专家评估规则)、资本维持规则(减资规则、公司分配规则、公司取得自己股份与融资支持禁止规则等)的反思,均表明一种对公司资本信用的质疑,并达成一种近乎的共识:建构效率主导模式的'偿债能力标尺'(solvency margin),即净资产维持机制(net asset maintenance regime)。"[③] 前述洞察所给予我们的启发与疑惑是:偿付能力标尺有效的反映公司未来一定时期内的资信力,而公司资产负债表则可以较为明晰的折映出公司短期的现时资信力,二者之间如何取舍?高效的选择如何偏重?前述的疑问背后均源于一个现实存在却极少论及的话题:债权人对财务分析工具的需求以及公司对财务

[①] 参见傅穹《重思公司资本制原理》,法律出版社 2004 年版,第 186 页。

[②] 在信奉"公司资产维持原则"的国家,采纳偿债能力标尺设计公司利润分配规则。参见傅穹《重思公司资本制原理》,法律出版社 2004 年版,第 194 页。

[③] 参见傅穹《重思公司资本制原理》,法律出版社 2004 年版,第 88 页。

分析工具的供给。

（一）保障债权人对财务信息的需求

市场内债权人多样化的事实向我们述知一个浅显但又重要的道理：债权人自身能力不一，对公司财务信息分析工具的需求也必然不同。

1. 强势债权人对财务信息需求

一般而言，强势债权人多为大型公司或其他债券型投资机构，雄厚的资金实力、精明的智囊团队以及强大的抗风险能力是他们的典型特征。此类债权人与债务公司进行的贷款交易亦数额庞大，同时他也对债务公司的经营模式、投资风格以及资本构成有一定程度的了解。"太小的蛋糕不值得此类债权人付出切割的时间。"大型债务公司、巨大投资项目往往是这类债权人的交易目标对象，因此，此类债权人有能力支付一定的财务分析费用成本而使用复杂、系统的财务分析工具。

首先，偿付能力测试：基于对未来的预测。虽然，目前实践中偿付能力测试多运用在对保险公司未来偿付力的解析中，但我们认为，化保险公司偿付能力测试为普通公司所适用的偿付能力测试为债权人检测公司未来偿付能力的有效工具，是完全具备条件的。我们注意到，安永会计师事务所全球金融服务合伙人文启斯曾分析认为："动态偿付能力测试审核报告是新监管要求。动态偿付能力测试审核报告成为人寿保险公司强制性、定期性的报告。"[1] 可见，偿付能力测试已经在实践中验证了其自身的功能价值。需要指出的是，虽然与公司年报相比，偿付能力测试更倾向于审核公司未来的偿付能力，偏属于公司预测性财务信息。但是，它基于对公司财务的理性分析，预测在一定程度上已经为保险公司提供了可资信的财务信息。因此，应积极转化偿付能力测试适用标准及条件，使之为更多的大型公司所适用。

其次，杜邦财务比率分析[2]：现时的实效检测。杜邦财务分析体系对

---

① 参见《安永报告分析中国保险业面临的风险》，《财会信报》2008 年 3 月 12 日，第 10 版。

② 杜邦公司率先提出用以下公司财务数据进行行业绩评定，杜邦比率模式因此得名，一般包括：销售收益率（ROS）、资产周转率、资产利润率（ROA）、财务杠杆系数、权益报酬率（ROE）。参见 [美] 马克·哈斯金斯《财务报告的秘密》，齐仲里、张春明译，中信出版社 2009 年版，第 165 页。

公司现时的财务分析具有极强的分析能力，在实践中为许多公司所认可，其内在原因是：首先，杜邦财务分析是一种比较简单且适用的分析方法；其次，所有公司均可以依据绩效评价的角度，有目的性的对杜邦分析体系加以改进，达到自身独特的分析目的。① 具体而言，权益报酬率指标为杜邦财务分析体系的核心要素，内含着利润、生产能力以及财务杠杆三项基本财务指标，实践中，此三项指标的综合分析可以反映出公司的经营能力及对债权人偿付能力的强弱。正如有学者指出的，权益报酬率指标具有以下作用："（1）权益报酬率可以反映公司销售商品时的利润率（销售收益率）；（2）权益报酬率可以反映公司资产的有效利用情况（资产周转率）；（3）权益报酬率可以反映公司利用债权人的资金对所有者的资产起到了何种推动作用（财务杠杆系数）。"② 因此，对权益报酬率（ROE）指标进行不同程度、不同形式的拆解，可以改造出多样形式的财务比率的组合，以满足不同公司对自身的特殊财务分析需求。市场已经给予我们的认知是，杜邦财务分析标尺效果甚显，已基本为资本市场所认可，"包括美国著名的《商业周刊》、《财富》、《福布斯》、《金融时报》等著名财经评论期刊，在每季度都会根据不同的杜邦比率分析指标，对世界著名公司进行排名。"③ 因此，积极引进杜邦财务比率分析工具，必将对债权人分析债务公司资信情况提供有效帮助。

2. 普通债权人对财务信息需求

面对无法承担的过高的财务分析费用成本的事实，普通债权人只能在自身实力许可的范围内，探求相应的廉价且高效的公司财务分析工具，现金流量表测试及变现能力比率往往成为其首选。

（1）现金流量表测试

我们注意到，现金流量表测试已经为美国等资本市场发达国家所采用，对债权人而言，现金流意味着公司的"硬实力"，其在一定程度上被

---

① 事实上，新会计准则下，杜邦财务分析亦应有相应的调整以适用于不同的公司。参见邹武平《新会计准则下杜邦财务分析法的应用》，《审计与理财》2009 年第 3 期，第 12 页。

② 参见［美］马克·哈斯金斯《财务报告的秘密》，齐仲里、张春明译，中信出版社 2009 年版，第 168 页。

③ 同上书，第 169 页。

用以检测公司流动性及偿付能力。① 现金流量表一般包括三个不同的部分：经营活动现金流量、投资活动现金流量和融资活动现金流量，对这三部分进行现金流入和流出的分析十分重要，而以这种方式进行的现金流量表分析对于总体性评估公司的能力、公司之间的差距、公司的战略和方向均能起到积极的作用。② 具体而论，在实践中其功能主要表现在：其一，展现公司现金流量的现实状态；其二，有益于评估当期公司收益的质量；其三，有益于评估公司财务弹性高低；其四，有益于检测公司的流动性；其五，有益于检测公司未来的现金流量。③ 值得我们注意的是，在金融危机的背景下，现金流量测试的作用已经为市场所极度关注。虽然银行资本与实业公司资本有着一定的区别，但我们从美联储（Federal Reserve）主席贝南克（Ben Bernanke）的评介中也可以推断出现金流的重要性。正如贝南克所言："当初我们应该要求银行持有更多资本，更多流动性，我们应该要求采取更多风险管控措施。"④ 因此，积极发挥现金流量测试对债权人分析债务公司的作用，将有助于债权人了解债务公司的资信情况。

（2）变现能力比率测试

变现能力比率因能切实的反映公司短期偿债能力而多为债权人所偏好。如有学者曾指出的："衡平意义中的破产概念，关注的是公司资产的变现能力（liquidity），即公司解决到期债务的能力，而非公司资产与负债的差额。所以，衡平破产法则更现实地体现了债权人的关怀。"⑤ 通常，公司变现能力比率一般包含三个方面财务指标："首先，流动比率（流动

① 参见邹武平《新会计准则下杜邦财务分析法的应用》，《审计与理财》2009年第3期，第12页。

② 参见［美］马克·哈斯金斯《财务报告的秘密》，齐仲里、张春明译，中信出版社2009年版，第170页。

③ 参见邹武平《新会计准则下杜邦财务分析法的应用》，《审计与理财》2009年第3期，第12页。

④ 贝南克说，美联储如果不监督银行，就无法管理经济、保持金融稳定。他说，要是无法从银行监管者的角度看到银行系统所发生的情况，那么在过去一年里他就不可能让金融系统稳定下来。他说，如果要让美联储履行1913年诞生时被赋予的"最后贷款人"职能，即在银行面临融资危机的时候提供紧急贷款，那么它就需要能够检查银行的担保品和还债能力。参见贝南克《我有错，但也有功》，《华尔街日报》2009年12月4日，第11版。

⑤ "衡平破产准则（equity insolvency test），因是由衡平法院来判断公司是否破产而得名，是指若公司分配行为，导致公司'是或将是'在衡平意义上不能清偿到期债务，则法律禁止公司向股东分配。"参见傅穹《重思公司资本制原理》，法律出版社2004年版，第192页。

资产合计/流动负债合计),反映公司的偿还短期债务能力,流动资产越多,短期债务越少,则流动比率越大,公司的短期偿债能力越强。其次,速动比率(流动资产合计－存货)/流动负债合计。此财务指标更能反映公司的偿还短期债务的能力。因为流动资产中,尚包括变现速度较慢且可能已经贬值的存货,因此将流动资产扣除存货再与流动负债对比,以衡量公司的短期偿债能力。最后,负债比率(负债总额/资产总额×100%),它反映公司偿付到期长期债务的能力。"[①] 所以,我们认为,偿付能力测试与杜邦财务比率分析均使公司付出一定的经济、人力、管理费用成本,并非任何公司均有能力采用。[②] 而现金流量表测试及变现能力比率测试的分析则可以有效降低公司制作财务信息费用成本,因此,相比较与复杂的偿付能力测试及杜邦财务分析数据,中小型普通债权人更偏好于简单的现金流量表及变现能力比率分析。

(二) 提高公司对财务信息的供给

商业危机是市场经济发展周期中不可避免的问题,公司投资、利润分配、增发债券、并购分立等公司决策均给公司带来不可避免的风险,并且前述公司的决策都是公司日常经营的商业活动。具体而言,从公司高管的视角看,减少投资将导致公司发展受阻、效益递减;从股东的视角看,停止利润分配将抑制股东投资之最原始动机——获利;从公司债券投资者的视角看,阻止增发债券将减少自身投资获利的机会;从公司决策者的视角看,并购或分立的商业决策为公司未来发展之计,万不能惧怕风险而浅尝辄止。既然前述公司经营过程中所遇到相关商业决策的实施是不可避免的,那么公司经营的风险将永续存在,那么债权人利益维护的风险阴影也将无法摆脱。显然,可以有效对前述公司投资及财务决策进行分析、总结的有效分析工具将为公司提供高质量的信息披露提供保障。"屏息迎变、

---

① 负债比率越大,公司面临的财务风险越大,获取利润的能力也越强。如果公司资金不足,依靠欠债维持,导致资产负债率特别高,偿债风险就应该特别注意了。资产负债率在60%—70%,比较合理、稳健;达到85%及以上时,应视为发出预警信号,公司应提起足够的注意。参见邹武平《新会计准则下杜邦财务分析法的应用》,《审计与理财》2009年第3期,第13页。

② 例如:在动态偿付能力测试审核报告工作中,很大一部分是精算工作,所以审核报告的形成要有精算专业人士的支援。

吐故纳新"①，公司资产维持的剖析工具——资产负债表与偿付能力测试标准逐步展现在公司面前。我们认为，资产负债表及偿付能力测试这两种法律对策均应内置于公司法之内，且均应通过立法以明确、认定，并在实践中广泛、高效的推广，最终具有实效的应用在实践中。一般而言，公司的上市与否，在某些时候代表了一个公司的强弱，相应地，上市公司与非上市公司对向外界所披露财务信息之工具的采用也存在不同。

1. 上市公司财务信息的供给

偿付能力测试，一个亟须扩展适用范围的公司资信分析"利器"。目前，在我国主要限于保险公司广泛使用的财务资信能力分析工具——偿付能力测试标准——早已被域外普遍采用且在不断完善。② 在我国，公司偿付能力测试标准被保险公司应用于测试其自身偿付能力的强弱，其包括但不限于对保险公司以下资信要素的分析与考量：固定资产、土地使用权和计算机软件、投资资产、应收及预付款项、委托投资资产、证券回购、认可负债、投资保险、实际资本、综合收益、子公司、合营公司和联营公司、动态偿付能力测试③（专用于人寿保险公司）以及对保险公司年度报

---

① 参见《十学者香港出书"直言进谏"》，《凤凰周刊》2009 年第 10 期，第 34 页。

② 不可否认的是，保险公司因其自身业务的特定（担保风险、影响极深）采用偿付能力测试是市场及政府双方所赋予的"权利与义务"，其偿付能力测试必定具有特定性及复杂性。其给予我们的认知是，市场内公司等其他商业主体，可采用相对简单且有效的偿付能力测试，渐进的由保险公司向其他商业主体扩展，是未来发展的重要选择。实践中亟须检测公司资信的有力分析工具，扩展偿付能力测试适用范围已刻不容缓，其根本原因在于近来我国高风险伴随的金融创新业务不断出现，例如："根据天津《天津滨海新区综合配套改革试验金融创新专项方案》，加大金融改革创新在金融公司、金融业务、金融市场和金融开放等方面先行先试力度，天津市政府日前下发了天津市第二批金融改革创新重点工作计划，根据该计划，天津将大力推进发展股权投资基金、离岸金融业务、航运金融业等 20 项工作。同时亦包括发展离岸金融业务，推动有资质的金融机构在东疆保税港区设立离岸分部，开展离岸银行业务。"对于《天津滨海新区综合配套改革试验金融创新专项方案》，国家发改委已于 2009 年 10 月 26 日给予批复，同意实施。

③ 动态偿付能力测试，是指保险公司在基本情景和各种不利情景下对其未来一段时间内偿付能力状况的预测和评价。通过对保险公司的偿付能力状况进行动态测试，可以及时对保险公司可能出现偿付能力恶化的情况进行预警，有利于监管机构对保险公司的偿付能力状况进行动态监测，并有助于保险公司进行有效的资本管理，从而预防保险公司出现偿付能力不足的情况。参见中华人民共和国《保险公司偿付能力报告编报规则第 16 号：动态偿付能力测试（财产保险公司）》，保监发（2010）第 2 号。

告、保险集团、再保险业务的分析。① 近年来，为回应资本市场的发展及自身不断变革的现实，保险公司偿付能力测试展现出两个需给予关注的特点，首先，扩展动态偿付能力测试范围:2009 年 8 月中国保监会发出《保险公司偿付能力报告编报规则第 16 号:动态偿付能力测试（财产保险公司)》（征求意见稿)，意见稿要求对财产保险公司进行动态偿付能力测试。我们应注意到，由人寿保险公司向财产保险公司共同适用动态偿付能力测试的扩展，展现了动态偿付能力测试范围在不断扩展。立法背景必然隐含着多样的因素，在不过多探究其原因的情况下，此《征求意见稿》给予我们的基本认知是:偿付能力测试所能检测的商事主体范围在日益扩大。其次，偿付能力测试步骤详细且富有实效:一般而言，保险公司应按照以下步骤测试，即（1）业务类别现金流预测;（2）利润表预测;（3）资产负债预测;（4）偿付能力预测。② "为了测试公司未来的偿付能力状况，保险公司需要对各测试对象建立测试区间内的资产/负债模型，该模型应具有预测利润表和资产负债表中各项目的功能。这种建模过程是保险公司动态偿付能力测试的重要基础。保险公司应当在公司当前的资产、负债以及资本的基础上，真实地反映公司的历史经营状况，合理估计预测假设（如业务增长、投资、赔付率等业务类别相关经验以及测试时间区间内的外部影响因素等假设)，基于权责发生制的原则，根据公司的业务规划构建测试区间内的资产/负债模型。"③ 可见，保险公司偿付能力测试日渐完善，在借用现金流预测、利润表预测以及资产负债预测的基础上而完成的偿付能力测试更能确切的折映出公司"动态的资信"状况，切实能

---

① 参见中华人民共和国《保险公司偿付能力报告编报规则》第 1—15 号，保监发（2008）第 1 号。

② 保险公司应当根据上述预测结果预测测试区间内各年度末的实际资本、最低资本和偿付能力充足率。预测认可资产时，保险公司应当假设测试区间内的资产认可比例与报告年度末相同。如果测试区间内资产组合的变化对资产认可比例有重大影响，保险公司应对测试区间内各年末使用的资产认可比例作相应调整，并说明调整依据。测试区间内各年度末的认可资产 =（上一年度末资产 + 当年的资产变化)×资产认可比例。预测认可负债时，保险公司应当根据重要性原则，主要考虑责任准备金等负债项目，并假设测试区间内其他负债占认可负债的比例与报告年度末的比例相同。参见中华人民共和国《保险公司偿付能力报告编报规第 16 号:动态偿付能力测试（财产保险公司)》，保监发（2010）第 2 号。

③ 参见中华人民共和国《保险公司偿付能力报告编报规第 16 号:动态偿付能力测试（财产保险公司)》，保监发（2010）第 2 号。

为公众提供真实的公司财务信息。我们认为，对于具有雄厚的经济实力以及强有力的高管团队的上市公司而言，为各类型债权人提供详细、高效的财务信息是其应尽的义务。而保险公司的偿付能力测试虽不能为各类上市公司完全所采用，但经过改进后的偿付能力测试标准，必然会成为多数上市公司自身的有力财务分析工具。

2. 非上市公司财务信息的供给

资产负债表①，一个需待检讨的会计概念。作为会计上的常用分析公司财务的有力工具不仅在公司法内对债权人利益的维护发挥着功效，同样在公司法外起着重要作用。实践中，资产维持规则的研判与改进不仅常包含于破产法之中，同时资产负债表这一剖析工具也在破产法中发挥着重要的作用。我们不能否认，债权人通过资产负债表可以分析到公司拥有或控制的经济资源及其分布情况、公司的权益结构、公司的流动性和财务实力以及公司财务的一些基本资料。② 尤其在实践中，公司的财会人士也认为，资产负债表所提供的公司信息足以供董事、股东、债权人分析以了解公司资信之翔实情况。③ 然而，面对金融危机下金融中介机构资产负债表"惊异的缩水"，法律学者日渐感知到其不可避免的局限性。无论是面对虚拟资产的无力评估，抑或是账面资产与现实资产巨大差价的残酷现实，资产负债表都在一定程度上难以通过自身的完善而给予令人信服的解释。正如有论点所指出的："资产负债表中各项数据可能发生变化；资产负债表不能完全真实地反映公司资产与负债各个项目的现实成本；资产负债表遗漏了很多无法用货币表示的资产负债信息。"④ 因此，历史给予资产负

---

① 资产负债表是指反映公司在某一特定日期的财务状况的会计报表。依据资产、负债、所有者权益之间的关系，按照一定的分类标准和顺序，把公司一定日期的资产、负债和所有者权益各项目予以适当排列。它反映的是公司资产、负债、所有者权益的总体规模和结构。即，资产有多少；资产中，流动资产、固定资产各有多少；流动资产中，货币资金有多少，应收账款有多少，存货有多少，等等。所有者权益有多少；所有者权益中，实收资本有多少，资本公积有多少，盈余公积有多少，未分配利润有多少，等等。

② 通常，资产负债表把公司所拥有或控制的资产按经济性质、用途分成流动资产、长期投资、固定资产、无形资产及其他资产等类别。

③ 笔者曾咨询本地一大型公司担任会计的人士，询问如何查看公司资信能力的强弱，被告知——只能通过公司资产负债表来检测。

④ 参见中立城会计师事务所，资产负债表的作用［EB/OL］.（2010－08－12）. http：// www. chinesetax. com. cn/。

债表过多的重任至今日已成为资产负债表无法承受之重。"舞台上,中国京剧四川变脸所展示的令我们痴迷,同时它未展示的——京剧变脸的奥秘——令我们好奇。"资产负债表也是如此,我们必须承认,公司许多重要的资信在资产负债表中并未展示给我们。我们注意到,2007年所采用的"公允价值"会计准则虽然对传统资产负债表的缺陷给予了一定的弥补,但并未在实践中被广泛采用。在自由选择"历史成本"或"公允价值"之间,多数公司都采用了前者,仍然借助资产负债表分析历史成本这一分析工具。基于以上的分析我们认知到,高额的财务分析费用成本往往将小型公司排挤于适用复杂的财务分析工具行列之外,然而非上市公司并非都是极小型公司,市场内不乏很多"优势"的非上市公司。所以,明晰资产负债表的优、劣之处后,非上市公司应积极探求有效的财务分析工具,例如:现金流量测试以及变现能力比率测试,等等。

本章小结

公司资本规则被具有影响力的公司法学者们界定为债权人利益保护的三种对策之一,其重要性由此可见。在资本规则软化的资本市场内,从资本维持规则到资产维持规则已为定论,由此最低资本规则的软化乃至取消是可以预见的。然而,资本规则变革后对债权人利益保护的相应配套机制的及时跟进为债权人关注,毕竟公司资产是债权人获得利益保护最实际的依靠,其将从根本上影响到债权人利益是否可以得到妥善的维护。

面对公司变动着的资产,借重财务分析工具可以有效地帮助债权人剖析公司的资产状况及其偿债能力。然而,虽然财务分析是对公司传递出的财务信息相关数据进行的深入研究,但不可避免地存在着一定的缺陷。公司内部管理、会计事务所的选择等原因,显现的及潜在的原因都影响着公司的财务分析水准。同时,上文分析的杜邦财务分析模式以及现金流分析模式仅仅是公司财务分析工具的冰山一角。因此,对公司资产状况的评测应借重财务分析而不能依赖分析结果,应重视财务分析而不能孤立地采用财务分析报告,应关注财务报告所引发的后续事件而不能仅仅把注意力集中在财务分析中的某个数据。

公司法的各类规则内在的存在着统一与互动,债权人利益的保护不能仅仅依赖于公司资产的稳定抑或是复杂多样的财务分析。显然，资产的稳定与财务分析的效应都需要其他对策加以辅助才能真正地为债权人所利用。因此，一个富有生命力的债权人保护对策应是一个可以互相支撑，并相互之间可以促进的体系，应以成本最小化，收益最大化为目标来构建债权人保护对策体系。因而，借重财务分析工具以检测公司资产的变动，仅仅是债权人保护对策体系之始。

第 三 章

公司债权人利益保护对策之二：
信息披露规则的检讨与改进

从公司资本为信到公司资产为信，乃至公司的"信用束"都是经过公司高管以及审计师之手且通过信息向公司债权人传递着。可见，提高信息披露的效率，是降低债权人维护自身利益成本的关键所在，也是提高公司及资本市场效率的根本要素。

第一节　公司信用危机背景下信息
对资产信用的传递

"历史已经迈进了 21 世纪的大门，金融作为当今世界经济发展的核心，也通过越来越多的方式展现着其独有的魅力"。[①] 在此背景之下，中国不免对自身的金融体系风险担忧。当下中国金融体系中存在可能导致不安全的因素主要包括（但不限于）："证券、期货市场的风险；金融机构违规、违纪进行经营带来的风险；国有公司债务导致银行呆账增加的风险、金融机构内部制度与管理不严，缺乏必要防范而导致的金融犯罪等。"[②] 可见，金融风险波及面甚广，历经金融风暴席卷后的存活者无不

---

① 孙健、王东：《每天读点金融史：金融霸权与大国崛起》，新世界出版社 2008 年版，第264 页。

② 金融风险隐现：例如，广东国际信托投资公司破产引起的风波，以及由此引发的波及整个信托投资公司领域的风险，实际上已显示出中国面临的金融风险之可怕。参见孙健、王东《每天读点金融史：金融霸权与大国崛起》，新世界出版社 2008 年版，第 264 页。

认同债权人利益受损最深乃是一个不争的事实。实际上，资本市场内债权人为自身合法权益的维护付出了极大的成本，如借贷前期对债务公司调查、借贷中期获取并监督债务公司的财务状态、借贷后期关注如何索债等成本。前面的论述给予我们一个认知，即公司资信信息向债权人的传递对降低债权人获利成本以及保护债权人利益重要至极。

一 信息披露功能的效益解析

资本市场本质上是一个基于信息传递而形成的市场，信息是现代资本市场的核心要素之一。通常，对于信息效用的认知主要包括：信息披露的规范理论、信息披露的新古典理论以及信息披露制度分析理论三种基础理论学说。首先，信息披露的新古典理论。从新古典理论的视角看，信息同其他的产品以及劳务一样，都是市场内的一种经济产品，信息在市场内存在着需求方与供给方。[①] 由于市场内商事主体的自利刺激，公司以及投资者均会产生一种动力，在平衡成本与效益的基础上，将竭尽全力搜集交易对手的财务信息。所以，新古典理论认为，信息在市场内部的流通依赖于市场自身的力量即可满足市场对信息的需求。其次，信息披露的规范理论。从信息披露的规范理论看，信息并非市场中的私人经济产品，而是公共产品。这样，作为公共产品的信息效益最大化应诉求于国家正当的干预而非市场自由的供给。其内含的思想是通过国家干预而实现市场内信息披露的标准化，在满足市场对信息需求的基础上可以抑制市场对信息的垄断与投机行为。最后，信息披露制度分析理论。信息披露制度分析理论更能为我们展示出信息披露的实践价值，制度分析理论所要解释的是各种信息披露模式所形成及变化的原因及其内在的效益与成本。可见，相比较于前两种理论的静态分析，制度分析则很好的对市场内信息流动与披露的内在效益与成本要素进行了解读。

因此，从制度分析视角看，信息披露功能更能为我们展现信息传递在实践中维护债权人利益时发挥的真正功能。日渐为我们所接受的是，信息披露能够为那些在与债务公司交易时因受市场内信息流动不充分、获取信

---

① 邱宜干：《我国上市公司会计信息披露问题研究》，江西人民出版社 2003 年版，第 42 页。

息不及时影响其利益的债权人带来直接的权益保障。举例而言,假定有两种美容护肤品可供选择:A 品牌护肤品的成本是 100 元,但是这种产品所可能引起的皮肤过敏风险为 1/200。B 品牌护肤品与 A 品牌护肤品在其他方面无区别,但其销售价格为 120 元(无过敏风险)。同时假定,皮肤过敏所需要的完全治疗费用为 3000 元,此时,对债权人而言,在没有得到 B 产品质量信息之时显然会选择 A 产品。A 产品因价格较低胜出。但是当我们将皮肤过敏这种隐形成本考虑在内之时,情况会有所变化。A 产品的隐性成本(隐性成本 = 3000 × 1/200 = 30 元)与对外销售价格之和(30 + 100 = 130 元)已经超出了 B 产品的价格。这时,如果债权人可以通过信息披露获取信息时,显然会购买 B 产品,而获得 10 元的优惠。可见,通过制度分析和理论分析,我们可以透析信息披露身后所隐含的债权人收益与成本的博弈及对其利益的保护作用,信息通过对外披露,进而在市场内利益主体之间的自由流动为债权人利益提供了保障。

二　信息披露对资产信用的传递

信息,向债权人及众多投资者传递着公司的精华——公司信用。公司的文化理念、公司的资本结构、公司的高管信誉、公司的投资计划、公司的发展对策都是通过信息向公司利益相关主体传送。以上市公司为例,我国上市公司的年报、半年报、季报以及临时报告都要求公司将详细的财务信息对外披露。通常临时性报告包括(但不限于):公司会计差错、收购计划、出售资产情况、关联交易以及相关的重大举动;定期报告包括(但不限于):公司的资产负债表、现金流量表、利润分配表以及相关的主要财务数据及指标的详细信息。同样在美国的证券与金融规制体系下,公司对外融资及展开商业投资也都须承担一定的信息披露义务,即披露:所有投资者及其专业顾问合理需要的信息,以及为了能够做出正确评估的资信类信息,通常包括资产与债务、财务状况、利益和损失、证券发行者的发展前景以及有价证券相关的权利所需的此类信息。[①] 由此我们认知到,信息对公司信用向债权人的传递起着决定性作用。公司为债权人所提

---

① 参见［英］安东尼·奥格斯《规制:法律形式与经济学理论》,骆梅英译,中国人民大学出版社 2008 年版,第 141 页。

供商品的价格披露、数量披露、身份与质量披露以及误导性信息的警示披露，都是债权人了解公司信用以维护自身利益提供有力的保障。

公司资信经由信息为债权人所获悉，在虚拟经济下尤为重要。信息公开被金融危机中市场内各主体推荐为降低及消除资本市场内弊病的有效补救方法。虚拟经济不仅为金融市场内的一大特色，更是金融市场中金融工具创新的完美杰作。但虚拟经济的不寻常发展模式及所使用的独特金融工具，亟须信息公开为其保驾护航。在美国，法律对商业银行的监管比较严格，但是，对信用评级机构、对冲基金以及住房类金融机构的监管却相对松弛，以致投资银行等金融机构杠杆率达到 30—40 倍，最终导致资产价格的泡沫急速膨胀。其背后反映的是，一方面，虚拟经济风险急剧上升，另一方面监管规则宽松，为债权人传递的信息并未切实的反映真实的公司信用。显然，在此背景之下，公司资产的真实状况已经很难为外界尤其是债权人所知悉。基于此，我们认知到，在市场经济中，尤其在虚拟经济下，信息公开对传送公司的资产信用保护债权人利益起着不可或缺的重要作用。

综上所述，我们认知到，如果公司债权人对债务公司的财务信息具有一定的知情权并可以顺利地行使这种权利，那么债权人就可以在分析财务信息的基础上为自己利益提供保护。我国 2005 年《公司法》对公司的股东明确规定了公司日常经营中（非破产之际）的信息知情权，依据规定，有限责任公司应当按照公司章程规定的期限将报表送交各股东；股份有限公司的报表应当在召开股东大会的 20 日前备至于公司，供股东查阅；公开发行股票的股份有限公司必须公告其财务会计报告。[①] 但法律对债权人的信息知情权则较少关注，即便有相关法规对债权人信息知情权的涉及，但其条款模糊，立法层次较低，不能为债权人提供较强的保护。[②] 可见，通过强制性规范赋予债权人获取公司信息的知情权，将有利于债权人及时了解公司资产的变动情况，为自身利益提供较为可信的保障。

[①] 2005 年《中华人民共和国公司法》第 166 条。

[②] 依据中华人民共和国《公司财务会计报告条例》（国务院 2000 年 6 月 21 日）第 32、34 条规定，"公司应当依照公司章程的规定，向投资者提供财务会计报告，""非依照法律、行政法规或者国务院的规定，任何组织或者个人不得要求公司提供部分或全部财务会计报告及其有关数据"。

第二节　强制性信息披露对债权人
保护的法经济学分析

历次金融危机都是法律应对金融市场适应性改进的契机，在因美国次贷危机引起的金融危机过后，各国都对本国相关法律规则进行了适应性的改进与完善。一些国家对公司信息披露的范围、信息披露的深度以及信息披露的时间等相关规则都进行了调整。从现实角度看，解决信息这一法律产品在法律市场中的供给的数量是否充足、供给产品质量是否过关等问题是通过公司信息披露对策保护公司债权人利益的关键问题所在。

一　强制性信息披露功能的法经济学分析

资本市场的存在必然伴随着投机与欺诈的存在，关键在于如何用法律的手段将证券欺诈控制在最小的限度内。[1] 通常而言，通过信息披露及时提示投资风险，降低信息搜寻成本将间接的增强债权人收益的保障。可见，强制性信息披露规则发挥着多种功能，一定程度上控制着市场内欺诈发生的几率并从不同的角度对债权人利益的保护发挥着重要作用。

（一）强制性信息披露的功能

内含着经济理性的强制性信息披露规则天然的附带着多重的目的与功能：从政府的视角看，强制性信息披露规则保证了政府及时了解一国金融市场微观经济的发展动态，节约了政府调查本国金融市场发展情况的行政成本，为政府制定微观及宏观经济政策提供了可靠的现实数据；从市场的角度看，强制性信息披露规则使市场成为实现公平、正义、效率以及安全等价值的平台成为可能，有助于在一个可以预期时间内成就一个高效的金融市场；从微观的经济主体的视角看，强制性信息披露规则降低了公司搜寻市场内部信息的商业成本，为其提供了可以公平竞争的金融市场；从投

---

① 参见于莹《美国证券欺诈民事责任研究》，《吉林大学社会科学学报》2000 年第 6 期，第 81 页。

资者的视角看，强制性信息披露为其在金融市场内开辟了观察及监察投资对象的渠道，极大程度地减少了信息发现成本①，提高了投资者规避风险及保护自身利益的能力。"天下熙熙，皆为利来；天下攘攘，皆为利往。"信息披露规则最为重要功能即体现在保障投资者利益，促进资本市场高效运转。我们认为，强制性信息披露规则应被得当且强有力的推荐为维护投资者利益、消除社会内部弊病与市场内部低效的持续性对策。②

（二）强制性信息披露的作用机理

强制性信息披露得以发挥诸多功能均源于一个诱因，即市场低效乃至市场失灵以致投资者利益受损。面对市场内信息交流不畅、欺诈与虚假信息四处蔓延、交易成本不断攀升的事实，信息披露通过以下三种路径的作用发挥其维护投资者利益，保障市场高效的功能。

首先，通过强制性信息披露降低交易成本。多方交易主体信息严重不对称是交易成本存在的原因之一，也是金融市场内部不可回避且难以解决的问题之一。按照科斯第一定理（coase theorem）：若交易成本为零，无论权利如何界定，都可以通过市场交易达到最佳配置，而与法律规定无关。换言之，"只要交易是公开的，只要没有发现强制和欺骗，并在这种交易商达成一致协议，那么这种交易就属于有效的"③，且高效的。现实中金融市场内的交易成本为零是不可能存在的，并非人力所能改变，但通过法律规则的设计以降低交易成本则是我们可以掌握的。例如，通过强制性信息披露促使公司充分披露自身信息，最大程度的消除市场内部信息不对称的状态在一定程度上降低了交易成本。

其次，通过强制性信息披露对持续性合同的不确定风险进行预防。市场内部博弈的相关利益体之间存在着多个合同链，如证监会与上市公司之间的监管合同、债券持有人与公司之间投资买卖合同、上市公司与券商之间的承销合同以及审计公司与上市公司之间的审计合同。多方交易主体虽

---

① 冯玉军：《法律与经济推理：寻求中国问题的解决》，经济科学出版社2008年版，第102页。

② 参见傅穹、仇晓光《强制性信息披露对债权人保护的法律变革》，《西南民族大学学报（人文社科版）》2010年第6期，第93页。

③ 冯玉军：《法律与经济推理：寻求中国问题的解决》，经济科学出版社2008年版，第102页。

然在合同的规制下有序的进行交易，但市场内存在着各种不确定性因素，不确定因素则伴随着一定的风险。提斯曾经指出："即使所有有关的偶然事件都能在合同中规定，合同仍面临着严重风险，因为它们并不能总被遵守。20 世纪 70 年代充满了与依赖合同有关的风险例子，而诉讼多是成本极高和无效的。"① 因此，通过强制性信息披露可以提示投资者注意风险，减少不确定因素的存在，对持续性合同可能存在的风险漏洞加以预防。

最后，避免信息产品"柠檬市场"的出现。② 高效、成熟的信息披露规则下的资本市场必然是一个可以正确反映产品价格的市场。法学者与经济学者达成共识的是，哪里的信息所反映的投资产品价格是合理的，哪里的资本市场就是高效且具有吸引力的。因此，数量足、质量好的信息披露规则在实践中的实效作用巨大。具体而言，其一，提供充足的信息。在没有外在强制性信息披露规则的作用下，短缺及劣质的信息产品所造成的"柠檬市场"的出现几率是非常大的。故而，保障市场内有足够的信息为投资者维护自身利益的前提。其二，提供高质量的信息。在无规则约束的环境下，劣质信息不可避免地存在，纵观金融危机的历史，每次金融危机到来之前，市场内部都充斥着道德风险、贪婪、欺诈以及大量的劣质信息。公司高管人员为了提高公司股价，保住自身在公司中的位置，时常通过向市场发布夸大的利好信息而隐瞒对公司不利的信息；中介机构为争揽客户，隐瞒客户劣质信息，甚至为客户造假，向市场发布虚假信息；证券监管部门，由于行政监管成本的存在，难免不能保证所有搜集的信息皆为可信信息，发布信息中难免存在纰漏。可见，如此众多的劣质信息的最终受害者都是投资者，而高质量信息是挽救此种病态市场的唯一办法。

二 强制性信息披露对债权人保护的现状

各国、各地区不断的修正、完善自身的强制性信息披露规则，无不基于一个共通的基本认知："过去几十年出现的金融市场危机，无不体现出

---

① 〔美〕路易斯·普特曼、兰德尔·克罗茨纳:《公司的经济性质》，孙经纬译，上海财经大学出版社 2009 年版，第 73 页。

② 柠檬市场也称为次品市场，是指信息不对称的市场，即在市场中，产品的卖方对产品的质量有比买方更多的信息。在极端情况下，市场会止步萎缩和不存在。

金融体系日趋增加的复杂性和相互关联性。目不暇接的金融创新、日新月异的市场效率和金融市场的全球化，共同放大了恶性循环在市场危机期间的严重性。"[1] 显然，我们不可争辩地面对着一个崭新的、多样的世界。动态新世界的复杂性、相互关联性和不透明性正在增加，在此环境下，信息披露功效明显下降，公司债权人利益受到了严重威胁。[2] 他山之石，可以攻玉。域外法律中具有价值的先进的信息披露规则经验应为我所用。

（一）美国经验

美国虽以成熟并监管严格的金融市场著称，但近几年来金融市场内丑闻不断，尤其是次贷危机对其金融监管体系打击沉重，致使其对金融市场监管规则不断进行修正。在国内法律规则修改中，美国 Sarbanes-Oxley 法案要求公众公司必须建立审计委员会，审计委员会必须全部由"独立董事"组成；要求强化外部审计的行业监管，该法案为防止外部审计的利益冲突要求审计师不得在上市公司提供与审计无关的服务。在吸取国际先进规则中，美国也未落后，美国日渐接纳并吸收国际财务报告准则 International Financial Reporting Standards（IFRS）中的信息披露之精华。近年来，国际财务报告准则协调了各国不一致的财务报告，对金融市场的发展起到巨大的推动作用。2007 年 7 月 25 日，美国证券监督管理委员会发布了意向公告，建议美国证券发行人、投资公司按照国际报告准则中的要求进行财务陈述的信息披露。

我们借鉴美国的经验认知到，充分考量自身法律基础及金融体系的根基，将自身资源与世界的智慧相衔接，才能最大程度的发挥法律的作用，对投资者的利益保护起到切实的促进作用。

（二）欧盟经验

一直以来，欧洲各国在成员国之间及欧盟内部达成了共识，进行了公司法相关规则的改革。就强制性信息披露规则而言，欧盟法律体系内部已经形成了统一的最低信息披露规则标准，为我们提供了珍贵的参考经验。

---

① ［美］里奥·M. 蒂尔曼：《金融进化论》，刘寅龙译，机械工业出版社 2009 年版，第 138 页。

② 同上书，第 139 页。

1. 理论层面的探讨

著名公司法专家 Jaap Winter 教授引导着欧洲公司法改革的方向,其领导下的 HIG 报告对欧盟公司法改革起着重要的指引作用。[①] 作为欧洲公司法学界对各国信息披露及相关规则改革的回应,HIG 报告强调会计信息与公司管理实务透明度的重要性,强烈支持将信息披露规则作为公司法内部保护公司债权人的有力工具。因此,HIG 报告建议:在信息披露范围上,应要求上市公司将其资本结构与公司控制权结构详细地对公众披露;在信息披露时间上,应要求公司不间断的持续地对公众披露公司资本结构与控制权结构的变化。可见,不间断的强制性的信息披露无疑在很大程度上可以提高公司事务的透明度,为上市公司创造一个良好的竞争环境、为投资者提供一个"可看得见、可触及的公司资信状况"。

2. 立法层面的改进

我们注意到,从 1968 年欧共体理事会 1 号指令至今,欧盟公司法指令关于强制性信息披露的规则经历了数次的修改与完善。1968 年欧共体理事会 1 号指令要求公司披露一些特定的信息于投资者,例如:公司高管人员的任命条件、任职时间;公司资产负债表状态;公司的盈利与亏损情况。[②] 显然,指令中规定如此详尽的信息披露规则,目的在于使公司债权人在与公司进行交易之前,能够详细了解交易对方的最基本情况,以发挥信息披露对公司债权人利益的保护作用。指令中强制性信息披露的有关规则在 1978 年的修订指令中得到了强化与完善。例如,1978 年的修订指令对有限责任公司年度报告以及年终财务业绩报告的信息披露内容进行了更为详细的规制,要求年终财务业绩报告中应包含资产负债表、盈利与亏损

---

① Jaap Winter 教授是欧洲公司法的权威之一,曾在 2002 年兼任欧盟公司法高层专家小组主席,在他的领导下提出的报告 "*Report of the High Level of Company Law Experts on a Modern Regulatory Framework for Company Law in Europe*" 以及 "*Report of the High Level of Company Law Experts on Issues related to take over bids*" 在随后的欧洲公司法、公司治理和并购的政策改革中发挥了重要作用。

② 在欧共体理事会 1 号指令下,公司可以通过三种渠道发布信息:(1) 通过官方特定登记处登记披露信息;(2) 通过国家政府部门的公告公布信息;(3) 通过公司注册地登记披露信息。参见欧共体 1968—2009 年修订指令 [EB/OL]。(2010 - 07 - 12),http://europa. eu/index_en. htm。

报表、财务报表的计算方法以及公司详细的资本构成情况。① 2001 年与 2003 年欧共体理事会对公司财务报表的制定理念及具体内容又进行了修订，要求公司执行财务报表时应遵守"公允价值会计"的标准，修订指令中尽量使"公允价值会计"标准与国际会计标准（International Accounting Standards）保持一致。要求公司资产负债表之外的融资情况皆须向外界披露清晰。② 可见，作为对理论层面的回应，欧盟在立法层面对信息披露给予了必要的重视，透明、准确、公开，是其历次信息披露规则修改所遵循的准则。

3. 未尽的改革

我们认为，欧盟内部信息披露规则虽然不断完善，但在实践中却并未得到完全与切实的执行，仍存在一定有待改进的地方。首先，信息披露规则范围存有遗漏。欧共体理事会指令虽然对信息披露规则做了比较详细的规定，但并未对所有的公司都给予严格的规制，例如，欧共体理事会修订指令4 仅适用于有限责任公司及一些特定的合伙组织，银行以及其他的一些金融机构、保险公司在豁免之外；其次，信息披露规则约束力较弱。欧共体理事会指令对欧盟各成员国毕竟只具有指导作用，而无强制性约束力。各国采纳欧共体理事会指令的情况也不同。例如，公司治理中以银行为主导模式的德国公司，更倾向于通过在公司治理中的职工董事代表途径改善公司信息披露质量。因此，欧盟信息披露的改革之路仍然处于一个渐进的完善过程中。

三 强制性信息披露的供求层级

公司对外信息披露的对象是不同的。"每家公司都要向业界人士定期提供财务信息。第一类主要对象包括目前、将来的股东和债权人；第二类为税务机构；第三类是公司的管理层。各家公司都会对不同的财务对象做

---

① 参见欧共体 1978 年修订指令第 78/660 号 ［EB/OL］。（2010 - 03 - 1），http：//europa. eu/index_ en. htm。

② 参见欧共体 1978 年修订指令第 78/660 号 ［EB/OL］。（2009 - 05 - 10），http：//europa. eu/index_ en. htm。

出三种财务账簿"。① 由此我们洞悉到,不同的信息供给者与不同的信息需求者对公司信息的供需存在不同层级的需求。

(一) 债权人对信息产品的需求层级

债权人种类纷繁复杂,是一个多种类的经济综合体。银行、大型金融机构投资者、工业产品供应商、中小投资者是债权人这一经济综合体的基本构成要素。不同债权人的债权资产投资效应因债权期限不同而回报不同。例如,当债权规模足够大而且期限足够长,债权人的私人履约资本甚至超过股东之时,债权人成为公司契约履行的主要维护和促进者。② 显然,因各类债权人自身情况不同,对交易对象的信息需求量存在不同。

1. 股权 + 债权型投资者

众多投资者中,"股权 + 债权"型投资者是一种专业的、自身比较成熟的股权、债权混合型投资者。其基本运作原理为,"投资者一般先对目标公司进行股权投资,然后再贷款。在投资过程中,股权与贷款之间还可以调整其比例,这样对于被投资公司来说不仅可以根据公司的实际情况及未来发展获得所需要的资金,还可以最大限度上减少股权稀释,因此更容易获得公司的认可"。因"股权 + 债权"型投资者具有双重身份,因此,其获取公司信息的能力较强。同"股权 + 债权"类似的"夹层资本"投资者,也具有能够获取公司充足信息的能力。实践中,"夹层资本"的运作工具主要是可转换债。"如果公司发展良好,基金所投资的公司就可以债权转股权,实现上市退出;如果公司遇到意外情况,发展遇到问题,那么基金则可以通过股东回购或出售其债权实现退出。"③ 因此,多数情况下,许多债权投资者也是公司的股权投资者。这使得债权投资者有足够的机会与能力了解公司的财务、产品、高管等相关方面的重要信息。可见,信息披露之源掌握在此类债权投资者手中,强制性信息披露作用对此类债

① [美] 马克·哈斯金斯:《财务报告的秘密》,齐仲里、张春明译,中信出版社 2009 年版,第 2 页。

② 雷新途:《不完备财务契约缔结和履行机制研究》,经济科学出版社 2009 年版,第 197 页。

③ 参见股权 + 债权:夹层资本出击 [EB/OL]。(2010 - 02 - 10),http://finance.sina.com.cn/leadership/mroll/20091109/16126941357.shtml。

权投资者而言意义不显。

2. 债权型投资者

大型的债权投资机构在没有法律的相关规定下，通常也会有能力获得其对公司所期望了解到的信息。例如债权型投资基金在对目标公司投资之前会要求目标公司提供公司详细的资料，如公司资信现状、公司发展计划、公司负债情况等信息。众多需要融资的公司为获取债权投资必然竞争地披露自身情况以获取债权投资机构对其的高资信评级。同时，在资本市场内部竞争存续下的债权型投资机构清晰如何了解一个公司真正的资信情况，如何了解一个公司真正的偿债能力及未来发展远景。所以，强制性信息披露对此类债权人而言，可以降低其搜寻信息之成本，对其了解公司信息起到一定的辅助作用。

3. 中小型债权投资者

中小型债权投资者获得信息能力最弱。在无力通过自身能力去了解公司真实信息的情况下，中小型债权投资者只能通过官方对公司的信息披露与中介机构对公司的信息披露而了解公司的真实情况。强制性信息披露规则对此类债权人利益保护意义重大。

（二）债务公司对信息产品的供给层级

不同类型的债务公司拥有不同的信息供给能力。大型债务公司与小型债务公司因自身实力的强弱而在信息供给能力方面所存在的差别是不能改变的，因而，认知债务公司供给能力的差别有助于债权人事前做好防范措施。

1. 大型债务公司

大型债务公司在两种环境下有能力为债权人提供详尽的公司信息。其一，在强制性信息披露规则比较完善的情况下，大型债务公司依据法律的规定详细地将自身的资信情况披露于外部债权人；其二，在大型债务公司需要对公司外部进行融资之时，需要公司外部债权人了解公司信息以吸引债权投资者。因此，处于资本市场中进行融资竞争中的大型债务公司也会向债权投资者提供详细的公司信息。

2. 小型债务公司

小型债务公司的信息披露能力多数较差。其原因有二：第一，就信息披露成本而言，小型债务公司披露的信息时面临着诸多的局限。首先，对小型债务公司而言,强制性信息披露的成本也许占据公司经营成本的相当一部分。其次,小型公司可能没有足够的人力与物力可以确保其信息披露的翔实性。第二,相比于大型公司而言,小型债务公司多有不想被外界所获知的内部信息,不期望过多的将自身信息披露于外。

四 信息披露规则的补充性对策:共同决策机制

公司资信对相关利益群体的有效传递,决定着利益体在公司中的投资回报的效率高低,直接影响着其在市场中激烈竞争的结局,而在公司董事会中的职工董事则是对外传递信息的一种有效的路径与渠道。① 这种境况在公司以银行为融资主要路径的德国等国家显得尤为突出。市场中为公司所奉行的强制性信息披露规则的效用不应为我们所忽略,但其所产生的作用同共同决策机制相比较并未显现出较大的差距。国家之间因不同经济制度与社会环境所产生的金融市场呈现着不同的色彩,美国市场中强制性信息披露规则的较佳的效用展现是其自由市场经济下的"结晶",能否适用于其他国家仍存在争议。对于不同市场环境下的国家与地区,在更进一步的吸取并借鉴美国信息披露经验之前,应审慎、翔实对自身的市场环境进行考量,以在最大限度地发挥本土性资源效用的情况下,再积极引进域外经验。

强制性信息披露规则在市场中对公司债权人及相关利益体所产生的保护功效的空间并未形成较为一致认可的共识,其修补工作仍在继续,在这一进程中,共同决策机制日趋显示出其重要的功效。当下,许多学者对于信息披露规则在实践中所产生的收益能否对其所产生的成本一致心存疑虑。大型公司可能并未从信息披露中获取其所想得到的信息,而中小型公司则可能在获取信息的同时,在获取信息的过程中为"遵守规则"而付出了一定的成本,能否"投资有价"需待实践验证。同样,对于债权人而言,也许其在中介机构那里所能够获得信息远远多于公司自己产出的信息量。② 实践所展现的告知我们,这种以强制性信息披露对策来保护债权

---

① Lynn M. LoPucki, Christopher Mirick. Strategies for Creditors in Bankruptcy Proceedings [M]. Aspen Publishers, 2009.

② Multiple Authors. Raising Capital for Private Equity Funds [M]. Thomson West, 2009.

人利益的方法正在欧洲内部逐渐进入多个国家的市场法律调控模式中，越来越多的金融市场中法律监管部分赋予了大型公司监控信息披露的强制性要求。这背后所隐含的，是金融市场在全球范围的融通，同时，更展现了市场中的公司以银行融资为中心向以证券市场为中心的模式的渐进式的过渡性转变。

（一） 融资模式与信息传递

公司融资市场模式的不同直接影响着法律对市场中公司监管法律机制的设计。在以银行为融资中心模式的市场中，公司的治理结构相对简单，并不具有较多的复杂网络，常常会出现以大型债权人与控制股东为两极的内部股权结构安排，进而以此而形成公司治理的基本机制。在这种状态下，公司相关利益者数量得到有效控制，并未激发出如证券市场中众多股东对公司信息披露渴求的态势。同此类内部调控模式不同，在以证券市场融资为主要渠道的模式中，即在所谓的外部调控模式中，由于存在的"搭便车"现象，许多投资者更加有动力去通过多种不同的路径去获取市场中关于公司的重要信息。在这种态势下，对于正处于由银行融资向证券市场融资过渡的市场而言，将会面临着诸多问题，最为重要的是如何处理公司治理机制与新加入公司的机构投资者。毕竟，曾经较少的公司治理机制所需耗费的调控成本与对策不甚复杂或已经趋于完善，而面对证券市场内无处不在的机构投资者的"关注"，公司将需重新审视自身的内部机制，并慎重接受各类机构投资者，以将新引进的调控机制与固有的治理规则在最大限度内接洽，并在调和机构投资者与初始控股股东双方利益与权利的同时增进公司活力。

更为重要的是，在面临公司融资市场转型的过程中，将不得不面临来自两个方面的挑战。首先，公司融资模式转型，在现阶段看并非会一蹴而就，绝非在朝夕之间即可完成，法律规则的完备、市场文化的培育、技术知识的革新、人才能力的培养、模式价值的认同等诸多因素决定了公司融资模式内在的需要经历一个波折但却前途光明的道路。在这种情况下，以银行融资为核心的模式显然不能在一次转型过程中就完全转化为证券市场融资为核心的模式，我们应承认，即便在证券市场较为发达的国家中，其市场中银行体系对公司融资所发挥的作用仍然是巨大而必要的，不应被忽略或轻视。同时，在这一转型过程中，我们将面临的是一个银行融资与证券市场融资并存的局面，而这种境况的持续性存在，也将影响我们立法层面对其的规制。唯有审慎应对、渐进开放，才能稳健的推进公司融资环境的改善。

在这种背景下，公司信息披露制度对于债权人利益的保护到底在多大程度上发挥着其应有的作用，在现实中仍然难以十分清晰的厘定。需引起我们关注的是，信息披露所发挥其功能与价值的手段在于将公司重要的资信向投资者提供，而在以银行为核心的融资模式中，我们一样可以在公司中寻找到一种可以解决此类问题的渠道，即银行为提升自身在投资者及市场中的排名而主动的向社会与市场提供自身的信息，同时，通过在职工中选举公司董事以将公司主要资信向公司内部下层或外部传递。在许多境况下，借重职工董事或职工会议制度将信息向公司利益主体传递，其效率将远远高于强制性的信息披露所产生的效应。这种以人力资本为核心，充分发挥人力资源在传递信息层面所能产生的正面效应将使我们获益匪浅。

（二）职工董事在传递信息层面的功能

同银行为中心的融资体系相比较，在证券市场中，通常公司的高级管理者都能够掌握相对较多的公司信息。虽然，在某些领域内，投资者获取信息的成本与收益或者公司披露信息的成本与收益在某些时候可能对等，但是，这同样位置的高管所能获取信息空间的大小在两种不同的融资体系中显得略有区别。在银行融资体系内，公司信息产生之源与表现之介质集中在公司内部相对较少的投资者之间，而在证券市场中，公司信息源自于公司内部与市场内的中介机构，其信息的价值所承载的公司市场价值常可以在证券市场中的股票价格中反映出来。

当然，我们虽然不能期望银行融资体系中信息披露规则所能发挥的效应有多大，但是可以在一定程度上确信的是，在公司董事会中借重职工董事这一有效路径，将有效地化解银行信息披露不足的困境。在银行融资环境下，公司信息质量的高低及对公司经营监控的声音很少通过证券市场中的股东"选择"方式或股票价格来反映，更多的重任落在了公司内部大股东的监控能力上。在这种机制下，公司例行会议、董事会管理层的沟通等方式均不同程度地将公司资信向外传递着。在希腊、爱尔兰、西班牙等国家中的公司内，职工均可以通过其在董事会中的声音反映其合理的诉求，维护其正当的权益，发挥着其应有作用。① 这种公司治理文化在不同的国家所折映的现实机制存在不同，但其本质却内在的统一。例如，在法国的一些大型公司中，很多被要求在其董事会中的日常经营会议上，应有两无投票的职工参加。虽然手中无投票权，但却在第一时间将公司的最高层决策信息对外进行了传递。

实践中对职工董事所能发挥的效用存在怀疑的原因在于对信息在公司经理层与职工之间能否顺利且高效的流动仍心存疑虑。在某些时候，被选举代表职工利益的职工董事自身并不对公司的信息产生较多的兴趣，原因在于公司内部其他利益主体可能利用自身的优势对比较"积极"的职工董事进行排挤，这种状态造成了某些职工董事在履行其自身义务的时候十分的"消极"。② 实践当中对以职工董事作为公司信息传递渠道仍心存疑虑的另一个原因是，这种机制在实践中所能够发挥出的作用多大、多广，其影响效用的最终空间仍然是一个未知的答案。从理论上看，我们认为这种机制可以在一定程度上缩减公司高管与公司职工之间的信息不对称问题，其实践效用将会十分明显，作用巨大，但实践的效用需要数字来作为验证，这存有一定的难度。实践中如何验证这种机制的效用所带来的困难使得我们对采取这种对策的疑虑之心无法消缺，但当我们将目光锁定在德国公司治理机制上之时，也许会为我们提供一个初步的共识。

（三）德国共同决策机制的经验与借鉴

对于在公司治理结构中参入职工治理机制的因素，可以认为欧洲范围内尤其是德国在这方面走得更远。德国公司治理机制的调控模式内赋予了职工董事重要的期待。在德国公司治理中，职工董事代表较之其他国家的职工董事享有更多的机会与能力参与公司治理，拥有更多的分享公司资信的路径与渠道，掌控着更多的公司信息。起源于19世纪，形成于20世纪的职工会议机构在欧洲公司内部发挥着重要的作用，这种机制的形成有其固有的原因，时至今日，我们在肯定其发挥正面效应的同时亦应明晰其可能存在的缺陷。在职工会议机构运行的过程中，其虽

---

① Carlos M. Pelaez. Financial Regulation after the Global Recession [M]. Palgrave Macmillan, 2009.

② Edwin H. Neave. Modern Financial Systems: Theory and Applications [M]. Wiley, 2009.

然可以对职工及其他相关利益体将公司信息及时的传递,但源于人的本性使然,职工机构在某些时候会被一些在政治上有不良动机的人所利用,这种状态下的职工会议机构不仅不会对公司的发展带来正面的作用,更会极大程度上扰乱公司经营,降低公司效率,将公司推向僵局的边缘。同样,我们不能保证任何被选举上来的职工董事均具有公司经营过程中所需求的经济、法律、管理、技术专业方面的知识,这种专业知识的缺少并不能给予作为公司董事所必备的管理能力。更进一步,在不同的职工董事之间,因各自的成长环境、物质基础不同,极有可能在他们之间形成意见的冲突,这也将为公司正常的管理对策的实施制造麻烦。对于公司经营秘密而言,职工董事的出现,也可能在实践中为公司持续性维持公司经营秘密或技术秘密制造难题。在全球范围内公司董事会规模不断缩小的情况下,职工董事机制的设计,完全有可能在一定程度上增加公司董事的规范,不能使得公司董事会保持一定及必要的灵活性,同样可能影响公司董事会的效率。

在公司职工董事机制兼具正面效应与负面效应的境况下,如何降低其负面效应影响,增进其应有的功效,显得尤为重要。对于改进公司职工董事机制,我们应做的将不局限于以下几个方面:首先,提高职工董事的专业知识储备,增强其在金融分析、科学技术、公司管理等方面的知识并培养其这方面的能力;其次,以固有的市场经济环境为依据,有所选择的对其现实中金融体系、公司股权机构、产品竞争以及公司道德等层面对职工董事进行重新培训;再次,在证券市场融资为主的市场内,应尽量降低职工董事在公司中所发挥功效时可能产生的负面效应;最后,应尽量融合银行融资市场与证券融资市场两种融资体系下公司治理的优缺点,趋利避害,将职工董事代表发挥作用的成本降到最低,进而发挥其重要的作用。这种将内生式融资模式监控与外生式融资模式监控机制融合为一起的机制必将是未来一段时间市场中公司监控模式的选择,在这一进程中,作为公司最为重要债权人之一,职工,必将更多的受益于职工董事代表制度。

五 强制性信息披露规则的完善与对债权人保护的效益分析

我国关于强制性信息披露相关规则在适应现实金融市场发展的基础上

不断完善。① 这些规章制度对保护公司债权人利益都起到了现实的保障作用，但现实中信息产品质量较差、信息产品供给失衡、信息披露规则执行效率过低等问题为立法者与执法者不能回避的问题，亟须解决。

（一）优质量信息披露标尺

作为强制性信息披露规则的核心要素，"优质量"信息应包含以下几方面要求：政府供给债权人信息的格式与内容标准化、中介机构信息披露标准的规范、债权人获取信息的及时以及债权人获取信息的畅通途径。

首先，政府供给信息的格式与内容。信息披露格式与内容的标准化是强制性信息披露规则全球化的必然结果，也是保证制作"优质量"信息不可或缺的要求。债权人对公司感兴趣的信息多集中在公司财务信息、公司重大投资计划、公司产品、市场分析以及公司高管人员履历等资料。信息内容容量巨大的同时，因公司种类不同而形成的多样化公司信息披露格式与内容使得债权人在处理信息内容之时耗费了不必要的时间与精力。② 相比较于非上市的闭锁公司而言，上市的公众公司因政府部门对其严格规制，一般均具有统一的信息发布格式与内容的要求，如统一的月报、年报披露要求。例如：美国证券交易委员会（SEC）为了简化和明细对信息披露的管理，在1982年制订了信息综合披露规则。主要体现为S系列、F系列表格及规则S—K、S—X；③ 另外，《1934年证券交易法》还规定了财务报告和其他报告报送的次数和格式。因此，政府在索取并规制资本市场内公司信息之时，应制定统一标准的格式及内容要求，以利于债权人高效的吸取公司信息。

其次，中介机构信息披露的标准。中介机构为债权人提供高质量信息，是"优质量"信息合格的最重要保障。中介机构以为投资者提供及

---

① 相关法律规范如：《关于修改〈证券发行上市保荐业务管理办法〉的决定》、《证券投资基金平价业务管理暂行办法》、《关于内地公司会计准则与香港财务报告准则等效的联合声明》、《关于内地审计准则与香港审计准则等效的联合声明》以及《会计师事务所从事H股公司审计业务试点工作方案》等。

② 一方面，市场内部充斥着良莠不齐的中介机构；另一方面，政府部门间对信息披露格式标准亦要求不同。因信息获取途径不同、发布信息主体权威程度不一，导致债权人获取信息后吸取信息内容的时间成本巨大。

③ 参见宋晓燕《证券法律制度的经济分析》，法律出版社2009年版，第69页。

时、准确、翔实的信息服务而存活于资本市场中。然而劣质中介公司的存在为债权人了解公司信息造成了一定困难，在国外，以位属全球五大会计师事务所为美国安然公司提供审计服务的安达信公司为例。安达信不仅涉嫌违反财务准则做假账，更重要的是其雇员毁坏了部分有关安然公司的重要材料，其中包括电脑文件、书信、审计报告、存档文件等。① 在国内，我国广东证券监督管理局在 2009 年曾公布了辖区内首批不具有合法证券投资咨询业务资质的分析师名单和第四批 53 家不具有合法证券投资咨询业务资质的机构名单。这些分析师曾参与有关电视台、电台、报刊、网络等媒体证券节目或专栏写作，向社会公众和投资者发布股评及荐股信息。信息之源不正、信息之质不纯，试问债权人如何能在此类信息参考下保护自身权益？所以，规范中介机构信息披露的标准为"优质量"信息应有之义。

再次，债权人获取高质量信息之畅通路径。信息之价值贵在及时。英国《2006 年公司法》允许公司利用电子通讯方式提交公司的文件。这样做的益处包括：成员可以更加容易地获得关于公司经营、管理方面的信息；通过电子通信方式，免却大量使用纸张等材料，极大地减少了公司的运营成本；增强了公司和其成员之间的对话，能够提高他们对公司投资的信心；对于小型私人公司，电子通信方式的允许，可以减少公司的形成负担。② 相应地，随着电脑的普及，将公司需要对债权人披露的信息载于公司网站之上，债权人可以第一时间了解到公司的详细情况，这极大降低了债权人获取信息的时间成本。可见，便捷、迅速的查询到交易对象资信情况是迫切需要法律提供规则来保障的。实践中债权人获取公司信息的途径有三：其一，证监会、工商登记管理处等官方部门；其二，审计公司、证券管理公司、投资银行等中介机构；其三，公司在银行的商业信誉记录。上述前两种获取信息途径为债权人所熟知，第三种途径日渐为各国认可并被采用。例如，2004 年 6 月，由国际清算银行下的巴塞尔银行建立委员会（BCBS）促成的《资本计量与资本标准之国际协议：修订框架》新赛尔资本协定（Basel II）在信息披露方面，加大了对银行内部评级体系的

---

① 参见陈志武、周年洋《安然：华尔街完美案例》，中国城市出版社 2002 年版，第 283 页。

② 参见《英国 2006 年公司法》，葛伟军译，法律出版社 2008 年版，第 13 页。

依赖。① Moody's KMV 确信：针对所有贷款机构而言，无论这些机构是否要求遵循新监管条例的规定，对巴塞尔委员会在风险管理和客户盈利能力计量部门所提出的信用政策问题及推荐方法，这些机构都应对其加以考虑。② 但理想的模式并不一定在实践中总是达到期望中的效果，通过银行借款人商业记录查询债务人资信情况的途径存在着如下需要注意的问题：其一，银行搜集的资料是对自己的借款人做出的资信评级，当此信息为外部投资者所知悉时，银行是否需要为搜集的借款人资信信息的质量负责；其二，银行是否有权将内部的借款人评级信息披露于外部；其三，如果银行可以将借款人信息披露与外部投资者，借款人是否有权选出此规则。

（二） 平衡强制性信息披露供给体系

面对债权人等投资者对公司信息产品的需求，在现有体系下积极改进信息披露规则、跟进国际信息传递标准、拓展信息传递渠道、寻求信息供给失衡③替代品是现阶段平衡强制性信息披露供给体系需要注意的几个方面。

首先，积极完善现有信息披露规则。必须保障对信息披露法律供给的有效支撑。目前在我国市场内已经形成了以基本法律为根基，以行政法律、部门规章以及自律性规则为辅助的信息披露法律规制体系，有效的丰富了信息披露法规体系（如图 1 所示）。④

正如前中国证监会副主席范福春强调的，信息虚假是虚拟经济的心腹之患，证券市场必须建立起高效、公正的信息披露制度，以保证上市公司能向投资者及时披露真实、准确、完整的公司信息。在现有的法律体系基础之上，细化并落实《上市公司信息披露管理办法》、《关于督促制定上市公司信息披露事务管理制度的通知》、《关于规范上市公司信息披露及

---

① 巴塞尔新资本协议在 2006—2009 年之间对银行内部评级体系进行了更加详细的修改，以保障评级体系可以全面地反映借款人的真实资信情况。*See An Explanatory Note on the BaseL II IRB Risk Weight Functions* [EB/OL]，(2009 – 05 – 01)，http：//www. bis. org/bcbsca. htm。

② 参见 *MOODY'S KMV 内部评级平台与 BASEL II 内部评级法* [EB/OL]，(2009 – 04 – 09)，www. moodyskmv. com。

③ 信息供给失衡，不仅仅是信息产品供需失衡，亦指所供信息为劣质信息。

④ 上海证券交易所研究中心：《中国公司治理报告（2008）：透明度与信息披露》，复旦大学出版社 2008 年版，第 17 页。

相关各方行为的通知》以及相关规制中介机构的信息披露法规（例如《证券投资基金评价业务管理暂行办法（征求意见稿）》）将强化并完善现有的信息披露规则体系。①

披露内容		法律	行政法规	部门规章	至少应披露的内容
首次披露	招股说明书	《公司法》第140条；《证券法》第58、59条	《股票发行与交易暂行条例》（《股票条例》）第15、19条	《公开发行股票公司信息披露实施细则》（《实施细则》第6、7、8条）《公开发行股票公司信息披露内容与格式准则》）（《内容与格式准则》）第1、11、13号；《公开发行证券的公司信息披露编报规则》（《信息编报规则》）第1、2、3、4、5、6、10号等	本次发行计划及募股资金运用，发行人基本情况、经营情况，董事和高级管理人员状况，公司治理结构，财务会计信息，股利分配政策，业务发展目标等
定期报告	上市公告书	《公司法》第153条；《证券法》第47、48条		《内容与格式准则》第7、14号	
	年报	《公司法》第156条；《证券法》第60、61、72条	《股票条例》第47、48、49条	《实施细则》第4、13、16条；《内容与格式准则》第2、3号	公司基本情况；公司财务会计报表及经营情况；股本变动及股东情况；董事、监事、高级管理人员和员工情况；公司治理结构、股东大会召开情况、董事会报告、监事会报告；公司重大事项

---

① 参见2009年中华人民共和国《证券投资基金评价业务管理暂行办法（征求意见稿）》。

续表

披露内容		法律	行政法规	部门规章	至少应披露的内容
	中报	《公司法》第156条	《股票条例》第47、48、49条	《实施细则》第4、13、16条；《内容与格式准则》第2、3号	公司基本情况；股本变动及主要股东持股情况；董事、监事、高级管理人员情况；管理层讨论与分析；公司重大事项；公司财务报告
	季报	《公司法》第156条	《股票条例》第47、48、49条	《信息编报规则》第13号	公司主要财务数据及管理层讨论与分析的内容
临时报告	重大事件	《证券法》第62条	《股票条例》第60、61条	《实施细则》第17、19条	作为临时报告，遵从两个标准：重要性标准、及时性标准
	并购信息	《公司法》第149条；《证券法》第79、84、89、93条	《股票条例》第47、48、49条	《上市公司收购管理办法》；《内容与格式准则》第16、17、18、19号	
	其他	如股东大会、董事会决议公告等常规性公告，主要在证券交易所的《上市规则》中规范			

注：表中选择的是2005年相关法律相对最为主要的信息披露规范。

图1　信息披露制度的法律与制度框架

其次，跟进国际信息传递标准。欧盟 HIG 报告及国际财务报告准则中的先进规则应有所选择的采纳。现在，世界范围内已经有超过100多个国家采纳了 IFRS 的报告体系。实践中证明，IFRS 报告体系使公司财务报告更加透明，极大地保护了公司债权人等投资者的利益。在这种背景之下，我国应有选择的对其进行分析、选择并采纳。

再次，拓展信息传递渠道。有学者认为，生产要素的相对价格是影响经济组织形式的主要因素[①]，人力资本应在公司治理中发挥出应有的作

---

① 参见蔡立东《公司自治论》，北京大学出版社2006年版，第89页。

用。实践中,德国公司治理中职工代表大会的作用被充分发挥,成为信息披露规则失效之时的有力补充机制。我国职工代表大会在公司治理中占据重要位置,但却鲜有发挥真实作用的途径,积极发挥职工代表大会传递信息的作用必能为信息传递渠道的扩充提供有效的路径。

最后,寻求信息供给失衡替代品。当信息披露规则失衡之时,依靠行政监管、司法诉讼方式作为对债权人利益保护方式的替代对策。事实上,传递公司信息与监管信息质量一般经过五个层级:董事会、证券市场参与者、媒体、行政监管、司法诉讼。越靠前者起的作用越直接,成本越低,越有"纠错"效果;越靠后的渠道,"最后补救"的性质越强。[①] 在信息供给出现问题之时,依靠行政监管与司法诉讼是补救债权人利益的最后替代良方。

(三) 强化信息披露供给的执行效率

保障信息披露供给体系在实践中的执行效率。法律可以通过多种途径以强化信息披露在实践中的执行效率,其中最为有效的对策是要求信息披露主体承担责任同时,也应要求中介机构及其负责人承担一定的民事及刑事责任。具体而言,金融市场中通常存在两类信息披露主体:一为债务公司自身,二为金融市场内部中介机构。哪类信息披露主体承担责任能提高执行效率、最大化的保障信息披露下的公司债权人利益是值得探讨的问题。首先,债务公司自身在发生债务危机之时,要求公司自身承担披露劣质信息责任是低效率的。公司在发生债务困境时经常资不抵债,债权人利益在难以保障的情况下要求公司对其披露劣质信息承担责任,不仅于事无补,更损害了债权人获得保障的利益。其次,要求公司信息披露负责人承担披露劣质信息责任也不是最优的选择。对于金融市场内的投资者而言,要求披露劣质信息的责任主体承担责任,主要是追究其经济责任。然而,债务公司信息披露负责人的资产能否补偿债权人因信息披露虚假而导致的损失值得怀疑。最后,要求中介机构及其负责人承担信息虚假所造成的债权人利益损害,是高效较优的选择。一方面,中介机构为赚取利润而搜集并向公众提供公司信息,负有保障信息真实性的义务;另一方面,债务公司即使债务危机,中介机构资产不会受损,有能力赔偿公司债权人受到的损伤。因此,我们认为,强制性要求中介机构及其负责人对信息披露质量

---

① 陈志武、周年洋:《安然:华尔街完美案例》,中国城市出版社 2002 年版,第 75 页。

承担一定的责任有助于保障强制性信息披露供给的执行效率。

第三节　信息披露对债权人保护功能的
　　　实践例证：以内幕交易为对象

在资本市场迅速发展之际，与信息披露制度密切相关的内幕交易问题也正以超乎寻常的频率发生。国内有如三普药业、中关村、杭萧钢构、高淳陶瓷等内幕交易案件，国外有如美国帆船集团对冲基金、纽卡斯尔对冲基金等华尔街史上最大规模对冲基金内幕交易案。① 内幕交易频繁发生不易抑制，资本市场交易所的监管力度也随之增加。据中国证监会统计，2009 年上半年新增案件达至 96 起，其中涉及市场操纵 12 起，上市公司股东、董事、高管人员在敏感期违规交易 9 起，大股东关联方占用资金 4 起，上市公司信息披露违规 25 起，内幕交易 33 起。② 积年经验给我们的认知是，内幕交易常常伴随着股东非法牟利、债权人利益及小股东利益受损。在对内幕交易本质探究的过程中虽存在着数个试图为内幕交易"正名"之声，然而内幕交易下债权人及相关利益者利益受损的事实残酷地验证了内幕交易的"罪证"。内幕交易所可能产生的效益不成比例的远远高于其产生的成本，债权人极少有在公司存在内幕交易的情况下能够切实有效地维护自身利益。面对监管机制与违法者之间的"道高一尺，魔高一丈"的不间断博弈过程中，手段翻新、招式多样的内幕交易行为迫使相对进步缓慢的法律监管急需积极应对，以规制内幕交易行为。

1930 年以前华尔街所流行的投资格言——"内幕交易是投资制胜的唯一法宝"，仅仅是游戏获利者掩盖自己违反游戏规则的美丽谎言，并未揭示内幕交易真正的内在本质。博弈过程中占据内幕消息的竞争者百战不败的纪录似乎在叙述着一个人人都能感知的欺诈，它不断腐蚀着资本市场

---

① 2009 年 10 月 16 日，美国华尔街的著名对冲基金经理、亿万富翁拉杰·拉贾拉特南等 6 人涉嫌内幕交易，所涉及非法所得金额超过 2500 万美元。曼哈顿地区检察官普理特·巴拉拉称其为"美国历史上涉案金额最多的对冲基金内幕交易"。美国证券交易监督管理委员会更进一步证实：内部交易所涉及股票包括谷歌、IBM 希尔顿酒店等 10 家公司。参见《拉杰·拉贾拉特南案》，《华尔街日报》2009 年 10 月 22 日，第 12 版。

② 陆媛：《证监会曝光内幕交易案件》，《第一财经日报》2009 年 8 月 13 日，第 10 版。

内的两大支柱：可靠的信用、公平的信息。通过不平等途径获取信息的交易者之间的交易通常被界定为内幕信息。[①] 然而何谓不平等途径？交易的定义为何？交易者的范围如何界定？内幕交易信息获益者应受何种惩罚？经济惩罚的尺度何在？如此的连锁疑问为债权人所关注，均因内幕交易在使通过不平等途径获取信息的交易者获得高额收益的同时，常常伴随着公司利益的受损进而损及到公司债权人获得公司的偿付能力。为规制内幕交易行为，各国都经历了复杂的历程。在理论争论走向制度规范的过程中，美国证监会对内幕交易走过了一个从无到有、规则从稀疏到体系完备的历程。事实上，作为美国 SEC 监管中最为重要的规制对象之一，内幕交易行为一直受到 SEC 监管的重视。值得注意的是，近年来美国 SEC 对内幕监管的力度都始终如一，历年都有为数不少的内幕交易案件被监察，美国次贷危机的导火索也不可避免的隐含着内幕交易的身影。

一　内幕交易的特征与影响

内幕交易是与证券市场相生相伴的"恶习"。其含义论说甚多，例如，内幕交易就是那些比其他交易对手获得更多信息的交易方之间所进行的交易。又如，内幕交易是指内幕人员和以不正当手段获取信息的其他人员违反法律、法规的规定，泄露内幕信息，根据内幕信息买卖证券或者向他人提出买卖证券交易的行为。[②] 我们认为，内幕交易之本质即为获悉公司尚未公开的重大信息的公司内部人以及通过非法渠道获取此类重大信息的人员，以降低投资损失或谋取超额利润为目标，泄露该信息以使自己及相关利益人利用该未公开的信息买卖证券的行为。通常而言，非法利用信息优势而谋取不当利益是内幕信息的目的所在，公司利益在控制股东利用内幕交易获利的过程中受损是不可避免的内幕交易成本外部化的后果之一，债权人利益因公司利益受损而受影响同样是内幕交易成本外部化的最佳例证。股东、经理层视角下的内幕交易各隐含着不同的意境，监管部门视角下的内幕交易规制对策随着金融危机的再次爆发而趋向"重典化"。

---

① ［美］弗兰克·伊斯特布鲁克、丹尼尔·费希尔：《公司法的经济结构》，张建伟、罗培新译，北京大学出版社 2005 年版，第 287 页。

② 同上。

（一）投资者视角下的内幕交易：违约路径之一

内幕交易，对运用掌握的内幕信息进行内幕交易的公司内部者而言，是其违反缔结公司契约网之初的诚信义务承诺的展现。① 公司契约网为一个自由、开放、长期的契约网，内部利益主体的持续博弈使得这一"动态契约"得以持续。事实证明，在体察不周、信息不全的情况下，试图通过公司章程而归结所有未来公司经营中可能出现的问题皆为枉然。在缔结公司契约网之时，各方利益主体都理性预料到但不能确定未来可能出现的"各种利益纠纷问题"，在不能穷尽事前解决纠纷的情况下而缔结契约网，是因为契约属性给予了公司法弥补公司合同风险的功能。在股东诚信义务的信用保障及公司法信用保障之下，博弈主体才有信心缔结契约以投资经营公司。在未来履约的过程中，公平、合理的通过公司经营多方获取各自的利润为公司成立之初、各方签订公司章程之时的潜在默认，然而，内幕交易行为冲击了这一违背诚信义务的事前允诺。股东、经理层对公司、公司债权人、公司其他利益相关者都负有诚信义务，而内幕交易的核心要素即内幕信息的使用渠道、时间、方式及后果都以不同角度、不同方式违背了股东、经理层所应负有的诚信义务准则。在这种情况下，债权人利益受到极大损害，历数内幕交易大案，无不内藏着债权人利益严重受损的事实。

然而，有学者认为内幕交易并未对公司债权人等利益主体的利益造成任何伤害，他们借用凯恩斯在《就业利息与货币通论》中的言论称，从事职业投资，就好像是玩"递物"或"占位"等游戏，谁能在音乐终了时，把东西递给邻座或者占到一个座位，就是胜利者。与之类似，在内幕交易中，有人获利，有人受损，其结果只是造成了社会财富的转移，而就整个社会而言，得失相抵，并没有任何损失发生。② 面对此种论述，美国著名的法学家 Loss 教授借打牌以作比喻："假如游戏规则容许某人在牌上作记号，那么还有谁愿意继续玩这种游戏呢？"③ 各种试图证明内幕交易

---

① 参见傅穹、仇晓光《内幕交易的规制：以债权人利益保护为中心的观察》，《社会科学》2010 年第 8 期，第 58 页。

② 参见罗培新《如果内幕交易发生在美国》，《南方周末》2007 年 4 月 25 日，第 9 版。

③ 同上。

正当性的论述皆在残酷的金融危机下显得苍白而无力,法律是经验的提炼,内幕交易的违法性则为资本市场积年残酷事实所证明。[①] 在历次的资本市场危机后,立法界都对市场存在的内幕交易法律问题给予了及时且坚定的回应。例如1929年,美国股灾后随即制定并通过了《1933年证券法》和《1934年证券交易法》,并借此确立了反欺诈的规则。在1942年,美国证券和交易委员会(SEC)更制定了10b–5规则,迈出了具有历史意义的一步,10b–5规则以兜底性条款的形式,发展出了禁止内幕交易的含义和基础,使之成为美国内幕交易法律中最重要的规则。[②] 信息,在资本市场内发挥着巨大的传递"资信"的作用,内幕信息,在资本市场内无疑为"资信"之源。我们认为,内幕交易屡禁不止,是因为掌握"资信"之源的内幕信息持有者"违约"获利的动机永远不可能灭失,只能以法律规制限制内幕交易行为发生的几率。

(二) 市场视野下的内幕交易:降低市场效率因素之一

以A公司与B公司竞标为例。假定A公司制作投标计划书及相关成本共计10万元,公司经理中标奖励为10万元,投标价格为220万元,预测中标后公司毛利润将达到100万元,纯利润为80万元。B公司从A公司经理处购买A公司投标计划书费用20万元,在知悉竞争对手A公司的投标价格底线后,B公司将投标价格降至200万元并中标。此时,A公司损失制作投标书等成本10万元,招标公司因低价招标成本增加20万元,B公司纯利润为60万元(竞争成本10万元、多支付A公司经理10万元成本),A公司经理获利20万元。此内幕交易过程中,A公司经理获得利益20元,B公司获益60万元,A公司损失10万元,招标公司增加成本20万元,多方交易价值增加总量=20(经理人获益)+60(B公司利润)–10(A公司成本)–20(招标公司成本)=50万元。如果内幕交易行为被制止,以A公司中标为参考,则交易价值增加总量为80(A公司利润)+10(A公司经理获益)–10(B公司投标成本)=80万元。因此,进行内幕交易与否将直接影响本次交易价值总额的增减,其差额占交易价

---

① 参见傅穹、于永宁《金融监管的变局与路径:以金融危机为背景的法律观察》,《社会科学研究》2009年第6期,第8页。

② 参见罗培新《如果内幕交易发生在美国》,《南方周末》2007年4月25日,第9版。

值总量的近 24%。我们认为，内幕交易的直接影响在于，经理层的道德风险在内幕信息的诱惑下被放大，进行内幕交易对交易价值的增量产生不利的影响，显著的增加了各方交易成本。间接影响在于，正如有学者所指出的："从别人那里盗用信息，由于减少了信息创造的动力，从而间接降低了资本市场的效率。"①

（三）监管部门视角下的内幕交易：急需重法以治的对象

内幕交易的控制是监管部门最为耗费"智慧"的规制对象之一。无论公司高管，抑或证券从业人员都有可能成为内幕交易的一个环节点，对其相关的规制规则虽不断完善，但实践中仍有急需改进之处。在我国，有关监管部门近期开始对证券从业人员采取了一系列的控制内幕交易措施。例如，从 2010 年起，证券公司将封闭证券从业人员的一切下单渠道，其目的是为了最大限度地杜绝证券从业人员的内幕交易行为。② 然而，封闭证券从业人员的一切下单渠道，这个听起来似乎十分严格的管理规定，在实践中无疑是形同虚设，实有浪费国家立法资源之嫌!③

成文法对内幕交易进行规制可以起到一定的效果，然而，如同保护债权人利益的揭穿公司面纱规则类似，内幕交易的规制也在一定程度上应依赖于判例法的辅助才能真正发挥其作用。正如学者所指出的，"尽管成文法中的很多规定与内幕交易有关，但无论是《证券交易法》还是 SEC 的规则均未对直接'内幕交易'作明确界定，因此，对内幕交易的管制在很大程度上依赖于判例法的发展"。④ 在采取案例法的美国证券司法体系内，积年的经典案例映照了美国证券法规制内幕交易的不断进步与完善，Dirks 诉 SEC 案、Cady, Roberts & Co. 案、美国诉 O'Hagan 案、

---

① ［美］弗兰克·伊斯特布鲁克、丹尼尔·费希尔：《公司法的经济结构》，张建伟、罗培新译，北京大学出版社 2005 年版，第 260 页。

② 参见《监管层打击内幕交易升级：封闭办公室下单渠道载［EB/OL］》，（2010 - 01 - 10），http：//www.p5w.net/stock/news/zonghe/200703/t829453.htm。

③ 理性的理解封闭办公室下单渠道的作用，似乎于实践中确实起到了阻截部分内幕交易的功效。然而，"手机上网、无线网卡上网"等科技或非科技渠道都让这次严格的规制对策成为一个"真实的谎言"。仅仅从交易渠道入手采取对策，往往其结果只是仅仅徒减规制控制内幕交易的严肃性，更遑论起到真正的控制作用。

④ 廖凡：《美国证券内幕交易经典案例评介［EB/OL］》，（2009 - 12 - 20），http：//vip.chinalawinfo.com/newlaw2002/slc/slc.asp？gid = 335566358&db = art。

Chiarella 诉美国案等著名案例,都促进了美国证券法对内幕交易监管的理性进步,其规制理念及实践经验均为后世所吸取。[①] 他山之石,可以攻玉。同时我们认为,在借重判例法经验的前提下,若期望能够真正对内幕交易行为起到规制效果,应对内幕交易以刑罚进行规制。

资本乱世,需用重典。刑罚的威慑力并非仅仅展现在人们面前的惩罚性,更体现在其不容忽视的规避性以及不容漠视的震慑性。正如有学者指出的,"当发现这种不正当交易很困难时,就应该加大惩罚力度,以对该不正当行为产生威慑作用"。[②] 面对实践中监管部门的力不从心,对内幕交易处罚力度的加大则显得尤为必要。如美国 1984 年的《内幕交易处罚法》、1988 年的《内幕交易及证券欺诈制裁法》以及 2002 年的《公众公司会计改革和投资者保护法》,都为投资者展现出了一个对证券内幕交易处罚趋严的立法过程。当然,立法趋严仅是总体趋势,中间不可避免地随着证券市场的繁荣与惨淡也偶有部分时段由严格向宽松的态势。例如,美国在通过 1933 年的《1933 年证券法案》之后,1937 年经济衰退延续到1938 年之时,证券市场内投资活动的严重缩水,使得《1933 年证券法案》面临着降低条款要求的压力。时任职美联储主席的埃克尔斯曾写信向道格拉斯表达了自己的看法,他认为"《1933 年证券法案》已经成为阻碍投资资金流入资本市场的阻碍性因素,而对于较小的发售活动则更是如此"。[③] 虽然,此种要求降低法案严格规制的要求虽并未直接针对内幕交易行为有任何联系,然而,其深深折映的是证券市场活动繁荣周期性对立法的巨大影响。尽管如此,我们认为,立法对内幕交易监管而言应是从紧的。对此,我们应注意到,对此次次贷危机下许多公司丑闻的出现都隐含着内幕交易的身影,而学者均将其归因为美国证券监管体系的松弛。可见,资本乱世,需用重典,也许是对充满投机、缺乏信用的证券市场不得已而为之的立法趋向。

---

① 每一个案例的分析与判决,均内含着监管理念的进步与实务法律规则的提高与完善。廖凡:《美国证券内幕交易经典案例评价 [EB/OL]》,(2009 - 12 - 20),http://vip. chinalawin-fo. com/newlaw2002/slc/slc. asp? gid =335566358&db = art。

② [美] 弗兰克·伊斯特布鲁克、丹尼尔·费希尔:《公司法的经济结构》,张建伟、罗培新译,北京大学出版社 2005 年版,第 298 页。

③ [美] 乔尔·塞利格曼:《华尔街变迁史:证券交易委员会及现代公司融资制度的演化进程》,田风辉译,经济科学出版社 2004 年版,第 203 页。

二 禁止内幕交易的价值：道德视野下的考量

信息披露是资本市场内商事主体在经济交往实践中最为普遍的一种方式。对公司而言，信息披露不仅仅是一种信息权利，更是一种信息义务，只有充分的信息公开披露才能引导并给予公司外部债权人对公司进行研究，进而投资。显然，内幕交易的控制是证券市场得以正常运行的重要基础之一。因此，对证券市场内部的内幕交易进行行为规范具有重要的实践价值。同时，内幕交易规制的存在必然需要一个强有力的价值引导方向，有学者认识到，从本源而论，证券市场内部，无论私人信息还是公司信息披露的道德限度是由道德与利益的辩证关系所决定的。[①] 可见，平等、自由的通过证券市场获取公司信息，不仅是出于利益的考量，更深深的映射着人本伦理的基础。作为信息披露的核心问题之一，内幕交易更完美展现了信息披露的利益与道德限度的内在联系。

（一）限制非法私利获益

"内幕"是指信息尚未对公众公开，仅为极少数人所知悉，一旦公开则会对证券市场内公司价值产生较大的影响。内幕交易使内幕信息持有人攫取较高的利润回报或者相关福利为常态，禁止内幕交易有助于减低非法的私利获益，同时避免降低市场效率。具体而言，一方面，控制内幕交易以及时挽救内幕信息被超前利用进行交易所引发的私利急剧增长，是对公利的尊重。另一方面，私利非公平的借助信息优势获取利润，必然打击证券市场内部投资者的信心，必然降低债权人对公司信用的评级，进而证券市场的负面效应将反作用于公司价值。因此，内幕交易的后续连锁反应极易降低公司对证券市场的价值，为阻止此类情况的发生，则必须通过控制内幕交易进而对不公平获取私利进行限制。

（二）保障公利获益

内幕信息披露所展现的道德要求，不仅为私利获益的道德限度，更为公利获益的道德支撑。将内幕信息及时披露于公众，是对公司信用负

---

① 参见肖华《中国证券市场：信息披露伦理研究》，中国经济出版社 2008 年版，第 43 页。

责、对债权人负责、对其他投资者负责。证券市场的投资者均为公司的投资者,有权利及时获知公司的重大信息,显然,内幕信息虽被"内幕"所界定但并不是个体信息的粗简结合,而是与公司有关利益主体有着共同利益的信息。信息凝结着一定的物力、人力,是一种资源的结合,是市场中的一种产品。因此,内幕信息作为一种财产并未违背民法中的所有权利论。具有公共产品(狭义上的公共产品,即为证券市场内部的公共产品)属性的内幕信息应属于公司、债权人及相关利益者。因此,从某种角度看,债权人等证券市场内部的公利获益者有权知悉公司内幕信息,这既是内幕信息披露的义务所在,也是为禁止内幕交易的道德底线。

内幕交易可被视为信息披露流程中的一个"错误环节"产生的行为。内幕信息一般是公司重大消息,往往是影响公司资本结构、投资对策、治理结构以及公司治理团队等对公司产生重大影响变动的核心信息。在内幕信息对外披露之前,事前的谋划或布局均有可能为内幕信息持有者带来丰厚的利润。信息财产权的独占是合理的,但是否允许其使用内幕信息进行内幕交易则是值得考量的。内幕交易带来丰厚利润的同时,公平价值与道德理念应否受到谴责?内幕交易信息披露之前,在证券市场内转化成极少数持有内幕信息而进行交易的人员所获得的利润,为私利。而当内幕信息对外披露之后,则公众因获得已经公开的内幕信息既有可能获利,也有可能未获利。前者常使公利受损,后者则可能减损公利或未对市场价值产生任何影响。内幕信息披露与否前后产生的经济效益反差,明显违背了证券市场内投资者之间所追求的公平价值与最基本的道德理念。人类发展的历史告知我们,"道德原则与道德规范的实际作用范围和程度,从根本上讲,完全是作为经济关系表现的利益和利益关系所决定的"①。内幕交易完全可以作为私利与公利博弈的一个竞技平台,是经理层等持有内幕信息的信息财产权优占者利用信息优势,同未占有信息优势的债权人等利益主体的利益博弈过程。可见,在这种情况下,私利与公利博弈过程常常隐含着一定的道德风险,当内幕交易进行之时公利无疑会受到一定伤害。衡平非法私利与公利的博弈界限即为道德的底线,也就是控制内幕交易行为的边界。

---

① 参见肖华《中国证券市场:信息披露伦理研究》,中国经济出版社 2008 年版,第 43 页。

三 内幕交易对债权人保护的效益解析

有证券市场就有违规，违规必然伴随着某一利益体的受损，这是不可回避的市场内在运行规律。内幕交易的效益与成本也存在着多重角度的诠释，从内幕交易中攫取利益的公司经理层与公司债权人利益必然相异。极少内幕交易中公司经理层攫取利益的同时会附带着增进公司债权人的利益，即便将整个证券市场的价值作为统一对象考量之时，债权人仍然不可避免地面对着利益受损的事实。

（一）内幕交易对债权人的收益

有观点认为，"内幕人士所进行交易或其他拥有非公开信息的人所进行交易，既不是纯粹的有利也不是纯粹的有害"。① 那么内幕交易是否可以使债权人获益？一般而言，内幕交易增进债权人利益的前提是内幕交易使得公司价值增加，并且在内幕交易公开之后不会对公司已经增加的价值产生任何不利影响。从理论上而言，如果公司经理层通过内幕交易攫取利益，完全可能一方面增进自身利益，另一方面间接的增进公司价值，同时完全可能在内幕信息对外公开之后未对公司的发展产生任何不利的影响。此时，债权人利益未受到任何损害，而公司价值的增加间接地强化了公司债权人利益的稳定保障力度。以此推论，内幕交易不仅增加了公司与经理的利益，同时也强化了债权人利益的稳定保护，变相的使债权人获益。

如果理性的经理层可以正当、守度的利用内幕信息进行交易，或许将如有学者所指出的，"内部人员的交易降低了重复谈判的不确定性和成本，刺激经理人创造有价值的信息"②。然而作为"补偿机制的内幕交易"③ 鲜有会在实践中一直如学者们在理论上所期望的那样发挥作用么。人们会认真对待自己的义务，是出于避免承担过多成本，维护自身利益的考量，人们会认真对待自己的权利，是因为权利为自身获取利益的根源。

---

① ［美］弗兰克·伊斯特布鲁克、丹尼尔·费希尔：《公司法的经济结构》，张建伟、罗培新译，北京大学出版社 2005 年版，第 296 页。

② 同上书，第 292 页。

③ 同上。

显然，人面对利益诱惑之时，会放大对权利的利用而减少对义务的承担，至少在自己的意识里是这样认为的。当内幕交易进行伊始的那一瞬间，人性贪婪的本性必然在未来不间断的商业活动中破除人们最基本的道德底线，期望经理层及内幕信息持有人仅仅通过内幕信息获取一个"理性的"利润，决然不会在实践中发生。

我们认为，投资者与立法者并没有足够的理由相信经理层的意志是纯洁高尚的，也不能有足够的理由相信经理层会完全坚守自己权利的界限。在天然优势及手段繁多的掩饰机会之下，扩张权利、滥用内幕信息为不可规避的事实，因此，内幕交易行为的损害性在实践中必然被得到无限的放大，债权人将无所获益。

（二）内幕交易对债权人的成本

实践中历历在目的内幕交易案件，将人贪婪本性在内幕交易中完美展现，诸多案例一次次验证了内幕交易的成本。例如，2006 年至 2007 年 5 月间曾担任摩根士丹利亚洲区固定收益部门董事总经理的杜军近期被香港法庭裁定 10 项涉及内幕交易控罪成立。[①] 在对此案件进行的裁判过程中，香港法院法官陈庆伟（Andrew Chan）认可了香港证监会的主张，即认可杜军作为摩根士丹利负责处理与中信集团及其油气子公司中信资源"顾问"的身份所获取的相关内幕消息进行内幕交易。在此案件判决后，香港证监会（SFC）将此裁定称为自两年前其强化执法体制以来"意义最重大"的一项裁定。[②] 一句谚语曾言，"没有不透风的墙"，即使严密的信息，也难以保证不被透露于世的那一刻。虽然摩根士丹利内部雇员对自身的"信息防火墙"措施备有信心，但"杜军内幕交易"一案无疑给予了最大的讽刺。[③] 又例

---

① 中信资源于 2007 年 5 月公布购入油田相关股权，而在 2007 年 2 月 15 日至 4 月 30 日期间，杜军先后九次买入共 2670 万股中信资源股票，涉及金额达 8600 万港元。5 月中信资源的消息公布后，股价上涨。杜军则卖出先前买入的 1300 万股中信资源股票，获利 3340 万港元。参见王端《摩根士丹利前雇员杜军内幕交易罪成立》，《第一财经日报》2009 年第 9 期，第 12 页。

② 参见王端《摩根士丹利前雇员杜军内幕交易罪成立》，《第一财经日报》2009 年第 9 期，第 12 页。

③ 摩根士丹利内部存在十分严格的"防火墙"、"隔离墙"等防范机制，项目组之间人员无法知悉对方项目的进展情况，项目组成员个人及亲属的账号都需要向公司上报，同时个人股票买卖情况需要上报公司，经审批后方能交易。面对如此严格的防范机制，杜军利用内幕信息进行的内幕交易手段并非十分高明，但却成功。

如，2009 年 12 月 10 日，国内的"股神市长"李健疑似内幕交易案例浮出水面；11 日，南京经委主任刘宝春涉嫌内幕交易非法获利落马；14 日，媒体报道原中国中期实际控制人刘润红疑似"内幕＋操纵＝完全抽身"；17 日，天山纺织内幕交易疑云再起。① 内幕交易屡禁不止。

事实已经给予了最有力度的证明。基于此，我们认为，一方面，历次内幕交易使掌握内幕信息的人士于博弈中获益，验证了"证券市场百战百胜"的笑剧，内幕交易加剧证券市场内投资回报的非公平性；另一方面，内幕交易不会增加公司、债权人及相关利益者的成本仅仅是经理层具有高尚道德的一个假定结果。毕竟，"与投行谈论道德，无异于请老虎吃素"。贪婪可以带来动力，但动力所驱使的不仅仅是辛勤守法工作而获得奖励的欲望，在认为可以获利且风险较小的情况下，没有人会避免去冒险。

四 禁止内幕交易规则的完善与对债权人的保护

信息披露必然伴随着公司重大事件的发布，而在公司重大事件的披露过程中，最不可避免发生的现象就是内幕交易的发生。内幕交易不仅影响股票的正常价格，更损害了市场内投资者对价格的发现能力，降低了市场资源配置的效率，极大程度的损害了未知情债权人的利益，打击其投资信心。对规范内幕交易而言，不仅要规范公司重大信息的披露行为，更为重要的是，增强内幕交易行为的打击力度，提高内幕交易者的违规成本。

（一）改革方向

国内 A 股市场频传内幕交易丑闻，无论是西飞国际，还是近期的高淳陶瓷，都被曝光有内幕交易疑云。证券市场的内幕交易迫使立法监管机构给予及时有效的回应：2007 年 11 月 8 日，中国证监会和国贷委共同组织召开了"央企控股上市公司规范与发展大会"。会议特别强调，在任何时候、任何情况下，都不能进行内幕交易和操纵股价，谋取非法

---

① 陈洁：《三主因致内幕交易猖獗：治理急需下猛药》，《北京商报》2009 年 12 月 21 日，第 15 版。

利益。① 2009 年 12 月 22 日，证监会主席尚福林在 "2009 中国金融论坛" 的发言上明确表示，将包括严惩内幕交易等不法行为在内的四项内容，列入证监会明年的监管工作思路。② 2009 年 12 月 23 日，央行网站发布了《中国人民银行　银监会证监会　保监会关于进一步做好金融服务支持重点产业调整振兴和抑制部分行业产能过剩的指导意见》，意见强调，积极支持公司兼并重组，打击内幕交易。③ 面对 "雷声巨大" 的监管规则，当下证券市场内令投资者关注的，不是前述众多相关法律规定的频出，而是为何内幕交易屡犯屡禁、屡禁屡犯的循环衍生圈能长久地持续运转下去？解析这种怪异现象的原因似乎可以归结为：内幕交易行为成本小于收益、监管机制 "空洞化"。

上述的论断以债权人视角观之将会更为生动。债权人在评介目标债务公司之时，绝大程度上依赖于目标债务公司对外所披露的公开信息，公司月报、季报、年报及相关信息都是债权人对目标债务公司资信情况分析的资料基础。内幕交易行为不仅降低了公司对外披露信息的能力，更影响了债权人保护自身利益的成本。利益受损的债权人对内幕交易的负面影响感受甚深——内幕交易行为被发现，公司利益受损，影响公司偿付能力；内幕交易行为未被发现，证券市场公平受损、公司长期发展能力受损，影响公司价值、降低公司偿付能力。因此，从债权人的视角看，规制内幕交易行为的法律规则宜细不宜粗、宜严不宜松，处罚金额宜重不宜轻。

（二）规则完善

首先，宜严不宜松。从不同视角对内幕交易的本质进行探究与解析，可以展现出内幕交易的多个面孔。内幕交易展现在债权人面前最为直观的印象是：债权权益的损害原因、永不消失的利益链 "蛀虫"。内幕交易的禁而不止有着多方面的原因。就外部而言，中国证监会近年来已经将内幕交易和操纵市场的查处作为工作重中之重。然而由于社会、市场等方面各种条件的不成熟，强大的公司及个人信息数据库以及监控系统都未能完整

① 《证监会将出新政严打内幕交易［EB/OL］》。（2010 - 09 - 18），http：//www. bbt-news. com. cn。

② 同上。

③ 《挺兼并重组打击内幕交易［EB/OL］》，（2009 - 12 - 23），http：//www. pbc. gov. cn/detail_ frame. asp? col = 100&id = 3463&isFromDetail = 1。

地建立起来，"动态监管不足、查处持续性不够"① 成为摆在监管者面前的主要问题。就内部而论，冒险收益与惩罚罚金严重失衡也是获取内幕信息的内部人持续不断地进行内幕交易谋取暴利的动力之一。依据 2006 年的《中华人民共和国证券法》第 202 条规定，对内幕交易者，没收违法所得，并处以违法所得一倍以上五倍以下的罚款；没有违法所得或者违法所得不足 3 万元的，处以 3 万元以上 60 万元以下的罚款。其中处罚违法所得的行政罚款最高额仅为 60 万元，仅仅占到美国相关行政处罚额度的三十三分之一。② 证券市场下内幕交易的高风险收益与低处罚成本之间的强烈反差与对比，刺激了内幕信息获得者的攫取利益心态。内幕交易可以获得巨大的利润，而即便被发现接受处罚也仅仅占据利润及其微小的一部分，或者处罚力度明显极弱于内幕交易人的承受能力，在此情况下显然极难避免内幕交易的发生。

英国一个内幕交易案件的处罚应足以作为前述重典以治理念的实践例证：2006 年 2 月，英国伦敦当地一著名的避险基金公司 GLG 及于该公司工作的前"明星交易员"菲利浦·贾布尔因涉嫌内幕交易，被英国金融厅处于 75 万英镑的罚款。但证券市场人士认为，这笔罚金根本起不了任何警告的作用，因为处罚的金额仅仅为贾布尔几周的薪酬，更仅仅是 GLG 公司几天的获利。③ 刑罚的威慑力应借助严厉性与威慑性而彰显，对此，美国给予了很好的回应。美国通过民事罚款与行政罚款为对内幕交易的两种处罚方式，对内幕交易给予了严厉的规制。自 1984 年的美国《内幕交易处罚法》而始，内幕交易的处罚在美国证券市场内就受到了严格的管制。1988 年的《内幕交易及证券欺诈制裁法》、2002 年的《公众公司会计改革和投资者保护法》从内幕交易罚款金额、内幕交易人监禁期限、对证券欺诈的追诉期限等方面进行了较为严格的规定。严法以治，是美国法律规制内幕交易的一大特点，也是规制内幕交易行为最为有利的对策。

其次，宜细不宜粗。证券市场的内幕信息是个无底黑洞。以国内近期

---

① 姜锵：《招商地产五名高管大炒自己股：公司公告披露但称不构成内幕交易〔EB/OL〕》，（2009 - 04 - 17），http：//lib. 360doc. com/07/0417/12/142_ 451850. shtml。

② 参见罗培新《如果内幕交易发生在美国》，《南方周末》2007 年 4 月 25 日，第 9 版。

③ 马建国：《英监管不力助长内幕交易：养老基金捐赠基金受损》，《中国证券报》2006 年 3 月 23 日，第 12 版。

"高淳陶瓷内幕交易案"为例，呈现出内幕交易两个较为明显的特征：获悉内幕消息者过多、内幕信息持续时间较长。[①] 前述内幕交易行为两个特征的直接结果导致监管难度巨大，没有详尽的立法规则将极难规制内幕交易行为。例如，证券市场内部的公司重组不是一个简单、快速的过程，而是一个漫长的过程，内幕信息自始而终皆存在。显然，内幕信息持续时间越长，传递过程经过的环节越多，将越难以保障信息的不扩散。在一个公司重组过程中，公司自身关联方[②]、市场中介机构如券商、基金公司、会计师、律师，政府监管部门如国资委、国家经委、国家发改委乃至相关工商行政部门皆可获得内幕信息，试图在重组全过程完全封闭信息是极难做到的。[③] 详尽的法律规则虽然承载者一定的立法成本，但面对证券市场对内幕交易的规制需求，其效益必然在监管中呈现。没人会怀疑，一部厚重的监管法律文本与几页纸张的监管规则相比，孰重孰轻！

本章小结

金融市场的发展促进了经济的进步，但其效应亦正亦负。正如社会学家乌尔里希·贝克所言："资本主义的全球化发展带来经济上的不平等，这不是假设，而是事实。全球的中产人群开始意识到，他们并没有从正在发生经济增长中得到什么特别的好处；事实上，他们所得到的那块蛋糕可

---

① 高淳陶瓷重组内幕信息必然不仅仅为公司内部人事知悉，重组过程中牵涉许多必不可少的环节，审批重组计划的国家经委、国家发改委、国资委等部门官员必然对高淳陶瓷重组内幕信息知晓。

② 以高淳陶瓷为例，有高淳县国有资产经营（控股）公司等控股股东、控股子/孙公司及其他下属关联方达21个之多。参见《高淳陶瓷内幕交易案［EB/OL］》，（2009 - 12 - 25），http://topic. eastmoney. com/gaochuntaoci/index. html。

③ 2009年11月12日高陶重组收购报告书草案披露，在公司发布重大资产重组预案复牌后，高陶、十四所、五位认购股份的自然人、恩瑞特等三家被购买的公司以及相关中介机构各方，均有相关人员或亲属买卖高淳陶瓷股票，总计15人。其中买卖最为频繁的有3人，分别是十四所副所长马林的配偶孙芳、涉及重组的五个自然人之一张敏的母亲朱庆芬、所购买资产之一的国睿兆伏的副总经理刘林，前两人的买入或卖出交易均为23次，而刘林则有36次买进或者卖出高淳陶瓷股票的记录。有关人士称，现在的线索非常多，非常乱，几乎是所有涉及重组的相关方，都被波及。参见《高淳陶瓷内幕交易案［EB/OL］》，（2009 - 12 - 25），http: //topic. eastmoney. com/gaochuntaoci/index. html。

能比以前更小了。"① 可见，多样化是现时事物的特征。信息披露在资本市场内的作用同样具有多样性。获取及时、可信的信息是债权人增进自身利益所需求的，而降低劣质信息所带来的投资成本则是债权人必须面对的。我们认为，为趋利避害，强制性信息披露规则的完善，不仅具有解决市场内部信息不对称之功效，同样具有规避市场内道德风险之功能，其最终效用均能为债权人利益提供充足的保护。

作为信息披露在实践中的例证，内幕交易的规制展现了信息披露对债权人利益保护的重要作用。近年我国资本市场初步发展，公司内幕信息持有者为获取暴利，不惜借用公司上市、收购、重组等题材炒作公司股票，被急剧拉高的股价骤然大幅下跌，使投资者信心荡然无存。债权人利益极难得到有效的保障。内幕交易对证券市场影响的"面孔"虽多，但其成本显著大于效益，负面效应大大超出正面效应，亟须得到强有力的规制。内幕交易为资本市场发展的"黑洞"、债权人利益保护的羁绊，对于年轻的中国证券市场而言，通过更完善的制度和更严格的监管，让"阳光洒到每一笔交易上"，才是堵住股市"黑洞"的根本之道。②

综上我们认为，信息披露是一个具有包容性的规则体系。对债权人而言，公司的财务信息披露、公司治理信息披露、公司管理层讨论信息披露、公司重大事件披露、证券发行信息披露以及公司的透明度信息披露对保护其利益的稳定都具有重要的意义。作为联结公司资产变动与责任规制的信息披露规则的改进，应立足自身功能的效应点，以促进投资者利益最大化为目标，以检测自身的实效性为规则改进的检测标准。具体而言，主要应集中在以下几个方面，包括（但不限于）：强化预测性财务信息；推进自愿性信息披露；加大信息披露违规行为处罚力度；强化审计师对信息披露的作用；积极发挥媒体及舆论对信息披露的监督作用。

---

① 参见乌尔里希·贝克《只有一场风险才能拯救我们》，《凤凰周刊》2009 年第 31 期，第 90 页。

② 罗培新：《股市财富神话背后："黑庄""黑嘴"制造多少"黑洞"》，《证券时报》2008 年 12 月 25 日，第 11 版。

第四章

公司债权人利益保护对策之三：
责任规制的检讨与改进

公司资产是债权人利益获得保护的重要依靠，而信息则向债权人传递着这一公司主要的资信——变动着的公司资产。没有法律保护的权利不能称之为权利，不能得到有效保护的公司资产及公司信息，也不能为称之为成熟的公司信用。借重对公司高管以及审计师的责任规制，以维护公司资产的稳定，并保障传递信息的可信是保护债权人重要的对策。

第一节 公司信用危机背景下责任对信息传递与资产安全的保护

责任规制可以对信息的传递与资产的安全起到有效的事前威慑及事后补偿作用，对公司资产安全与信息披露发挥着增信的作用。债权人投资离不开决策，每天都可能面临新的信息并做出新的商业抉择。债权人的行动会受到其所掌握信息的影响，因此，信息的相关性及可靠性对于债权人能否在特定的情况下做出"最佳决断"至关重要。通常，公司信息的传递主要经由来源地即公司高管将信息汇总而披露，经由公司外部审计师对信息进行审计验证而增信。当债权人对公司所披露的信息进行分析之时，很难检验该信息的真实性，事实上，公司高管与审计师对信息的总结与验证都不同程度地提高了信息的质量，为公司对债权人所披露的信息内容给予了一定的信用度。可见，信息的真实性取决于信息来源的可信度以及验证信息正确性的能力。① 增信，为债权人提供了验证公司信息及公司资产状况真实性与可靠性的有效利器。内部增信与外部增信对债权人需求的公司财务信息而言都是不可或缺的，而责任规制则是确保公司内部高管与外部审计师能够尽职守则，提供真实可靠增信服务的最有力的保障。②

一 责任规制功能的效益解析

法律内在追求着权利与义务的平衡，从法经济学视角看，这种权利与义务的平衡背后隐含着收益与成本的博弈。事实上，法律活动的本质在于对经济利益的重新划分与界定，对经济活动中利益的调节与分配也是法律的重要目的之一。为民众所信服，好的法律应是最大化人们收益而最小化成本的法律。对公司高管、审计师以及相关对公司利益具有重大影响力人员进行责任规制，就是以法律为依据，在商事主体之间的交易行为过程中或完成之后，通过对其权利与义务的再次界定进而对其收益与成本进行重新分配。可见，对法律效益的平衡追求是法律存在的重要功能与目的。有学者认为，法律效益是指通过立法、司法、执法和守法过程中对法律权利资源的最优配置，除去各种成本耗费后，进而实现法律资源使用价值在质上的极优化程度和量上的极大化程度及其所得到的综合效果。③ 简而言之，法律效益是法律收益超出法律成本的部分。我们借用这个视角从债权人角度审视责任规制，不难发现，责任规制不仅具有正面的守法效益，同样具有负面的司法效益。

首先，正面守法效益。责任规制增进债权人的正面守法效益。对债权人而言，守法效益是指公司高管等人员以遵守公司法等相关法律为前提，因而与债权人进行商事活动中，债权人获取的收益与支出的成本的差额。

---

① ［美］W. 罗伯特·克涅科：《审计·增信服务与风险》，程悦译，中信出版社 2007 年版，第 2 页。

② 实践中的案例：美国银行的前任 CEO 刘易斯以及现任的消费银行业务主管普莱斯受到民事指控，被控在股东批准美国银行收购美林之前并未公布美林越来越严重的亏损情况，欺骗了投资者。可见，对高管以责任规则对防范劣质信息（对公司资产虚假陈述）起着重要的作用。参见《美国银行前 CEO 刘易斯与另一高管被控欺诈》，《华尔街日报》2010 年 2 月 5 日，第 15 版。

③ 冯玉军：《法律与经济推理：寻求中国问题的解决》，经济科学出版社 2008 年版，第 140 页。

面对责任规制,公司高管等人员滥权获取私利,触犯法律,则会承当相应的责任,这种警示性与惩罚性并存的法律规制有效的阻遏了高管等人员滥权的几率,同时促使其守信守法。显然,高管人员这种守法的直接效应使得债权人利益获得了有力的保障。可见,在责任规制的震慑下,高管守法不仅仅对增进债权人的效益起到了促进作用,同时也降低了各方商事主体的交易成本,守法效益得到彰显。应需指出的是,对债权人而言,守法效益并非仅仅局限在某些直接经济利益之上,通过高管人员守法,债权人可以获得公司更高的信用保障、高管更坚实的信用保证以及市场更为稳健的信用机制。

其次,负面司法效益。责任规制增进债权人的负面司法效益。对债权人而言,司法效益是指法院在解决债权人与公司之间的诉讼纠纷之时为债权人所带来的收益与成本的差额。司法效益在某种角度上来说是一种负面效益,通常情况下,法院在审理债权人与公司之间的诉讼纠纷之时,面对需要重新界定与分配的权利与义务是一种已经被公司所破坏过了的市场法律秩序。无论法院对债权人如何救济,实践中必然已经有一定的物质利益受到了损害。可见,总体而言,司法效益为整个市场所带来的是负面效益。责任规制,是司法对债权人收益受损,成本不合理增加的一种补救,将交易中非法获取的收益从公司或高管手中割离出来并重新分配,对债权人受损的正当利益进行补偿。可见,作为最后的法律救济对策,责任规制有效地阻截了高管人员非法获益的渠道,为受损的债权人利益提供了有效的补偿。

二　责任规制对信息传递与资产安全的保护

市场经济是适者生存、物竞天择的多方利益主体博弈的平台。在法律允许的限度之内,商人会冒着那些能在一定程度上增进其经济利润的商业风险,在不能避免道德风险产生的市场竞争过程中,我们不能过于谴责那些逐利的商人,就像人们不能过于责难老虎吃掉羚羊一样。① 但是,万事皆有度。跨越法律限度之边界即面临责任的惩罚,无论公司资产的稳定抑

---

① 参见［美］理查德·波斯纳《资本主义的失败》,沈明译,北京大学出版社 2009 年版,第 192 页。

或公司信息资源的传递，最终均依赖责任的规制以维护其正常的运行。因此，对债权人利益的保护而言，寻求法律对债权人保护的界限以规制利益主体超越界限对债权人利益损害的责任为债权人利益保护的核心要素。

事实上，立法经常将规则的制定权、分配权以及监督权在不同程度上授予政府行政部门、政府监管部门以及特定市场主体（公司内部高管，中介机构）。这种授权无疑存在一定的效益性与公益正当性基础。但不可回避且令人困惑的是责任问题，即行使规则制定权、分配权以及监督权的主体应对谁、如何、怎样的承担其行使权力的责任问题。有学者认知到，信息披露主体获得授权所基于的效益性与公益正当性的分析基础都在一定程度上依赖于成本收益分析的结果。① 以此为依据，显然对公司高管及审计师而言，其对债权人所负责任收益大于成本，存在着效益性与公益正当性。具体而言，通过责任规制而促使行使其正当的权力，不仅在不同程度上降低了信息披露劣质的几率，同时也降低了债权人获取公司信息的成本，为信息在公司与债权人之间的传递起到了极大的保障作用。可见，其不仅增进了市场内的多方主体的效益，更在一定程度上避免了债权人因劣质信息受损情况的发生，因此也具有一定的公益正当性。基于前述认知，我们认为，公司高管与审计师的责任规制具有一定的效益型与公益正当性，不仅对其自身的行为起到了一定的限制作用，同时也为债权人获取高质量的信息与公司安全的资产状况提供了强有力的保障。无疑，责任的规制保障着信息在资本市场内部的高效传递与资产稳定的流动。

以信息披露为例，实践中，信息披露为购买债务公司商品与服务都在一定程度上受到不充分信息影响的债权人带来了直接的利益保护。信息的产生与执行均经过多个利益主体的环节传递才能最终为债权人所获知，例如，公司高管对公司信息的搜集与总结、审计师对公司信息的分析与评介。信息对债权人利益的保护一定程度上取决于信息在传递过程中其"质量"是否受到影响。高管与审计师对信息制定与传递过程中的散漫与不负责会严重影响信息的质量，信息披露违规的事实提高信息制作与执行的成本，债权人也无法从公司所提供的信息中获取任何利益的保护。可见，资本市场内信息披露违规已经成为一种损害债权人利益的常态（如

---

① 参见［英］安东尼·奥格斯《规制：法律形式与经济学理论》，骆梅英译，中国人民大学出版社 2008 年版，第 144 页。

图 2 所示)。[①] 对公司信息的制定者与监管者进行一定的责任规制以避免其违法滥权,是维护信息传递质量的有效工具。

（件数）

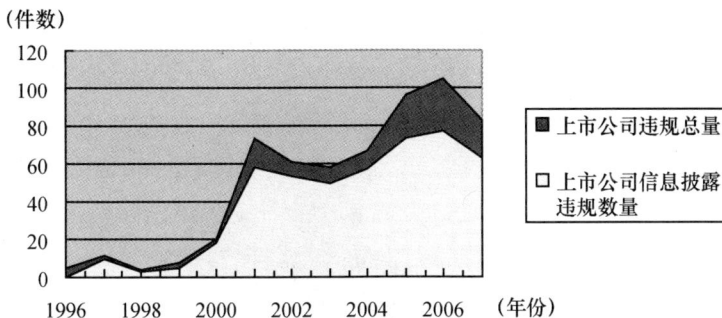

图 2 1996—2006 年上市公司信息披露违规数量统计

以资产安全为例,董事对公司资产安全向债权人负有一定的责任。在美国,《示范公司法修正本》第 8.33 节对董事的不合法分配公司股利规定了相应的责任。在德国,《德国股份公司法》第 93 条第（3）款规定,如果董事会成员违反本法规定发生将资本偿还股东;或付给股东利息或红利;或在公司已经发生无支付能力或资不抵债的情况下,仍然支付款项等行为尤其应负责赔偿损失,等等。[②] 面对资本市场内信用文化的缺失,只能依靠责任规制以平衡市场内高管道德风险的扩大。在一段相当长的时期内,放松管制、扩大市场自由是许多学者对法律规制市场的观点,然而,金融危机的事实再次摧毁了宽松管制的理念。事实已经证明,高管的道德风险被扩大到了一个近乎极致的界限,只有严法以治才能对其道德风险进行控制,也只有严法以治,才能确保资本规则软化下的信息对公司资产信用的顺畅传递,才能保障公司变动中的资产处于一个相对安全的环境。信息内容不准确极度影响着债权人了解公司资产情况的质量。公司在对外信息披露过程中,大股东占用上市公司资金、公司委托理财、重大投资及重大财产购置、重要合同的签订、重大诉讼以及重大担保等事件都是可能隐瞒的对象。显然,无论是故意隐瞒抑或是疏忽遗漏,这种不负责任的信息

---

① 上海证券交易所研究中心:《中国公司治理报告（2008）:透明度与信息披露》,复旦大学出版社 2008 年版,第 113 页。

② 仇京荣:《公司资本制度中:股东与债权人利益平衡问题研究》,中信出版社 2008 年版,第 238 页。

披露都难以保障公司资产的稳定与安全（如图3所示）。①

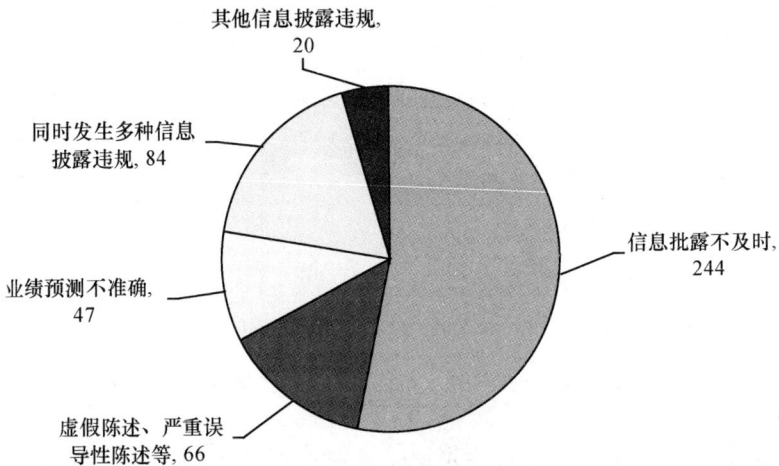

图3 1996—2007年上市公司信息披露违规行为分类（单位：件数）

总之，无论对于公司信息的产生、汇总乃至发出抑或是公司资产的形成、变动乃至公司融资结构或商业投资的重大变化，都需要通过对公司高管等人员的严格责任约束以保障其质量。2005年《公司法》不仅新增加了对董事勤勉义务的要求，同时更新规定了股东代表诉讼机制，两种新增加的要求都在一定程度上强化了公司法对董事责任要求的规制。虽然，董事直接对债权人承担责任的规制并非直接规定，但我们不可否认的是通过行政及民事责任对董事行为进行约束将成为是防范董事懈怠与滥权的最佳方法。僵硬资本规则的软化，是以诚信文化条件下的成熟资本市场以及传递信息畅通的信息披露机制为前提保障的。对此，我们认为，仅仅依靠对资本规则的软化而提高市场效率而无信用市场为基础，将会对债权人利益造成一定的损害。急需开启的新的债权人保护制度应以高管等责任人的责任规制为核心，强化对公司资产安全及信息质量的保障为基础，借助公司信息对债权人的披露，使债权人详细了解公司资产的实时变动，才能对债权人利益形成较为完善的保护对策体系。

---

① 上海证券交易所研究中心：《中国公司治理报告（2008）：透明度与信息披露》，复旦大学出版社2008年版，第120页。

第二节　审计师对公司债权人的责任

对于审计的重要性，有学者已经认知到，"国内外实证研究表明，借助审计服务提高财务信息披露的水平一方面有助于投资者的判断，另一方面也有助于上市公司降低再融资成本、债务成本、提高核心竞争力、提高公司智力水平"。[①] 我们不应忽略债权人利益的保护内涵在前述的财务信息披露作用之中。[②] 应注意到，信息传递的效率与质量取决于传递信息之桥梁是否畅通，金融市场中的传递信息之桥即为审计师，审计师受雇于公司，负有将公司资信按时且保质的向公共利益群体传送的义务。审慎的审计服务提供了高质量的公司信息，切实地保护了债权人正当的权益。然而，无法回避的一个现实是，"在追求自利目标的过程中，当损害他人的好处多过成本的时候，公司就一定会放手去做"。债权人面临的直接交易对象尚且如此，又怎能认同审计师的"表面尽职与忠诚"。[③] 当我们透析审计师、债权人所处于的契约网、合同链的博弈关系及功能后，会认知到，促动审计师谨慎履行义务，高效发挥审计功能的最终动力来自于法律赋予其永恒不变的责任。

一　审计服务的基础性分析

通观各国，审计师及审计公司的存在不能仅仅解析为投资者对公司信息的需求，其内载着社会、国家、投资者及市场参与者赋予的多重需求与期望。然而，透过这些所谓期望的表象，当我们的目光落在弥漫着虚假信

---

① 上海证券交易所研究中心：《中国公司治理报告（2008）：透明度与信息披露》，复旦大学出版社 2008 年版，第 34 页。

② 只有相关信息能够得到足够的和真实的公开披露，投资者才有可能真正把握证券产品的投资价值，才有可能做出合理的有效的投资决策，形成合理的对证券产品的需求，产生能够反映足够市场信息、符合实际资本运动状态的证券价格。参见宋晓燕《证券法律制度的经济分析》，法律出版社 2009 年版，第 63 页。

③ ［加］乔尔·巴肯：《公司：对利润与权力的病态追求》，朱近野译，上海人民出版社 2008 年版，第 63 页。

息、诚信缺失以及公司欺诈的金融市场中时，信任、利益与道德因素将无疑是其存在的现实根基。

（一）合同要素

以契约理论审视审计服务将会为我们提供一个独特的视角。著名法学家 Ripert 和 Roblot 曾经指出："公司契约理论在 19 世纪被人们所主张，是因为该种理论可以更好地同意思自治的一般原则协调，是因为在契约自由的名义下它可以授权人们创设各种法律规则并对他们进行修改。商事实践已经创设了众多的公司契约模式，并为那些利害关系的人提供了众多契约条款，经济自由主义从中获益良多。"① 基于契约理论的分析，无论是公司内部审计抑或是公司外部审计，都与公司及相关利益主体形成了一个富有弹性的契约网。

首先，借用社会学意义上的"关系契约"（relational contract）理论对公司内部审计服务进行剖析，我们会发现内部审计服务别样的风采。一般而言，关系契约不仅在对契约主体预期的调整方式、契约主体人身关系紧密程度方面有其特点，更在契约人数方面与单独的零散契约（discrete contract）（指普通的民商事契约）有着一定的区别。通常在零散契约之中，各契约方均无较为一致的观念，而仅仅将对方视为其交易的对手，所以契约常常通过明晰双方的义务和权利。在短暂的契约交易完成之后，双方均形同陌路。但长期持续的公司关系契约则向我们展现着不同的样态，在公司与审计师之间，常常形成了较为紧密的人身信任关系，审计师必须为公司提供足以信赖的预期，以应对未来的不确定风险。② 因此，公司内部审计师与公司之间存在着不可分割的契约关系。一般而言，"公司内部审计师通过实施组织契约组合的五种方式而得以实现其作用：（1）计量每个个体的贡献；（2）计量并向每一参与者分派利益；（3）向参与者报告有关契约履行程度的情况；（4）向潜在的参与者提供信息，以维持各类要素市场上的流动性；（5）提供具有共同知识特征的特定信息，以降

---

① 冯萌：《市场经济条件下会计信息的法律意义研究：从法务会计视角看我国会计问题》，中国时代经济出版社 2007 年版，第 30 页。

② 同上书，第 31 页。

低协商契约成本"。① 可见，公司内部审计服务深深的折映着关系契约理念，内含着合同要素。

其次，公司外部审计师作为公司利益链的一部分，也与公司股东、公司管理层、公司债权人、供货商、雇员等利益体形成了公司这一契约网。事前的契约协商在公司法的协调与规制下使得各利益主体通过公司组织形式达成最佳利益及风险的分配方式，通过公司契约网以达到各自的获益目的。在这种情况下，公司外部审计师依据其进入公司契约网之前的承诺在公司运营过程中履行自己的义务并实现自身的权益。相比于公司内部审计，公司外部审计更具有以下作用：（1）监督公司内部审计师的道德滑坡；（2）对公司内部审计师薪酬提供参考标准；（3）更高程度的提高公司资信度；（4）更广范围的向市场参与者提供竞争决策信息；（5）维护资本市场内部的道德底线，并向政府决策提供可依据的经济数据。

由此观之，我们认为，在一个健康的资本市场内部，外部审计师与公司内部审计师共同的依赖于公司及公司股东的信赖与委托，与之形成紧密的人身及商誉的信任关系，在一个长期的契约服务网内不断运营。

（二）效益要素

首先，审计服务是审计师自身效益的实现途径。西哲有言：人生的全部价值便是其收益。此哲言在公司契约网中深深的展现着其意蕴。公司内部以及外部的相关利益体所形成的契约往往涉及很多缔约方的利益，例如：第三人利益（债权人利益）；股东利益；雇员利益等。在多头的利益契约网之下，债权人向公司贡献借贷资本，以通过公司获益借贷资本获得的利息及本金收益；股东通过向公司贡献权益资本，以通过公司获益权益资本所获得的股利及公司剩余价值；雇员通过向公司贡献智力及体力（技能）以获益公司所回报的工资、薪金与福利。审计师处于多头利益契约网中，亦通过向公司及第三方利益体提供其所需的法律产品，而从公司及第三方获得利益回报。实践中，在资本市场内，审计人员通过向公司提供审计服务，以获益公司所回报的审计费用。

---

① 冯萌：《市场经济条件下会计信息的法律意义研究：从法务会计视角看我国会计问题》，中国时代经济出版社 2007 年版，第 34 页。

其次，审计服务是第三人利益实现的保障。审计对第三人维护自身利益提供了一定的保障。已经达成共识的是，在金融市场内，第三人尤其是债权人依据审计师提供的公司审计报告对债务公司进行分析，进而得出自己的商业判断与投资决策。通常而言，审计师所提供的"大多数的年度财务报告记录了历史成本的财务信息，而不是现在的市场价值。虽然，历史成本数据通常能够更加可靠地加以衡量，但对于读者来说，历史成本数据并不如现在市场价值那样具有相关性"。① 不过我们不能否认的是，公司审计师毕竟向第三人提供了历史成本数据，使之可以对相关公司的历史资信情况进行考察。

再次，审计服务提高了金融市场的效率。审计对金融市场效率的提高具有一定的促进作用。最近的研究表明，法律对于公司金融、公司所有权结构以及证券市场的发展是重要的决定性因素。② 金融危机下的高效金融市场，是审计服务现实地发挥着作用的对象之一。金融市场并非天然的伴随着效率，它需要法律的规制与呵护。斯蒂格利茨认为："不能仅仅因为金融市场看起来是竞争性的或者'通过了'标准金融学文献关于效率的检验，就做出它具有效率的理论假设。"③ 我们认为，现实的情况是金融市场并不能充分地传递所有信息。而法律对于审计服务的规制使得金融市场内的各个参与体都能在一定程度上及时地获取相对可信的投资信息，这种信息效率的维护是高效金融市场的强有力的保障。所以，审计服务非常的重要，公司外部审计与内部审计都有同样的功效，其为债权人所看到的财务报告提供了翔实可靠的保证。例如，财务报告内容是否为真、是否全面地反映了公司的财务状况，债权人的投入如何在公司内流动，是否真

---

① "越可靠的数据，越真实的历史价格并不意味是最相关的信息。越是相关的数据，越是现有的市场价值并不等于越可靠。"审计师所提供的审计服务对公司"现时资信的分析"并非完全令债权人存有信任与依赖感，一度让债权人怀疑审计师所提供的审计服务是否对其权益真的具有保障作用。但不可否认的是，法律一直在为规制一个"实用且高效的审计服务"而努力。参见［美］马克·哈斯金斯《财务报告的秘密》，齐仲里、张春明译，中信出版社2009年版，第81页。

② 这些研究运用了49个国家中关于投资者，包括股东权利和债权人权力的保护指数。参见［美］彼得·穆雷尔主编《法律的价值：转轨经济中的评价》，韩光明译，法律出版社2006年版，第317页。

③ ［美］路易斯·普特曼、兰德尔·克罗茨纳：《公司的经济性质》，孙经纬译，上海财经大学出版社2009年版，第160页。

正的产生了效益抑或亏损。① 可见，审计服务极大程度上保障了信息的真实性，使金融市场内部可能真正的形成"信息效率"②，进而使得高效的金融市场成为可能。

（三）道德要素

审计服务深深的内含着道德的要素。在 Mautz 和 Shara 的《审计哲学》一书中，作者就认为"市场内部的审计工作与社会责任、道德行为有关"。同时，博弈论也给予我们同样的启发。在具体的契约关系之中，各个利益主体之间的冲突通过不断的相互协调与谈判、协商与博弈，最终达到利益的均衡。③ 我们知道，利益主体之间的冲突背后所呈现的是不同价值理念的不协调与对抗。正如我们注意到的，相对于人们不同且不断增长的需求而言，资源稀缺的金融市场必然引发多种价值的冲突。例如，安全与效率、效率与公平等等。在这种情况下，即便在人们困于平衡多种价值之时同样存有一个已经被达成的共识，即欺诈、贪婪、虚假此类价值必然为社会所抛弃并拒绝。因此我们可以认为，在道德风险所引发的社会责任下，杜绝并给予欺诈、贪婪、虚假以惩罚是金融市场中参与主体在交易过程中所展现的共识性认知。那么，在世纪之交审计失败所引发的公司丑闻不断上演的情况下，审计师的道德要求被提到了前所未有的高度即可以为我们及市场所理解并接受。

二　审计信息功能的法经济学分析

审计师在金融市场中的功能与效应多样。对于审计的功能，有学者曾

---

① ［美］马克·哈斯金斯：《财务报告的秘密》，齐仲里、张春明译，中信出版社 2009 年版，第 160 页。

② 法玛（Fama）认为："价格充分反映可获得的信息市场可以认为'是有效率的'。"法玛定义了三种类型的效率：（1）弱形式的效率。如果投资者根据收益的历史价格信息建立交易规则，那么没有人能赚得超额收益。换句话说，历史价格或收益中包含的信息在取得超额收益上是无关紧要的。（2）中强形式的效率。没有哪个投资者能从建立于任何可公开获得的信息基础上的交易规则中赚得超额收益。可公开获得的信息包括：公司年报、投资资讯数据。（3）强形式的效率。没有哪个投资者能利用任何信息——无论公开与否——赚得超额利润。参见［美］路易斯·普特曼、兰德尔·克罗茨纳《公司的经济性质》，孙经纬译，上海财经大学出版社 2009 年版，第 160 页。

③ 胡启忠：《契约正义论》，法律出版社 2007 年版，第 119 页。

指出：未经过独立审计师审核过的财务报告，并不能给予我们比独立审计师审核过的财务报告更多的准确信息，极容易误导的财务信息常包含其中。① 显然，我们的资本市场需要有一定资历的、独立性极强、第三方的、具有坚定意志的独立审计师来完成对公司的审计工作。通常而言，审计师重在证明和评定三件事："其一，公司的财务报告是否符合公认会计准则的标准；其二，公司是否有一个高效的内部财务控制系统；其三，也是最重要的一点，财务报告是否能公正地呈现公司的财务状况和业绩。"② 通常，审计信息揭示了一个公司从"出生"到"死亡"整个过程中的公司资信情况，所以，债权人利益获得保障直接依据于审计师对目标公司的资信详细且不间断的信息审核。前述的分析给我们的认知是审计师的功能不可忽略、更不可轻视。

债权人利益以公司信用为保障，债权人关注信用，是随着商业实践经验的沉淀与立法体系的指引而形成的。然而，公司以何为信？虽然实践中，不同类型的债权人所衡量信用的尺度存在不同。③ 但数年的累积使金融市场内形成了一定的方法与原则来评估公司的信用。除却本书在开篇所给出的公司信用释义，另有许多为市场所接纳的公司信用评价标尺。例如，五"C"法④：这种分析方法认为每笔贷款应从以下五个方面加以审查：(1) Character：品德；(2) Capital：资本，至借款人资本价值、数量及性质，特别是注意其变现能力；(3) Capacity：能力，指借款人运用贷款盈利并偿还贷款的能力；(4) Collateral：贷款抵押；(5) Conditions：公司经营的内部状况和外部环境。从这个角度看，公司以"硬实力"与"软实力"为信用。⑤ "硬实力"集中展现为公司的资产及公司偿付能力，而"软实力"则集中展现为公司高管层的个人品德及信誉。所以，公司债权人利益获得保障的最迫切的现实需求为不间断的了解公司前述两方面的资信情况，

---

① ［美］马克·哈斯金斯：《财务报告的秘密》，齐仲里、张春明译，中信出版社 2009 年版，第 149 页。

② 同上。

③ 傅穹：《重思公司资本制原理》，法律出版社 2004 年版，第 84 页。

④ 同上书，第 85 页。

⑤ 综合 CAMAPRIF 法以及五"W"法。本书中，"硬实力"即是公司资产及现金流动性等物质信用，"软实力"即指借款人的品德及信誉等人的信用。参见傅穹《重思公司资本制原理》，法律出版社 2004 年版，第 85 页。

而审计信息最为重要的功能则在此处彰显（如图4所示）。①

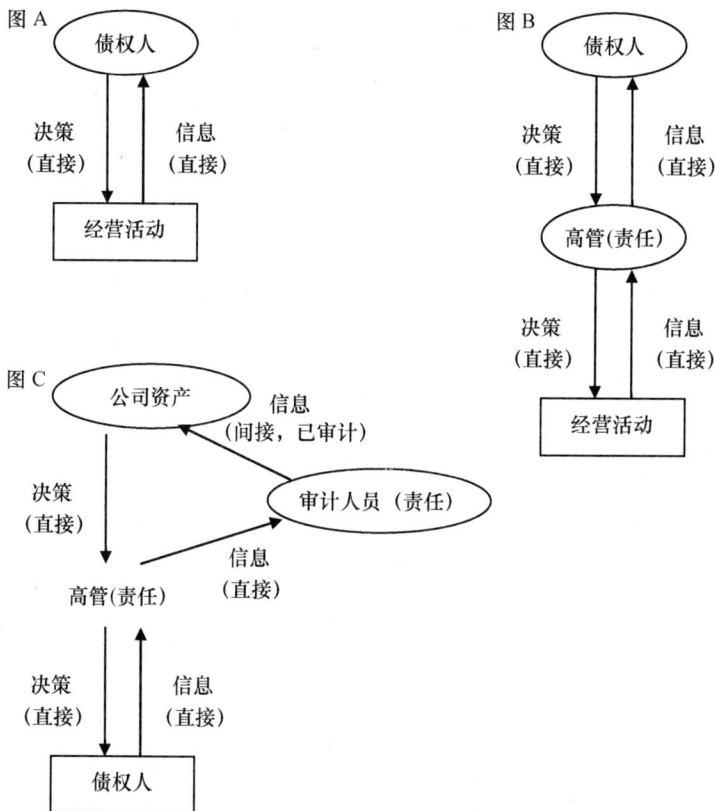

图A
债权人

决策　信息
（直接）　（直接）

经营活动

图B
债权人

决策　信息
（直接）　（直接）

高管(责任)

决策　信息
（直接）　（直接）

经营活动

图C
公司资产

信息
（间接，已审计）

决策
（直接）

审计人员（责任）

高管(责任)

信息
（直接）

决策　信息
（直接）　（直接）

债权人

图4　债权人对公司高管及审计师责任规制的需求

（一）高管资信的持续明确

相比较于公司的商誉与资产，公司高管个人的品德与其在公司中所获得薪酬及待遇对债权人利益的保障同样产生着深深的影响。所以我们认为，审计服务将公司高管的资信翔实披露于公众，是使公司债权人保障自己利益的最直接对策。

1. 高管信誉的清晰明确

---

① ［美］W. 罗伯特·克涅科：《审计：增信服务与风险》，程悦译，中信出版社2007年版，第11页。

　　审计信息可以将公司高管的信誉清晰展现在债权人面前。通常情况下，我们不能期盼一个道德缺失甚至不断掏空公司资产而自利的董事会对债权人利益的维护尽职尽责；也不能对一个决策失误过多甚至带有欺诈经历的高管赋予过高的投资回报期望。① 反之亦然，诚实、审慎与克己是高管应追求的个人品德。具体而言，其一，诚实是法律对高管人员最基本的道德要求。本杰明·富兰克林即曾经说过，诚实是最好的政策。② 其二，审慎是法律对合格高管的一种现实要求。事实上，"审慎的人始终是诚实的，总是严肃认真地研究学习，想要真正了解他声称他所了解的东西，而不单是为了说服他人他了解它。虽然他的各项才智也许未必很耀眼出色，但它们总是完全真实无欺"。③ 其三，克己是高管自律的有效工具。一个应为我们认知的事实是，"遵照严格的审慎、严正的公平与适当的慈善等规则行动的人，也许可以被称为德行完美的人。但是这将不足以使他能够遵照规则行动：他自己的各种激情常常会误导他，有时候怂恿他，违背他自己在所有冷静清醒的时刻所赞许的一切规则"。④ 所以，审慎的人亦需要克己来规制其自身可能产生某种不理性冲动。综前所述，我们认为，公司高管的诚实、审慎与克己品德不仅为债权人提供了一种心理上可以获得安慰，而且也在实践中对债权人的利益发挥着保障的作用。⑤ 因此，将公

---

　　① 依据现代契约理论的道德风险模型，公司高管的道德风险是存在的，即隐藏行动的道德风险模型（moral hazard with hidden action）：委托人和代理人在签订契约时，有关的契约知识和现实条件都能被签约双方观察到，代理人选择行动。决定代理人行动结果的还有自然状态，代理人的行动与自然状态一起决定可观测的结果。而委托人只能观察到结果，无法知道这个结果是代理人本身的行动所致还是自然状态造成的。参见［美］科斯·哈特、斯蒂格利茨《契约经济学》，李风圣译，经济科学出版社 2003 年版，第 22 页。

　　② 理查德·A. 波斯纳：《道德和法律理论的疑问》，苏力译，中国政法大学出版社 2001 年版，第 53 页。

　　③ ［英］亚当·斯密：《道德情操论》，谢宗林译，中央编译出版社 2008 年版，第 266 页。

　　④ 同上书，第 300 页。

　　⑤ 不依赖法院强制实施的成文的契约条款，依靠一种私人自我实施的机制，作为一种对付未能说明的契约条款但双方都能理解契约安排中的要素的手段，交易者能够对"丧德违约"的高管形成一定的制约。当观察到交易伙伴在违反他们的契约条款主旨时，施加一种私人惩罚。假定这种私人惩罚由两部组成。一部分是直接与交易者交易关系终止有关的未来损失。另一部分私人惩罚是与交易者市场声誉贬值有关的损失，违背默认契约（implicit contract）的前科由当事人与该交易者发生交易关系时被考虑进去。这种市场声誉效应导致了改变交易者在未来做生意时增加了成本。参见［美］科斯·哈特、斯蒂格利茨《契约经济学》，李风圣译，经济科学出版社 2003 年版，第 192 页。

司高管的信誉清晰地展现给债权人是债权人评介高管信用的最佳方法。

2. 高管资信的完全展现

审计信息可以将公司高管的资信翔实的传递给公司债权人。一般情况下,公司高管从业待遇的规定深深地影响着债权人利益的波动,这一点无疑已经为现实所证明。事实上,公司提供给高管的薪酬、待遇都对公司的资产造成了一定影响,进而反映在债权人可获得的利益保障之上。因此,各国法律对此都进行了相关的规定。以英国为例,2006 年的英国公司法详细规定了公司董事贷款、准贷款的要求与限制,同时也对董事相关联人的贷款获准进行了要求。① 在此基础上,对于董事养老金计划补偿及董事的薪酬也有相应的规定及限制。② 前述的立法改革有着坚实的实践基础。在任何一个公司中,公司债权人都不能对不合理的董事待遇予以漠视。让我们将目光锁定在上市公司中,即使拥有庞大的公司资产,公司高管的薪酬也已经对公司的资信产生了较强的影响。例如,在 2000 年,通用电气报告了对其所有管理人员的高达 11.3 亿美元的养老金债务。③ 又如,2000 年 9 月至 2002 年年初,World Com. 直接或间接向埃伯斯提供几个亿美元——约占公司资产负债表中现金的 20% 的无担保贷款,以帮助他弥补其个人经济账户中的透支,当埃伯斯离开 World Com. 时,他仍然欠公司 4.8 亿美元。同样,Comdisco 公司向其高管提供超过 1 亿美元的贷款担保,该贷款被用来购买 Comdisco 公司的股票,而该股票后来暴跌。④ 我们注意到,如此巨大的额度,即便对于上市公司而言也对其资产及偿债能力产生了一定的影响。公司债权人利益显然受到伤害。

公司处于变化莫测、竞争激烈的资本市场之中,具有较高能力的高管无疑是奇货可居、炙手可热,公司必然不惜“血本”抢之。但“千军易得,良将难求”的解决办法不能以牺牲公司债权人利益为代价。公司高管薪酬及其待遇如何找到被契约网多方主体共同认可的“范围”,是一个

---

① 英国 2006 年公司法第 10 部分第 4 章第 197—200 条。参见英国 2006 年公司法,葛伟军译,法律出版社 2008 年版,第 120 页。

② 英国 2006 年公司法第 10 部分第 7 章第 235 条,第 15 部分第 6 章第 420—422 条。参见英国 2006 年公司法,葛伟军译,法律出版社 2008 年版,第 259—259 页。

③ [美]卢西恩·伯切克、杰西·费里德:《无功受禄:审视美国高管薪酬制度》,赵立新等译,法律出版社 2009 年版,第 92 页。

④ 同上书,第 103 页。

争议未休的话题。但我们可以肯定的是，合理的高管薪酬必然出自良好的薪酬制定、实施和监督机制，后者是前者必要的前提保障。[①] 无疑，审计服务的功能于此处彰显，将高管资信不间断地披露于公众，将是对高管薪酬等待遇的最佳监督方式。

（二）所有权及资产价值的不间断定量展现

公司债权人最关注的莫过于债务公司的资信变动情况，曾经担任美国斯坦福法学院院长的 Manning 教授洞察到："当股东的资产作为出资，而成为公司的财务，或当公司的资产分配给股东时，公司债权人和股东的利益是相反的。股东希望将前者最小化，而将后者最大化，而债权人期望的则恰恰相反。"[②] 所以，审计服务对债务公司资信情况原始的明确与不间断定量展现，是对债权人利益最有力的保障。同时值得注意的是，在现代立法出现的"从公司资本维持到公司资产维持的倾向，其核心理念是关注公司的偿债能力，采纳'净资产维持标尺'来设定公司资产转移、投资或向外流出的底线标尺"。[③] 在此背景之下，公司形成之初的所有权结构、经营过程中的资产价值变化的审计对债权人利益保护显得尤为重要。

1. 公司初始之所有权结构公示

公司所有权益清晰的呈现是公司相关利益主体进行继续交易及经营的前提。所有权结构内含着多方利益主体博弈的过程与成果，正如有学者认知到的，"所有权安排在不断演变本质上是在满足生产部门对资金、风险承担和决策服务的需求，同时反应投入产品提供者的风险偏好和解决在平衡这些需求及偏好过程中出现的带来问题的需要"。[④] 现在的公司所有权是在经历了一个长时期的演变过程所形成的博弈结果。所以我们认为，向外界展现出公司初始的所有权结构，不仅是公司债权人判断公司现时资信的初始凭据，同样是公司股东维护自身利益继续进行经营的信心支撑，更是市场交易得以进行的最基本的前提与保证。一言以蔽

---

① ［美］卢西恩·伯切克、杰西·费里德：《无功受禄：审视美国高管薪酬制度》，赵立新等译，法律出版社 2009 年版，第 5 页。

② 傅穹：《重思公司资本制原理》，法律出版社 2004 年版，第 20 页。

③ 同上书，第 224 页。

④ ［美］路易斯·普特曼、兰德尔·克罗茨纳：《公司的经济性质》，孙经纬译，上海财经大学出版社 2009 年版，第 354 页。

之,审计服务所提供的所有权结构,是契约网下多方博弈主体继续博弈的原始"凭证"。

具体而言,审计服务所提供的公司所有权公示,集中在资产负债表、利润表、现金流量等其他财务报表。以公司债权人视角审视所有权结构记录,其不仅降低了搜寻公司资信的信息成本而且也比公司章程更深度的把握了公司的"初始状态"。从公司管理人员的视角看,审计提供的所有权结构记录并明确了公司的"原始起点"及多方主体的"初始权益";从公司雇员的视角看,所有权结构记录远比公司章程更能展现公司的"真实相貌";从政府的视角看,所有权结构的记录则为其提供了考察公司发展的"原始脉络"。基于此,我们认为,审计服务对公司所有权的审核与展现,不仅对债权人的利益保护提供了强有力的帮助,对其他利益主体而言同样是一个多赢的产物。

2. 公司经营中的资产价值披露

公司的资产及公司偿付能力随着公司的经营不间断的变化,对此的持续披露是公司契约网形成后审计服务对债权人持续性履行其合同义务的表现。我们迫切需要认知的是,对债权人而言,当下金融市场中的"公司资产价值的持续披露"较之以往具有更重要的现实意义。公司资本结构总成本最小化已经成为影响经济绩效的一个重要因素。因此金融机构"正在运用多种多样的、经营战略和公司财务相结合的活动来发展收费型业务、控制费用性支出。为达到此目的,金融机构和非金融公司需要借助于投资者银行和其他战略咨询顾问,帮助他们分析各种替型融资方案,随后,向全球投资者发行和销售各种债务型和权益型金融工具"。[①] 在这种情况下,公司资产价值的披露越来越难以反映公司真正的资信情况,债权人将越来越难以"摸清公司的实力"。

具体而言,公司所有权结构形成之后,公司的资产价值除在公司成立那一瞬间,在后续的存续过程中会一直在不断变化。公司增加资本、减少资本、股权交易以及其他商业交易行为均导致公司资产价值的不断增减。审计服务则为债权人提供了这样的保护功能:通过对公司的各类经济事项和交易进行不间断的确认和计量,实现了对公司资产价值不间断的确认,

---

① [美]里奥·M. 蒂尔曼:《金融进化论》,刘寅龙译,机械工业出版社2009年版,第96页。

并将这种确认的结果在资产负债表上反映出来。① 然而，良好的期望在实践中并不一定可以收获到理想的结果，金融危机下的金融市场内部已经发生了复杂的变化使得公司资产价值的持续披露在保护公司债权人利益面前显得"力不从心"。引起我们警觉的是，近期出现的金融市场危机，无不体现出全球金融体系日趋增加的负载型行业相互关联性：首先，为应对盈利压力和低收益环境，投资者和金融机构贸然动用越来越复杂的有价证券，这些有价证券不仅在结构上缺乏透明性，而且其内在风险也不为人所知。其次，复杂性的提高和透明度的缺乏不仅适用于金融产品，而且也符合金融机构本身的情况，特定的财务披露制度让股东和贷款人对风险敞口以及或有负债一无所知。② 更为重要的是，前述的问题并不仅仅存在金融机构之中，资本市场内部的其他实业公司同样存在着这些问题。因此，对审计服务的质量要求在此背景之下迫切需要提高。我们在现实的促动下得出以下认知：随着经营模式调整、转换的日趋普遍和频繁，审计服务通过对金融中介的经营模式、风险敞口和经济价值创造力求做出清晰、直接和全面的描述，对债权人利益的保护将会变得越来越重要。③

三 审计服务的供需现状

在实践中达成的共识是，审计公司在金融市场中充当守门人的角色为多方利益主体所肯定。随着金融市场的不断发展，审计公司也出现了新的发展动力与方向。大型审计公司通过市场竞争已经形成"唯我独尊"的局面，而小型审计公司又面临着信誉不足、艰难争夺客户的尴尬处境。面对公司债权人的不同信息需求层级，如何协调审计服务的供给需求是我们需要检讨的。

（一） 审计服务的需求

一个基本的认知是，出于对不同的类型利益的追求，不同利益体对审

---

① 冯萌：《市场经济条件下会计信息的法律意义研究：从法务会计视角看我国会计问题》，中国时代经济出版社 2007 年版，第 77 页。

② ［美］里奥·M. 蒂尔曼：《金融进化论》，刘寅龙译，机械工业出版社 2009 年版，第 138 页。

③ 同上书，第 142 页。

计服务需求的目的与程度是不同的。因此，政府、公司、债权人在为追求自身利益的时候，对审计信息的需求都不尽相同。

1. 政府层面对审计服务的需求

扭曲的审计服务需求。中国政府层面对审计服务的需求处在一个令投资者困惑且质疑的境地。首先，内外有别。证券市场应是一个开放、自由、公平竞争的金融市场，但对审计服务而言却显然需要我们用审视的目光重新对现有的规制进行检讨。在理论上，审计服务作为一种法律供给产品，公司是否购买以及从何处在购买"保质保量"的审计服务应是由市场内的公司自主决定，而非由政府对其先入为主的进行强制管制。然而在实践中，我们显然已经"被迫"将更多的"服务机会"给予了国外的审计公司，而国内的审计公司则处于不可争辩且无力挣扎的劣势境地。[①] 前述的情况基于监管部门这样的一个假设前提：外国的会计师事务所比中国的会计师事务所更为可信、更为可靠。我们认为，如此扭曲的审计服务需求不仅存在严重的不公平，其所存在的问题是显而易见的。正如方流芳教授所洞察到的：这个特权带来的利益是世界上任何一个专业服务机构都不敢想象的![②]

其次，地方保护。审计服务市场存在"地方保护主义"[③] 是无可争辩的事实。审计服务的竞争应是充分且公开的，因此，透明的审计服务市场是债权人获得可信审计服务的基本前提。然而，少数大型审计公司可以凭借自身坚实的"品牌效应"与广泛的人脉将大部分地方的审计服务资源

---

① 1992 年开始，财政部就允许"五大"进入中国。允许外国的注册会计是来中国执业，不必参加中国的会计资格考试，这些特权在中国加入 WTO 后仍保留下来。参见方流芳《凭什么要给'五大'特权?》，陈志武、周年洋：《安然：华尔街完美案例》，中国城市出版社 2002 年版，第 299 页。

② 中国的注册会计师造假的太多了，不可信。外国的呢，要比中国的好一些，而且外国的会计师事务所里面，越大的越好。"五大" 2001 年底在中国的营业额就达到了 10 亿元人民币。"安然"事件恰恰告诉我们一个需要考虑的问题："五大"是不是比国内的会计师事务所更可靠?参见陈志武、周年洋《安然：华尔街完美案例》，中国城市出版社 2002 年版，第 300 页。

③ 地方保护主义，是指地方政府、所属部门或地方领导，为了保护地方局部或个人的经济利益或政治利益，违背国家的法律法规，利用行政权力或经济手段，干涉市场，干预经济，干扰国家宏观经济调控的行为。从其表现上来看，地方保护主义以维护国家经济利益为重，发展经济为主，从本质上看，地方保护主义是地方政府部门或领导只顾局部利益，不顾国家和集体利益，在管理活动中滥用行政权力的表现。参见《地方保护主义的成因及审计对策［EB/OL］》，(2001 - 12 - 19)，http：//61. 133. 200. 40：81/jlpt/2009 - 06 - 01/2693. html。

据为己有，而"局外"的中小型审计公司则只能困守当地的资源，无力与其争夺。显然，其结果是限制审计服务的发展，降低了审计服务的质量，未能有效提高债权人获取信息的高质量保障。更为重要的是，审计服务的地方保护内含着不为债权人所知悉的利益链，当地公司与当地的审计服务的合作并没有为债权人获取信息提供具有可信的说服力证据。① 我们认为，在这种情况下市场将难以为债权人提供较为可信的审计服务。

2. 公司层面对公司审计服务的需求

懈怠的审计服务需求。实践中，多数公司对审计服务的需求出于形式上的"表演"，并没有形成真正的自愿审计需求，其中小型公司对审计服务更常常是"拒之千里"。我们注意到，公司高管往往出于应付政府管理的要求及法律的规制而接受审计并支付其审计费用。高管甚至常常认为，审计费用的高低远比审计质量的好坏更重要。② 在这种情况下，审计服务的质量常常难以保障。早在 17 世纪之时，一个久经有效的、著名的偿付规则——谁出钱，谁点戏，就已经确立。③ 对于公司购买审计服务而言，股东们是出钱的人，而公司高管则代替股东点戏。由此观之，当管理层决定是否选择一个外部审计公司之时，将考虑的重点置于审计公司是否能够按照自己的意愿进行审计，是否收取的费用足够低，此时，审计服务守门人的角色失去了真正的意义。

进一步而论，自由、公平的证券市场本应是一个能反映公司真实价格的金融市场，也更是一个高效的经理人市场。但在不成熟的证券市场中，当公司与职业经理人的利益并不与市场公司的真实价格挂钩，而是转向于政府的审批、规制联结之时，审计服务工作的方向则被迫而变。实践中，为满足政府的审批要求，上市、融资、并购等公司资本运作都要求审计服

---

① 地方保护主义的影响极大程度上体现在当地政府对地方公司的利益维护之上。某些时候，这种地方保护主义亦对本地公司与公司之间的商业活动产生了触动作用，其隐含着一个隐蔽的秩序或许可以这样来勾勒：地方政府利益 > 公司上市获取效益（多数具有国资背景）> 审计公司审计以辅助上市 > 伴随地方政府与公司的压力 > 出具审计报告。如此隐蔽的秩序难让投资者对审计报告的质量信服。

② 公司高管皆倾向于隐藏公司的"劣势"信息，而披露"优势"信息，这一点在公司 preIPO 之前显得尤为明显。

③ ［美］马克·哈斯金斯：《财务报告的秘密》，齐仲里、张春明译，中信出版社 2009 年版，第 160 页。

务为公司自身利益服务,而显有真实的为证券市场内的投资者服务。[1] 其根源正如陈志武教授所指出的:"在监管部门把重心从市场规则监管转到管理指数之后,政府实际上给了每个股民一种防跌保险,不管上市公司有无问题,也不需要什么信息,是股就买差不多也总能赚。"[2] 在短期内无法改变证券市场根源问题的情况下,我们认知到,在目前的市场中公司对审计服务有需求,但目的在于使审计服务为自己的"纯或不纯的利益"服务,使审计服务成为自己的"发言人"。

3. 债权人对公司审计服务的需求

迫切的审计服务需求。对公司的资信状况而言,审计既是一种评估也是一种证明。显然,作为审计服务的真正消费者与获益者,债权人对公司审计服务的需求最为真实,也最为迫切。我们认为,在忽略不同类型债权人获取公司信息能力差别的情况下,审计服务对债权人所提供的公司翔实资信信息为债权人利益的最直接的保障。当我们将目光放在证券市场未来的发展远景之中,会发现,审计服务将对债权人利益的维护起着无与伦比的保护作用。目前,部分债权人可以通过证券市场获得投资的机会,但相比于国内整体的债权人市场而言毕竟处于较小的一部分。但当证券市场发展至成熟阶段,民营公司更能自由地进入资本市场发展之时,债权人对审计服务的需求将达到极高的程度。虽然,有学者认为"到目前为止中国股市还是一个基本为国有公司服务的市场,这不仅迫使证券监管部门和司法、执法权力机构继续对上市公司的违规违法行为睁只眼闭只眼,只要股市还不对民营公司真正开放,就只能继续依赖香港和美国的资本市场"。[3] 但现时全球化下的金融市场不仅要求民营公司融入本国市场,而且在一个可以预期的未来时间段内,我们可以预见到更多的民营公司将会融入国际资本市场之中。因此,我们认为,民营公司自由进入资本市场,将使更为广泛的债权人享受审计服务所带来的公司信息,极大程度地提高债权人利益的保障能力。

---

[1] 尽管中国上市公司不乏假账、也不乏操纵股市的虚假信息,可监管部门睁只眼闭只眼,即使查出,所给的处罚也不痛不痒,其结果当然是"噪声和虚假信息"当道,使股市交易的股票与上市公司之间只比名义上的联系多一点。参见陈志武《金融的逻辑》,国际文化出版公司2009年版,第134页。

[2] 陈志武:《金融的逻辑》,国际文化出版公司2009年版,第162页。

[3] 同上书,第163页。

（二）审计服务的供给

公司审计的供给方是外部审计人员及内部审计人员，需求方是委托者及相关利益集团（主要存在于债权人与股东之间），在债权人可以通过自身能力获取债务公司信息的同时，很多时候债权人更多的是依靠债务公司所供给的信息而对其进行分析。因此，审计供给质量的好坏对债权人的利益保护而言至关重要。

1. 审计服务供给之源

审计服务市场的存在，是因资本市场内存在着对审计服务的特定需求。事实上，资本市场内的政府、公司与投资者三股博弈的力量无不对审计信息具有强大的需求动力。在经济学家看来，"如果一种物品是由非集权的市场来分配，它就是私人物品（或市场物品，private goods）；如果一种物品是由政治程序或由公共选择来分配，它就是公共物品（或集体物品，public goods）"①。显然，审计服务无疑在私人物品之列，但在充分竞争的资本市场中，审计服务并非纯粹的私人产品，因其并不具备私人物品所独具有的排他性（excludability）和竞争性（rivalry）。例如，不付费就吃不到面包（排他性），且这块面包我吃了你就吃不到（竞争性）。② 因此，我们注意到，审计服务在具有私人物品属性的同时也同样具有公共物品的属性，即使能够同时供多人享用，其供给的成本并不随享用它的人数规模和地域范围的变化而变化的物品。③ 基于此，我们认为审计服务属于介于公共物品与私人物品共同属性的物品，因此，债权人不仅可以通过政府获得审计信息，更可以从市场内获得审计信息。

2. 审计服务供给之风险

审计服务违法成本过低及审计收费来源，是诱发审计服务风险的主要原因。实践中，审计提供的是服务而非巨额资本，即使审计服务出现差错，在法律欠完善及怯于赋予中介机构过多责任的环境下也很难使审计师得到应有的惩罚。显然，巨额的回报与低风险的强烈对比成为诱发

---

① 冯玉军：《法经济学范式》，清华大学出版社 2009 年版，第 261 页。
② 同上。
③ 同上。

审计师道德风险的关键因素。同时,审计服务并非纯私人物品的属性,影响了审计服务的供给质量。"谁出钱,谁点戏",这个影响着独立董事难以具有"独立性"的法则对审计服务同样适用。审计服务的费用虽经高管之手付出,但最终来源于股东,审计服务的"风向标"天然地倾向于股东与公司的利益是不可争辩的事实。既然审计师的收费来源于股东,无意之间已经在一定程度上难以保障审计服务的完全可资信性,那么是否可以请证券交易所、证券交易委员会或其他政府中立结构代表投资者这么做呢?有观点指出其现实的可行性:"考虑到股东利益的分散性和短期性,一些人会说这不可能办到,但是情况并非如此。股东的利益和证券交易所密切相关,那么证券交易所为客户聘请审计师并为其支付薪水似乎才是合理的。这样安排才有利于股东和审计师的利益。审计师的独立性、客观性和公众的信任才是关键的。"① 因此,我们认为,增加审计服务违法成本并重新设计审计服务费用的来源是控制审计服务风险的两个重要路径。

3. 审计服务供给之"质量"

审计服务市场面临着一个尴尬的现状。公司也只是关乎财富、并且是高效创造财富的工具。② 因此,对审计公司而言,无论伦理、道德还是法律,都没有任何有效的限制能阻挡审计公司为获取利润而无所顾忌的置债权人利益于不顾的倾向。实践中,"旧的回忆"尚未退去。在资本市场内受政府部门及众多投资者青睐的"五大"审计,其违规记录早已引起了债权人的关注,残酷的教训历历在目:2001 年 6 月,"安达信被 SEC 指控为 Waste Management Inc. '欺骗及伪造征募,被华盛顿联邦法庭罚款 700万美元';普华永道被《华尔街日报》(2000 年 1 月 6 日)指责违反了会计师行业的独立性,并在随后得到了证实(普华永道辩称:对独立性遵循的松懈,并非只有普华一家,据其所知,'五大'中的其他 4 家也存在类似情况);2000 年 11 月 L & H 财务报表存在夸大,被 SEC 随即将之赶出纳斯达克,而毕马威作为 L & H 的审计公司,也受到了牵连"。③ "新的

---

① [美]马克·哈斯金斯:《财务报告的秘密》,齐仲里、张春明译,中信出版社 2009 年版,第 160 页。

② [加]乔尔·巴肯:《公司:对利润与权力的病态追求》,朱近野译,上海人民出版社 2008 年版,第 117 页。

③ 陈志武、周年洋:《安然:华尔街完美案例》,中国城市出版社 2002 年版,第 258 页。

教训"又转瞬即至。2007 年的美国次贷危机所引发的金融危机影响，至今仍波及着资本市场，力争成为世界瞩目及金融中心的迪拜世界也面临破产风险，难逃次贷危机所带来的厄运。次贷危机产生根源之一在于资金提供与使用方代理链过程，监督失效所引发的道德危机。正如有学者所指出的："委托代理链太长之后，对中介服务机构的需要的增加即意味着也当然需要增加专业审计服务，其催生的道德风险其中包含的利益冲突、道德风险达到极点，将使证券市场的信息可信度大打折扣。"① 基于此，我们认知到，无论是旧时的"记忆"，抑或是现时的"伤痛"，审计服务都无奈的处于尴尬甚至帮凶的境地。

审计服务"质量"急需得到快速的提高。我们认为，处于私人物品与公共物品中间地带的审计服务向公共物品的靠近是提高审计服务质量的有效路径之一。理论上，公共品不仅具有"非排他性"（non-excludability），同时也具有"非竞争性"（non-rivalness）。一般而言，"非排他性是指物品的供给者，无法排除不付费的使用者，或即使在技术上可以做到排他，但排他的成本太高，以至于无排他的必要；而非竞争性又称集体消费性（collective consumption），是指物品可同时供大家适用，且增加一人使用，也不至于减损其他人使用价值"。② 如上文述，若将审计服务费用的收取与支付权移至证券交易所、证券交易委员会等部门，则切断了审计服务与股东、公司最直接的利益链。若如此，则债权人利益的维护不再受到"出钱者"的威胁，这样的模式将使得获取高"质量"的审计服务成为可能。

四　审计师责任契约属性的解析

权利和义务是影响人们经济活动的"内生变量"，并分别充当法律行为的收益要素和成本要素。③ 在市场经济中，当现实收益大大高于其所付出的成本之时，即使是理性的经济人在多数情况下也不能控制自己

---

① 陈志武：《金融的逻辑》，国际文化出版公司 2009 年版，第 134 页。
② 冯玉军：《法经济学范式》，清华大学出版社 2009 年版，第 261 页。
③ 冯玉军：《法律与经济推理：寻求中国问题的解决》，经济科学出版社 2008 年版，第 93 页。

运用各种手段逐利的私欲，此时，法律成本往往高于法律收益。因此，在实践中面对巨大的利益诱惑之时，克己往往只是一种理想，只有通过责任的规制才能抑制人类贪婪的本性。带血的事实也许可以检验前述的法则，以山西矿难为例，一方面，血的事实为我们展示着生命与利益的博弈：频发的矿难常与小煤窑相伴，小煤窑最盛的时期，也是山西对外形象最困难的一个时期，人们为此喊出了"山西不要带血的 GDP"的口号；另一方面，资源与利益的博弈向我们诉说着世人的无奈："小煤窑浪费资源、破坏生态。"有官员指责"大量中小煤矿资源回采率只有20% 左右，这意味着每采 1 吨煤要破坏和浪费 4 吨资源，按中小煤矿年产 3.5 亿吨煤计算，每年要破坏和浪费约 14 亿吨的宝贵煤炭资源"。基于此，我们应注意到，在破坏宝贵资源，以及不惜用生命换取巨额利润的背后①，是管理者责任的缺失。② 让我们警觉的是，责任的缺失所引发的道德风险是可怕的，这种情况在审计市场内亦然。虽然在许多时候，在审计师同时充当公共利益与私人利益守门人的资本市场中，明示或默示的合同将审计师的责任与其他市场主体的利益的波动紧密地联结于一起。但审计师往往在获得经济利益回报的同时，往往牺牲了投资者（债权人）的利益。在债权人利益受损的背后，我们也看到了审计师责任的缺失。

（一）隐性合约理论视角的解读

债权人进入公司之前：隐形合约理论对审计师责任的解读。我们借

---

① 一个极端的解释可以更好的诠释"生命换取利润"的动因："在饥寒交迫濒临死亡者看来，寥寥衣食就意味着身体和生命本身，绝非身外之物。身外之物和等身之物中间的分界线就是'命—物等价线'。越过这条线，生存资源便获得了直接影响甚至决定生命存在本身的意义。一旦突破了这条线，以命换取物就可以视为有利可图的交换。突破越深，交换之利越大。突破越广，搏命之人越多。血线之下的人类行为特征，就是追求生存机会的最大化。"可见，在期望用法律责任规制管理者责任的同时，积极开拓当地其他就业机会，分散危险工作就业量，亦应是值得政府考虑的另一选项。参见吴思《隐蔽的秩序：拆解历史弈局》，海南出版社2010 年版，第 408 页。

② 国有大煤矿安全问题亦难逃此法则。截至 2009 年 11 月 23 日 6 时，新兴煤矿瓦斯爆炸事故已经确认 104 人遇难，还有 4 人下落不明。这家黑龙江龙煤控股集团的煤矿已有 94 年的开采历史，属于原国有重点煤矿。对于这起事故，国家安监总局局长骆琳表示，根据初步分析，事发矿安全责任不落实，隐患排查不认真、不彻底，是一起责任事故。参见《煤监局直批管理漏洞》，《经济观察报》2009 年 11 月 30 日，第 16 版。

助 Okun 对隐性雇佣合约的定义来解读债权人与审计师之间的隐性合约，可以将其定义为：审计公司试图利用各种类型的非约束性的关于未来前景的申明（对目标公司的审计披露），对有意向（向审计公司所服务的目标公司进行借贷交易）的投资债权人或潜在的退出债权人的预期进行影响。① 通过树立公司（提高目标公司的声誉，从而强化自身"审计公司"声誉）的声誉，它们可以获得影响力和可信度。可见，通过这种隐性合约的规制债权人依据审计公司及其服务的目标公司的共同信誉进而对目标公司进行借贷交易，达成最终之合同契约网。因此，审计师不实陈述、虚假报表等的不实行为均违反了债权人与审计公司之间的隐性合约。

（二）关系合约理论视角的解读

债权人进入公司之后：关系性合约理论对审计师责任的解读。公司契约是关系契约②，传统的合同观念对公司契约解释力稍显勉强。正如有学者所指出的，"由于个别交易契约与关系契约存在着诸多不同，完全依赖传统的合同法，并不足以保障公司参与各方的合理预期"。③ 我们注意到，传统合同的解析对象为不连续的交易行为，一般在市场内交易行为的持续时间短、参与交易主体较少、多方交易的标的比较容易检测。然而，公司契约的特点有悖于传统合同的特征，例如，公司契约之各条合同链皆具有合同长期存续性、参与合同方接触数次、合同标的无法预测的特点。有学者认为："关系性合约（relational contracts）可以被理解为这样一种合约，它虽不考虑所有的未来偶然性，但却是一种长期性合约安排，在这种安排中，过去、现在和预期未来的个人之间的关系在合约各方之间非常重要。"④ 而公司契约则恰恰具有关系契约的这些特征，例如，合同参与多方的关系时间持续较长，在某些公司内部债权人基于对股东之信任而对公司借贷。基于此，我们认为，债权人与审计

---

① ［美］埃里克·弗鲁博顿、［德］鲁道夫·芮切特：《新制度经济学：一个交易费用分析范式》，姜建强、罗长远译，上海人民出版社 2006 年版，第 205 页。

② 罗培新：《公司法的法律经济学研究》，北京大学出版社 2008 年版，第 36 页。

③ 同上书，第 37 页。

④ ［美］埃里克·弗鲁博顿、［德］鲁道夫·芮切特：《新制度经济学：一个交易费用分析范式》，姜建强、罗长远译，上海人民出版社 2006 年版，第 205 页。

师皆为公司契约中的利益主体，皆因关系而互相形成了一定的信任。因此，当审计师违背这种与债权人之间的信任关系之时，应对债权人承担违约责任。

五　审计师责任的完善与对债权人保护的效益分析

审计师责任的承担，可以有效地预防并降低债权人过高的履约成本，对其受损的利益进行一定的补偿。而此两种作用的真正彰显，都急需对审计师责任进行完善。

（一）预防过高履约成本

股东、债权人与审计师是审计服务合同网内的主要利益体，三方各自付出成本，换取收益，在此过程中降低履约成本是三方共同的追求。在"动态"合同网履行过程中，将不可避免地存在违约及侵权。当审计师在满足了公司法及会计法对其规定的最低义务标准之时，其防范过错措施的极小疏漏都会导致其懈怠并进而导致违约或侵权情况的发生。此时，审计师要对自身因防范措施的边际成本而造成的损害后果承担一定的责任。进一步而言，审计师的防范过错措施及最低义务的背后隐含的是多方主体为顺利履约的合同成本，但当审计师因过错违约之时，除签订合同之始及履行合同之中的合理的直接成本外，其造成的间接损害成本则构成了其提高履约成本的因素。我们认为，通过对审计师责任的规制不失为一种预防过高成本的有效对策。正如有学者所指出的，"加害方和受害方都可以进行防范以避免损害，在此种情况下，成本的内在化就要求双方都要承担损害的全部代价"。[①] 通常，成本内在化包括"防范损害发生的费用、负担风险的费用、获取风险信息的费用，以及纠纷解决的费用"。[②] 由此观之，审计师承担合理责任，将成本内在化将是控制违约风险、弥补债权人损害成本以及降低履约成本的重要因素。

---

① ［美］唐纳德·A. 威特曼:《法律经济学文献精选》，苏力译，法律出版社 2006 年版，第 67 页。

② 同上书，第 66 页。

（二）弥补受损的利益

审计师承担责任是对债权人利益的一种补偿方法。① 首先，债权人将资金借于公司的目的是为获取利息及本金的安全回报，当公司拿钱雇用审计师对公司资信进行审计之时，某种意义上对公司资本供给一方的公司债权人而言，审计费用亦有部分出于其手。当贷款在脱离债权人之手后，虽然契约在债权人与公司之间设立了一道切割，以断绝债权人对出借贷款的使用权干预。但事实上毕竟公司的任何决策与债权人的利益息息相关，债权人潜在的为审计师支付审计费用，接受审计师的间接服务。② 因此，当审计师失误对债权人造成损害之时，债权人出于潜在支付审计费用之角色，也应得到赔偿。

其次，依据损害赔偿规则，审计师对债权人承担损害赔偿亦隐含着一定的经济理性。一方面，负有审慎义务的审计师本可以在谨慎履行义务之时避免"差错"，其承担责任符合"能以最低成本避免事故而没有这样做的当事人，要负法律责任"的法则。③ 另一方面，对于债权人因审计师审计服务失误而造成的损失而言，如果得到的私人损失补偿极少，则潜在的债权人极可能花费很多的资金（更多的时间与金钱成本）建立起其自己认为可信的补救措施。但是依据损害赔偿规则，审计师及会计师事务所在因承担责任而受到"合理惩罚"④ 之时，至少对债权人利益在一定程度上给予了弥补，减少了债权人的此项成本。

---

① 因失去诚信而违约承担责任的惩罚是债权人利益保障的路径之一。发达国家对中介机构诚信要求比一般公司要严格得多，对中介机构失信行为的惩戒更加严厉：1999 年安永（Ernst Young）为 the Cendant Co. 的会计丑闻支付了 3.35 亿美元；两家日本保险公司指控德勤为美国北卡罗来纳州的一家再保险公司进行违规会计操作、掩盖负债情况，造成他们的经济损失，结果德勤支付了超过 2.5 亿美元的赔偿金。参见《会计师造假黑幕全揭秘 [EB/OL]》，（2010 - 01 - 08），http://www.canet.com.cn/。

② 毋庸置疑，实践中许多大型债权人为确保其借贷资金安全，积极参与公司治理以期望在公司经营中发出自己的"声音"。

③ 罗培新：《公司法的法律经济学研究》，北京大学出版社 2008 年版，第 11 页。

④ "惩罚"：损害赔偿规则何时为最优？当某种特定行为既能带来成本也能带来收益时，最有制裁就是这种行为对别人造成的净损失，除以该行为被察觉和被成功告发的概率。参见［美］弗兰克·伊斯特布鲁克、丹尼尔·费希尔《公司法的经济结构》，张建伟、罗培新译，北京大学出版社 2005 年版，第 362 页。

（三）责任规制的完善

资本市场内审计师频繁的造假实例与置法律于不顾的现状共同促使立法者不得不对审计师趋向"严法以治"。在国内，"1999 年和 2000 年深圳中天勤会计师事务所在'银广厦事件'中会计报表严重失实；郑州会计师事务所在'郑百文事件'中的审计服务中提供虚假上市材料；2001 年9 月毕马威华振会计师事务所在'锦州港事件'中对该公司上市前和上市后的信息披露中存在虚假陈述；2001 年和 2002 年北京京都会计师事务所在'中关村事件'对该公司的年报中存在重大遗漏负有审计责任；2004年普华永道中天会计师事务所对'京东方'出具的 2003 年年报存在多处会计差错；2005 年 1 月 10 日华寅会计师事务所对'银河科技'2002 年、2003 年的审计服务中存在多处失误"。① 如此之多的实例让立法者对审计师所需承担的责任更加审视，因此，严格的责任规制似乎是对审计师责任规制的方向。

市场的环境基础同样倾向要求严法以治。一方面，经济收入与法律需求要求对审计师的责任严法以治。民众的收入越高，对详细、严谨的法律规则的需求就越大，同时其参与社会公益事业的责任性越强，参政议政的能力越高。② 因此可以推定的是，随着市场经济条件下带来了居民收入的不断提高，市场对严密法律需求的提升是必然的趋势。另一方面，对法律效用的认同亦要求对审计师的责任严法以治。虽然中国传统文化中存在一种认识，"认为法律有威权统治、定纷止争、规矩绳墨、驱人向善、救乱起衰、均平才智、统一思想等效用"③，但中国传统集权统治下孕育的文化也不乏"关系、人情、潜规则"。因此，从某种角度上看，基于现实的国情而言，前述法律的效用在实践中被认同的程度必然存在折扣。而责任是衡平这一"效用折扣"的有效对策。因此，在某种程度上对审计师责任若不能严法以治，则审计师极有可能在"关系与人情"之间迷失自己的方向。

---

① 参见《会计师造假黑幕全揭秘［EB/OL］》，（2010 - 01 - 08），http：//www. ca-net. com. cn/。

② 冯玉军：《法律与经济推理：寻求中国问题的解决》，经济科学出版社 2008 年版，第 193 页。

③ 同上。

在美国，次贷危机虽出乎世界的预料，但却并非不可接受，毕竟在美国的金融史上每隔十几年就会出现一次危机。伴随着近几年金融丑闻的反复，法律界对审计师责任的规制出现了"严法以规"但却渐进"松绑"的趋势。① 例如，虽然当年的"安然"事件所引出的《萨班斯法案》严格规制了审计师的责任，"但最近在欧盟范围内，已经有 5 个欧盟成员国设立了审计责任限额，它们是：德国、奥地利、比利时、希腊和斯洛文尼亚。英国也正在引入相关立法允许审计师与公司客户签署比例责任协议，使审计师可以只承担自身过错造成的那部分损失"。②

然而，我们并不能仅仅据此而得出我国对审计师的责任应向宽松的趋向发展，毕竟责任的规制背后隐含着一定的经济因素。在我国，随着金融市场发展的迅速，审计市场业务量迅速攀升是可以预见的，执业过程中的失误在未来紧张并竞争激烈的审计服务中很难避免。赋予其过多的责任也许有违公平。"严法以治"极有可能摧毁日渐成长的审计市场，进而影响还未成熟的资本市场乃至分散的股东群体。以中国现时金融市场的发展而言，鼓励、发展，仍是主导方向。先市场而后立法的导向是此种立法趋势的背景，正如 Coffee 所认为的，只有待市场深化发展之际，促成市场内部形成相关利益群体，才有可能进而使其推动法律变革。Coffee 认为其观点的历史依据在于："尽管证券交易所自 17 世纪中叶起就已出现，但交易所存在的初期，通常只进行债券交易。这一状况一直持续到 19 世纪中叶。在此之后，又经过一段相对较短的时期，个人掌握的财产日渐增多，在美国和英国出现了股权分散的现象。然而，这些分散的股权和少数股东却缺乏有力的法律保护。比较完善地保护证券投资者的法律制度是后来才有的。"③ 同时，这种发展顺序在政治上也显然具有说服力："只有在那些最有动力推动法律变革的群体形成之后，只有当这些群体认为通过法律变革，他们的利益真的能够获得保护的时候，法律变革才可能在这些群体的追求下发生，必须首先形成利益群体（分散的公众股东），然后，靠这些群体才可能形成有效

---

① 华尔街变迁史向世人展示的不仅是其成长的历程，更展现出了资本市场内法律的严格—松绑往复循环的生命周期。参见［美］乔尔·塞利格曼《华尔街变迁史：证券交易委员会及现代公司融资制度的演化进程》，田风辉译，经济科学出版社 2004 年版，第 6 页。

② 参见《欧洲委员会支持设立审计师责任限额［EB/OL］》，（2009 - 12 - 18），http：//acc. jxf. gov. cn/hydt/wzxw/200704071634. shtml。

③ 陈志武：《金融的逻辑》，国际文化出版公司 2009 年版，第 170 页。

的游说力量，才可能为法律变革的利器，才能推动司法变革。"① 因此我们认为，国家的强制干预总是过渡的，只有在以投资者（公众股东、债权人）为主导的资本市场下的法律变革，才能折射出对审计师的现实的责任体系理性的需要。现阶段，仍应以培育审计师市场为主要目标之一，对审计师的责任仍应以适度而非宽松或严厉的责任规制为改进方向。

基于此，我们认为，针对审计师责任而提起的诉讼原因应集中于以下几个方面：过失、重大过失、推定欺诈以及欺诈四个方面。无论案例法或是成文法，对审计师承担责任的构成要件均涵盖了以下四个方面的内容：首先，公司的财务报表具有重大的错误；其次，错误报表的发生是源于审计师存在过失、重大过失或者故意的欺诈；再次，原告（债权人）依赖该财务报表做出了投资决策；最后，债权人利益受损。

第三节　高管对公司债权人的责任

公司治理应当讲政治、公司治理应当讲文化、公司治理应当讲历史，总之，公司治理是一个多元的问题，公司高管责任同样如此。② 掌握着公司权力方向的领航者高管行为必须得到有效的规制，以保护公司外部的重要利益者债权人。高管责任的规制必须立足于公司发展的现状，认清公司权力对债权人乃至资本市场产生的影响，在明晰高管责任的功能及其与债权人利益的博弈结果后，急需以法制理念为指引，以严格的责任规制为方向对高管责任进行修补。

一　公司高管责任的基础性分析

事实上，"以美国安然（Enron）公司的崩溃为开端，世界主要国家

---

① 陈志武：《金融的逻辑》，国际文化出版公司 2009 年版，第 170 页。

② 在 *Law and Capitalism：What Corporate Crises Reveal about Legal Systems Economic Development around theWorld*（《法律与资本主义：公司危机解释的全球法律制度发展的关系》）一书中，哥伦比亚大学的两位法学教授通过对六个国家典型案例的解析，向投资者传递着一个信息：公司治理要讲政治。参见罗培新《走出公司治理的唯"美"主义迷思》，《中欧商业评论》2009 年第 20 期，第 12 页。

都发生了关于公司治理的激烈争议，这不仅动摇了投资者的信心，而且也使人们对这些国家的制度基础心存疑虑"。① 公司丑闻频传，民怨滔滔。在此背景之下，法律若期望发挥自身的作用，急需认清当下公司契约网内各主体利益冲突的根源，同时借用多元的方法与工具以透析冲突根源的诱因并加以规制。就公司高管责任而言，通过借用多个视角来观察，我们会发现道德的因素要求高管在损及债权人利益之时承担责任；契约的因素要求高管为自身错误而承担责任，继而保护债权人切身利益。

（一）高管负有道德责任

道德是人们关于善与恶、正义与非正义、光荣与耻辱、公正与偏私等观念、原则和规范的总和。② 通常而言，道德主要通过对人们内心的信念和思想动机活动的调整来影响人们的内部行为，而法律则主要指向人们的外部行为。③ 内外有别亦有同，公司高管不仅对公司债权人利益的维护负有法律上的义务，同时也具有道德上的责任。我们认为，道德规制对公司高管的行为起着一定的规制作用，但仅仅通过对高管内在道德约束以及资本市场内舆论的谴责难以保证高管对道德规范的遵守。显然，资本市场内并非人人均具有崇高的道德精神，也并非人人皆为圣贤，所以，高管责任的承担对借助外部调整力量以强化内部道德责任发挥着重要的作用。

公司高管承担责任的边界与道德标准有密切的联系，道德是公司高管承担责任的底线。在市场经济中，道德表现为分工合作的人们对相互产权的尊重。尊重相互之间的产权已经成为现代社会的共识，它要求社会、市场以及人们之间建立起最为基本的信任关系。④ 正如有学者所指出的，缺乏信任关系不仅影响到对相互之间产权的尊重，也影响到人们之间的分工，同时提高了交易成本，当人们之间的信任关系降低到可能使交易成本高于分工与交换所能得到的好处之时，合作秩序的扩展就停滞了，则市场经济亦难逃厄运。⑤ 可见，依赖信任等自我约束机制对双方利益的尊重与

---

① 参见罗培新《走出公司治理的唯"美"主义迷思》，《中欧商业评论》2009 年第 20 期，第 12 页。

② 张文显：《法理学》，高等教育出版社 1999 年版，第 353 页。

③ 同上书，第 354 页。

④ 参见汪丁丁《市场经济与道德基础》，上海人民出版社 2007 年版，第 46 页。

⑤ 同上。

维护,不仅是对道德基础的承认与尊重,同时也节省了通过法律解决纠纷而可能产生的交易成本。"己所不欲,勿施于人"。公司高管对债权人利益的维护,是对双方产权的尊重,也为债权人与高管之间信任关系的展现。因此,我们认为,对市场经济而言,一个持续并不断扩展的成为其道德基础的关于社会、市场内产权的共识,以及相互之间的信任关系至关重要。同时,为保驾护航这个道德基础,政府与法律才有强制力介入并发挥作用的路径。

更进一步,上文所述公司高管的道德标准为其承担法律责任的底线,有以下两方面的深层次原因:一方面,政治学与道德哲学的共同核心问题之一,就是怎样设计并保护人们之间财产权利的界限,以维持并保障社会及市场的繁荣和稳定。[1] 另一方面,市场经济直接目的之一,就是通过市场内部分工及交换以提高场内效率,显然,为了交换,市场内部交易主体的财产权利得到应有的保护与尊重为首要条件。因此,道德在保护交易主体的财产方面发挥着巨大的功效。但是,道德的作用毕竟是极其有限的。所以,对于公司高管保护债权人利益不受损害这一问题而言,当道德标准的要求不能规制公司高管行为的时候,即触及公司高管所承担责任的边界底线。基于此,我们认为,在道德标准不能抑制公司高管贪婪的欲望之时,对公司高管加以责任的承担则发挥着对道德责任失效的弥补功效。

(二) 高管的契约性责任

实践中,科技空前发展、金融衍生品频出、融资路径多样、人力资源亦得到前所未有的重视,在此背景之下,债权人以何为信已经为我们所重新认知并解读。美国次贷危机下的雷曼兄弟公司破产,再次提醒债权人对公司资信应重新审视。必须注意到,公司静态如资本、土地等资产,动态如公司高管、雇员等均是公司资信的要素。相信很多人在分析一个公司之时,很难将公司与高管的名字分开,例如:万科地产与王石、联想集团与柳传志、微软公司与比尔·盖茨等。资本市场内公司的航向是否正确,绝大程度上取决于掌舵手的能力,公司高管信用的彰显,不仅提升了公司自身的价值,也提高了债权人利益维护的能力。我们认为,对于公司高管而言,责任不仅具有道德责任因素,更内含着契约的属性,是其契约信用的保障。

---

[1]　参见汪丁丁《市场经济与道德基础》,上海人民出版社 2007 年版,第 52 页。

首先，高管责任通过两方面对公司契约网加以维护，展现着其契约属性。其一，避免债权人利益保护法律技术化。法律技术化存在一定的弊端，必须加以抑制，显然，如果一套法律制度被缩减、剥离成一堆法条的集合，法律制度将沦为一种纯粹的技术。这种情况下，法律变革将异化为技术努力而不是政治或社会的变革。① 而公司高管责任的契约属性则激活了公司法，避免了公司法趋向纯技术化的倾向。实践中，公司高管责任的承担是多个维度的违约后果，不仅包含经济的处罚、名誉的降低以及刑罚的惩罚，也包含了国有公司特有的行政处罚等制裁。因此，公司高管责任的承担联结了文化、道德、经济、刑事的制裁，扩张了法律固有的局限性。以我国相关法律制度改革为例，在约束并规制公司高管责任承担方面，中国 2005 年新公司法以及《上市公司章程指引（2006 年修订）》不仅将勤勉义务规定为董事义务之一，更加在董事的忠实义务方面，进行了诸多完善，具有里程碑意义。董事勤勉义务、忠实义务的规制，丰富了公司法对公司高管规制的内容，扩大了公司高管对债权人所负义务的范围，延展了其责任承担的范围。

其二，强化多方契约投资者信心，展现着契约的属性。公司契约网的维护倚赖多方主体对有限责任制度的认可，在有限责任规则无法消灭其风险外部性问题的情况下，公司高管责任的设计一定程度上补救了这一"契约性硬伤"。使持续、长期的"动态契约网"得以运行。② 有学者曾指出，控制经营者对证券持有者的责任的法律，大概是公司法理学（corporate jurisprudence）中唯一未经历过不断弱化过程的部分。③ 由此可见，

① 罗培新：《走出公司治理的唯"美"主义迷思》，《中欧商业评论》2009 年第 20 期，第 12 页。

② 以公司债权人为例。债权人利益受到威胁之根源在于公司有限责任规则的风险外部性，多种对策的实施皆为控制降低风险外部性。有限责任规则使得公司长期契约网可以成行，其内含着多方主体对公司出资承担有限责任的内涵，仅仅对自己向公司所出资负责，过此则不能将公司责任延伸至投资者个人资产上。债权人与债务公司交易之时，亦知此道理，将自身信任给予公司，而公司不仅仅为资本组成，公司高管的言行影响着公司债权人的利益保护。然而，公司高管亦非完全都是股东，当职业经理人对债权人利益造成破坏之时，债权人所能索取的救济常常并非公司自身所能承担。而面对有限责任规则，债权人亦不能破除公司面纱索取公司的掌舵者公司高管的个人资产以补救。基于此，通过公司高管责任的承担以弥补这一缺陷，保障公司债权人利益。

③ ［美］阿道夫·A. 伯利、加德纳·C. 米恩斯：《现代公司与私有财产》，甘华鸣、罗锐韧、蔡如海译，商务印书馆 2005 年版，第 230 页。

对公司高管责任规制之持续强化，深深的隐含着公司高管责任承担的重要性。从公司债权人的视角看，公司高管责任为债权人利益获得补救的"信心之源"。经营者是契约网各方利益博弈焦点的调控者，常常处于公司"受托管理者"的地位。公司高管在公司临近破产之际对公司债权人负有一定的义务已为学界共识，然而，此种义务仅限定于临近破产之际，已经难以预防事前公司高管所可能滥权之错，因此，学界已经日渐接受公司日常经营中高管对公司债权人所承担义务的观点。基于此，我们认为，高管责任的承担在很大程度上为债权人提供了投资的信心。从公司股东的视角看，高管责任是公司高管履行其诚信义务的保障。公司契约网内的核心主体为股东与高管，两者之间衡平的互相履行契约义务为公司契约网长期存续的首要前提。① 通常而言，法律发展历程中存在着对负有受托责任的经营者行为的三条规则要求：（1）对公司的业务应有足够的注意；（2）应忠于公司之利益；（3）应对公司业务有合理的谨慎。② 然而，事实已经证明，公司高管完全有动机并有能力欺骗股东以获利，规制公司高管这种有悖于道德规范行为的标准即为高管责任的承担。正如在 1742 年，一位英国大法官对公司董事们做的点评："一个人接受了此类信托，就有义务以忠实与合理的勤勉来完成它，如果通过法官的询问，能显示所有董事都有懈怠的过失，并因此使公司造成了大量而复杂的损失，我一定会判定他们全部有罪。"③

其次，高管责任作为债权人与公司高管之间的契约信用保障，展现着其契约属性。应注意到，低风险高利润的诱惑必然导致公司高管过度冒险的商业行为，一定比例的责任配置才能适度的规制公司高管人员在资本市场的冒险行为。以金融衍生市场为例，冒险获利动机驱动下的金融高管们不断攫取着金融市场内的巨额利润，然而，金融机构创新所引发的风险成本却都为债权人以及其他投资者所承担。我们不禁反思：其一，债权人与金融机构缔结契约交易之前，必然期盼公司高管在违法的时候对其造成的损失承担一定的责任，以此规制公司高管个人行为的风险；其二，风险与

---

① 参见仇晓光《公司债权人保护制度的失灵》，《长春工程学院学报（社会科学版）》2009年第 2 期，第 1 页。

② ［美］阿道夫·A. 伯利、加德纳·C. 米恩斯：《现代公司与私有财产》，甘华鸣、罗锐韧、蔡如海译，商务印书馆 2005 年版，第 230 页。

③ 同上书，第 236 页。

成本应适当搭配，收益与责任应保持一定的比例。金融衍生市场内的公司高管往往因衍生品的设计与交易收获巨额利润，但当风险爆发之时，承担风险的众投资者损失甚大。可见，"黑天鹅"事件发生的后果不堪设想，公司高管责任的承担不仅在事后发挥补救债权人利益损失的作用，更通过事前所起到威慑预防的功效以避免资本市场内公司高管"黑天鹅事件"的发生。① 因此，我们认为，有责任才能有所担当，有责任贪婪之心才会有所收敛，有责任契约信用才能真正发挥作用，只有通过公司法、证券法以及相关法律规定对公司高管人员的责任的规定才能抑制高管滥权的风险。

二 高管责任对债权人的效益解析

公司高管与公司债权人利益息息相关。在公司治理模式由"董事会中心"模式向"经理层中心"过渡的过程中，尤其在已经成熟的"经理层中心"治理模式之中，公司经理层对债权人利益的影响至关重要。实践中，在经理层日渐取代董事会成为股东利益在公司中的代言人之后，公司中股权与债权不断博弈的事实已经日渐转变为公司经理层与公司债权人之间的博弈。公司高管与债权人利益之间的博弈过程，即为公司高管克制过度追求私利维护债权人利益的博弈过程。公司高管应在维护公司、股东利益的同时，保障公司债权人利益的正当获取。

（一）对债权人利益保护的正面效应

充满活力与善良之心的公司高管负有强烈的使命感与责任感，他们在把股东利益放置在首位的同时并未忽视公司债权人的利益，其满足的并非股东的贪欲而是股东与债权人的理性权益。一个较好的高管会尽量追求两个极端之间的极致平衡：它需要去平衡股东追求更多利润的欲望，需要去平衡债权人利益的回报状态。股东与债权人之间利益的极致平衡虽难以做

---

① "黑天鹅"事件具有三个特点：首先，它具有意外性；其次，它的结果将产生重大影响；再次，虽然它具有意外性，但人的本性促使我们在事后为它的发生编造理由，并且或多或少认为它是可解释和可预测的。"黑天鹅"事件发生率低，但影响极大。以金融机构为例，往往一次的意外失败，即足以导致整个金融机构的覆灭。参见［美］纳西姆·尼·塔勒布《黑天鹅》，万丹译，中信出版社2008年版，第1页。

到，但却是一个负责的高管所应追求的目标，公司高管尽力维系股东与债
权人利益平衡是公司高管承担义务与责任的展现。高管所承担的责任成本
在其尽义守信的工作方式下往往极低，因此，高管责任成本降低、公司价
值增加、债权人利益稳定均为公司高管责任规制效果的彰显。

（二）对债权人利益保护的负面效应

公司高管责任虽然对公司、债权人以及股东利益的维护均有不可忽视
的作用，但其所带来的相应成本亦不能为我们所忽略。通常而言，高管责
任的承担直接产生两种不可避免的成本：其一，对公司获利的抑制。追逐
利润是股东的本性，获取成功则为公司高管的本性，叱咤商场风云、纵横
资本市场是公司高管所追求的目标之一（成功之时，报酬亦至）。利润永
远与风险相伴、收益无法离开市场内的商战博弈。公司高管责任似一把利
剑悬于公司高管的头上，在商战博弈的过程中高管还需谨慎留意头顶利剑
是否会突然的掉下，这就无疑降低了公司高管的获利动机及市场中的竞争
优势，进而影响公司利益。

其二，公司高管责任保险费用的承担。在不断完善的法律规则之下，
公司董事、监事及高级管理人员所承担的权利与义务愈加清晰化与具体
化，风险与责任与日俱增。值得注意的是，随着金融全球化下的资本市场
逐步开放，各国相关法律条款的逐步趋同，公司通过并购、兼并上市的方
式逐步增多，公司高管层面临着越来越多的来自不同国家、不同地区、不
同法域规则的诉讼风险。① 因此，寻求减低公司高管成本的有效对策为高
管所期盼。人总是智慧的，为规避前述高管责任所减低的高管商业风险成
本，西方发达国家早已通过为公司董事、高管购买商业责任保险的方法降
低高管所面对的风险。一般而言，商业责任保险的优势在于公司将董事、
高管在日常行使职权时，因自身过错而导致的第三者遭受经济损失以及依
法所应承担相应的经济赔偿责任的风险转嫁给保险公司，由保险公司按照
合同约定来承担经济赔偿责任。但我们认为，公司高管责任险的投保虽然
化解了公司高管因责任承担而可能出现的商业竞争能力下降，但保险费用

---

① 例如，2005 年《中华人民共和国公司法》中，第 21、113、150 条规定上市公司高管人
员利用关联交易损害公司利益的，或者，董事会通过的决议或高管人员履行职务时，存在违法行
为或违反章程、股东大会决议致使公司利益受损的，参与决议的董事或高管人员承担赔偿责任。

却增加了公司的运营成本，影响到公司的价值增长。

（三）对债权人利益保护的趋利避害

公司制度不仅为债权人提供了增进其利益的渠道，同时也开辟了损害债权人利益的路径。在一首小诗里，乔尔·巴肯表明了其对公司制度的看法：[①] 在吉尔伯特（Gilbert）和苏利文（Sullivan）创作的一首尖锐讽刺歌曲里，戈德博瑞先生，一个虚构的公司推销者如此解释这家"乌托邦有限公司"（Utopia Ltd）：

> 你会变成罗斯柴尔德，
> 即使你的公司破产，
> 清算人说："没关系，债不要你还，"
> 明天新公司就能开张。

乔尔·巴肯对公司的痛批，极大程度上来源公司制度对社会、公众以及环境所带来的伤害。他认为，公司制度是市场经济中一种具有病态特性的制度，它拥有强大的能量，对公众以及社会均构成威胁、造成伤害，并且将公司制度存在的目的归结为追求其自身利益，没有例外。[②] 但是其将诸如此类后果都归因于公司制度是值得怀疑的。对此，英属哥伦比亚大学著名法学教授乔尔·巴肯曾评介到："当一串串的公司 CEO 们戴着手铐、垂头丧气地走过我们的电视屏幕时，博学多闻的学者、政治家和商业领袖们迅速对此做出回应，信誓旦旦地保证，与制度无关，那些贪婪、腐化、堕落的人们才是造成华尔街惨状的罪魁祸首。"[③]

应注意到，公司在市场内的活动是人（公司高管）在主导，没有人掌握的公司将成为真正的"自动逐利工具"。正如加拿大著名的投资大师斯蒂芬·加里斯洛夫斯基所指出的："我们今天在公司界中所目睹的过度放纵行为，受到了公司董事们和大股东的协助和教唆，这些董事背弃了自

---

① ［加］乔尔·巴肯：《公司：对利润与权力的病态追求》，朱近野译，上海人民出版社2008 年版，第 14 页。

② 同上书，第 1 页。

③ 同上。

已应该去保护投资者利益的职责，而大股东们面对这一切则选择了有意的不作为。"① 相比于乔尔·巴肯的认知，我们更赞同斯蒂芬·加里斯洛夫斯基的观点。我们认为，市场内小投资者、债权人以及其他利益主体的权益损害归责于公司的掌舵人即公司高管以及"幕后黑手"即公司大股东们。公司具有风险的外部性，但并非是一部外部性的自动机器。公司并非无人性的，虽然风险外部性所带来灾难后果（债权人利益的极大伤害、自然环境的破坏）的实施者是公司，但引发者却为公司高管。因此，通过对公司高管责任的规制，为公司债权人利益提供稳定的维护，并不取决于公司而取决于公司的高管。所以，基于公司高管责任的"趋利避害"功能，公司高管责任对债权人而言，即非守护者、亦非破坏者，而应是债权人利益的衡平者，即促进公司利益的发展的同时，维护公司债权人利益的稳定保护。

三　高管责任对债权人保护功能的法经济学分析

2008 年 3 月，贝尔斯登轰然倒塌，6 个月后，承载着 158 年历史的雷曼兄弟顷刻之间荡然无存。三个星期之间，摩根士丹利、高盛，名存实亡。从股东到债权人、从公司高管到普通职员，没有人曾经预料到金融市场会走到如此的境地。投资者、立法者、政府官员以及众多的媒体在聚焦金融危机下公司高管仍然为"天价薪酬"拥有者的同时，也将目光聚集到公司高管的责任规制上。公司高管责任的承担理应对维护公司价值、保护债权人利益发挥着重要的功效。细言之，通过对公司高管责任的规制，公司高管信用危机可以得到有效的纠正，公司信息披露的质量可以有效的保障，公司强权力的态势可以得到控制。

（一）高管信用危机的挽救

美国联邦大法官波斯纳对 2008 年美国次贷危机的深层原因曾评介道："引发经济萧条的深层原因之一可能是人性的错误——或许是一类由人类认知心理中的某些含混因素（quirks）预置于人脑中的错误——或者性格

---

① ［加］斯蒂芬·加里斯洛夫斯基、克雷格·托米：《投资丛林》，王飞、侯贝贝译，中信出版社 2009 年版，第 53 页。

缺陷，例如'贪婪'"。① 无论贪婪的具体内涵是什么，它必然有一个核心的因素——即无度攫取外部利益以满足自身私欲。金融危机的教训使我们认知到，人性错误不可回避，亦不可消灭，无度满足私欲的人性所引发的个人信用丧失殆尽，同时也削弱了法律的信用。在公司内，以公司高管责任的严格规制以"正名"高管其个人信用的同时，也强化了法律规则信用，以保障债权人利益。

1. 个人信用危机下的防护对策

高管责任可以有效地调控高管个人信用危机。作为前任纳斯达克股票市场公司董事会主席，麦道夫身上必然笼罩着众多为人所羡并为人所信的光环，其骗局伎俩都被光环所掩盖。在受骗者的眼里，麦道夫代表着投资利润的回报就如同高管一定程度上代表着公司未来的发展方向。高管已经将公司命运与自身品格融于一身。可见，公司高管信用的沉沦不仅仅是其个人信誉、个人资产毁灭的诱发器，也是公司命运的毁灭者。美国证券交易委员会（SEC）检察长（Inspector-General of the SEC）科茨（David Kotz）在调查工作展开时与麦道夫有如下对话："当别人问你，为什么无论市场如何波动，你都能确保自己管理的基金获得稳定的回报，你怎么回答？"麦道夫的回答是，"就是有那么极少数的一些人，上帝会给他们买卖股票的灵感，他们知道在何时买入，何时卖出"。由此可见，其个人的真实信用已经丧失殆尽。公司高管个人信用的缺失如何防护？我们认为，面对手中之权与利润的诱惑，使其正视自身责任，威慑于法律的制裁才是挽救公司高管个人信用危机的良药。

2. 法律信用危机下的"正名"之器

高管责任在一定程度上挽救了法律的信用危机。美国资本市场素以世界的法律"先生"著称，先进的立法理念、细致的法律规则、繁多的司法案例都使其成为世界法律改革的榜样、学习的楷模。试想，如果法律信用危机在法律体系如此之完美、法律规则如此之详细的美国出现，其他法制欠完善国家的资本市场又该如何境况?! 科茨曾表示，对于华尔街巨骗伯纳德·麦道夫（Bernard L. Madoff）一案，由于 SEC 工作人员缺乏经验及拖延多次调查，导致十六年来曾 6 次收到相关麦道夫交易业务的警告信

---

① 参见 ［美］理查德·波斯纳《资本主义的失败》，沈明译，北京大学出版社 2009 年版，第 61 页。

息皆如石沉大海，无任何回应。或许，这是对美国资本市场内法律信用的一次嘲弄。令人所不能相信的是，被判处了 150 年监禁的麦道夫自己也承认，SEC 工人人员仅仅需要做一些极其简单不过的例常调查，便可以揭穿其"庞氏骗局"，以至于麦道夫自己有两次都认为其骗局即将被发现。① 如此的法律监管，这般的公司治理，还能够被奉为圭臬而备受推崇吗？② 显然，在否定答案的现实下，只有完善公司治理规则，强化公司高管责任，才是应对之策。

可见，信用本身是一个褒义词，然而当信用的载体（人）出现道德危机之时，原本社会和市场赋予信用载体（人）的商业信用被转变为欺诈债权人的有利"无形兵器"。SEC 调查人员多次"过风险敞口而未入"，众多投资者因麦道夫的"信用"而导致财产损失，无不是受到了个人信用负面效应的影响，进而招致了法律信用的失效。对于麦道夫而言，公司高管责任规则在其各种光环映射的"信用"下失去其法律效力。因此，我们认为，个人信用的缺失与法律信用的沦丧必然引发市场内信用危机的爆发。麦道夫骗局之下债权人利益的巨额损害，是市场信用危机不可避免的产物。③ 而只有通过严格的责任，才是最佳的挽救信用危机的有效途径。

（二）公司信息披露质量的保障

在 2008 年以来的美国次贷危机及后续引发的金融危机中，众多公司丑闻验证了一个不可争辩的事实，即公司高管通过影响公司对外的信息披露内容，维护并满足自身合法与非法的利益。可见，公司对外披露信息的质量，已经为公司高管所影响，必须通过高管责任的设计以保障信息披露

---

① 2004 年期间，麦道夫自己认为 SEC 的调查人员必然要检查他的交割账户，但随后的结果令其十分"诧异"，因为调查人员根本没有这么做；2006 年某个周五下午，SEC 调查人员确实询问了麦道夫的交割账户号码，其本人确信自己的行为将会被完全曝光，然而，没有任何后续"声音"的结果让其再次为自己的幸福而侥幸。参见罗培新《美国金融监管的法律与政策困境之反思》，《中国法学》2009 年第 3 期，第 91 页。

② 罗培新：《走出公司治理的唯"美"主义迷思》，《中欧商业评论》2009 年第 20 期，第 12 页。

③ 麦道夫在其骗局的设计过程中，利用自身于市场内部的个人信用的正面效应削弱了法律信用的威力，SEC 调查人员的发现而不查，隐含着对麦道夫个人信用的尊重，却亦隐含着对法律信用的忽视。

机构及其人员提供"优质量"的信息。具体而言，首先，通过保障市场经济中信任基础保障信息质量。市场经济的交换关系以信任为基础，而在高管与审计师对信息披露的协商中，审计师往往成为高管的"代言人"，市场内债权人对审计师的信任基础丧失，信息质量无法保障。可见，借由高管责任的规制，防止高管与审计师"同谋"，可以在一定程度上保障市场交换中的信任，提高信息质量。其次，维护投资者公平投资回报几率，提高信息质量。公司信息披露对市场股票价格产生一定影响，进而波及高管、债权人、审计师以及股东等主体的利益。获得这类信息对于私人价值及社会价值（债权人的价值）的影响大不相同。个人获取信息的价值主要内在于该信息所引起的在对行为上有利的改变，例如，个人最先获知了公司的一种药品质量出现问题，公司股票价格即将暴跌的信息，个人通过及时卖出手中股票即可避免其个人利益受损。但是我们注意到，个人预先拥有公司未来价值的信息，他所得到的利润将很容易超过市场内其他投资者（债权人）的利润。因此，信息披露的微小瑕疵都将引致市场内投资回报的不公平。前述例子中的私人为一个概念化的人，提前获取信息的人都可能成为获取超前利润的私人。基于此，我们认为，对于通过利用信息非法获利的私人进行严厉的处罚，同时辅以对滥用公司信息的高管加以责任严格的规制，才能从内外两方面对提高公司信息质量起到真正的保障作用。

（三）公司资产安全的保障

公司高管在日常制定公司投资计划、处置公司资产之时，常有机会通过手中之重权损及公司利益以自利。当证券市场繁荣、公司业绩上升之时，极少有人会关注公司高管薪酬是否过多？高管行为是否侵占了自身利益？但是，当金融危机到来、证券市场萧条、公司业绩急剧下滑之时，利益受损严重的投资者如公司的债权人，即会重新审视公司高管行为对公司资产安全的影响。具体而言，我们认为，高管对公司资产产生影响的因素存在两方面，其一，高管薪酬问题。其二，公司高管恶意侵占公司资产问题。公司控股股东、高管通过职权便利损及公司利益已经为当下资本市场内存在的不可忽视的问题，只有通过严格的责任规则，方能有所收效，毕竟，承担责任才是公司高管所畏惧的。

1. 设计合理薪酬

在金融危机的情况下，公司高管高薪酬的合理性为投资者所争辩，也为立法者及公司股东会所困惑。① 虽然有学者曾指出:在制度性腐败面前,百万年薪根本无足轻重。② 但市场内的实证研究亦显示:管理层权力和薪酬之间存在关联,高管的权力越大,其获得的薪酬安排就越有利。③ 换言之,高管薪酬与权力的增减成正比,市场内何来公平而言,公司资产的安全又何以保障? 风险与收益成正比为资本市场内投资者所明了的基本道理,公司高管的薪酬与责任是否又应成正比呢? 美国的薪酬委员会在公司立法历史中的追溯比其审计委员会更久远④,但至今仍未能解决薪酬过高的问题。如 2003 年美国证券交易委员会主席威廉·唐纳德森所言:"现在美国有一个很大的问题,至今仍未解决,那就是如何确定高管的薪酬。"⑤ 对此,在敏感的金融危机背景之下,有学者将高管薪酬的设计归结为以下几个方面 (包括但不限于):减少股权薪酬计划中的意外之财;加强奖金计划和业绩之间的联系;避免经营失败时的软着陆;审查与业绩无关的薪酬;给所有形式的薪酬标注货币价值,等等。⑥ 然而我们认为,以上种种对高管薪酬的局部修复均忽略了一点,即将高管薪酬与高管责任挂钩,获得多大的回报,即应承担多大的风险成本。基于此,我们认为,以责任规制过度的薪酬安排,将对高管产生内在的约束功效,防止其过度通过薪酬安排攫取公司利益,危机公司资产安全。

2. 抑制损害公司资产

公司高管掌控着公司的重大决策,极容易损及公司资产乃至掏空公司资产以自利,通过责任的规制可以有效化解此问题。公司资本原则的设计、偿付能力标尺的采用、资产负债表的披露为公司资产安全的几种保障机制,但掌控这几种机制的源头在公司高管。因此,高管常常在"瞒天

---

① 参见傅穹、于永宁《高管薪酬的法律迷思》,《西北政法大学学报 (法律科学)》2009年第 6 期,第 123 页。

② 参见罗培新《裙带关系是金融市场最大的腐败》,《第一财经日报》2009 年 2 月 10 日,第 4 版。

③ [美] 卢西恩·伯切克、杰西·费里德:《无功受禄:审视美国高管薪酬制度》,赵立新等译,法律出版社 2009 年版,第 173 页。

④ [美] 拉尔夫·D. 沃德:《新世纪董事会:公司董事的新角色》,黄海霞译,上海交通大学出版社 2002 年版,第 208 页。

⑤ [美] 卢西恩·伯切克、杰西·费里德:《无功受禄:审视美国高管薪酬制度》,赵立新等译,法律出版社 2009 年版,第 173 页。

⑥ 同上书,第 173—177 页。

过海"的情况下通过关联交易、资金占用、违规担保等多种方式，直接或者间接的占用公司资产，损害公司利益以及债权人的利益。实践中，国内有学者曾指出："据2008年年报显示，上市公司非经营性资金占用现象有所抬头，主要表现为两种形式：一是有些上市公司重新出现控股股东或实际控制人非经营性占用上市公司资金的行为；二是其占用行为有增无减，且发生金额较大。从总量上看，虽然大股东非经营性占用的情况已大幅度减少，但是，2008年却有死灰复燃的迹象，尤其是一部分经营业绩较差，现金流紧张的公司，该类公司又多为＊ST公司。"① 可见，公司高管与控股股东对公司资产侵占已经达到无以复加的地步，证券市场沦为其"攫取利益的重要渠道"，面对如此的困境，只能通过对高管责任的规制，大力提高其违规成本，减低其违规的动机，抑制损害公司及债权人利益的行为。我们注意到，我国2005年新《公司法》第148条、149条、150条、216条均对公司高管的法定义务及相关责任做了规定。因此，当高管违规之时，若能通过司法严格执行相应的法律责任，对高管加以处罚，并起到警示的作用，必能遏制高管滥权之趋势，维护债权人及公司利益。

（四）公司权力"民主化"的推动者

在众多对现代公司质疑的声音中，最强劲有力的指责无疑是公司毁坏了自然环境、摧毁了市场经济发展中人人渴望的公平回报、将善良之心从投资者心中剥夺以及债权人利益间接受到损害。攫取利润、得到好处的是公司，遭受伤害的是社会、是债权人的利益。我们不禁疑问，公司权力会成为摧毁民主的工具吗？公司权力会似挣脱缰绳的野马无法控制吗？如果答案是肯定的，那么无数非自愿债权人的利益即将面临重挫。如果答案是否定的，又有谁能驾驭公司？

1. 公司权力的膨胀

在公司仅仅关注创造财富、攫取利润的同时，背后隐含着公司权力急速膨胀的事实。一个已经为我们认知的事实是，伦理、道德以及法律都难以积极有效的阻挡公司盘剥他人为公司与股东创造利润。公司已经具备了剥削所有其能触及的利益群体利益的能力及权力。正如阿道夫·A. 伯利与加德纳·C. 米恩斯所指出的，在19世纪后半期和20世纪的早期，在

---

① 徐明：《掏空占用上市公司资金当严惩》，《法人》2009年第11期，第11页。

铁路发展的带动下，经济生活的一个又一个方面采用了公司制，在一个又一个领域，公司产生、发展并且或多或少地成为主导力量，在它过去发展的基础上，我们可以预见到一个几乎所有的经济活动都以公司形式进行的时代。①

现实中，公司权力的衍生影响，已经在人们的日常生活中打上了深深的烙印。例如，2008 年以来的金融危机引起了市场经济的萧条，其代价是收入下降，产量减少，政府浪费性支出，沉重的公共债务，未来的通货膨胀，消除通货膨胀所引发的经济衰退、财产犯罪、以及可能引发的灾难性的政治后果。② 可见，公司权力膨胀，能力巨大，衍生的负面影响至深，以至于在次贷危机中，美国证券交易委员会曾宣布市场对 19 家金融公司股票的无券做空。③ 我们暂不考虑实际中这些金融公司是否会倒闭，仅从美联储对 19 家公司急于拯救的态度即可看出其对金融市场的稳定、国家金融体系的安全等诸多方面的影响至深，已经到了政府不得不拯救的地步。面对公司权力膨胀的附带风险，我们不得不正视其破灭之际对市场、社会、政府产生如此严重的毁灭性打击，此时，已经没有人不再视公司如无物了。金融危机中的华尔街是否"绑架了"政府尚不得而知，但可以肯定的是政府在用举国纳税人的钱为公司权力扩张后的负面效应买单。

事实上，公司权力的扩张已经使法律及市场进入了一个恶性循环的周期，难以通过自身力量纠正。例如，在安然公司丑闻前的 10 年中，国会曾就会计界的行为和责任问题有过三次大的辩论。在这三次辩论中，大公司的游说都阻止了可能的改革。④ 可见，公司权力受到放纵、受到优待，

---

① ［加］乔尔·巴肯：《公司：对利润与权力的病态追求》，朱近野译，上海人民出版社 2008 年版，第 188 页。

② 参见［美］理查德·波斯纳《资本主义的失败》，沈明译，北京大学出版社 2009 年版，第 149 页。

③ 传闻美国金融市场在此次金融危机中诞生了一些"不能倒下的金融公司"：花旗、瑞士信贷、大华证券、高盛、英格兰皇家银行、汇丰、德意志银行、巴克莱、百富勤证券、安联保险集团、摩根大通、雷曼兄弟、美林证券、摩根士丹利、瑞士联合银行、房地美、房利美、日本瑞穗金融集团等。参见李薇、黄小军、赵艳洁、李勇《别了雷曼兄弟》，中信出版社 2009 年版，第 199 页。

④ ［美］泰德·纳杰：《公司强权的扩张和民主制度的衰落》，汪德华、张延人译，中信出版社 2006 年版，第 172 页。

甚至于已经进入了一个可以自我循环强化权力的轨道。因此，社会民众对公司权力的扩张进行了极为深刻的批判。正如有批判的声音言到："毫无疑问，大资本家大公司的迅速发展和扩张会不可避免地导致广大民众的贫困化，使他们日益陷入绝境。如果我们想要拥有美好的生活，那就要采取必要手段对资本积累、财务聚集以及由此产生的邪恶势力加以遏制。"① 可见，公司权力的膨胀已经到了一个不可复加的地步。

2. 公司权力的基础

"当公司日益摆脱人的控制，并拥有自主性的组织权力后，公众利益和公司利益间的鸿沟就越来越大。这就好像外星人入侵地球并把地球变成殖民地一样，他们把我们变成奴隶，并最大限度地排挤我们。"② 前述夸张的描述引起我们对公司权力日益扩张所产生影响的重视。我们不会忘记，早在1816年，美国第三任总统托马斯·杰弗逊对公司权力的控制即评介到："我希望我们能扼制财势压人的公司实施寡头统治的苗头，这些公司现在已经敢于挑战政府的力量，藐视国家的法律制度。"③ 对此，现代公司制度形成之初的东印度公司已经作为历史性的烙印证明了这一点。在东印度公司时代，其对印度的压榨、对美洲以及中国的剥削至今仍为我们所铭记。显然，在明晰公司权力产生根源的基础上，规制公司高管责任进而限制公司权力，已经刻不容缓。

首先，公司权力具有法律基础。公司权力不同于自然人的权利，后者"天赋人权"，而前者是通过国家法律授予的。法律授予下的公司权力，其界限往往不是固定的，随着法律、政策的改变而有所展缩。以法律对公司授权的方式而区分，可以将公司权力分为明示权力与默示权力。其中通过法律的明确规定而使公司获得的权力为其明示权力；默示权力则为明示权力在实践中实施过程中附带、补充性的权力。④ 以美国为例，《模范公司法》以及各州的公司法都对公司权力进行了明示列举式的规定。其中特拉华州普通公司法将公司权力分为普通权力以及特殊权力，同时亦对权

---

① ［美］泰德·纳杰：《公司强权的扩张和民主制度的衰落》，汪德华、张延人译，中信出版社2006年版，第111页。

② 同上书，第1页。

③ 同上书，第35页。

④ 张瑞萍：《公司权力论：公司的本质与行为边界》，社会科学文献出版社2006年版，第35页。

力进行了限制。具体而言，其 122 款将公司权力归结为：（1）在章程无限制的情况下，以公司名字永续存在；（2）在任何法庭可以以公司的名义起诉、应诉、辩护、控告、申请仲裁；（3）可以拥有可随意改变的公司印章，并可以用其盖印等方式使用；（4）可以通过购买、接受、赠与、礼物等方式使用及各种方式处理其多种权益；（5）任命公司高管并给予合理的报酬；（6）采纳意见、修改公司章程等共 17 条权力。① 同时，其 122 款（b）项规定了公司权力必须以公司法规定为依据，严格遵守其应承担的责任与义务。②

其次，公司权力具有道德基础。亚当·斯密的《国富论》为投资者所熟知，同样流传千载的巨著《道德情操论》则更为重要。亚当·斯密在其《国富论》中所构建的经济理论体系，是以他在《道德情操论》中所构建的道德体系为前提的。追求财富亦不应破坏道德底线，公司追求利润亦应以遵守道德为前提。显然，"人，不管被认为是多么的自私，在他人性中显然还有一些原理，促使他关心他人的命运，使他人的幸福成为他的幸福必备的条件，尽管除了看到他人幸福他自己也觉得快乐之外，他从他人的幸福中得不到任何其他好处"。③ 可见，人性内含着不可磨灭的道德基因，道德为人、为社会、为市场的基本要素。因此，法律也必须以道德为其多种价值的基础，叛离道德基础的法律不能在社会中施行。公司权力膨胀所引发的公司社会责任的承担，恰如其分的解析了公司权力亦内含着道德这一基本元素。

3. 公司权力的规制对策：内部与外部的对策

公司权力的规制对策分为外部与内部对策。其一，外部对策。在市场中，公司作为公司公民的概念日益为理论界及实务界所接纳。中国平安公司曾对其认可的公司公民概念进行阐释：自中国平安成立以来，始终追求诚信和价值的高度统一；将实现最高商业道德水平和追求公司价值最大化作为平安公司文化建设的核心目标；将提升社会、股东、客户、员工的价值作为核心使命；从公司人格化的角度承担公司所应承担的各种社会责

① Lexis Nexis. Delaware Corporation Laws Annotated［M］. 2005：122.

② Ibid.

③ ［英］亚当·斯密：《道德情操论》，谢宗林译，中央编译出版社 2009 年版，第 2 页。

任。① 可见，长期、稳定、持续的、健康的公司发展是公司公民的内涵要点。所以我们认为，作为市场内的公司公民，无论法律抑或国家政策均有权利对其进行必要的规制，以防止公司权力的滥用危害市场、危害社会，公司承担社会责任即为公司外部规制的彰显。

其二，内部对策。公司权力膨胀、滥用乃至最终对社会以及市场造成损害，最为关键的要素在于公司的"掌舵者、导航员"的品德及行为。公司高管领航着公司的发展、决断着公司的商业计划、掌握着公司未来发展的命脉以及公司债权人利益的稳定。外力的作用必然通过内力而发生效用，只有对公司高管进行严格、适度的责任规制，才能对公司权力滥用的源头加以控制。实践中的需求已经在立法中得到回应，例如，英国2006年公司法即授权公司董事限制公司的权力，英国《2006年公司法》第40条规定，（1）为了有利于善意与公司交易的人，董事约束公司或者授权他人这样做的权力，视为不受公司宪章之下的任何限制；（2）为了该目的（a）一个人与公司"交易"，如果在公司是一方的任何交易或其他行为中，他是另一方，（b）其没有义务询问董事约束公司或授权他人这样做的权力；（i）被推定已经善意行事，除非另有所证，② 如此等等。可见，内部对策最为直接的规制控制者对公司权力的滥用，应得到极度的重视。

四　高管责任的完善与对债权人保护的效益分析

有限责任规则为公司的核心规则之一，在公司高管投机、滥权对债权人利益造成损伤之际，公司高管责任的承担为债权人在公司有限责任规则下追究高管自身责任及索取赔偿的有效对策。胜者为王、败者成寇，是商战中的定律，却非法律上的规则，法律具有正义、公平的法制理念。在法制理念的导引下，秉持高尚的守法操守、切断裙带关系的阻挠、以高成本的高管责任为规制方向，将是未来高管责任完善的方向。

---

① 高箐：《中国平安：做负责任的公司公民》，载王志乐《公司责任：挑战还是机遇》，中国经济出版社2006年版，第20页。

② 《英国2006年公司法》，葛伟军译，法律出版社2008年版。

（一）立法理念：以法制精神为指引

2008 年金融危机后，美国的总统金融市场工作组（The President's Working Group on Financial Markets）在对金融市场缺陷进行反思之时曾指出，裙带关系的存在，极大降低了金融执法的有效性。[①] 可见，裙带关系不仅影响了执法的效率，更阻塞了高管人员守法的理念、守法的动机以及对法律的基本认知。当人情与利益摆在联邦调查局以及美国证券监管部门的面前之时，人情与利益所内含着的"人际关系资本"潜规则既模糊了法律监管部门的法律意识，又削弱了公司高管其本应有的法制理念，其结果必然为视法律为无物，视责任如儿戏。公司高管的责任本应为威慑高管违法行为的最有利工具，然而，在高管以人情与利益的收益为先之时，责任早已被高管抛诸身后。

因此，树立法制精神是规制公司高管责任的内在前提保障。信用应以法制理念为核心要素，缺失法制理念充斥人情与关系的信用不为我们所取。高管责任的承担同样需要以法制精神作为指引，法制精神的树立是从根本上抑制高管产生违法动机、遏制损害债权人及公司利益的内在对策。法制表达或者主要表达了社会公众对法的一种神圣的法律情感。[②] 高管形成这种情感，并非依靠责任的严格规制，也并非依靠外部的强制压力，而是出自其自身内心的对法的真正信仰。同时，我们应认知到，法制真正的意蕴之一即为社会及公众已经普遍地对法律产生了一种高度的认同。由此观之，高管如果对威慑自身、极有可能使自己承担巨大成本的责任都忽视，何来对法制的认同？基于此，我们认为，归根溯源，法制理念的缺乏、法制精神的丧失是其根本原因，所以，树立法制理念，去除监管中的人际和政治之术、培养高管对责任的法制敬畏与尊重之心，才是高管责任完善之内在正道。

（二）规则完善：严格规制的趋势

严格的高管责任趋势为当下拯救市场所急需。民事责任、行政责任以

---

① 参见罗培新《裙带关系是金融市场最大的腐败》，《第一财经日报》2009 年 2 月 10 日，第 4 版。

② 姚建宗：《信仰：法制的精神意蕴》，《中国法学高影响论文评介》，上海交通大学出版社 2009 年版，第 700 页。

及刑事责任是高管所承担责任的类别，以我国为例，2005 年新《公司法》对公司高管此三种类别的责任均有所涉及。① 例如，侵占公司财产、违法借贷和挪用、收受贿赂都应承担行政处分，情节严重的承担刑事责任；对高管违法提供担保的，给予赔偿损失、违法所得归于公司的处罚；对下列行为应承担行政责任，情节严重的，需要承担刑事责任：向股东及社会公众提供虚假的或者隐瞒重要财务会计报告、将国有资产低价折股、低价出售或者无偿分给个人、公司清算之时，隐匿公司财产、对资产负债表或者财产清单做虚假记载或者未清偿债务前分配公司财产。同时，我国《证券法》也有相应规制，例如，内幕交易行为给投资者造成损失的，行为应当依法承担赔偿责任等等。② 总体而言，相比于公司高管违法获利的比例，公司高管所承担的民事责任、行政责任以及刑事责任均较为轻。相比之下，美国立法则展现着迥异的面孔，美国在其 2002 年通过的《公众公司会计改革和投资者保护法》中规定：任何人通过信息欺诈或价格操纵、内幕交易在证券市场获取利益，最多可监禁 25 年或处以罚款；对违法的注册会计师可被判处 10 年以下监禁或罚款。同时还延长了对证券欺诈的追诉期，起诉时间可以延长至非法行为发现的两年内，或者非法行为实施后的五年内。③ 可见，美国选择了一条严法以治的道路。

　　法律对公司高管责任的规定，应有所为。法律应为控制高管责任之利器，而不能沦为高管避祸之工具。高管责任规则之完善，应以两个方向为考量。首先，信义义务范围的扩大。传统公司法理论认为，公司高管之信义义务仅是高管对股东所有，对债权人的信义义务仅仅在公司破产之际被"激活"。然而，时过境迁、因势而变是法律价值的真谛。一些学者近年的研究表明，英美法中董事不对公司债权人承担义务的传统观念有所改变。④ 正如有学者所指出的："在英美法系国家的一些公司法中，董事对公司债权人承担的受信托义务为一种直接性义务，此种义务一旦被董事违反并使公司债权人利益受到损害时，董事应对公司债权人承担法律责任；并且，此种义务的承担不以公司处于破产的特殊时期为限，在公司正常经

① 参见 2005 年《中华人民共和国公司法》第 184 条、149 条、150 条、216 条等。
② 参见 2005 年《中华人民共和国证券法》第 202 条、203 条、207 条、220 条等。
③ 参见罗培新《让阳光照在每一笔证券交易上》2010 年 1 月 13 日。
④ 李莘：《杠杆收购中目标公司债权人利益的法律保护》，沈四宝、丁丁：《公司法与证券法论丛》第二卷，对外经济贸易大学出版社 2006 年版，第 139 页。

营期间,董事亦负担此种义务。"① 其次,提高受害人诉讼激励。因高管不当行为而利益受损的债权人等利益主体,只有在通过诉讼可以获得满意的损害赔偿的情况下才会对高管进行诉讼。当债权人的实际赔偿额度足够高时,对维护自身利益受损的信心就会增加,同时对诉讼的需求也会增加。维权意识得到提高的直接后果之一就是对自身利益的损害形成一定的事后补偿。虽然,消费者对某种法律产品的需求会随着其收入的变化而变化,同时不同的文化传统对消费者的法律产品需求也产生一定的影响。但是从经济学视角看,法律产品的价格始终决定着消费者购买产品的欲望。因此,降低起诉维权费用并提高高管民事赔偿额度是完善高管责任的必然选择之一。对不完备合同而言,适中的损害赔偿金往往是彼此所看好的,因为当不完备合同的履行发生困难时,他们允许一方当事人违约。② 然而我们认为,债权人面对公司高管无论从哪个角度而言,都处于交易过程中的劣势。因此,有必要通过外部的损害赔偿金以平衡债权人处于被动的局面,毕竟,债权人与高管之间的"合同"存在某种不公平。所以,必须提高高管的民事责任赔偿金额,激励高管诚信守约。再次,刑事责任的威慑。有学者认为,公司资本制度的保护不仅需要民商法的保护,同时也需要刑法的保护。③ 对于高管责任规制更是如此。波斯纳认为,犯罪也是一种交易形式,只不过是一种成本更高的交易方式。④ 所以,给予犯罪以更高成本的惩罚,目的在于起到一定的威慑作用。刑罚的威慑作用取决于内部与外部的因素,外部因素主要包括一国的法律体系、刑法等法律的刑罚水平以及该国司法实际中的执法水平等要素,内部要素是指潜在罪犯内在具有的影响其对犯罪预期收益和成本进行认识的因素。⑤ 显然,刑罚对高管的威慑效应取决于内部与外部因素的综合影响。可以推断的是,威慑的效应主要将取决于提高成本、降低收益而实现,可以借用图 5 所示的函数

---

① 张民安:《现代英美董事法律地位研究》,法律出版社 2007 年版,第 192 页。

② 〔美〕斯蒂文·萨维尔:《法律的经济分析》,柯华庆译,中国政法大学出版社 2009 年版,第 93 页。

③ 参见王彦明《论公司资本制度刑法保护原则》,《法制与社会发展》2003 年第 4 期,第 117 页。

④ 魏建:《法经济学:分析基础与分析范式》,人民出版社 2007 年版,第 125 页。

⑤ 同上。

来表示。[1]

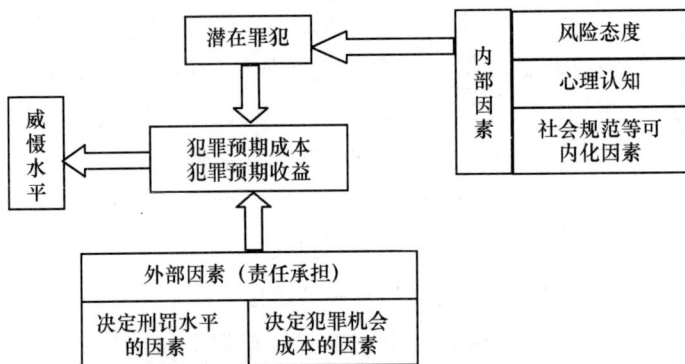

图5　犯罪预期成本和收益的影响因素

　　最后，案例法的借鉴。公司高管承担责任之原因莫过于在市场经济中非法获利而违法。显然，列举式的责任规则已经无法涵盖实践中多样化的违法样态，故而，积极引进案例法或强化利用最高法院的司法解释，为未来规制高管责任的必经之路径。例如，美国伊利诺斯州上诉法院 1968 年的 Shlensky v. Wrigley 案、新泽西州最高法院 1981 年的 Francis v. United Jersey Bank 案、美国联邦第二巡回区上诉法院 1984 年的 Securities and Exchange Commission v. Materia 案以及特拉华州最高法院 1981 年的 Zapata Corp. v. Maldonado 等案均为美国司法史上对公司高管义务与责任承担的经典案例，并为后世所用。[2] 正如美国前总统克林顿的经济顾问、不完全信息经济学创始人斯蒂格利茨曾对转型国家提出建议："按我们说的去做，但别按我们做的去做。"[3] 我们的认知是，感受其神韵、体会其本质、学习其精神为借鉴西方发达国家法律精髓之要义，判例法并非不可引鉴、亦并非完全可以借鉴，充分发挥我国最高法院司法解释之功效，必能弥补成文法对公司高管责任规制的静止、僵硬之不足。

---

　　① 魏建：《法经济学：分析基础与分析范式》，人民出版社 2007 年版，第 125 页。

　　② 参见薄守省《美国公司法判例译评》，对外经济贸易大学出版社 2007 年版，第 55 页。

　　③ 参见罗培新《裙带关系是金融市场最大的腐败》，《第一财经日报》2009 年 2 月 10 日，第 4 版。

本章小结

人类一直在追求安全,为此我们需要寻找前车之鉴。金融危机下的诸多公司丑闻说明现行公司信息披露与财务制度并非完美无缺,更重要的则是中介机构的"非中介"——利益驱使下的违规操作——使得信息披露规则"空洞化"。① 法律的监管到底能起到多大的作用? 正如方流芳教授所洞察到的:在一片呼吁惩罚、严管和立法的声浪中,也有少数人发出了不同的声音:"如果相信当前最重要的需求就是新的法律和监制,我们就没有从此次的丑闻中得到什么教训。我们可以颁布一系列的法律,但是,下一轮公司丑闻就会证明它们大多没有什么用处,从而又被废止";"自由经济真正的敌人是道德相对主义,每一个人的良心才是真正管用的市场警察。"② 然而,市场经济中所期盼的善良之心极难不依赖外力的规制而实现。只有通过责任规制,才能抑制投资者的道德滑坡,才能激发市场中每一个人的良心。因此,无论是信息披露抑或是财务分析都需要责任规制作为保障,公司高管与审计师的责任规制对此发挥着作用。

审计师的责任规制是保护债权人利益的重要对策。审计服务是维护债权人利益、增进股东利益、促进公司成长的有力工具,但同时也是债权人受损最直接的凶器。应对审计服务缺陷的最佳方法即是通过责任以提高审计师违约的成本,然而,责任这一确保审计师提供高效服务的对策,在金融市场内,将必然随着经济的波动,循环于严格与松动之间。面对审计市场尚未完全成熟的现实,适度的责任规制是现阶段对审计师责任规制的理性改革方向。

同样,公司高管责任的规制为债权人利益维护的核心要素。对高管责任的安排,法律总是在对高管责任规制严厉与松弛之间徘徊。亟须我们注意的是,历史中数次的金融危机,积年的公司丑闻,均向投资者述说着一个不争的事实,即公司高管滥权对公司、债权以及股东利益的稳定保护损

---

① 陈志武、周年洋:《安然:华尔街完美案例》,中国城市出版社 2002 年版,第 246 页。

② 参见方流芳《关于美国公司改革法案的另类思考》2009 年 2 月 3 日。http://www.ccelaws.com/.

害重大。当下，投资者面对一个个金融帝国的崩溃、一个个公司高管丑闻的披露，内心皆存在着严法以治的声音。虽然，资本市场应为法律规则详细却宽松适度的市场，但面对"黑天鹅"事件的屡屡发生，乱世应用重典似乎已经不用质疑。因此，以法制理念为基础，积极有选择的借鉴国外高效率的法律经验，为规制高管责任之路径，也是为保护债权人利益之重要对策。

第 三 篇

设计:公司债权人利益保护对策在公司治理框架中的建构

公司债权人是各国公司法保护的唯一非股东利益相关者，公司利益群内不断衍生出多元利益博弈与冲突，控股股东与中小股东、董事与债权人、非自愿债权人与股东、母公司债权人与子公司股东等之间的利益博弈呈现着混杂的状态，外部法律规制的不完善与内在自控机制漏洞共同催生了公司债权人面临着股东机会主义损害的困境。在我国新公司法出台五周年之后，公司债权人利益的妥善保护不仅仍需投资者之间契约自由完成，更需公司法规则来规制由公司形式派生出的风险。在直面公司债权人所面临的代理问题下，公司法立法者、实践中司法者乃至法学研究者均需回答来自公司债权人尤其是公司集团债权人、支付不能的公司债权人乃至非自愿债权人这样一个追问：新公司法规则能否平衡市场交易多方参与者的利益分配诉求？事实上，这种回应诉求的法律规则安排均体现在公司治理机制中，公司治理机制内含着这些本应具有能动性的公司法规则。

我们认为，资本市场的发展与金融创新的推动，助推公司股东机会主义爆发的频率并扩张了股东机会主义展现的形式。调控债权人保护规则的法律策略均不同程度的影响着股东利益及公司第三人利益的波动。因此，公司债权人利益的妥善保护，不仅得益公司法规则内在深意的检讨与挖掘，更胜在对公司法规则背后法律之外因素所产生影响力的评判与面对。支付不能的公司与公司集团乃至普通公司所面对的不同类型公司债权人，内在需求适度区别的保护机制，反映在公司法规则的具体设计与实务中司法能动性效应的辐射，债权人需要的是"具有实践生命力且可以适度应对公司法外因素影响的公司法规则"。而这些能动的公司法规则均应在公司治理机制中得到妥当的设计与安排。

在梳理债权人利益受损环境与类型的脉络，挖掘投资者契约自由与公司法规则之间的深度联结机理，追问不同类型债权人利益保护策略的最佳调控机制后，我们可以期待更清晰的鉴别债权人应对股东机会主义的策略与可行路径。公司治理机制的建构极为复杂，以此为视角考量我国公司债权人利益的保护更应关注除公司法规则之外的经济与政治因素的影响环节，只有这样，才能在深度剖析股东机会主义的调控机制并主张股东机会主义在不同类型公司下的应构建迥异且有针对性的应对策略，建构以强制性信息披露、事后发现并制裁机会主义为核心的公司债权人保护策略的基础上相对的合理的设计公司治理机制。

　　具体而言,从公司债权人利益保护的视角出发审视公司治理机制的设计,我们应关注如下问题:1)债权人保护策略差异所适应的不同裁判品性和执行机制。债权人保护差异源于各国立法对债权人保护程度不同,更源于欧盟、日本及美国等不同的司法裁判机制,普通法系与大陆法系的发源对审判机制及风格的取舍均影响着公司法对债权人保护规则的设计。在我国新公司法出台后,面临着社会转型时期司法部门功能的重新定位,在衡量各国机制的前提下,尽最大能量测量并设计我国债权人保护规则所隐含的司法因素及其规则。2)控制消除股东机会主义所产生的债权人成本。旨在保护债权人利益的公司法强制性条款给股东与债权人强加了双方当事人非契约自由选择的标准条款与法律救济,因而给双方带来了无法预料的交易成本。尽最大可能合理评测资本规则的设计、高管薪酬的拟定、股权交易的规制等潜在的强制性规制边界所引发的成本,进而合理对相关规则进行设计。3)债权人对合同及市场机制依赖与对法律机制依赖的平衡。小公司债权人与大公司债权人对保护规则的依赖存在差异,评级机构和股东的个人担保构成了小公司债权人的主要保护依赖,控制股东责任和公司集团监管机制更适用于大中型公司的债权人,在全球公司法趋同化这一因素的助推下,尽最大可能在公司治理机制中发挥评测信用评估机构和信息披露规则保护债权人利益的效应。

第 一 章

公司债权人利益保护对策的发展趋势：
自由与强制融合之路

在金融危机的冲击下，美国政府之手终于对市场内的法律规则进行了调整，其幅度之大为历史所罕见，由此许多人惊呼"资本主义的末日来临"。以法律角度观之，国家强制性规范对自由市场的规制是自由资本市场内部的体系规则失效，没有对公司的监管发挥很有效的监督与促进作用，进而导致契约系统危机的结果。具体而论，在国家强制与契约自由的博弈中，美国政府之所以出手干预，显然是次贷危机对美国虚拟经济与实体经济均产生了重大伤害，效率与正义价值皆因此次危机而遇到了挑战，契约自由所起到的保护作用已经失效。作为国家之手介入市场的有效路径，司法承担起了历史赋予的重任，而法院则完美地联结了公司利益主体与司法之间的互动。无论是美国的"安然事件"抑或是"雷曼事件"，解决手段无不是以诉讼机制的全程介入为主要善后的对策工具。公司借重法院诉讼机制在解决各利益主体权益纠纷的过程中，既衡平了利益矛盾、又挽救了效率与公平价值；既使债权人利益得到正当的维护、又确保了市场正常的运行；既维护了法律的权威尊严、又给予投资者以信心。可见，积极重塑市场信用，适度吸取司法介入，契约自由与国家强制相融合，才是规制公司债权人利益保护对策的未来发展趋势。

第一节　契约自由:重塑公司信用

契约信用对债权人，尤为债权人利益保障之根基。信用，是交易各方主体进行交易的前提基础与后续保障,毋庸置疑的是,没有任何一个交易者会与显然将会背信违约之人交易。自由市场的成熟与发展,处处彰显着信用理念的传播与扩散,成熟市场内部的信用质量与体系必然较为完善。投资者的投资信心与市场内信用系数正相关,成熟、发达、信用指数高的资本市场对投资者具有较为强大的吸引力,而反之则使投资者丧失对其投资的信心,较难吸引投资者。债权人某种程度上以市场信用为信,究其本质,在于市场信用为债权人提供了较为强大的利益保障机制,如清廉高效的司法系统、迅捷真实的信息传递渠道、诚信守约的中介服务机构以及守信履约的交易者。

一　契约与商事主体的关系

契约一般内含着"协议"与"交易"的含义。其本质意义在于通过市场内部交易主体的自由沟通与谈判,在充分获知交易信息的情况下通过理性的协商后,以达到配置资源向更高"价值利用模式"转移的交易目的。

(一)　契约存在的前提:商事主体的发展

契约的产生及其功能意义的彰显是随着现代交易市场成熟而日渐为人们所认知的。原始社会向现代社会的演进过程中,完美地展现了交易市场及契约从无到有的历程。在原始社会中,因生产能力的极端低下,依靠原始手段谋生并未给予人们任何生存保障,面对生存的威胁,人们只能听从自然法则的安排。出于求生的天性,人们组建原始部落以避免生存风险及自然风险。可见,作为一种隐性利益交换的利益保障(规避生存风险、生产风险)安排,原始部落可被视为现代契约的早期替代品。在步入农业社会后,生产技能的大力提高促进了生产力的发展。在这种情况下,出于利己之心的考量,为寻求自身利益的增长,人类逐渐舍弃原始部落这一保护自身利益的工具,转而寻求具有血缘基础的家族、宗族这一重要的经济互助体和社会共同体。① 这种隐含着保障交易安全的隐性契约——家族与宗族——所给予个人的规避风险的信用为人类所承认并接纳。因此,我

---

① 参见陈志武《金融的逻辑》,国际文化出版公司 2009 年版,第 200—201 页。

们认为，原始社会中的原始部落与农业社会中的家族与宗族的出现都源于人类出于护己利益的动机，同时在农业社会中的家族与宗族在保护个体利益之时，更隐含着一种功能，即保障交易的顺利进行。[①] 随着工业社会下交易市场的高速发展，前述隐性契约在日渐成熟的交易市场中转变为现代意义上的契约。这时，无论在公司内部，还是在公司外部，一定程度的市场交易被取消了，伴随着相互交易的复杂市场结构被公司家—协调者所代替。此时，外部的市场相互交易与内部的市场相互交易都受益并为一种公信工具所保障，即"显性契约"。[②] 可见，契约是随着交易市场日渐成熟的商事主体而出现，对于公司内部的市场交易与公司外部的市场交易也发挥着一种维护与保障的功能，同时在保证公司内外市场顺利交易的过程中，积聚着自身为市场及交易主体所认可的信用。

（二）公司发展的动力：契约的缔结

多方利益主体达成协议，进而依据协议并本着诚实信用原则而进行迅速的交易，是契约缔结的现实意义所在。个体之间顺畅地达成协议，公司之间高效地签署合同，市场内部各主体高效地缔结契约，目的都是获取各自最大利益。人是社会与市场内部最基本构成元素，非理性的基因不可避免地附带着机会主义的出现，随即产生一定的成本。我们认为，试图在降低人的非理性基因的情况下而最大化降低市场内部交易成本的期望，只能依靠契约的功能而实现。

首先，契约缩减了市场中的交易成本。市场内部交易成本的存在不可避免，公司内部制定谈判对策、对外搜集公司信息、进行商业决策所需时间、投入商业合同签署的人力与物力都是市场内部的交易成本。具体在市场中而言，交易成本应包括但不限于：（1）产权界定成本。产权界定内涵着对财产权归属的界定与对外部侵权的防范。通常，财产权归属的界定要求法律强制力的登记、公示等方式，以保障对自身财产权利归属的明晰。外力侵犯财产权的行为也为法律所禁止，并借由公权力的介入与私权利的救济而保障财产的合法占有与不被侵犯。（2）信息交流成本。市场内商品繁多，种类复杂，质量优劣无法为交易对方所了解并把握。潜在的

---

① 参见陈志武《金融的逻辑》，国际文化出版公司 2009 年版，第 201 页。

② 显性契约的说法相对比于隐性契约而提出，含义等同于现代意义的契约内涵。

买者与卖者、广告内容的真实与虚假、货物质量高低的鉴别、中介服务商供给信息是否可靠等信息搜寻与辨别的费用都扩大了交易成本。（3）外部成本最小化成本。交易所引发的外部成本只能尽量降低，而无法避免，在不能仅仅依靠协商而稀释的外部成本，只能为社会所承担。（4）决策分析成本。一个交易的决定必然经历了商事主体缜密的思考与细致的调研分析，时间与精力的消耗并不必然推导出精明的决策，此类的解析成本费用为各个交易所包含。（5）后续履约成本。任何商品交易价值的完全实现，都很少是一蹴而就的，商品售后的产品质量保证、服务产品提供后的责任承担、公司交易后的义务履行等皆可为例。我们认为，无论积极或消极的后续履约，均无法回避支出费用的事实。前述五种的成本支出费用都是交易成本的构成要素，交易成本"束"的最大程度降低是契约的作用对象之一。

其次，契约在市场中起到了模板效应。契约是法律在市场内部延伸的经典方式。契约为市场竞争下的交易方预留了足够的谈判空间，在通过契约达成交易协议过程中，信息交流成本、后续履约成本、决策分析成本、外部成本以及财产界定成本包含在契约之中。一次性的契约虽在实际中难寻，但不应被我们忽视的是，契约已经具有了"模板效应"，为后续契约的协谈所参照。例如，静态与动态的信息存在市场内并反映在契约中，如公司固定资产的价值检测、产品的定价、资产真实的价值等信息都可由公司章程这一"原始契约"所记载。可见，对签约主体而言，后续签订契约的"博弈过程"则可在参考"原始契约"之时降低很多成本费用。而对市场内部其他主体而言，可以参照的"原始契约"也为其提供节省搜寻信息与决策分析的成本费用。

再次，契约有效地减低了预期违约成本。交易主体将尽可能全面的交易内容在契约中规制，然而，未来风险的不确定性往往出乎契约缔结者的预料之外，导致契约不能履行或违约费用增加等成本。同时，契约签订的不完备性也可能对已经形成的契约存在"致命的硬伤"。此时，认知契约核心的精神尤为重要。诚实、守信为契约的核心精神并贯穿契约形成与履行的始终。在契约签订之始，交易方之间就存在着一种天然的诚实与守信之约。当事人都负有不仅仅保障契约书内容的真实与真意的义务，而且负有保障履约的诚信义务，这种义务贯穿交易的每个阶段，直至交易彻底完成。当人们在预期到未来不确定风险及对契约存有不完备性有清晰认知的情况下，可以通过契约精神的约束以及此精神折映在合同条文中的规定而对交易方进行约束，降低预期违约所产生的费用。

最后，契约发挥着作为市场基石的功效。交易主体之间的交易以契约为"记录标准"，当违背"记录标准"的时候，违背方将承担契约约定的违约成本费用，此即为违约成本。因此，避免承担违约成本费用是保证交易方按契约履行的外在成本压力，这就是契约信用之所在。一般而言，契约提高市场信用的方式以下面的流程而展开：缔结契约—>违约方违约—>违约方承担违约成本费用—>违约方成本大于收益—>缔约方避免违约以使收益大于成本—>缔约双方守约—>交易方收益大于成本—>市场信用彰显。前述缔结契约成本与收益的博弈流程，揭示了契约与信用的内在联系，明晰了契约对于信用的重要性。具体而言，履约守信与违约背信为市场内常见的现象，信用的强化在于降低守信信用成本，提高背信信用成本。例如，在一个交易合同中，履约而获得的收益为1000元，而违约受到的处罚为500元。此时若甲可以违约而与其他人进行交易可以获利2000元，若违约处罚金额不变，且违约亦无其他处罚，则甲具有足够的动力去违约而与其他人进行交易。因甲即使违约受追究处罚，仍然可以获得1500元利润，即违约背信的收益比违约背信的成本要大。当股东从事违约行为的预期效用已经超过了将其时间和另外的资源用于从事其他活动所带来的效用时，股东便会选择违约。可见，从经济学视角看，股东违约并不在于他们的基本动机与别人有任何的不同（目的都是为了追逐利润），而在于他们违约的成本与收益之间的差异。[1] 基于此，我们认为契约为市场信用之根基，交易方以契约为信用基础，依靠契约为各自利益的保障对策。

二 债权人的契约网

股东、高管、审计师、中介机构、外部监管者、律师、司法系统都是在资本市场内与债权人发生契约关系的主体。契约网内，债权人通过明示或默示的契约链与众多利益主体缔结契约，以达到资本、信息、技术、利润的传送与回报。双方或多方的博弈成就了动态、长期契约网下各自利益

---

[1] 夏雅丽：《有限责任制度的法经济学分析》，法律出版社2006年版，第193页。

的产生与输送。具体而言,债权人缔结契约目的主要集中于两方面,即"原料"传送以求利润回输、外部成本内部化以最大化自身利润。

(一) 债权人与其他利益体

以公司这一经典的契约网为核心,内部与外部围绕着不同种类的利益群体,同债权人之间明示或默示产生着不可割断的利益互动与纠纷。

首先,公司内部主体与债权人存在着利益争夺。股东、高管人员为公司主要的内部利益者,也是与债权人直接交易的利益博弈对手。内部利益者与公司债权人之间的利益关系属性展现为一种融合下的矛盾体:一致性与冲突性共存的博弈关系。其利益一致性表现为:例如,在高效、透明的资本市场内,有效的经理人竞争市场将促使公司高管尽心的为提高公司利益服务。庞大且细致的商业计划往往使公司受惠巨大,公司在获得巨大利润的同时,债权人同公司股东一样,从公司所能分取的利润蛋糕将会迅速增长。在这样一种有效的经理人竞争市场下的外部监督机制将使债权人与股东同时受惠,共同分享公司效益的增长。其利益冲突性表现为:第一,在资本市场没有形成一个成熟、有效的经理人监督体制的情况下,债权人往往需要付出较高的监督成本。第二,多数情况下,受控股股东影响下的经理层极易在公司正常经营的决策中偏好股东利益,而忽视债权人利益。第三,市场内不乏很多经理人缺乏商业冒险的精神,往往倾向采取保守的投资对策,不否认其保守投资对策因对债权人利益有利而为债权人所欣赏,但过于谨慎的商业行为极少为公司带来利益的最大化。此时,高额的监督成本以及易受损害的环境使得股东利益与债权人利益存在一定的冲突。

其次,公司外部主体与债权人存在着不可切断的利益联系。审计师、中介机构、外部监管者、律师、司法系统等公司外部利益者为公司股东与债权人提供服务的利益链。万物之存皆从于利,外部利益者也摆脱不了此法则。审计师、中介机构及律师为公司提供服务以获取雇佣费,司法系统等外部监管者为公司提供服务以获取国家的资源分配。更进一步,外部利益者与债权人之间也展现着利益的冲突性与一致性。其利益冲突性表现为:以审计师为例,在"谁掏钱、谁点戏"的法则下,审计师于提供审计服务过程中"天然"的成为股东的"传话筒",极难保持自身的话语独立性。债权人在无法获取真实、可信的公司信息之情况下,自身利益难以获得周全的保障,审计师利益与债权人利益存在着很难调和的利益冲突。

其利益一致性表现为：以中介机构为例，当债权资本与股权资本共同构成公司资本之时，债权人的利益紧紧地锁定于公司利益之中，通过中介机构如券商的"完美描述"，公司借由上市渠道融取巨大资金源，债权资本亦可同股权资本一样获得超额利润。

前述的解析给予我们的认知是，公司外部利益者与内部利益者对于债权人利益的影响，皆亦正亦负，如何选择，皆视市场信用而定。或许借用马克·吐温一句妙语可以道出良好的市场设计底蕴的经典法则："诚信才是明智之举——它是财富之源。"①

（二）债权人缔结契约网之目的：修补不完备契约

公司、中介机构、司法系统在市场内部与各交易链主体运行的过程中都产生了不可避免的外部成本，其中对债权人利益而言此类外部成本影响尤深。外部成本的内部化及其约束与预防在一定程度上修补了不完备契约，借此强化了公司信用，为债权人利益提供了保护，是债权人缔结契约的重要目的。

首先，公司的外部成本内部化。有限责任为公司风险外部性之源，是债权人承担公司外部成本的最主要原因。为避免风险外部化将商业冒险的风险成本转嫁于债权人承担的事实，债权人通过契约限制公司一定行为。例如，约束高管诚信义务以规避公司外部风险，将公司外部风险成本内部化于公司高管义务。可见，通过契约的有效限制，可以使公司外部成本为内部所消化，并减少外部成本扩散风险的几率。其次，中介机构的外部成本约束。以券商为例，在券商对目标公司进行"包装"的过程中，将公司信息分析汇总为必不可少的一个程序，然而若信息汇总的"质量"较差，则以券商所披露的信息为依据而投资的债权人难免会受到损害。此时，债权人即偏向于选择信用较高的券商所推荐的公司，因为信用较高的券商通常拥有完备的信息搜寻体系、高效的财务分析系统、能力较强的保荐人、成熟的工作流程以及对法律熟知的法律顾问。虽然券商承担了一定的提升其信用的成本费用，但却降低了债权人可能承担的中介结构外部成本。最后，司法系统的外部成本预防。工欲善其事，必先利其器。司法系统为债权人维护自身利益的利器，通过司法的介入以预防其所可能带来的

---

① ［美］约翰·麦克米兰：《市场演进的故事》，余江译，中信出版社2006年版，第67页。

外部成本是债权人进入市场交易的前提，也是众多交易方所默认的潜在契约规则。司法系统投入财力、物力以降低债权人诉讼成本、提高司法审查效率、提升法官业务素质水准以及改进司法执行效率等都约束并降低了司法失信可能造成的使债权人承担的外部成本。

三 公司信用对债权人利益的利与弊

"现代经济学研究证实，只有当社会持续而稳定地承认和保护公民和法人的所有权，使之获得与努力程度相一致或相对称的预期效益，人们才会普遍地从事财富积累，谋划长期经济活动。"① 对债权人而言，其利益在市场中的承认与保护，并使其能够通过投资所得的预期利益得到有效的保障是促使其在市场内投资的动机，获取收益永远是债权人在市场进行交易的直接动力。可见，对投资者收益的保障是保障市场正常运行的基础，公司信用所隐含的较为完备的契约的效应在此处彰显。

（一）债权人获利的保障

从债权人的视角看，收益的获取来源于两方面，即正效应获益与负效应获益。② 正效应获益是指债权人通过资本或劳力投资于债务公司，而从债务公司获取利息、本金及工资等回报收益。负效应获益是指公司的外部性风险对公司外部利益主体造成了伤害，通过司法补偿而获取的补偿收益。

首先，通过投资而获益的债权人为正效应获益者，完备契约所形成的公司信用保护了债权人的正效应获益。此类债权人通过债权投资，依据投资协议在债务公司处按时收取利息并依约收回本金，借此以获利。资本市场内公司融资渠道多样化为现今市场内的融资特点，股权融资、债权融资、股权＋债权融资都是公司融资渠道的首选。在权衡投资目标公司风险与回报的基础上，投资保守型的投资者偏向于稳定的资本利息及本金回报

---

① 冯玉军：《法经济学范式》，清华大学出版社2009年版，第205页。

② 本书以债权人获益对市场整体效益的促进与否将债权人获益种类分为正效应获益及负效应获益。正效应获益债权人获取利益的同时促进了市场内部整体的利益，负效应获益债权人获益的同时减少市场内部整体的利益。

即倾向于通过债权方式向目标公司投资，进而成为公司债权投资者。因此，债权投资不仅为公司提供一种较为稳定且充足的融资路径，也为投资者提供一种稳妥获益的渠道。因此，与股权投资者一样，正效应获益债权人是市场内不可或缺的市场投资主体。

其次，通常情况下，公司外部性成本多由债权人所承担，而较少为公司内部消化，完备契约所形成的公司信用保护了此类负效应获益。例如，公司高管违背信义义务、产品质量较差、信息错误披露、审计存在虚假数据等公司内部成本都可能间接地将公司内部成本转化为公司外部成本，引起侵权行为，对债权人利益造成损害。这种情况下，对债权人利益损害的赔偿，是债权人被动获益的一种方式，即为负效应获益。在忽略成本与收益高低的情况下，负效应获益债权人的因补偿而获利也为利益的一种，毕竟被动的获益并不能否认收益的事实。可见，正效应获益债权人与负效应获益债权人的获益因由不同，但获益保障相同，都是由市场信用保障债权人利益获取的实现。因此我们认为，市场内部具有较高信用背景之下，正效应获益债权人更具有投资的信心，而负效应获益债权人也可以通过高信用市场获得充足的利益保障。

（二）债权人利益受损之源：风雨飘摇中的公司信用

债权人以公司信用为信，信用的缺失使法律在保护公司债权人面前处于较为尴尬的境地。资本市场自建立之初，就充斥着虚假信息、高管欺诈、股东违背义务等行为，公司信用缺失的状态不容乐观。有法而漠视、有法而不依、有判决而难以执行、静态法律无法应对动态市场、高管与股东背信成为信用市场内的常态，都使债权人利益深受伤害，因此，公司信用的缺失急需修补。

1. 公司信用缺失的现实状态

早在 2002 年，朱镕基总理在政府工作报告中即指出："切实加强社会信用建设，逐步在全社会形成诚信为本、操守为重的良好风尚。加快建立公司、中介机构和个人的信用档案，使有不良行为记录者付出代价，名誉扫地，直至绳之以法。广泛采用现代化监管手段，综合利用信息网络资源，实现互联互通、信用共享。"① 由此可见，市场为现代经济的中心，

---

① 参见《市场经济不容信用缺失》，《上海证券报》2002 年 3 月 8 日，第 6 版。

而信用则为市场高效、高质运行的基础。目前，市场信用水平较低已经严重影响并破坏了资本市场内部个体单位的正常运行，套钱为多数投机者进入资本市场的主要目的，伴随着"高超资本运作"手法所带来的高额回报，市场信用与公司信用丧失殆尽。

国内的例证。自 2005 年伊始，丰乐种业、方大、国光瓷业、ST 数码以及利嘉股份等上市公司被"授予黄牌"。同时，在 2005 年 1 月，7 家上市公司的高管人员被司法机关进行刑事调查。直至 2004 年 12 月 31 日，中国证券监督管理委员会共立案并查处案件数量为 865 件，并对场内 451 家机构及 862 名个人给予了行政处罚，且移送公安机关案件 65 各，其中涉嫌犯罪人员 345 人。①

国外的例证。以美国次贷危机中信用评级机构为例，次贷危机中信用评级机构的不光彩现身，摧毁了市场中介机构的信用形象。标准普尔（Standard & Poor）、穆迪（Moody）、惠誉（Fitch）美国三大信用评级机构非未忠实守信的履行其职责与义务，在对投资者关注的信用评级中置公正、独立评价于不顾。利润的驱动，导致了信用评级机构的道德丧失，承担成本费用的则是依据信用评级而进行投资的债权人。

如罗培新教授指出的：美国次贷危机中，信用评级机构在众多的责难与质疑中，完美展现了其真实的面孔，信用评级预防警示作用丧失、信用评级结论前后不一、各种利益难以协调、百般推脱责任构成了信用评级机构的内在真实样态。② 我们认为，债权人面对如此多面的信用评级机构，所能有所作为甚少，只能诉求更严格、改进的法律对策。实践中，G20 集团要求将所有的信用评级机构纳入监管的界限，美国总统奥巴马会见华尔街十三家银行高管督促接受新的监管规则，无不是努力通过法律规则以提高对方在资本市场实践中的"信用度"。我们认知到，市场在不断演进、成熟，法律在不断改革、完善，然而发达如美国资本市场内背信违约的案件却仍旧手段翻新、层出不穷，根源即在于信用市场并未实质且有效的建立。

---

① 参见姜福晓《中国证券市场规范的实效分析：从"规范和发展的悖论"谈起》，2010 年 2 月 12 日。http：//article. chinalawinfo. com/Article_ Detail. asp？ ArticleId =46198。

② 参见罗培新《专业机构信用缺失：风雨飘摇中的信用评级机构》，《法制日报》2009 年 4 月 10 日，第 10 版。

2. 公司信用缺失的文化因素

动态的市场内总是伴随着融资渠道的新发现、金融衍生品的创新、产品的不断更新、交易模式的不断演进、投资模式的多样化。相比于市场内"多彩多姿"的资本运行，法律总是相对处于静止状态，显得较为呆板。在现实的资本市场内，法律总是无法及时的跟进市场的发展，多数情况下落后于市场内经济的动态。事实上，每一次金融危机后的法律改革，都是法律对当时市场经济动态、潜在危机的规制，其本质无疑是对市场内经济运行细微模式的重新认识与再次梳理。显然，法律相比于市场内经济的发展总是相对落后的，在资本市场内出现监管缺失也为正常。我们必须认知到，多变的是动态经济下的法律规则，不变的是人类的善良之心。因此，在历次重新对法律规则修改甚至"重新洗牌"的过程中，立法者与市场主体万不能忽视的是如何提高人们的道德水准。毕竟，善良之心才是永恒的警察。正如美国的丹尼尔·贝尔教授所说："为经济提供方向的最终还是养育经济于其中的文化价值系统。"①

中国文化传承至今，不乏彰显厚德尚品的"晋商"、"徽商"，诚信为其立世经商之本。然而，无商不奸、裙带关系、唯利是图等评语在市场内也具有一定的影响，无疑成为经济运行基础的文化因素的障碍。实践中，股权分置改革前的超级大股东、产权不明晰的国有公司的天然优势都成为了腐蚀道德文化的催化剂。虽然众多投资者对上市公司并未给予信任，公司治理结构不清晰、高管非法获取高额薪酬、大股东剥削中小股东是投资者对上市公司的普遍印象。但在传统文化中"关系"的影响下，人们并未表现出对其强烈的反感，反而一定程度上"被动"的索取"关系"所带来的利益。可见，道德的约束面对"关系"所带来巨大利润之时往往显得苍白无力，利己之心占决定优势，克己之心则难以形成。

从文化的视角看，信用是人们对成文契约与不成文契约所形成的一种自觉遵守，在守信之时，并不考量成本与效益的差额。因此，即便在守信成本较高的时候，在文化理念的促动下，仍守信履约。② 可见，这种情况的发生，是以正确文化理念作为指引。因此，正确弘扬中国的传统文化，

---

① 参见姜福晓《中国证券市场规范的实效分析：从"规范和发展的悖论"谈起》，2010 年 2 月 12 日。http://article.chinalawinfo.com/Article_Detail.asp? ArticleId = 46198。

② 同上。

去除其中的糟粕,才能对公司的信用起到正确的引领作用。

四　重塑公司信用对债权人的保护

契约为市场信用的根基,市场在契约作用下高效率、多获益的运转是成熟市场与公司信用的彰显。市场的脉络在公司家们通过契约网联结的作用下逐渐成型,他们的契约设计时而精妙、时而简单,无论形式如何,目的都是获取高效稳定的收益。然而,在没有完全迈入法制社会的转型期法律环境之下,隐性契约所产生的效率并未落后于法制社会下契约的作用,至少外表看是如此。[①] 那么,以成本与收益的视角观之,公司信用应以何种契约为基础? 在此背景之下,债权人又以何为信?

(一) 公司信用的引导理念

公司信用至少具有两个明显的特征,即法制与收益大于成本。其一,法制为公司信用应有之义,在一个法制成熟的国家,应以法制为法律核心理念并适用在市场经济内,人们应接受法制理念并践行于市场内。其二,成本、收益的考量对个体单位而言至关重要,也适用在市场内部的微观经济,尤其适用于公司。在市场内,运行良好的市场微观系统必然能够发挥其自由市场作用,进而减低成本,增加收益。以这两个特征来审视隐性契约与法制契约的优劣,有助于我们把握公司信用的真谛。

1. 发挥隐形契约的优势

中国在制度的演进过程中同近邻俄罗斯相比选择了一条更平稳、渐进式的中国特色的改革模式,并使经济的高速增长持续至今,取得了巨大的成效。在传统政治制度没有巨大改变的背景之下,开放并促进市场发展一直是市场经济发展的方向,但毕竟,中国的市场内部法律环境正处于向法制转变的过程中。[②] 所以,在投资者必须面对隐性契约关系很难在较短的

---

① 法制契约指投资者通过法律所签订了合同等双方完全自愿达成的协议;隐性契约则指未完全法制化的市场中主体之间凭借"关系优势"所达成的合同,所谓"关系优势"是指:交易商的亲属或朋友为政府高官、公司高管、司法系统法官、市场活动组织者等因其权贵职位所带来的多种利益。

② 参见秦芳菊、仇晓光《法制全球化下中国知识产权规则的变革》,《行政与法》2010 年第 7 期, 第 127 页。

时间内完全消失的事实，投资者应认识隐性契约对效率乃至公司信用的正负作用。

其一，隐性契约的正面效应在于：节省信息搜寻成本、降低依赖法律成本。隐性契约的达成在于交易商之间因"关系"而对交易方的信息掌握与对交易方怀有信任。有"关系"而信息可以顺畅地传递是一个不争的事实，双方主体对信息搜寻的时间、金钱成本因"关系"的存在而大大降低。在工业社会之前，原始部落、家族、宗族的物质汇聚与资源分配都源于个体对部落宗族产生一种关系信任，"关系"为信用保障，这种关系信任影响甚深，直至今日一直发挥着功效。交易商因将信任赋予关系信用，则降低了签署具体法律文件的成本，事后发生纠纷若能通过关系信用而解决则同样降低了诉诸法律的成本及司法系统为解决纠纷而付出的成本。

其二，隐性契约的负面效应在于：减低法律信用权威、削弱市场信任指数、提加违约成本。法律毕竟是维护社会公平、正义的机制，无法状态下的社会将倒退至"丛林时代"，隐性契约的存在是法律发展不完备、法制社会未成熟的外在表现。在法律规制市场中所出现的缝隙中所隐藏的隐性契约，往往因"关系优势"带给交易方一定的利润，为其他交易主体所"嫉妒"。在获取利润的动机下，交易商若都追逐"关系优势"，则必然造成市场不公，削弱并降低法律于市场内的权威。法律权威的下降，预示着市场内信任已经缺失，正如司法系统的腐败必然会降低投资者对法律的期望。隐性契约往往附随着不完备的法律文件，可见，隐性契约一旦发生纠纷，同时会增加双方诉讼成本无疑。因此，就总体而言，市场内部隐性契约的负面效应大大高于其正面效应，正如政府强势干预市场过度必然会导致市场内各种资源不能避免低效配置或者无效率的情况一样，持续高增长的经济以及高效的市场是不能寄希望于隐性契约的功能。

2. 培养法制契约的环境

成熟的市场经济体系必然内含着具有创新精神的公司、高质量的产品与发达的金融市场，而这三种要素都须求助于法制的支撑。正如有学者所指出的："市场经济就是法制经济，它迫切需要良好的宪法和法律制度来克服市场缺陷、政府缺陷以及市场与政府结合方式上的缺陷，法制是市场与政府之外能够长期支撑经济增长的动力。"① 当然，法制的成型是一个道路曲折且漫长的过程，在认清中国儒家文化、历史等因素对法律影响的前提下，追求法制市场是不可舍弃的信念。应注意到，法制市场对经济增长的作用是不容忽视的。例如，经济行政法规的泛化是政府力量干预市场内部经济运行的表现，在特定历史时期极大地促进了市场经济的发展。② 行政法规对经济效益的提高作用，隐含着强势政府干预市场经济而促进经济高速发展的事实。随着市场经济自身的发展及强势政府职能的转变，通过行政法规促进经济增长的功能这一任务渐进的交接于市场内部的民商事法律规范，这不仅是政府的进步，还是法制的进步。正如有学者所认知到的，"《行政许可法》（2003）的出台、国务院近年来推动的自上而下的清理行政法规、部门规章的行动以及行政审批的清理和数量的削减，一定程度上反映了该趋势"。③ 这种趋势的转变也深深的反映了法制与市场经济的内在联系以及法制对市场经济的巨大促进功能。

总之，前述的解析揭示了一个事实，即法制市场经济才能确保市场内公司信用的"质量"，市场经济以法制为信。虽然转轨经济国家的市场在改革过程中因经验不足而不可避免地出现改革对策不完善、改革后续纠错措施短缺、改革中市场价格机制弯曲等弊端，但在法制渐进成熟的阵痛过程中隐性契约终将会日渐地退出法制市场经济的舞台，高效率的商事交易亦将为法制契约所完全支撑。

（二）公司信用的修补与维护

在法制社会中，债权人将自身利益的稳定保护都寄希望于公司信用。法制为公司信用的保障，而公司信用则为债权人利益保护的根基，在转轨经济国家中，政府失信是公司信用不足以发挥应有作用的根本原因。因此，完善法律体系，促进法制社会的成型，保障政府的信用，是成熟市场信用急需的外在动力，更是债权人利益获得保障的前提所在。正如推理小说家阿加莎·克里斯蒂（Agatha Christie）所言："在涉及到很多钱的时

---

① 参见周林彬等《法律经济学：中国的理论与实践》，北京大学出版社 2008 年版，第 271 页。

② 同上书，第 283—286 页。

③ 同上书，第 286 页。

候，最好不要相信任何人。"① 一个人因拿了钱就走而承受的信誉损失成本往往小于因很多钱而获得的收益。前述的话语再次论证了一个经典的评述：利己之心往往因蝇头小利而扩张，克己之心往往因巨大的诱惑而溃败，只有法律才是平衡两者的最佳武器。相比于西方发达国家，我国社会的社会信任度较低，私人信任度较高。但从长远来看，为保障公司信用的实现必须保障私人信任度稳中有升的同时，通过法律建设强力提高社会与法律的信任指数。

1. 公司信用成熟的标尺：政府信用之确立

法制社会重在树立法律的权威，而法律的权威则直接体现在政府对法律的尊重，政府信用即其对法律的尊重是一个社会中法制发展的最佳检测标尺。

其一，重视政府信用。转型期政府信用缺失是一个处于发展中的国家社会与市场中的一个常态现象，不足为奇。甚至有学者曾指出，"现实中，新兴市场的大部分公司违约是由基本的国家风险造成的"。② 一简单的例子似乎更具有实证的说服力：中国股票市场的冲高回落与房地产市场的巨大起伏，无疑使百姓对政府允诺的保障股市平稳与控制房地产价格起落失去信任。具体而言，我们认为政府信用缺失主要集中在以下几个方面：（1）财产的保护。在近年的法律改革中，维护公民财产权利的法律法规已经不断完备，2007 年 3 月 16 日通过的《中华人民共和国物权法》即为最好的例证。但相关的配套法律法规急需完善，例如，2001 年 6 月 13 日发布的《城市房屋拆迁管理条例》对于拆迁过程中对拆迁民众的房屋补偿并为使实践中民众的房屋财产得到较好的补偿与保护，拆迁条例中有关规定急需修改。（2）信息传递服务。2003 年非典（SARS）的爆发以及 2009 年 H1N1 流感的蔓延都存在政府官员向社会公开信息的延报乃至误报情况。在重大事件面前，政府的诚信表现在信息披露的透明度，如资本市场内瞬息万变的商业政策一样，信息公开与传递均反映了一种诚信的态度。（3）司法质量的保障。司法公正是民心所盼、民心所期的重大问题。2008 年最高人民法院副院长黄松有案件、2009 年重庆市高级人民法

① ［美］约翰·麦克米兰：《市场演进的故事》，余江译，中信出版社 2006 年版，第 74 页。

② ［美］布莱·甘吉林、约翰·比拉尔代洛：《公司信用分析基础》，许勤等译，上海财经大学出版社 2007 年版，第 3 页。

院审判委员会委员乌小青案件都为司法信用度添加了质疑之声,全国人大法律委员会委员、著名民法学家梁慧星等众多法学家与社会学家均对司法系统问题而影响法制信心深表担忧。"人们对政府的信任很大程度上取决于政治制度的安排和国家的法制化程度。如果政府的行为受不到法律的有效约束,人们对政府的信任就会降低。"① 因此,我们认为,司法质量的保障是人们对法制环境下政府信用的最基本要求,有权力即必然有滥用权力的可能,通过完善的司法体系以规制权力的滥用为政府信用的核心体现。

其二,以法制引导政府信用的建设。政府信用失效状态的挽救对策,主要集中于法制理念的树立、法律规则的细化、责任体制的完善等方面。首先,树立法制理念:法律抑制权力。制度为社会参与个体所遵守的普遍规则,应为人们所尊重,然而权力大于法律无疑将破坏规则的权威,法制权威将无从依靠。如果制度规则可以因某些参与个体的利益而改变、软化,那么规则必然不会得到人们的信赖与尊重。在法律的执行过程中,政府各个部门出于"部门利益"的考量借助手中权力为自己提供寻租渠道的合法化,官员也通过手中的授权寻求市场内利益代言人,如此则法制理念在市场及社会中荡然无存。我们认为,面对利益面前,官员并不必然是高尚的,手握权力之人也并不必然是无私的,尊重法律的权威以抑制权力,树立法制理念才是挽救政府信用首要前提。

其次,细化法律规则:降低守法及执法成本。无论是依法守法抑或是依法执法的过程中,人们与执法主体都不能避免的一个问题,即过高的守法及执法成本。法律规则过于原则化使守法者不能寻求确切的法律依据维护自我利益,并且极可能给执法者带来较大的滥权空间。在面对高成本法律的面前,如何让人们求助法律、求助政府?可见,细化法律规则,其效果是当求助法律的收益大于较高法律成本之时,人们将会诉纠纷于法律,而彰显法治政府信用。

再次,完善责任体制:平衡激励与约束。人们在履行法律的同时必然会考量自身行为通过法律运行而获得的回报与收益,同时,事前的激励与约束也同样可以起到促使人们权衡自身行为的作用。无约束则无责任、无责任则无利益触动、无利益触动则无法激活政府及人们守法之心。政府问

---

① 张维迎:《信息、信任与法律》,三联书店 2003 年版,第 14 页。

责、官员致歉不能仅仅沦为"美丽的抚慰",切实落实责任的承担,才是提升政府信用质量的核心"钥匙"。

最后,衡平非正式制度与法律制度的冲突:文化因素的考量。每个国家都有自己独特的历史文化、宗教信仰,并且对法律制度产生了深深的不可磨灭的影响。人治传统下的关系、人情、请托等非正式制度至今仍在社会中发挥着其特有的功能,然而,其为政府及官员提供的寻租成本已经转嫁到众多市场投资者身上,这绝不能为法制社会所接受。因此,明晰非正式制度所带来的巨大社会成本,揭启人们法制理念的智慧也成为提升政府信用不可或缺的考量要素。

2. 确立公司信用

债权人利益的保护是一个多角度对策的融合。人并非孤岛上的鲁宾逊,债权人亦非市场内仅有的参与者,公司股东、高管、律师、政府等皆为市场内不可分割且不可或缺的利益主体,因此,债权人利益的保护与多方主体的利益均存在衔接。从法律的视角看,契约链的联结与融合已经将债权人利益与其他市场参与者的利益紧紧的结合于一起,博弈的竞技不可避免。我们认为,法律的形式多样,政策即为法律重要的形式补充之一。① 国家的政策与法律紧密相连,二者的有机、高效结合是需要修补的公司信用"硬伤",其有效的修复应是为众多参与者博弈的市场中的债权人利益提供了较为完善的保护对策。

首先,政府政策的稳定性与持续性将保障公司的信用。为经济增长提供动力、为债权人利益保驾护航的不仅仅是法律所独有的功效,同时也是法律形式补充之一的政策所具有的功能。中国的市场经济发展迅速,取得了令人瞩目的成就,然而相比于西方发达国家,其数百年的市场经济显然为我们所无法比拟,现时市场经济的自由性、开放度仍需继续改进。虽然,中国政府在不断放松手中干预市场中的权力,然而毕竟有所保留。这种情况的发展与我国政策影响市场的方式存在一定的关系。在实践中,政策通过法律而作用市场,一般首先促使政策的形成,然后通过立法转化为抽象及原则性的法规,继而在低层次法规中具体并细化为详细的法规,如此的流程操作将国家干预市场的经济政策通过法律付之于市场内。正如范·罗伊杰(Van Rooij)在概述中国立法特征时所言,"中国采取了所谓

---

① 参见张文显《法理学》,北京大学出版社 1999 年版,第 59 页。

的'分餐(piece meal)'式立法。这种立法的特征之一是先出台抽象、原则性法规,然后在低层次法规上进行细化、具体化,主要以行政立法为形式进行具体化。另一特征则体现在这种分餐式立法往往在全国性立法中实行非常严格化、具体化标准以便各地方能根据地方性实情进行地方立法"(如图6所示)。①

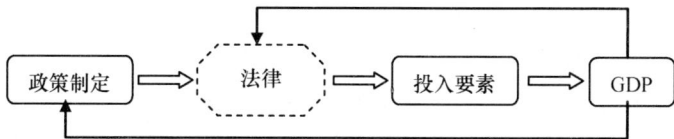

图6 政策通过法律设计而延伸至市场

"一诺千金",如实地反映了政策稳定性与持续性对投资者(债权人)利益维护的重要性。政策稳定性与持续性是对投资者的一种承诺,影响着投资者在市场内的几乎所有投资决定以及对第三方交易秩序的维持。债权人在市场内的任何行为都将视政府政策为其考量因素,然而,政策所辐射下社会市场内的利益分部不均、不对称极易导致政策开始顺利实施,但中途更改将给债权人利益造成极大损失。我国近年来的煤炭意外整改政策、房地产政策调整、股市政策频出为市场内债权人利益造成严重损害已经是不争的事实。政策的多变是与政策相关的各利益团体之间的不间断博弈的短暂结局,为确保债权人利益的损失应尽量避免政策不稳定与不持续性。因此,我们认为,政策的优良将间接地影响了市场内债权人的切身利益,政策的稳定将避免市场内经济的巨大波动,政策的持久则有助于增强债权人投资的信心。

其次,法律规则的"软化"及充足供给将维护公司的信用。作为政策在市场内延伸的一种重要方式——法律,对减少市场交易成本、促进经济的发展以及债权人利益的保护产生着最直接的影响(如图7所示)。②

---

① 参见周林彬等《法律经济学:中国的理论与实践》,北京大学出版社2008年版,第314页。

② 同上书,第320页。

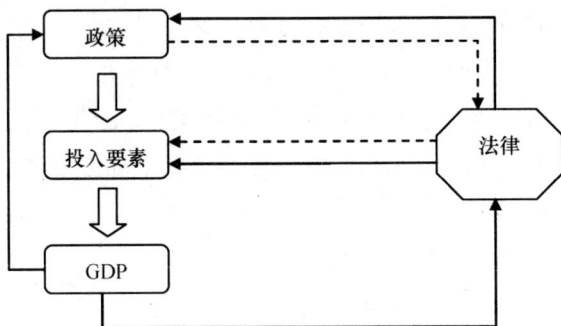

图 7　法律在经济增长中的作用

我们认为，作为规制商事主体的主要法律——公司法承载着协调政府与市场、股东与债权人等利益团体之间的博弈冲突，并维护各方合法、合理利益的历史重任。然而，影响股东、债权人利益至深的公司法规则品格即规则的强制性与任意性已经成为困惑世界公司法学者的共同命题。对此，罗培新教授曾指出："为公司法规则的强制性或任意性寻求一个抽象的法理判断标准，已经成为世界各国公司法理学说和公司立法共同面临的基础性命题。"① 目前来看，我国旧《公司法》中强制性规则"一统天下"的局面已经为 2005 年新《公司法》所破除，任意性规范为公司法所吸取，公司资本制度的软化、公司高管义务的重新界定以及公司章程自由空间的提升等皆为其外在反映（如图 8 所示）。②

政府不是市场中的交易者，法院也非市场中的商人，如何有利于商事交易规则的效率提高与安全保障市场显然比政府与法院更具发言权。为市场以及交易多方主体维护自身利益预留了充足的谈判空间，不仅是公司法契约性的外在展现，同时也是对当代公司法规则品格发展趋势的最佳折映。可见，罗培新教授通过对新旧《公司法》强制性与任意性规范的历史呈现，已经向我们展示出了公司法由强制性规范为主向任意性规范为主的过渡性趋势。在此背景下，我们认为，作为对市场规则的尊重，对世界法律改革浪潮的回应，软化公司法规则必将引领未来公司的改革方向。同

---

① 罗培新：《公司法强制性与任意性边界之厘定：一个法理分析框架》，《中国法学》2007年第 4 期，第 69 页。

② 同上。

时，法律市场内部产品的丰富对债权人利益的保护起着重要的作用。法律市场效率的高低，一定程度上取决于市场内法律产品的数量是否充足。同市场经济理论一样，如果法律市场内产品的供给不够充足而导致人们的法律产品的需求不能满足，则必然会提高人们的守法成本和执法成本。法律产品的稀缺不仅使得守法与执法成本高于人们的支付能力，更使得人们对法律产品的选择范围较窄，获得利益保护的能力下降，无疑会影响法律市场的效率。

	新《公司法》	旧《公司法》
任意性规范字句		
"可以"	88 处	60 处
"公司章程另有规定的除外"	3 处	0 处
"公司章程规定的（职权等其他事项）"	10 处	5 处
"由公司章程规定"	11 处	10 处
"依照公司章程的规定"	5 处	0 处
"全体股东约定……的除外"	1 处	0 处
"经股东会或者股东大会同意，还可以"	1 处	0 处
"强制性规范字句"		
"应当"	178 处	136 处
"不得"	65 处	61 处
"必须"	28 处	46 处

图8　新旧《公司法》规范类型统计

最后，司法解释的借重将为公司信用提供最终的保护。面对市场的发展，法律的回应显然有些缓慢，即便在实践司法之中，法律对许多案件的审理也显得力不从心。信息在市场内的及时传递及其后续的效益被现代市场所重视，这种效益同样反映在法律对事实的回应中。法律救济贵在及时，不仅是获取收益并降低成本能力的体现也是对市场动态及时的反应。债权人利益的切实保护，往往体现在纠纷发生之时或公司危急之际，事后的救济并不能为权益损失者利益提供完善的补偿，救济的及时性均为债权人所关注。以美国"安然案"为例，有学者称其为："欺诈案发后的美国证券市场快速纠错机制是摆在中国证券监管各方面前展开的一个标本。"①司法介入的及时有力、证监会执法程序的准确到位、检查部门以及众多其他部门的迅速调查等措施都对安然案件的理顺发挥了巨大的作用。市场是多变的，人们很难预测到何时危机到来，就如同债权人很难预测到公司在什么时候，因为什么原因，以什么方式破产。在这种情况下，应对危机的有效方式就是大力借重最高人民法院的司法解释。因此，我们认为，通过借重司法解释，不仅是对市场动态特性的一种理性且高效的反应，也是债权人利益保护的重要依靠所在。

第二节　国家强制：司法对债权人利益的保护

在过去，中国公司经营管理中出现的纠纷往往通过行政力量解决，现在行政机关力量减弱了，如果没有司法机关的介入，不仅会造成管理机构的僵局，更甚至使得管理机构无法运作下去。实践中，这种情况现在已经出现很多。国家干预与市场自治这个动态的充满"博弈与循环特性的竞技场"随着经济波动周期的不约而定的此消彼长。市场经济是带有自由、自治、自利特性的自治市场，资本市场则将此种特性发挥得淋漓尽致。在资本市场中，减少国家权力不适当的延伸阻断行政权力对平等经济主体商事交易的过度干预一直为商事法学者所呼吁，并且已经在实践中取得了巨大的进步。然而，在"动态契约网"下的公司法出现自利无法解决的困境之时缺少行政权力干预的公司各利益主体诉法于何处？答案无疑为司法的介入。根据美国公司法顶尖学者弗兰克·H.伊斯特布鲁克（Frank H. Easterbrook）、丹尼尔·R.费舍（Daniel R. Fischel）的见解，公司法发挥着公司合同模本机制和漏洞补充机制的作用。②但正如有学者所指出的："公司章程必然是不完备的合同，没有司法的支持、补充和解释，它

---

① 陈志武、周年洋：《安然：华尔街完美案例》，中国城市出版社2002年版，第101页。
② 参见罗培新《公司法变：不要以瑕掩玉》，《南方周末》2005年4月7日，第8版。

们只能是一个空的躯壳。"① 司法的介入对公司法而言,巨大的作用在于弥补公司法"动态契约"的不完备,为债权人及相关投资者的利益提供了有力的维护"契约缝隙"的工具。

司法介入的"度"如何掌握是理论与实务中的焦点与难点。何事、何时、何种方法与程序通过司法介入公司纠纷不仅是股东、高管、债权人乃至法官所亟须辨清的,更是立法所迫切需要赋予回答的。司法介入的效应体现在债权人维权成本与收益。司法介入是通过法院并围绕法官的受理、分析、断案而展开的。然而,法官并非理性的经济人,更非具有高明商业判断智慧的经理人。"实际生活中的法官既不是输入案件事实和法律条文,而后'吐出'判决的'自动售货机',也不是公正无私、恪尽职守的'道德人',而是世俗的人,是有可能会办理各种'关系案'、'人情案'、'金钱案'的经济人。"② 这无疑为如何确保"高质的司法介入"提出了一个尖锐的问题。③ 债权人因信赖利益与"默示的同意"而与其他公司主体签订公司长期契约,在通过公司法与司法介入之际,降低投入成本与维护自身权益必然为其关注的重点,也必然为其衡量借助司法解决纠纷效果的重要依据。由前述的解析我们认知到:司法介入的效率性展现在至少两个层面,司法介入之"度"与司法介入之效应为司法介入的效率评价标准。

一 法院对债权人利益的保护:一个案例的启示

2008 年"三鹿奶粉"事件吸引了法学者的目光:④ 中国食品质量监管体制缺失了什么?现行民事赔偿制度对假冒伪劣为何束手无策?公司应履行怎样的社会责任?在本次事件中,国家质量监督检验检疫总局局长引

① 这种观点源自阿道夫·伯利(AdolfBerle)的论断。参见罗培新《新〈公司法〉背景下的司法裁判困境》,《华东政法大学学报》2006 年第 1 期,第 105 页。

② 参见冯玉军《法经济学范式》,清华大学出版社 2009 年版,第 458 页。

③ 社会转型时期,面对规则的重建和知识的更新,法院负累相当繁重。单就知识学习而言,法院已经被动地开始学习次级债权、证券资信评估、证券投资基金、公司盈余分配、上市公司收购、房地产咨询、银行结算、物业管理、有线电视收视等新知识。参见罗培新《公司法变:不要以瑕掩玉》,《南方周末》2005 年 4 月 7 日,第 8 版。

④ 参见《毒奶粉事件:沉痛的反思 [EB/OL]》,(2010 - 03 - 1),http://www.ca2u.net/thread - 159016 - 1 - 1.html。

咎辞职,石家庄市委书记、市长、副市长等官员被免职,中国政坛是否将刮起"问责风暴"?然而,从三鹿公司债权人角度看,司法介入的及时与效率则为其关注重点。

(一)"三鹿奶粉"案:司法与政府的角色

其案情是:① 2008 年 9 月,甘肃、江苏等省惊曝数十名婴儿服用三鹿奶粉后患上幼儿罕见的肾结石。随着真相的展开,生产受到三聚氰胺污染婴儿奶粉的公司名单扩大到 22 家之多,国内知名乳业公司光明、伊利、蒙牛等无一幸免。国外有媒体甚至称:"毒奶粉事件是集体下毒的丑闻。"迄今为止,毒奶粉事件在全国范围内已影响 5 万多婴幼儿,造成 4 人死亡,1.3 万婴儿被迫住院治疗,其中 100 多人生命垂危。22 家毒奶粉生产厂家涉及消费人群超过 6000 万。

法院及政府的回应是:② 10 月 31 日,经财务审计和资产评估,三鹿集团已资不抵债。12 月 19 日,三鹿集团又借款 9.02 亿元付给全国奶协,用于支付患病婴幼儿的治疗和赔偿费用。12 月下旬,债权人石家庄商业银行和平西路支行向石家庄市中级人民法院提出了对三鹿集团进行破产清算的申请。12 月 23 日,石家庄中院宣布三鹿集团破产,指定管理人(三鹿商贸公司)来管理三鹿集团,并将于 12 月 26—31 日,审查债权人申请。12 月 24 日,河北石家庄市政府、三鹿集团选取 20 多个代理商代表,到三鹿集团商谈,最终三鹿与代理商达成还款意向。12 月 25 日,河北省石家庄市政府在新闻发布会上宣布,三鹿集团资不抵债,破产清算申请已经被石家庄市中级人民法院受理。

我们的认知是:"三鹿奶粉"事件以来,由政府的强力干预到最终引导司法介入体现了司法的法制精神,其背后隐含着行政权力逐步退出市场利益纠纷的"阵地","司法主导型"③ 的诉讼纠纷解决模式将开辟司法新理念的未来道路。行政权力合理、有序、有度的退出,司法正当、及

---

① 参见《毒奶粉事件:沉痛的反思[EB/OL]》,(2010 - 05 - 19),http://www.ca2u.net/thread - 159016 - 1 - 1.html。

② 参见《从法律角度看毒奶粉事件[EB/OL]》,(2010 - 05 - 22),http://www.ca2u.net/thread - 159016 - 1 - 1.html,http://www.chinalawedu.com/news/1300/11/2009/2/ji25474181716290021162 - 0.htm。

③ 参见《以司法理性保障三鹿破产的公正》,《新京报》2008 年 12 月 26 日,第 4 版。

时、适度、高效率的介入不仅是市场内部相关利益群体权益重要的保障，也应是法制社会应有之义。[①]

(二) 债权人对司法的质疑

债权人对三鹿一案存在多个质疑，主要在以下两方面。首先，对受损害儿童赔偿诉讼不被立案的质疑。"据报道，2008 年 9 月 22 日，河南省镇平县的一位孙姓家长代理其一岁多的孩子，向该县人民法院提起了民事赔偿诉讼，要求三鹿集团赔偿，2008 年 12 月 8 日'三聚氰胺奶粉受害者法律援助团'向河北省高级法院提起民事赔偿诉讼，要求赔偿。"[②] 然而，法院对诸如此类案件不予受理，换回的是政府与法院部门仅仅给予的承诺："正在主持研究受害者赔偿方案。"[③] 事实是正如有学者已注意到的："结石宝宝纷纷组团起诉三鹿等奶粉厂商，但各家法院均答复，法院暂不受理。"[④] 试想，有诉讼而不能申，侵权债权人利益如何保障？其次，债权人对司法介入三鹿集团案不及时的质疑。2008 年 9 月爆发的奶粉事件，因司法介入时间不够及时，拖延的司法正义使得三鹿集团的债权人利益造成了不应有的损失。试问，公司债权人因迟到的司法介入而遭受的损害何人来补偿？

"三鹿奶粉"一案揭示的是，司法适度、及时、高效、权威的介入公司纠纷，是债权人利益获得保障的重要前提。事实上，司法系统效率低下已经成为困扰债权人维权的重要问题。案件积压、结案延迟以及司法系统性腐败都影响了司法系统应有的效率，其结果是，债权人对司法制度极度

---

① 不可否认的是，今年以来我国的司法改革已经取得了巨大的进步。如张文显教授所指出的："从法院外部的改革成就来看主要有四个方面，改革党对司法的领导模式——从"以党代法"到"依法执政"；改革人大对法院的监督模式，确立依法监督、集体监督、公开监督的新模式；改革行政与司法的关系，一府两院格局形成；改革政法机关之间的关系，确立公监检法司安等政法机关之间"分工负责、互相配合、互相制约"的司法制度。而法院自身方面，则主要体现在优化上下级法院之间的职权配置，探索分工科学、职责明晰的法院内部体制。建立"统一立案、分类审判、集中执行、专门监督"的工作体制等方面。张文显：《中国司法改革的理论与实践》，（2001 - 12 - 19），http://wkkyc.fudan.edu.cn/s/38/t/69/15/6c/info5484.htm。

② 参见臧小丽《三鹿破产程序的几点质疑》，2010 年 1 月 29 日，http://blog.lawask.cn/lawyer - article - 2122.htm。

③ 同上。

④ 谢文哲：《公司法上的纠纷之特殊诉讼机制研究》，法律出版社 2009 年版，第 334 页。

不信任。如果没有一个公正的、可以高效执行的司法系统，那么再多的立法也仅仅是一个"面子工程"，而不能对债权人利益的保护起到任何的实效。

二 国家强制的演进：行政权向司法权的过渡

由行政权向司法权的过渡，是规制现代市场的发展趋势。"自由和秩序是建立市场经济最根本的要素，而这两方面的要素在我们国家过去都是欠缺的，即缺乏必要的市场自由，也缺乏市场的秩序。"[①] 但是，建立市场的秩序不能以牺牲市场自由为代价，以行政权规制市场，这不可辩驳，然而过度的行政权向市场内延伸将导致市场自由的萎缩。无市场自由可言的市场，何来司法公正可言，何来债权人利益获得保障之说？

（一）行政权的边界

行政权的范围是公司自治与政府调节的边界。通常而言，"政府与公司的关系特别是政府对公司拥有的法律权利决定性地铸造了一国公司法律制度的品性"。[②] 实践中，政府对公司拥有的法律权利以两种方式表达，即以政策方式而展示的行政权以及通过立法方式而制定其他相关法律。我们认为，行政权所隐含的政府政策在市场中存在且波及范围较广，公司法所隐含的政府立法意志为行政权力在市场内部的延伸界限。

具体而言，市场是动态的，而政府利益也是动态的，市场内公司产生纠纷是一种常态，牵涉甚广，波及政府或其他相关利益体。因此，在法律欠缺与市场欠发达的环境下，行政权力经常超越一国宪法及法律体系（如公司法、证券法等）的约束对公司利益纠纷进行干预。这种情况下，公司自治空间受到非法、不合理的挤压。所以，市场自治的空间是政府的权力收敛并退出情况下所给予的，这种政府权力的退出体现了立法者自认为无法做出比市场中的商事主体更聪明的"商业决策"。正如方流芳教授

---

① 参见江平《中国改革开放的成功经验是市场＋法制》，2010 年 2 月 21 日，http：// www. blogchina. com/20071009397003. html。

② 王红一：《公司法功能与结构法社会学分析：公司立法问题研究》，北京大学出版社 2002 年版，第 141 页。

洞察到的:重要不是当事人能否设想出恰当的监管模式,而是法律究竟给投资者、管理人员留下了多少选择余地,政府究竟给市场秩序的自发形成留下了多少余地。可见,如果立法者认为自己比市场聪明、比当事人聪明,他们就会代替当事人就公司监管做出决定,即使当事人能够找到恰当的治理模式也无法付诸实施。因此,行政权力的过度干预扩展了政府自由裁量权的界限,破除了政府与市场之间的"约定",违背了政府立法之初的承诺,其结果是:违背了立法之承诺、毁损了法律的尊严、降低了法律的信誉、严重伤害商事主体利益、不同程度地降低了市场内在的效率①。所以,我们认为,对规制市场而言,行政权力应止步于市场自治的边界。这种认知已经在实践中获得了验证,2009 年 10 月 31 日,最高法院以及众多实务界及理论界权威人士对《关于建立健全诉讼与非诉讼相链接的矛盾纠纷解决机制的若干意见》给予了积极的评价,可见,在过去曾经以行政为主导的解决纠纷机制已经不能适应社会及市场的发展需要。②

(二) 司法介入债权人保护的成因

司法权介入公司法的依据在于两方面,首先,如上文所述,政府权力为市场预留的自治空间是司法权得以进入公司法的前提要素。我们不能忽视行政权介入公司的固有优势,在公司纠纷至极限时,外部力量的介入有助于解决纠纷、平衡多方利益、维护平等、提高公司效率等优势。例如:"政府根据成千上万的公司参与者在公司治理中碰到的问题及其解决途径,将其转化为公共产品,提供给公司的参与者;比政府提供治理规则更进一步,当公司治理出现障碍时,政府直接介入,有时能起到立竿见影的

---

① 对《证券法草案》二稿的评析中,罗培新教授曾指出:"出于对证监会欠缺司法经验的担忧以及未能妥善行使既有权力的责难,市场对此规定多有质疑。作为回应,《证券法草案》二读稿对证监会行使权力增加了严格的程序:即冻结或者查封当事人的银行账户,应当经国务院证券监督管理机构或其派出机构主要负责人批准。但是,行政长官审批制并不必然带来不可或缺的安全感,行政长官审批固有的保守和程序上的滞后,可能反而有损本次修法所追求的效率。"由此观之,行政权力的延伸,对提高市场及司法的效率显得力不从心。参见罗培新《证监会应拥有怎样的司法权》,《南方周末》2005 年 9 月 8 日,第 8 版。

② 参见冯玉军《多元化纠纷解决机制的突破与创新》,《法制日报》2009 年 11 月 11 日,第 6 版。

效果。"① 但相比较而言，司法权有其内在的优势，例如：在政府预留的市场自治空间内，司法权介入公司纠纷更符合法制的理念与要求。我们认为，理性规制行政权的伸缩，是政府所期望的，政府已经清晰地认识到，行政权力的干预不应超出市场自治的智慧。大量的经济行政法规数量逐年递减即是政府作出的理性选择（如图9所示）。②

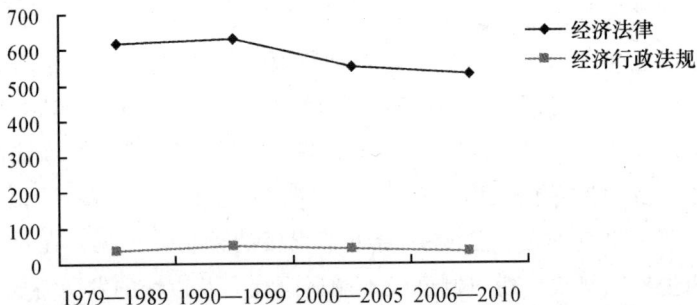

图9 经济法律与经济行政法规数量图：1979—2008年

实践中已经得到了证明，例如，2008年12月5—7日，我国中央经济工作会议在北京召开，会议期间国家主席胡锦涛发表重要讲话并指出：进一步推动政府职能转变，建设服务型政府。要深化行政审批制度改革，减少和规范行政审批。③ 综前所述，我们认为，公司纠纷往往伴随着利益的冲突，甚至不可协调的矛盾，此时需要公司外部力量的介入。行政权与司法权为规制公司外部力量的两种代表，实践中的例证已经向我们展现了立法对二者的取舍，就规制市场而言，行政权将逐步让位于司法权。

其次，法制社会的价值（效率、公平、正义）为司法权介入的现实依据。俄罗斯和西方的公众舆论都塑造了"野蛮东方"（Wild East）的形

---

① 杨勤法：《公司治理的司法介入：以司法介入的限度和程序设计为中心》，北京大学出版社2008年版，第35—36页。

② 周林彬：《法律经济学：中国的理论与实践》，北京大学出版社2008年版，第285页。

③ 参见《2009年12月5日中央经济工作会议报告［EB/OL］》，（2009－12－16），http：//politics. people. com. cn/GB/101380/10532209. html。

象，在那里，法律在公司之间的关系中并没有多大作用。① 在此描述中，法律之外的规制对策占据了上风，对此，凯瑟琳·亨德利等学者总结出公司间合同纠纷外力强制执行对策的方法途径，包括:② （1）关系契约（Relational Contracting）；（2）自我强制执行（Self-enforcement）；（3）第三方执行（Third-Party Enforcement）；（4）私人（力量）执行（Private Enforcement）；（5）国家行政手段（Adiministrative levers of the state）；（6）法律的影响（Shadow of the law）；（7）诉讼。显然，"野蛮东方"的质疑对象为非法律至上的法制社会，而法制社会中法律至上，公司纠纷皆应诉诸法律而非其他外力强制对策。正如有学者所指出的，俄罗斯的经验传递给我们两个方面的重要认知：首先，"根据我们的调查资料，公司与政府官员经常举行会谈，公司因此与国家仍然保持着相当密切的关系。但是这一联系并没有使国家在强制执行中发挥有效作用"；③ 其次，"在谈判解决效果不大时，公司通常认为法院是一种可行的选择，并且对其有效性给予相当高的评价。在俄罗斯，除了公司之间的直接联系接触外，诉讼威胁或实际提起诉讼是最重要的合同执行方法，这一点是很清楚的"。④ 因此，相比较法律之外的强制执行对策而言，法制仍将继续在司法的发展过程中发挥其长久且高效的作用。

第三节　自由与强制的联结:法院
对债权人利益的保护

公司诉讼的根源即在于多方利益主体所拥有的不同产权因利益博弈而产生的不能通过自身化解的利益矛盾，而司法对债权人利益保护发挥作用的核心在于法院诉讼处理机制，法院诉讼处理机制展现了司法在诉讼过程中保护债权人利益所内涵的价值。

---

① ［美］彼得·穆雷尔:《法律的价值：转轨经济中的评价》，韩光明译，法律出版社 2006年版，第 93 页。

② 同上书，第 93—94 页。

③ 同上。

④ 同上书，第 98—99 页。

一　法院的契约性价值

公司这一契约网联结了公司股东、发起人、公司债权人、公司董事及经理、公司自身、公司清算组人员等利益主体，而利益冲突的多样性决定了利益体不能通过自身的协调而化解矛盾，常常只能借助司法诉讼机制而协调。因此我们认为，借重法院的功能来调控公司诉讼问题是公司平衡利益相关者权益纠纷的一种衡平机制，它凝结了公司法所蕴涵的正义、安全价值，挽救了公司对效率追求而引发的公平、正义与安全的困境与危机。

（一）效率价值的追求

效率价值为法院保护债权人过程中所追求的重要价值。一个被多数学者所接受的观点是，采取股东导向型公司治理模式的公司可以更大程度上追求效率与利润，此类公司已经在市场的经济竞争中逐渐占据上风。这一论断在支持股东模式的公司治理模式中体现得淋漓尽致，正如有学者指出的，商事主体追求效率与利润是其使命，"作为逻辑和经验的结果，观念日益趋同于这种共识，即实现这一目的——追求社会总体福利——的最好方法，就是要求公司经理人对股东利益强烈负责，而且（至少直接地）仅对股东利益负责"。① 前述的认知，明显来自于因股东模式下的公司法模式提高了效率而使其受到了推崇。然而，无救济即无权利。效率的提高依赖于利益主体私人财产权利的保障，以及对利益纠纷事后的公正判决以达至合理救济补偿。可见，没有司法的介入、没有公司诉讼机制解决纠纷的及时保障，前述的效率只能是随时处于危险的"待实现效率"。

总体而言，通过"静态维护"及"动态保护"的结合是司法机制发挥其价值效应的途径：其一，"静态维护"，对私人财产权利的维护。私人财产权的确认，是投资者有动机并有信心进行投资追逐利润的前提条件，在市场内投资者的财产权受到非法或不公对待之时，谁来维护？谁来补偿？公司诉讼机制发挥着对私人财产确认的功能，公平、正义理念下的

---

① ［美］亨利·汉斯曼、［美］莱尼尔·克拉克曼：《公司法的历史终结》，［美］杰弗里·戈登、［美］马克·罗：《公司治理：趋同与存续》，赵玲、刘凯译，北京大学出版社 2006 年版，第 34 页。

公司诉讼机制必然维护投资者的合法、正当财产权,得到合法保障的投资者才能于实践中进行对效率的追求。其二,"动态保护",对私人权益纠纷的明晰与确认。例如,公司僵局诉讼的解决提高了公司及各方利益主体的效率,公司资本的诉讼解决了掏空公司资产、股东滥权问题,公司责任的诉讼解决债权人事后利益补偿问题并提高债权人投资效率。如此等等,公司诉讼机制都保护了利益纠纷受损主体的权益,进而提高公司、债权人以及市场的效率。

(二) 正义价值的挽救

正义价值是法院保护债权人过程中的基本价值。正如对效率积极推崇的法律经济学所遇到的责难:法律制度是一个价值多维的制度体系,追求效率最大化的经济学在法律实践中能同时使公平、正义与安全等价值得到增长吗?法律经济学能否在保证其他价值不变的前提下增进效率?法律经济学能否确保追求效率的过程最后不会得到零和的结果?[①] 面对如此的批评,美国著名联邦大法官波斯纳在其巨著《法律的经济结构分析》的回应是:虽然本书不会为将效率作为社会选择的唯一有价值的准则而竭力进行辩解,但本书确实如此假定,而且大部分也许同意它会是一个重要准则。也正如有学者所指出的:"法律研究的经济学方法还被批评为忽视了'正义'。在评价这种批评意见时,我们必须区别'正义'的不同词义。有时它指的是分配正义,是一定程度的经济平等……正义的第二种含义——也许是最普通的含义——是效率。"[②] 由此我们认知到,也正如有学者指出的:"波斯纳在强调效率的同时,对法律制度的其他价值之维选择了尊重,而不是自负地试图解释。"从司法权视角观之,法律深含着的正义价值在公司诉讼机制中得到完全的彰显。

因此,我们认为,法院通过调控公司诉讼对债权人利益进行的保护,迎合了公司法多维利益的追求目标,衡平了效率价值所可能引发的正义价值缺失。效率的追求是很重要的一个原则,但是正义的维护是现实社会中价值理念不可分割的一部分。如果遵循波斯纳的解释,正义蕴涵着效率的意义,那么提高效率是否会一定实现了正义呢?答案在某些情况下可能是

---

① 参见罗培新等《公司法的法律经济学研究》,北京大学出版社 2008 年版,第 5 页。
② 同上书,第 15 页。

否定的，实践中效率的提高完全可能摧毁经济上的平等，也即摧毁了波斯纳给出了正义的第一个含义——分配正义。将效率与正义完全无差的平衡一直是法律学者们追求的理想，但却很难实现。在某一特定历史阶段，立法者有责任考虑社会的需求，以应时而变，或适时调整立法倾向以尽量平衡公司内含的多种价值。诉讼之本义为解决利益纠纷，利益纠纷之产生必然伴随着矛盾的冲突，而矛盾冲突则必然导致一方利益受损，正义价值随即缺失。故而，法院介入公司债权人保护的直接功能在于纠正错误的利益分配及成本的承担，进而挽救缺失的正义价值，无疑，正义价值为诉讼机制功能的最直接彰显。

二　法院的契约性功能

公司法具有稀缺性与垄断性等公共产品的属性[①]，决定了公司法在实践运用的过程中必然需要通过司法的介入，以便具体、合法、合理、适度对其解释，以便应对"姿态万千"的法律市场。可见，司法对公司法解释的过程中，发挥另一种为公司法学者所关注的功能，即缝补公司法契约网的缝隙。

（一）公司法解释的延伸

首先，公司法稀缺性的属性决定了法院介入公司法解释的必要性。法律的供给与需求受特定历史时期社会经济、文化、政治等条件的约束，具有稀缺性。[②] 有限的执法资源相对于广泛地被监管对象，常显捉襟见肘，为弥补此劣势，监管者在这场类似于猫和老鼠的游戏中，必须精打细算，将每一份资源都用在刀刃上，以收事半功倍之效。[③] 以我国公司法为例，原则性规则较多，模糊性条款占公司法绝大部分即为公司法稀缺性的展现。"由于国家机关及其组成人员（法律生产者）缺乏向社会提供'优质适量'法律产品的内在动机，其立法执法意愿和能力水平也很有限，同

---

① 以法经济学视角观之，法律具有公共产品的特征。参见冯玉军《法经济学范式》，清华大学出版社 2009 年版，第 261 页。

② 参见冯玉军《法经济学范式》，清华大学出版社 2009 年版，第 262 页。

③ 参见罗培新《证监会应有用怎样的司法权》，《南方周末》2005 年 9 月 8 日，第 5 版。

时法律调整范围的宽泛及其特殊的形式要求（繁简适度、规定明确、含义清晰、便于适用等）又决定了法律规范不能轻易地从其他类型的公共品（道德、宗教和习惯等）那里直接照搬，致使'良法'资源十分稀缺。"① 公司法的历次改革，都是对公司法数量稀缺的弥补与质量欠佳的修补。可见，完善是一个渐进的历史过程，在不能期盼公司"一次成型"的事实面前，市场需要一个理性、合法的外部力量对公司法条文进行解释，尤其在公司发生纠纷之时，承载着法制理念与立法精神的司法权无疑是最权威的选择。

其次，法律垄断性特征决定了公司法只能借助法院的介入而"激活公司法"。现实中往往政治权力过多的侵占市场的"领地"，垄断即是最好的证明。② 由于"法律资源的稀缺性、历史地理和传统因素以及社会利益冲突与合作关系的特点，使得国家作为'秩序和秩序化的共同体'，独家垄断着法律的制定、实施和解释的权利，即使对于那些社会上早已存在的一般社会规则，如习惯、经验只有经过国家的承认方能具有法律效力，才是'合法'和有效的"。③ 同时，各级国家政权垄断着立法权、执法权和司法权，市场权力和政治权力亦是很少相等的。④ 此背景之下，外力合法介入只能赋予司法权的途径而完成，如学者所指出的："从国家干预形式的历史变迁来看，司法干预是弥补公司自治弊病的最佳途径。"⑤ 因此我们认为，在合理垄断的范围内，只有借助于司法权的延伸，而使实践中的公司法成为"动态的公司法"，而非仅仅处于"纸上静态的条文"。

（二）公司法对债权人保护契约缝隙的缝补

公司法"合同主义"学说认为，公司法是合同法在公司法领域的延伸，公司法在很大意义上就是合同法，公司法规则应当主要是"补充性"的。⑥ 司法介入一个"多方自愿达成的契约网"的正当性何在？不完备契

---

① 参见冯玉军《法经济学范式》，清华大学出版社 2009 年版，第 263 页。

② 同上。

③ 同上。

④ ［美］A. 爱伦·斯密德：《财产、权力和公共选择：对法和经济学的进一步思考》，黄祖辉等译，上海人民出版社 2006 年版，第 50 页。

⑤ 谢文哲：《公司法上的纠纷之特殊诉讼机制研究》，法律出版社 2009 年版，第 328 页。

⑥ 参见罗培新等《公司法的法律经济学研究》，北京大学出版社 2008 年版，第 230 页。

约理论、信赖利益及默示同意理论给予了回答。

首先,不完备契约理论视角的审视。公司相关利益体在完成对公司契约的"签订"之后公司即为一长期存在市场内的契约网,如无意外情况发生,公司将永续经营。公司契约网的"一次定位"与公司契约的长期性之间存在着不可抹去的矛盾,面对以小时、分、秒计而变化的商业市场,公司契约长期性所面对的"实践困惑"将无法为"一次定位"的公司契约网所完全包含解决。显然,事前的一次性合约无法应对事后所无法预知的未来,而事后无法预知的未来所引发的利益冲突将可能是对事前合约意愿的违背。正如有学者所洞察到的:"个人是自身利益的最好法官,但这一原则存在以下例外情形:个人试图在当前做出一项不容更改的判断,即在某一未来甚或长远的未来中,什么是他的最佳利益,当约束人们的契约规定的不只是简单地做某事,而且是在一个相当长的期间内持续地做某事,并且本人没有任何权利撤销这一约定时,我们就不能假定这一契约是他们自愿达成的,否则将十分荒唐。"① 可见,"一次定位"的公司长期合同立法的初衷在于"尽量、全面"的涵盖公司存续期间的各种"意外事件",然而,"由于交易费用的存在,这种长期合约在很多方面都将是不完全的"。② 所以,面对可能出现的公司长期契约的不完备,亟须外力对此进行弥补、缝合,法院得以合理介入。

其次,信赖利益的视角审视。信赖利益的维护是公司契约网缔约之际所隐含要素,司法介入有效地保障了信赖利益在履约过程中正当实现。从信赖利益的角度看,信赖利益源于民法的诚实信用原则。诚信原则要求保护当事人的信赖利益,此种信赖利益的实现,有赖于缔约当事人从缔约开始起即负担诸如通知、协助、保护等义务,真诚、善意地保护对方利益及推动合同的缔约、成立、生效,从而实现合同内容。信赖利益为多方主体所共有,在股东与股东之间、股东与债权人之间、股东与经理人之间都存在着信赖利益。然而,谁来判断信赖利益的公正?显然,我们注意到,在以法制引领的市场中,法律为信赖利益主体的诉讼保障,而法院则在实践中发挥着对信赖利益维护的保护功能。

---

① 参见罗培新等《公司法的法律经济学研究》,北京大学出版社 2008 年版,第 231 页。
② [美]埃里克·弗鲁博顿、[德]鲁道夫·芮切特:《新制度经济学:一个交易费用分析范式》,姜建强、罗长远译,上海人民出版社 2006 年版,第 295 页。

最后,默示同意理论视角的审视。法院介入公司纠纷是公司主体面对"意外事件"之时,对"公司法合同条款的本意"进行的解读。此即为学者所解析的"理性默示着同意(Rationality Implies Consent)"。① 不可否认,权力膨胀下的公司已经日渐为社会所质疑。"作为一个精神错乱的造物,公司既不能主动意识到道德方面的问题,也无法考虑这些;在公司的世界里,更为常见的使他们的病态趋向给其他人造成的伤害:工人、消费和社区以及环境。"② 前述虽为对公司权力滥用后果比较极端的论述③,但却揭示出维护公司"默示的同意"的重要性。我们认为,衡平的理念与"默示的同意"内涵相辅相成,公司法需要内部与外部正义且合法的力量以辅助公司各主体在面临纠纷之时达成各自的"心愿"。事实上,"公司参与者在缔约公司合同之时,事实上已经明白,法院不会毫无保留地认可合同每一条款的效力,而是会在一定程度上充当裁判者的角色,对这种公司长期合同进行一定的增删和解释"。④ 进一步而言,在公司内部,董事信义义务、高管商业判断规则等对策皆为"默示的同意"在公司法内部的延伸,有效地促使公司法可以依靠契约网所解决"意外事件"。然而,公司长期契约所遭遇的风险在不能为公司内部的董事信义义务、高管商业判断规则所能解决之时,所能诉求者,只能为外部正义的力量——法院的介入。

三 法官破解融资规则的模糊性

法律具有模糊性,因而是模糊的,公司法律规则具有模糊性,因而公

---

① 根据"交易假说"观点,当一项合约遗漏了某些条款而显得不尽完备之时,法院应当试图发现,如果当事方已经注意到这些事项时可能会达成什么条款。参见罗培新等《公司法的法律经济学研究》,北京大学出版社 2008 年版,第 231 页。

② [加]乔尔·巴肯:《公司:对利润与权力的病态追求》,朱近野译,上海人民出版社 2008 年版,第 63 页。

③ 此论述者更认为:"在公司追求自利目标的过程中,它的法定组织结构中没有什么能够限制它对其他人的作为,当损害他人的好处多过成本的时候,公司就一定会放手去做。只有关于它自身利益的实用主义的考虑,以及当地的法律才能限制公司的掠夺性本能。"论者忽视的是,公司法对公司职业经理人的义务要求恰恰弥补了公司自身道德缺失的弊病,司法权介入的合理性于此处彰显。参见 [加]乔尔·巴肯《公司:对利润与权力的病态追求》,朱近野译,上海人民出版社 2008 年版,第 63 页。

④ 参见罗培新等《公司法的法律经济学研究》,北京大学出版社 2008 年版,第 233 页。

司融资规则天生的不可避免是模糊的。特定公司融资案例中的法律规则在不同的法律环境下呈现着不同的破解色彩，这一重要的差异不仅源于法官自身对僵化的法律规则的独特解释，更源于法律规则自身所带有的不确定性。这种不确定性的法律规则给现实法律规则的设计价值实现带来了问题。法律规则的不确定性在实践中以主体的权利、义务、乃至权力的不确定性呈现在我们面前，由此有人对于法律的应然效应与其所应带来的法制环境产生了怀疑，法律能否带来确定的良治社会、法律能否确定的增进经济增长、法律能否确定的保护社会与市场中的正当权益，凡此种种疑问均不期而至。然而事实上，因语言模糊性所催生的法律规则模糊性在一定程度上已经成为一种现实，鉴于法律在实践中应对多样化世界的无力，只有通过对其不确定性的解释才能明晰各类法律问题，虽然法律解释过程中同样带有不确定性，但这显然就是法律实施的现实状态，且永久存在。就公司融资规则而言，其多是较为僵化的原则性规定，这一状态下的规则显然在应对变动的市场时必然带有需待解释性，同时，由于市场中财产的繁多样态，促使融资规则在"变现"过程中需要不停地对新的可能出现的融资方式及模式进行富有新义的解释。而由此所可能产生的问题，法律将其解决之道交付司法部门之手，法官能力的参差不齐、法律规则的模糊不清、实践案例的极度匮乏、案例判决的迥异不同、地域环境的重大差异、地方法制环境的区别等因素，均使融资规则的"变现"各具特色，进而影响到司法的裁判。

（一）法官自由裁量权具有模糊性

现代民事诉讼法中，作为现代证据制度的核心组成部门之一的法官自由裁量权在司法实践中存有一定的模糊性，已经引起立法者与司法实践者的关注。证据制度对于维系民事诉讼制度的公平与正义原则及其价值极为重要，模糊性在证据制度中的展现在相当程度上扰乱了证据制度本应有的功能。司法证明因法官自由裁量权的内在迥异划分而呈现着不同色彩的异样差异，对于法官自由裁量权的类型，有学者已经就其分类给出了相对明晰的界定。① 两种类型的裁量权所承载的价值取向不同，各自所追寻的目

---

① 法官自由裁量权可以分为开放型与封闭型两种基本类型。参见纪格非《法官自由裁量权的类型化分析：以民事证据法为视角》，《法学研究》2008 年第 3 期。

标与所依据的原则也存在着重大的差异。在法学理论联系实践、法律规则真实反映现实需求的真正法制环境的要求下，忽略表象过于追求形式化的法律规则确定性和可预见性，转而寻找在运行法律规则时所应有的现实价值是当代法制社会的应有含义。在当下及未来的发展中，秉持"以开放的体系追求证据制度在逻辑上的统一"作为我国证据制度的发展目标，以此为应对法官自由裁量权的模糊性的问题是一个极佳的选择。①

（二）自由裁量权类型化分析

"自由裁量权"是缝合社会发展与法律滞后性的有效工具，其化解两者之间所产生"空隙"的模糊性问题具有较好的作用。法律是稳定的，市场是变动的，法制在某种层面看一直扮演着优于人治的角色，但法律规则亦有其固有的缺陷，而这种缺陷正是可以借重人治而弥补。这种人治而弥补法律规则缺陷的对策就是当下我们称之为"裁量权"的人治对策。司法中的法官自由裁量权蕴涵着公平与正义的理念与守则，这种据情势而变更的"裁量权"在一定程度上将断定案件的权力交给了法官，法官对于案件这一明晰、解读、评测、决断的过程正是呈现着这种"裁量权"转变为现实规则的过程。基于权力的行使对证据制度的意义层面，"裁量权"可以划分为开放型裁量和封闭型裁量两类。②

开放型裁量权同封闭型裁量权在权力来源上看是基于同一种法律及政策授权，但其在实践中呈现着不同的面孔。就开放型裁量而言，更加注重从较为宏观层面来把握公司融资过程中所可能涉及的市场中的各类因素，比如，采纳其中融资方式的市场接受性、融资对象财产价值的可评测性、投资者对融资对象价值的认可度、信用环境可否支撑融资对象的成长空间、司法部门对融资对象的适当性是否认可等诸多方面的因素。相比之

---

① 梅因曾言:"社会的需要和社会的意见常常是或多或少走在'法律'前面的。我们可能非常接近地达到它们之间缺口的接合处，但永远存在的趋向是要把这缺口重新打开来。因为法律是稳定的;而我们所谈到的社会是进步的，人民幸福的或大或小，完全决定于缺口缩小的快慢程度。"显然，这样的论断极为明显展现出了法律规则在面临现实社会中所呈现的"滞后性"，这也间接的彰显了法官在审判案件中自由裁量权的重要性。参见纪格非《法官自由裁量权的类型化分析:以民事证据法为视角》，《法学研究》2008 年第 3 期。

② 参见纪格非《法官自由裁量权的类型化分析:以民事证据法为视角》，《法学研究》2008 年第 3 期。

下，封闭型裁量权则将考量的重点因素锁定在一个相对狭小的范围内，比如，其仅仅需要在几种法律规则已经给出的较为清晰的备选方案中进行分析、取舍就可以此为依据评断融资对象的适当性，进而澄清融资规则模糊之处。可见，开放型裁量与封闭型裁量极有可能在同一个案件的司法适用中同时借重，显然，因选择的方法不同其司法适用后果也将存有差异。

（三）"程序确定性"化解司法模糊性

程序确定性在某种程度上减轻着因模糊而带来的可能产生的司法对公司融资规则适用的模糊性问题。司法适用在以结果确定性为适用哲学基础的背景下导致了"法官独白式"的司法审判，难以有效的体现出司法适用中多方利益主体的真实意思。法官独白式的凭借其自身专业理论能力对案件在适用中所产生的模糊性进行澄清，虽并非不可能。但就现实司法环境及法官个人素质而言，鉴于法律环境与法官专业能力的水平，司法的适用显然极难达到立法者与诉讼者对其期待的状态。单个人的知识储备无论如何也极难同众多有识之士的智慧相"媲美"，毕竟，他的法学知识与生活阅历仅仅是反映了其个人的"水准"，无法同投资者、公司、市场乃至普通民众的"想法"相联结。① 民事诉讼调解社会化的理论根据是"司法权的社会性"，商事诉讼调解市场化同样也遵循着"司法权的社会性与市场性"，"法院引入甚至完全委托社会力量进行调解司法适用困惑"的现实状态极有力地说明了商事实践困惑的多样化。② 司法权这种社会性与市场性共同决定了仅仅借重法官在对其自身所掌握的经济状态、政治态度、市场现状、产品价值等条件而做出的评断显然是片面的，据此而以相关法律体系与理论、法律条文与解释以拆解法律问题显然是表面的。

可见，仅仅将司法适用判决结果的适当性与否归结为法官对法律的理解及诠释，在忽略司法判决所可能对市场中利益相关群体产生的影响，这种不考虑司法适用实践效应的判决虽然服务法律体系的合法性，但却天然的形成一个较为封闭的司法适用圈。在固化了司法适用解释空间背景下的

---

① 中国有近 3000 多个法院，以法官为主体的从业人员近 30 万人，近来每年法院处理的案件已经超过上千万件，这些数字的背后是法官专业能力参差不齐、司法适用问题重重的现实状态。参见王亚新《司法成本与司法效率：中国法院的财政保障与法官激烈》，《法学家》2010 年第 6 期。

② 参见刘加良《民事诉讼调解社会化的根据、原则与限度》，《法律科学》2011 年第 3 期。

司法市场中,某些时候法官给出的答案也许是合乎法律要求的,但却是与民意所违背的。由此,借重以程序确定性为导向的司法适用理念,在依赖司法权的社会性与市场性的前提下,将司法适用的参与机会适当对社会与市场中的利益主体分配,将有效化解"法官独白式"进行司法解释所产生的问题,以程序确定性在最大限度上提升结果确定性,以澄清司法适用的模糊性问题。

四 法院对债权人保护的完善建议:审慎而为

公司法纠纷存有多种不同类型的解决规则与方式,"这些规则既包括建立社会'信任'的各种机制,如社会规范、声誉机制、舆论、习俗、关系网(亲缘、地缘、业缘等)中的隐含契约、道德和黑帮帮规、乡规民约,也包括某些通过'拉关系'建立的腐败、寻租等隐含契约"。[①] 显然,相比于前述非法律机制,司法权介入公司纠纷体现了法制国家应有的法律理念及对策。

(一) 法院对债权人保护之理念

公司法为私法的典型代表之杰作,私法自治理念在公司法内体现得淋漓尽致,其要义体现在公司章程所呈现出的精神以及司法对待公司章程的审慎态度。

1. 私法自治为先

一般而言,公司章程是公司内部契约,承载着当事人就公司重大事项的预想,根据实际情况通过多轮反复协商达成的实现其利益最大化的妥协,包含着决定公司今后发展方向和权利分配等重大事项,有理由得到尊重。同时,公司章程是公司法长期契约于公司法内部的延伸,为各利益主体提供一个可"对话"的法律交易平台。因此,债权人、公司股东、高管、雇员等各合同缔约方商讨各自的利益、成本,在公司章程内达成事前一致决议,将各自的权利、义务都限定于章程之内。可见,公司章程在最大程度上体现了"各合同主体"的"自由意愿",为私法自治在公司法内

---

① 张建伟:《法律、经济学与国家治理:法律经济学的治理范式与新经济法理学的崛起》,法律出版社 2008 年版,第 251 页。

的杰作。所以，私法自治为先，任意性规范辅之，为在不违背强制性法律的情况下，公司章程的内容与效力应得到司法的完全尊重并应依公司法及章程而解析纠纷。因此，坚持私法自治原则，尊重公司团体自治和决策，处理好依法干预与公司自治之间的关系可谓人民法院审理公司纠纷案件的关键所在。所以我们认为，法院止步于公司章程所约定的界限并于公司纠纷之时依章程而解决公司问题，此为司法尊重公司法，适度介入公司之先决要件，即私法自治为先。

2. 适度的司法介入

法律远非纸上规则，要成为"行动中的法律"（Law in Action），必须倚赖一套复杂的实现机制，而执法的迅速和及时，则是其重要组成部分。① 司法贵在及时，当损害已经形成事实之际，受损害人所能诉求的只能是事后的补偿，而丧失了争取正当权益维护及避免损失的最佳时机。迟到的正义为我们所不取！面对如此的断言，比较积极与消极保守的司法理念，后者应为司法界所检讨。② 保守的司法理念认为："法官不是警察机构，而是剧中裁判的处所，故法院只能保守司法，不能积极司法。因此，在法律无明文规定的情况下，不应受理任何纠纷类型，包括公司法上的纠纷。"③ 面对保守司法理念的固有缺陷，有学者指出："目前，社会对司法机制寄予了过高的期待，但对诉讼自身的局限性及其供需失衡的问题却缺少足够的心理准备；另一方面，社会中原有的纠纷解决机制或者受到轻视，或者机能老化无法适应新的社会状况，不能有效地分担诉讼的压力。"④ 面对前述两种对司法理念的认知，抽丝剥离其背后隐含着一个深义：司法亦应适度，适度的介入才是及时的司法、才是具有效率的司法。

实践中，保守司法理念向适度司法理念过渡的转变过程，是一个日渐完善的过程，也应是一个不断明晰指导方向的过程。有学者对保守理念进行了重新解读，堪为适度司法理念的先导："保守司法仅意味着法院在审

① 参见罗培新《证监会应拥有怎样的司法权》，《南方周末》2005 年 9 月 8 日，第 5 版。

② 司法理念即指导司法制度设计和司法实际运作的理论基础和主导的价值观，也是基于不同的价值观（意识形态或文化传统）对司法的功能、性质和应然模式的系统思考。参见范愉《现代司法理念漫谈》，2010 年 3 月 1 日，http：//www. jus. cn/ShowArticle. asp？ArticleID = 229。

③ 谢文哲：《公司法上的纠纷之特殊诉讼机制研究》，法律出版社 2009 年版，第 330 页。

④ 参见范愉《现代司法理念漫谈》，2010 年 3 月 1 日，http：//www. jus. cn/ShowArticle. asp？ArticleID = 229。

判程序的启动方面不应发挥主动作用;保守的司法并不意味着任何案件的受理都必须有法律的明文规定;保守司法并不意味着法院不能处理涉及公司内部事务的纠纷;保守司法必须符合司法最终裁决原则的要求。"① 前述对保守司法理念的解析,传递一个司法适度的讯号,司法不应墨守成规困于被动,司法也不应违权越界冒于风险。或许以司法介入的时间及范围而论,适度司法应展现为以下两个方面:"就时间而言,必须是纠纷已经产生并且当事人已经告诉,在此前不宜干预公司内部运作;就范围而言,法院只能对依诉讼法归其主管和管辖的案件进行审理。"② 综前所述,我们认为,时间与范围的掌握是司法适度性的核心,适度的司法为权利人救济利益的最终保障。

(二) 法院对债权人保护之事

对公司纠纷中的债权人而言,司法是集公司法与诉讼法于一身的综合法律产物,其实践性极强。以公司诉讼纠纷为例,公司诉讼纠纷是以两条主线而衍生,即行为效力的正否(集中于融资与信息披露)与事后责任的承担(集中于董事、股东的义务与责任)。从融资与信息披露的视角看,融资得以确保公司"血液的流畅","激活"公司这一躯壳;信息披露则为展现公司资信的最佳传递路径。通常而言,劳务出资、以债作股、资本不足或不实、财产混同、虚报注册资金、抽逃资金、未经清算注销公司、公司减资、出资不到位的股份转让等问题为公司资本纠纷常需化解的难题。③ 我们认为,前述的公司纠纷问题构成了以公司资本维持为核心的公司融资问题所在,极可能直接对公司债权人利益造成损害。

从董事、股东的义务与责任的视角看,义务仅仅是规制董事与股东履行其职责的前提,而责任才是保障职责不至沦为"空谈"的保证。在事前以公司资产维持规则所组成的纠纷预防机制发挥失效之时,事后的董事、股东责任为债权人最后的"救济稻草"。④ 一般而言,董事违反忠实义务与注意义务责任的承担、董事违反关联交易、违背商业判断规则、股东的出

---

① 谢文哲:《公司法上的纠纷之特殊诉讼机制研究》,法律出版社 2009 年版,第 330—334 页。

② 谢文哲:《公司法上的纠纷之特殊诉讼机制研究》,法律出版社 2009 年版,第 334 页。

③ 齐奇:《公司法疑难问题解析》,法律出版社 2006 年版,第 17—22 页。

④ 同上书,第 30—35 页。

资违约责任、发起人的资本充实责任、股东抽逃出资的民事责任、股东尚未缴纳出资等责任为董事与股东常需面对的责任种类。应注意的是，董事、股东所承担责任种类的多少虽不能完全折映出法律对债权人保护力度的强弱，但在一定程度上展现了法律规则的完备性。我们认为，详细、有序、准确的董事与股东责任的界定，将是化解我国公司法原则性过强、框架较粗等劣势的有效对策，更将为债权人提供全面的事后救济与保障。

（三）法院对债权人保护之质

司法以何为信？是一个备受债权人所关注，却极少为学者所探究的命题。公司以"信用束"为信，得以在资本市场内参与竞争并存续。同样的质疑亦适问于司法，司法以何为信而使其存续于社会中并为商事主体所信？本书认为，国家权力对司法的尊重、法制理念在社会中的传播、司法权威①在体制内的重塑、司法效率在市场内的彰显以及法官能力的保障是司法的信用。司法介入公司纠纷的实质，在于向资本市场内商事主体尤其是卷入纠纷的各方利益体彰显司法的信用，用司法的信用化解公司纠纷各方利益所纠集的矛盾。从债权人的视角看，司法"信用束"的核心为法官能力的保障。

1. 法官信誉

罗培新教授旅学于耶鲁的所感，切实地描绘出司法实践中法官所应处的位置——法官即代表法律。正如其言："耶鲁师生知道，必须敬重法官，这也是敬畏法律的最直观体现，更是培植学生信仰法律的一部分。"②法律为世人所尊重，法官亦应如此！然而，实践中对法官信誉的评价使我们对法官素质的认同不能取得一致。实践中，法官素质蕴含着法官独立的价值判断。③ 可见，法官价值判断的取向的正确与否，直接影响债权人等

---

① 张文显教授曾指出，司法权威和司法公信力是一体的，司法权威并不等于司法强制力。司法权威来源于公正司法、高效司法、文明司法和廉洁司法，也就是说，法院的社会声望是通过人民群众对法院公正、高效、文明和廉洁的印象和评价所表现出来的。参见张文显《法官易被舆论质疑与公信力不高有关》，《法制日报》2009年9月4日，第4版。

② 参见罗培新《尊重法官就是尊重法律：模拟上诉庭审侧记》，2010年1月19日，http://blog.sina.com.cn/s/blog_4ac9195a0100gco5.html。

③ 参见周卫亭《试论法官素质的提高》，2010年3月12日，http://www.lawbook.com.cn/lw/lw_view.asp?no=5095。

对法官的直观外在感觉,即法官信誉。因此,法官信誉为法官能力的根本。而法官信誉的培养重在培育法官对法律崇尚的信念,当一个法官视法律为牟取自身利益的工具、视法律为提高自身社会地位之帮手、视法律为拉拢关系之绳索甚至视法律为维护自身非法利益的保护伞之时,法官信誉何在? 司法又将以何为信?

我们认知到,"至善之法,即是衡平价值关系而使价值冲突降至最低限度之法。这一价值尺度应成为立法的首选原则。将这一观念推之于社会,公众也就掌握了判别正义与否的标准,法制随之也就具有了去恶从善的内在活力"。① 实践中将这一观念推广于社会的前沿宣导者的最佳人选非法官莫属,至善之法,也依靠法官而传播,源头的溃败必然导致可以预知的恶劣后果,至善之法亦可能成为"空洞的躯壳"。可见,实现司法公正,是法官的使命;提高法官素质,是司法改革的基石。② 而保障法官信誉,则是前述论断的前提。

或许,现实中多彩的世界无法阻止法官利己之心的持续诱惑,无强悍外力规制的环境并不能激发法官的克己之心。然而,美国联邦最高法院大法官霍姆斯对法律的一段描述或许应为法官所熟读、熟思乃至熟记,若如此,则法官必能怀有一颗正义、公平之心去传播法律。如霍姆斯所言:"当我思考法律时,如同我们在法庭和市场(market)里所熟悉的她一样,她与我就好像一位坐在路边的女子,在她遮掩双颊的面纱之下,每个人都将从她佑护的笑容里获得勇气。坚定地维护自己权利的当事人看到她用严厉和极具洞察力的眼睛保持着公正。那些公然违抗她的神谕、试图逃避她的惩罚的坏人,会发现无处遁形,在她的面纱之下将看到一副不可变更的判定其死亡的面孔。"③

2. 法官业务能力

法官与律师之间存在着太多的相似与不同,对法律的敬仰、对问题的深思、规则的熟知均为法官与律师的相似之处。正如有学者所指出的,"法官与律师相互之间太过熟悉了,因而对于他们各自或者相互关系,彼

---

① 张文显主编:《法理学》,高等教育出版社 1999 年版,第 187 页。

② 参见周卫亭《试论法官素质的提高》,2010 年 3 月 12 日,http://www.lawbook.com.cn/lw/lw_view.asp? no=5095。

③ [美]霍姆斯:《法律的生命在于经验:霍姆斯法学文集》,明辉译,清华大学出版社 2007 年版,第 188 页。

此无需多说些什么了"。① 然而，前述的相似境况并非均存于每个国家的司法体系之内。法官对法律规则的无知、对案件分析的混乱、对律师的漠视也作为一种常态已经为我们所察觉。引起我们注意的是，实践中法官与律师最大的不同在于两者对法律业务的熟练。相比于许多"久经沙场"的律师而言，法官，显然已经在业务能力方面落后了。业务能力，可称为法官生存之本，其相似于武士之兵刃、士兵之枪炮，渔夫之钓竿、教师之书笔。我们很难测想一个没有工具的原始人如何进化，也很难猜想一个没有电脑的现代人如何融入世界之中，这就是生存之本。法官，在对法律业务不甚精通的情况下对公司纠纷的解读难以让利益人所信服，更难以维护司法的公正。法官，在对法律业务不甚精通的情况下公司纠纷的解读无疑是对法律的曲解、对相关利益人的伤害、对司法的一种最大讽刺。

在西方世界里，诸如美国、英国的法官业务素质之高为律师所不能比拟，而中国律师业务素质之高则非某些法官所能超越。以商业判断规则为例，中国法官的商业裁判素养缺乏，大多数法官缺乏商业经验和素养，而且，判例法习惯的缺乏，使他们无法对涉及诸如商业判断原则、公司社会责任等弹性极强的案件做出裁断。② 或许，就业务素质而言，我们的法官应以美国联邦最高法院大法官霍姆斯的一段话作为司法审判工作中的努力方向。③ 正如霍姆斯所言："就法官一方而言，他们丝毫不缺乏履行其每一项神圣职责的决心；他们在工作中倾注了全部的关注、才能与精力，甚至是在每一刻醒着的时间里；他们将毕生致力于此项事业，甚至殚精竭虑，在所有的世俗职业中，法律这项职业具有最高的标准，我认为这是真实的。"④

---

① ［美］霍姆斯：《法律的生命在于经验：霍姆斯法学文集》，明辉译，清华大学出版社2007年版，第185页。

② 参见罗培新《我国公司社会责任的司法裁判困境及若干解决思路》，《南方周末》2009年3月17日，第5版。

③ 我国法官业务素质的强化已有进步，但仍需继续努力提高自身司法业务水平。如罗培新教授所指出的："现在，我国的法官们实际上也正在、而且必须继续在商业知识的学习和案件审理过程中培养自己的司法经验，进而形成自身的司法理论，唯此，才能弥补公司法留下的大量合同'缝隙'，并最终在不确定的公司法规则中实现公司法的正当性。"参见罗培新《新〈公司法〉背景下的司法裁判困境》，《华东政法大学学报》2006年第1期，第12页。

④ ［美］霍姆斯：《法律的生命在于经验：霍姆斯法学文集》，明辉译，清华大学出版社2007年版，第185页。

3. 法院对债权人保护之效率

法院介入公司治理以对公司债权人利益形成高效且富有弹性保护的困阻存在两方面:首先,司法权与行政权的博弈。在法律不断地发展过程中,司法权与行政权的博弈如同流血的战场,只有具有披荆斩棘的精神方能有所前进。实务中,公司纠纷案件之审理过程及结果均有涉及工商行政管理的相关条文,立法背景不同、立法目的不同使二者之间必然存在些许争议及矛盾,进而"往往导致法院判决结果与行政管理制度存在某些冲突,人民法院的生效裁判无法得到工商行政管理部门的认可和协助"。[①]虽然,行政权止于公司法之边界为公司自治的空间,但边界之际的争议犹存,此种争议在一个司法信用较低的环境之下必将加剧利益的冲突与不协调。无需争议的是,协调工商行政管理条例与公司法相关冲突条文,解决争议焦点的疑难为妥善联结公司法、诉讼法以及行政法等相关法律的迫切任务。

其次,法院面对"五颜六色"法律结果的执行困惑。法院执行难,在中国为世人皆知。司法审判于实践中的执行效率之低,不仅降低了保障债权人利益的力度,更降低了司法的信用。我们注意到,立法上不断迅速的进步,并未带动执法高效的执行。或许正如江平先生洞察到的:"执法与立法成就相比确实有很大的差距。但这也是可以理解的。一是有客观的原因。任何国家在立法、执法方面都有距离,不可能立法一出台,就可以得到完美的执行。就拿禁毒法律来说,各国都有很好的禁毒法律,但禁毒工作在各国都还任重道远。二是从性质与机制上说,司法执法一般都很被动,法院执法更被动,比如民事审判就是'不告不理',这也给民众造成了滞后的印象。"[②]但执行之难,已经令司法仅仅成为一个呈现着"坚硬外表的躯壳",司法几乎丧失其实际的意义。我们更注意到,相比与一般的民事、商事案件的给付之诉,公司诉讼纠纷于执行中更为复杂、更为艰难。正如有学者所指出的,"在公司诉讼纠纷中更多涉及变更之诉、确认之诉,有些案件履行标的行为,如知情权诉讼,若义务人拒绝履行时,如何强制执行不好操作"。[③]但我们认为,

---

① 参见蒋建湘《公司诉讼研究》,法律出版社 2008 年版,第 229 页。

② 参见江平《司法为何不能令人民满意》,《同舟共进》2008 年第 7 期,第 10 页。

③ 参见蒋建湘《公司诉讼研究》,法律出版社 2008 年版,第 228 页。

这些并不能成为漠视法院执行困难的原因，结合公司法与诉讼法的综合问题，制定切实可行的司法救济对策，是未来的必经路径。具体而言，针对司法低效的应对对策应主要集中于以下几个方面：其一，加大对司法部门的财政预算，以便于为法官及相关司法工作者提供较为有竞争力、基于业绩评估的待遇，刺激法官办案并吸引高素质法律人才进入法官队伍（如图 10 所示）①；其二，重视司法的独立性，减少行政权的干预；其三，在引入各种争议解决代替性机制的同时，简化程序法规，减少因程序法规过于复杂而引起的任务分配上的任意权与集中度；其四，明晰司法系统工作人员的责任，增加法官违法成本。

（万元）

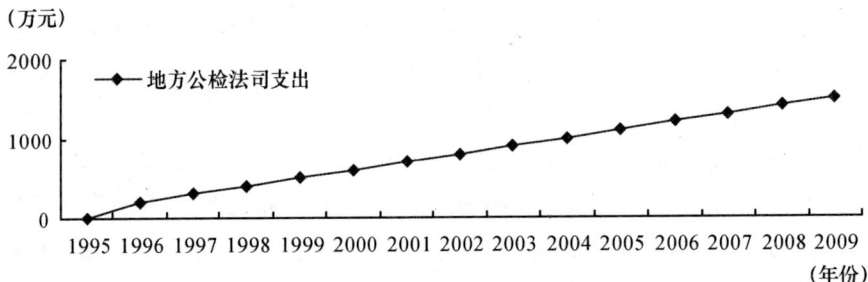

图 10　公检法财政支出趋势图：1995—2009 年

本章小结

缔结尽量详细、完备的契约，是债权人规避对方未来可能的机会主义行为的有效手段。然而，缔约成本、履约成本以及救济成本的存在往往会削弱债权人获得救济的能力，其隐含着的高成本的法律规则是市场内契约自由信用缺失及公司信用危机的完美展现。

繁荣来源于动力，动力取决于制度，制度决定于信念与责任。公司信用之关键在于政府信用与市场契约信用的有力保障，而法制理念的树立则为政府信用与市场契约信用的信用指数"根基"。树立法制理念并在社会及市场中践行法制治理，将提高政府信用、市场信用、司法信用乃至公司

---

① 周林彬：《法律经济学：中国的理论与实践》，北京大学出版社 2000 年版，第 265 页。

信用，债权人利益将依此"信用束"而获得保障。

契约自由与国家干预对债权人利益的保护是相辅相成，缺一不可的。在行政权渐进并从自由市场内部退却的过程中，司法权正当、及时的介入应为债权人利益提供充足的保障。然而在面对司法以何为信的责难下，司法系统效率低下、投资者对司法缺乏信心已经成为实践中困扰债权人的难题。可见，公司诉讼纠纷诉诸司法的裁判，源于对司法信用的信赖，只有在不同层面提高司法信用的基础之上，才能真正、切实的为公司诉讼纠纷提供解决之道，为债权人利益提供保障。

第 二 章

债权人利益保护对策在公司治理
规则内的展现与设计

在公司法框架内，各类保护公司债权人利益的法律对策均不同程度地体现在公司治理规则之中，认知并设计一个适应性强且高效的公司治理规则显然是公司债权人利益保护对策的最终归宿。近年来，英美等国开始对其公司治理模式进行了一系列改革，包括制定各种公司治理的原则、指引、章程、鼓励机构投资者参与公司治理、要求公司增强董事会的独立性、在董事会内引入一定数量的独立董事等，希望通过这些措施，增强公司的内部监控力度，以弥补由于外部监控不足所造成的债权人利益受损问题。而德日的内部监控模式也开始学习、借鉴和效仿英美的公司治理模式。从公司债权人保护法律的具体对策出发，剖析、借鉴各国实践中公司治理改革经验将对我国公司治理的改进进而为公司债权人利益营造一个可以维权的公司内部治理机制提供有益的帮助。

第一节　中国公司治理改革的方向

公司治理这一话题无论是在国内抑或在国外，一直吸引着法学者们关注与研究。自20世纪80年代中期以来，尽管在全球范围内针对公司治理制度的多方面改革已经推动了公司治理效率的提高，但即使是对于发达市场经济国家而言，在当前及未来的公司治理实践中，仍有许多问题值得探讨和有待解决，公司治理仍面临着诸多挑战。究竟什么是公司治理？究竟什么是公司治理的核心问题？各国公司治理模式有何优劣？对此并没有一个统一的答案。①

一 公司治理模式比较

世界上公司治理结构比较典型的有英美法系的英美模式,大陆法系的德国模式。这些模式虽然各有千秋,但其制度安排有其共同的特点,即都内涵了激励、监督管理层的理念;都遵循了公司所有权与经营权相分离的原则;都体现了公司机关权力的分工与制约的模式;都是为了解决公司的代理成本问题。

(一) 英美模式

英美模式是指实行"单轨制"的公司治理模式,公司机关只设股东会和董事会。英美模式的优点是公司机关层级较少,决策效率较高,缺点是董事会大权独揽,容易发生大股东侵犯小股东权益的问题。对于其缺陷,英美模式在董事会的内部组成上进行了精心设计,通过内部权力制衡来加以避免。其董事会一般由作为公司高级职员或雇员的内部董事和外部独立董事组成,内部董事组成执行委员会,外部董事组成审计委员会,再加上董事会本身的决策职能,实际上在董事会内部形成了决策、执行、监督三权分离、相互制约的机制。从英美公司的实际运作效果来看,虽然近年连续出现安然、世通等恶性事件,但总体上是比较成功的。

(二) 德国模式

德国模式是指实行"双层委员会制"的治理模式,公司机关由股东会、监事会、董事会组成。德国模式的优点是加大了对经营权的监督力度,最大可能地避免发生大股东侵犯小股东权益的问题,缺点是公司机关

---

① 中国学术网络出版总库（CNKI）的相关数据可以在一定程度上佐证这一结论:(1) 改革的起步阶段 1981—1983 年,共有记录 0 条;(2) 改革的初步进展（有计划的商品经济）阶段 1984—1991 年,共有记录 14 条;(3) 改革的全面推进（社会主义市场经济的初步建立）阶段 1992—2001 年,共有记录 426 条;(4) 改革的进一步深化（社会主义市场经济体制的完善）阶段其中 2002 年至今（2009 - 07 - 21）,共有记录 9426 条。(http://epub. cnk. i net/grid2008/index/ZKCALD. htm. 访问时间: 2009 - 07 - 21）,参见赵万《公司治理问题的法学思考（上）——对中国公司治理法律问题研究的回顾与展望》,《河北法学》2010 年第 9 期。

多了一个权力层级，决策效率相对较低。从实际运作效果来看，德国公司历史上很少或几乎没有出现过类似美国安然、世通的重大恶性事件，也没有明显觉察出德国公司相对于英美公司在决策效率上的差异，其原因是英美公司董事会内部也存在一个制衡机制。可以说，德国模式是世界上比较成功的公司治理结构模式之一。

（三）东南亚的家族控制模式

家族控制模式主要集中在除中国和日本以外的大部分东亚及东南亚国家和地区，如韩国、泰国、新加坡、马来西亚、菲律宾、印尼以及中国香港和台湾地区等。在这些国家和地区的公司中，股权一般都集中在创业者家族手中，控股家族通常普遍地参与公司的经营管理和投资决策，公司的主要高级经营职位也主要由控股家族的成员担任，因此，主要股东与经理层是合一的。

（四）内部人控制模式

内部人控制是指公司既缺乏股东的内部控制、又缺乏公司外部治理市场及有关法规的监控，从而导致公司的经理层和职工成为企业实际控制人的现象，主要发生在苏联和东欧等转轨经济国家，在我国部分由原来的国有企业改制而来的上市公司中也有一定程度的表现。苏联和东欧等转轨经济国家具有某些共同的特点，例如都存在着数量众多、规模庞大的国有企业需要进行重组，同时又继承了原有较为混乱的法律体系。可以说，内部人控制模式是公司治理模式中绩效最差的模式。

二 中国公司治理缺点与改革

经济全球化已不可避免，面对世界各国公司治理趋同的改革发展，我们的公司治理制度怎样回应？我们必须审视自身的缺点，立足本土的资源，充分吸取国外的经验，改进我国的公司治理制度。

（一）中国公司治理缺点

公司是一种便利创造财富的制度安排，公司治理的目标是实现公司总体福利的最大化，公司治理是公司当事方追求福利最大化过程的内成结果。若追求这一理念,就必须要有一个高效的公司治理制度。虽然有2005年新《公司法》针对董事、经理的职权规定及监督规定,但能否从根本上使公司治理模式得到有效的改革,还取决于多方面的因素。传统影响公司治理的原因能否在短期内得到改善,都依赖于对公司治理的进一步改革,我国公司治理的缺陷主要体现在以下几个方面:

1. 股权结构不合理

我国许多大型企业进行股份制改造的前提是公有制占主体,在股权方面表现为国有股、法人股持股比例高,一般超过50%,多的则达80%以上。按照股份制原理,股权的高度集中有利于所有者控制从而保证其利益。问题是国有股本身存在代理问题,产权模糊,出资者代表不明确,仍然沿袭计划经济的控制方式,我国现行的国有资产管理体制没有解决统一国有资产出资人使权、责、利分明这一难题。

2. 董事会与经理层混乱

在国企中,国有股占绝对优势的条件下,股东大会实际上成为国有股东会议或国有股控制下的股东扩大会议,董事会成员、总经理的聘任都是由国有股东或原主管部门指定,多数情况下董事长兼任总经理。这时,首先,身兼二任者不可能自我监督,反过来倒是总经理决定董事会人选;其次,总经理不由董事会任命便扭曲了董事会与总经理之间的雇佣关系,总经理不再对董事会负责而直接对政府大股东负责,这就架空了董事会和股东会两个法定机构的权力。

3. 独立董事难以发挥作用

独立董事缺乏独立性及在董事会中占的比重过小是独立董事制度在引进我国后所出现的严重问题。中国公司在对待独立董事这一新鲜事物的同时,总是忽视其起作用的根本原因,即没有对独立董事的背景做出审慎的思考,或者故意避开独立董事的真正功能。一些公司聘请独立董事只不过是为了给股东及外界一个交代,而常常不希望独立董事过多地干预公司内部运作事务。

(二) 中国公司治理改革对策之一:市场、董事会、经理层

"他山之石,可以攻玉。"正视、疏导和化解内部人控制现象,化消极因素为积极因素,是我国公司治理的长期课题。我国的公司治理改革,应该吸取在发达国家已经被认可且在各国都被采纳的经验措施,同时针对自身的特点，做出改革。

1. 活跃健康的资本市场

健康高效的资本市场会促进资本高速的流动，更会促进优化公司治理制度。政府部门应为企业创造一个公平竞争的资本市场环境，一方面，继续推行股改制度，另一方面，大力培育竞争性的股票与经理人市场。完善健康的资本市场是一个全方位的改革。

2. 整合董事会与经理层

我国的上市公司中既存有董事会中心主义，又有经理层中心主义，同时也有两者交错或者转换的情况发生。可以肯定无论是前者还是后者的出现，最终对公司的运作都会产生些负面的影响。整合两者关系的具体措施主要集中在以下几个方面：

（1）分离董事长与总经理的职位人选。在本文中已经分析到，美国，尤其是英国的多数公司为了提高公司的运作效率，同时发挥董事会的监督功能，已经将董事长与总经理的职位分为两人承担，而不授予一人。

（2）在董事长与总经理之间建立良好的合作关系。公司治理目标的最大化依赖于董事会与经理层的努力，而两者又主要依赖于董事长及总经理。显然，两者友好、高效的配合是必要的。

（三）中国公司治理改革对策之二：独立董事制度

上市公司中外部独立董事不可或缺的地位应该在公司法中强制得到承认。强化独立董事制度主要应在以下几个方面：

1. 培育独立董事市场与完善激励机制

随着独立董事的增加，应该成立独立董事协会，推行行业组织资格认证制度，建立独立董事人才库，以供上市公司挑选。在成立独立董事协会的基础上，由业内人士和自律组织制定相关的执业准则和行为规范，对独立董事进行自律管理，建立独立董事档案，实行独立董事业绩公示制度，为社会公众和中介机构评价独立董事的业绩提供条件，促进个人信誉及社会评价体系的形成。另外，针对目前独立董事执业经验不足的现状，应加强独立董事的培训和后续教育。

2. 强化独立董事的独立性

独立性是独立董事在董事会中发挥作用的关键所在，也是独立董事的首要任职条件。在美国，除了在《萨班斯法案》中对董事独立性的规定外,美国《示范公司法》没有对董事的独立性做出解释,但其他立法和非官方的"治理原则"均有详细界定。因此,我们应参照国外的先进做法,修改《指导意见》,要求独立董事不仅应独立于公司及其关联企业、独立于管理层和控制股东,还应与公司没有交易关系、雇佣关系和亲友关系。

可见,在完善我国公司治理的过程中,必须把握在学习、借鉴西方公司治理结构之时,不能盲目照搬照抄。一种制度的变迁,并不是一蹴而就的,特别是非正式制度的变迁,其潜在的改革成本是巨大的。所以,中国在设计公司治理模式的时候,一定要考虑到中国的国情。我们认为,公司治理在中国的完善,不是通过公司治理的某个方面的改革就能实现的,而是需要全方位的不断革新。在这个过程中,公司内部与外部监督体系的系统化、法制化是最重要的,立足本土的资源,吸取世界的经验将是必然的选择!

第二节 域外公司治理改革实践经验之借鉴

美国"安然事件"、"次贷危机"等诸多事件促使英美等国开始对其公司治理模式进行了一系列改革,包括制定各种公司治理的原则、指引、章程、鼓励机构投资者参与公司治理、要求公司增强董事会的独立性、在董事会内引入一定数量的独立董事等,希望通过这些措施,增强公司的内部监控力度,以弥补由于外部监控不足所造成的问题。而德日的内部监控模式也开始学习、借鉴和效仿英美的公司治理模式。剖析、借鉴实践中各国公司治理改革经验将对我国公司治理的改进提供有益的帮助。

在经济全球化进程的加快和科技进步的背景下,公司治理制度的发展已经出现的国际趋同化的态势已经不可避免。① 例如:目前日本的公司管理模式正在与国际接轨,日本迫于国际投资者的压力,早已做出了公司治理趋同性改革,早在 2003 年 6 月底就已有 36 家上市公司按照美国的

---

① 所谓"公司治理趋同化"就是指世界各国之间在针对本国公司治理改革过程中所形成的一些核心的原则在理念、价值与作用上相似,在相关法案中的具体规则的改革相仿。

方式对公司的董事会进行改革，以实现其提出的企业管理模式上与国际接轨的目标。据悉，这些改革还要求公司成立三个委员会分别负责审计、提名董事会人选以及决定管理层的薪水，同时多数公司将增加外部董事的名额。

日本的这些上市公司是在国际投资人不断施加压力的情况下采取这些措施的，许多外国投资人都要求日本的公司在对其企业进行管理和控制时，采用国际化的规格和标准，而不要再固执地抱守日本的所谓"传统"和"个性"。日本政府官员和上市公司领导层也意识到了与国际接轨的重要性，于是采取了积极的措施来满足投资人提出的要求。在改革完成以后，外国投资人可以在日本企业中占有更多的股份，股东们也可以更为积极主动地参与公司的管理。英国《金融时报》曾对此评论说，日本一些受外资影响的企业是这一运动的先行者，例如最大股东为英国的沃达丰公司的日本电信，目前正在进行其公司治理模式的改革，以便与国际接轨。此外，日本的一些在美国上市的公司，诸如 SONY，此前已经按照美国的《萨班斯—奥克斯利法案》，着手对公司的治理结构进行改革。目前，东南亚的家族控制模式正在学习英美国家的公司治理模式，其家族特色逐步弱化。而苏联和东欧等转轨经济国家的内部人控制模式也在随着其市场经济的建立和完善逐渐向国际标准靠拢。

由此看来，虽然世界各国都根据自己的文化背景建立了具有本国（地区）特征的公司治理模式，但是这种情况正在逐步改变，各种公司治理模式正在相互渗透、交融和趋同。

一 全球一体化公司治理趋同化成因

公司治理制度模式的不同不仅体现在国家之间，亦体现在同一个国家内的不同地区间，同一地区内不同的公司之间。公司治理制度的建立与完善，不仅受内部因素（如，股权结构）的影响，也受着外部因素（如，资本市场内资本流通程度）的影响，公司治理制度与这些因素之间是相互促进发展的。在当下，随着世界各国经济的发展，政治的合作以及科技的进步，那些影响着公司治理制度变革的因素，已经跨过国界，深深地互相刺激、促进、整合着，这些因素在全球范围内的融合，促进了公司治理的趋同化发展。

经济全球化对一国的企业经营环境、融资体系等产生了一系列的影响，这些因素的变化势必对公司治理模式造成影响。20世纪90年代以来，随着公司经营跨国化、资本市场全球化以及证券市场在金融体系中的地位日益突出，随着各国之间的文化交流、政治合作日益加强，公司治理模式的发展也呈现出强烈的趋同化走势。

（一）经济相关因素

公司是一商业性盈利组织，公司结构的建立以及公司制度的安排都受着经济因素的影响。因此，经济相关因素对公司治理有着巨大的影响。

1. 资本市场因素。资本在世界范围内的流动，促成了健康的资本市场，促进了公司治理制度趋同化的发展。公司在经济全球化下的资本市场内竞争，公司治理制度与资本市场之间互相促进发展着。公司发展常常需要融资，一个公司可能由于其本国的资本市场监管能力差，资本流动性太弱或者本国资本市场融资能力不强而需要走出国门寻求资金。在此经济环境下，对公司而言，有着良好的公司治理制度的资本市场是极其重要的。因为在良好的公司治理制度环境下，一方面，其资本流通是相对顺畅安全的；另一方面，在一个国家的资本市场内部，健全的公司治理模式，其细致的财务信息披露机制，完善的公司监督体系都是公司吸引投资的条件。

2. 股权结构因素。公司治理模式深受股权结构的影响，不同的国家拥有不同的股权结构，因此建立了不同的公司治理模式，所以拥有相同股权的国家的公司则治理模式相同或者相似。由于股权结构的形成，有着深远的经济、历史的原因，在短时间内不可能有较大的变化，所以生长于不同股权结构的不同公司治理制度在未来一段时间内也必将不会有较大的变化。在美国和英国，股权的分散程度很高，而法国、加拿大和德国，股权的分散程度很低。因此，在实践中，美国、英国，其公司治理制度模式相似，而法国、加拿大、德国公司治理模式相似。

3. 全球性公司并购因素。公司的跨国兼并及投资也会影响公司治理的视野和准则。当一个处于并购模式中的公司在审视特定市场环境下的各种目标公司时，它愿意把资金支付给那些公司治理较好的目标公司。通常情况下，在公司并购的过程中，公司的高管层必然要履行忠实及注意义务，对公司负责，进而检查评估目标公司的资质。这必然会涉及对目标公司治理方面的审查，通常包括以下内容：公司治理的绩效、董事人员的独立性、公司财务报告的质量、信息披露的质量、关联交易情况，等等。

4. 上市公司治理标准因素。在经济全球化的情况下，一些公司同时在多国证券交易所上市，这一现象促进了公司治理趋同化的发展。各国主要的证券交易所都要求在该国上市的公司的股票在交易过程中应该遵守该国特定的上市规则，许多交易所更直接地提出自己认为有效的公司治理的建议。例如，在加拿大，就有大约 200 家上市的公司，它们不仅要遵守 Toronto 证券交易所的上市规则要求，而且也要遵守它们所上市的美国交易所的上市规则要求。在美国，一方面，美国的证券市场鼓励外国的公司通过参与美国的资本市场来获取资金而在美国上市；另一方面，美国的公司也积极地谋求投资国外的资本市场，因而也受到了其他国家资本市场特殊规则的影响。所以，多数上市公司都在谋求符合多国证券市场上市标准的公司治理制度模式。毫无疑问，这些公司的治理规则会对全球公司治理制度产生影响。

（二）社会科技相关因素

随着国家之间政治的合作、文化的交流以及法律体系之间的相对融合，公司内部治理机制的安排越来越需要考虑政治、文化等因素。同时，由于科学技术的发展，更为各国公司法学者提供了畅通的媒体手段进行相互之间的交流。无疑，这些因素对各国公司治理制度在一定程度上都具有较深的影响。

1. 国际组织因素。全球性的经济政治组织正在影响着各国公司治理规则的趋同化发展。国家之间经济政治组织的建立，无疑对组织内部国家的公司规则产生着影响。这类跨国组织非常多，例如：联合国、进出口银行、国际证券委员会组织、美国公司证券机构、国际会计标准委员会、国际审计机构、亚太经济论坛、亚太经济合作组织等。上述机构组织及其成员的一些会议成果，如其研究会的决议、代表会议的共识、出版物等，使得各国公司治理的特定原则成为共识性的核心原则，进而支配着各国资本市场下的公司治理行为。

2. 政治因素。在公司治理规则发展过程中，国家的政治因素也起着重要的作用。一方面，在那些相对稳定的国家里，政府之间可以就公司治理领域中的问题进行分析、交流、探讨、研究、立法。而在稳定性较差的国家里，政府则显得力不从心。另一方面，如欧盟这样的国家间的政治组织的出现，超越了国家的边界，使得公司治理制度在一定的国家范围内短时间就得到了融合。

二　各国公司治理中的实践改革经验

在世界各国公司治理的模式中，主要有以美国为代表的一元制结构和以德国为代表的二元制结构。如前文所述，所谓一元制结构，就是公司的业务执行机关董事会与监督机关监事会合而为一，只设董事会，董事会下有董事委员会，而在董事会之下选任最高执行长官（CEO）负责经营，监督机构主要是由设立以独立董事构成的监督委员会履行监督职责。二元制结构则是将业务执行机关的董事会与监督机关的监事会分立，使其职责分明，各司其职。二者的优劣，可以说仁者见仁，智者见智。二元制着重于监督的独立性，而一元制强调的是有效监督之下的经营的高效率。不过，从采用两种不同治理结构的代表国家的实际效果来看很难说孰优孰劣。或许正因为如此，目前采用这两种不同治理结构的国家中并没有哪一个国家要放弃自己的模式而改用对方模式的动向，而各自的改革也基本是在原有的制度框架内进行。在那些改革的措施中，我们看到的是，两者在立足自身资源的基础上，相互吸取对方的经验，因而两者出现了趋同化改革发展的态势。这些趋同的改革在美国《萨班斯法案》出笼的情况下，有了加快的趋势。

在实践中，世界两大经济发达国家美国与日本的立法者都颁布了立法，要求企业至少要考虑改变他们的治理结构。在美国，早在 2002 年颁布的《萨班斯法案》和美国证券交易委员会规则就引导了 30 家道·琼斯公司修改了它们的治理结构，2010 年的《多德—弗兰克金融监管法》对在美国上市的各国公司影响更深。① 日本公司在实践中不断尝试新的模式，以寻求适合自己的最佳选择，早在 2003 年日本商业法案就已经给日本公司治理模式提供了多样的选择。治理结构的改变影响了公司董事会的

---

① MELANIE L. FEIN

Dodd-Frank Act:

Implications for Securities Activities

of Banks and Their Affiliates

July 2010 available at: http://ssrn.com/abstract = 1657637

组成、规模和职能以及其与 CEO 的关系。

（一）美国公司治理中的实践改革经验

受《萨班斯法案》和《纳斯达克法则》的冲击，美国公司需要对其董事会成员独立性问题、CEO 与主席位置分离的问题以及其他相关的问题做出回应与改革。

1. 董事会成员的独立性。以美国快递公司为例，拥有独立的董事会成员对公司治理是十分关键的。早在 1992 年，董事会在一些独立会员的要求下迫使董事会主席 James 辞职。如今，美国快递的治理规则对独立董事做了如下的限定："一个与公司没有任何物质关系的董事就是独立的。"其他一些比较特殊限制包括：雇用近亲家属做附属单位的工作人员，与本公司有生意往来的公司经理，而且从交易中获得的年利润超过任意一个公司交易的 1%。快递公司治理规则认为，这些情况都将导致董事缺失独立性。这些严格的规则在实践中发挥着作用，美国快递公司董事会接着在 2004 年 1 月 24 日根据这些规则，认为公司在职的 12 个董事成员中有 9 位董事是独立的。

2. CEO 与董事会主席角色的分离。董事会主席与 CEO 的人选是否分离，一直争论不休，其制度设计到底哪个更能促进公司的发展很难定论。在道·琼斯的 30 个公司中，只有 7 个公司的 CEO 和主席职位是分离的，即：波音、微软，麦当劳、英特尔、沃尔玛、迪斯尼和花旗。

虽然美国多数公司还没有采用 CEO 与主席角色分离的治理模式，但是，越来越多的持股人试图改变董事会主席与 CEO 为一人的现状。两种模式的实践调查表明，CEO 和主席分离的公司一直优于两者合并的公司。美国 2010 年市场调查研究表明，分离这两者职能的公司得到 22% 的回报利润，合并两个角色的公司只得到 18% 的利润。相比英国的公司，在这一点上美国已经落后了，英国的公司已经提前一步进行了改革，在英国伦敦股票交易所中注册的 350 家大公司的 95% 已经将公司的董事会主席与公司的 CEO 分离。

（二）日本公司中的实践改革经验

日本公司治理的改革主要体现在对美国董事会制度经验的采纳这一方案。2009 年日本在一次调查中，90 家公司第一次股东会议召开后，有 45

家公司采用了"美国式公司治理"体系并改变了公司治理结构,另外45家公司紧随其后也接受了新的体系。

接受"美国式公司治理"体系的公司大概可以分为三类。第一类是希望进入全球贸易市场和进入全球资本市场融资的公司,其中,东芝、索尼和三菱电子是这类公司的代表。第二类是外国公司在日本的附属机构,它们包括美国沃尔玛的附属机构、友在内有限公司、美国沃达十的附属机构、日本电信公司。第三类包括努力扩展公司规模、尽量适应不断变化的公司,日立集团和野村集团属于这一类。在对41家接受"美国式公司治理"体系的公司CEO的调查显示,第一年里绝大多数人(84%)感到外部董事的出现振兴了董事会,大多数人(63%)也认为董事会可以更快地做出决策。

通过分析美国、日本具有代表性的公司的治理改革情况可以发现,其存在以下趋同改革趋势:第一,董事会规模缩小。美国与日本公司的董事会成员规模缩小,经过改革的公司其董事会成员人数在10—15人之间。第一,外部董事数量增加。在美国,独立董事的数量占据了董事会的大部分席位。在日本,虽然有反对外部董事的声音存在,但不可否认的是已经有多数公司接纳外部董事,同时,反对外部董事的因素在慢慢减弱。第二,董事会主席与CEO角色分离。在美国,已经有一些大型公司将董事会主席与CEO角色分离。在日本,这种情况虽然暂时没有明显地表现出来,但随着制约日本公司的传统因素慢慢消失,这一趋势必将出现。第三,董事的独立性得到关注及加强。在美国独立董事的独立性得到了重新的阐释,定义更加严格。在日本,采用"美国式公司治理"的公司在对董事独立性这方面也有严格要求。第四,在经济全球化的情况下,大型公司治理模式相互影响不可避免,表现为日本允许公司采用美国的公司治理模式。

第三节 债权人保护对策在公司
治理中的构建方向

公司治理内含着多种元素,作为公司的控制体系和机制,高效的公司治理机制不仅可以激励董事会和管理层尽心守责,同时也促使其实现股东及债权人利益的最大化。公司法框架内外诸多对于公司债权人利益保护对策的设计大部分均可以呈现在公司治理机制中。近年来我国公司治理的水平已经得到了大幅度提升，但针对公司债权人利益保护的各类治理规则仍未能持续改进。[①] 这种疲态的出现并非公司治理机制不能形成相应保护债权人的规则，而是当一种规则的设计同时影响着公司、股东、债权人及其他利益相关者的时候，立法者往往将债权人利益的保护置于末端。在通过对公司债权人利益保护理念进行深度探讨后，我们应审慎地对待债权人利益的保护规则的设计，在规则设计过程中应着重考量债权人利益的合理、合法的保护。在具体的公司治理机制中，对于公司债权人利益保护对策的设计应集中在以下四个方面：股东权力的限制；债权人参与公司治理的作用；信息披露与透明度的提高；董事的责任。

一　限制公司外的不当权力

中国公司治理水平整体上呈上升的趋势，一些公司已经进入了可以持续的自我公司治理机制改进的环境，但是我们仍应避免公司外部的不当权力的介入，防止其影响已经渐入正规的公司治理机制发挥应有的保护债权人的作用。

首先，控制"官本位"制度对公司治理的负面性影响。

"官本位"在公司领域内的实质是政企不分，这种状态理应得到合理的、有效的控制。在国有资本参股、控股或独资的企业中，由党委或政府任命公司的高管会出现政企不分的状态，我们应在承认这种任免高管机制的前提下，有效推动党委或政府形成一种比较良好的人才选拔机制。市场中在这方面已经迈出了积极的一步，实践中"以官谋职"的情况已经有

---

① 甫瀚咨询联合中国社会科学院世界经济与政治所公司治理研究中心合作成果《2011 年中国上市公司 100 强公司治理评价报告》。调查结果显示，继 2010 年报告百强公司治理综合平均分达到"合格线"（61.6 分），2011 年的公司治理综合平均分为 63.1 分，较去年进一步提高。六大领域中，"信息披露和透明度"表现最好，平均得分 77.2 分，其次为"平等对待股东"（70.5 分）、"股东权利"（59.7 分）、"利益相关者的作用"（58.6 分）、"董事会的责任"（57.3 分）、"监事会的责任"（51.8 分）。参见甫瀚咨询《2011 年中国上市公司 100 强公司治理评价报告》，《中国内部审计》2011 年 7 月。

所改变。① 从选拔国有资本参股、控股或从独资公司高管出发,将有效地改善公司治理机制环境,尤其是提升公司董事会、高管层的运作效率,有效改善公司内部风险管理水平,推动公司董事会及高管层能够在法律的调控下的市场中正常运行。"行政权是最具扩张性和侵略性的权力"。② 我们能够做的就是在这种前提之下,最大限度发挥市场、法律的合理功效,对于控制公司"官本位"而言,如果能够有效的从选聘公司高管等诸多层面入手,真正的落实公司治理机制,将有助于我们增强公司董事会的独立性,提升公司高管层的专业性,增加公司领导层变动的透明性,将给予公司债权人一个较为透明的、可期待的公司发展态势。继而为公司债权人提供一个在法律调控下运行的公司治理机制。

其次,控制"家长制"文化对公司治理的负面性影响。

伦理、家族文化在中国传统"三纲五常"理念的影响下一直传承至今,不仅在社会中,更在市场中对公司治理机制的效果产生着影响。这种影响既有正面推进公司成长的效果,又有阻碍公司壮大的负面影响。"家长、族长"的影响深入公司尤其是中小型公司的治理机制中,公司董事、经理虽然知道自己在公司治理机制中的应然地位,在"家长制"文化腐蚀着公司高管们的法制理念,这种影响直接导致董事对公司重大事项的决断直接听命于"家长",对于内部治理规则的运作处于"表面化",难以有效的真正落实。"家长"所关注的是公司治理机制如何维系公司的正常高效运转,但是在可控的法律风险之内,他们不会关心公司对公司之外的债权人利益是否能形成有效的保护机制,这一方面源于股东与债权人天生的利益冲突,另一方面源于"家长制"所控制的公司内没有形成依法办事的环境。控制"家长制"公司治理机制的负面性影响的关键在于两方面,即法制理念的渗透与执法力度的强化。法制理念影响着公司内决策者的思想态度,只有以法制理念指引公司治理机制的建设与运行,才能破除千百年流传下来的"家长制"永远正确,唯"一言堂"行事的风格。积极的鼓励公司创业者进行企业管理培训,引导创业者学习同公司相关的重

---

① 市场中初步形成了党委或政府选聘公司高管的机制。例如,2010 年 8 月,吉林省国资委面向社会公开招聘省属国有企业高管 9 人;2011 年 5 月,辽宁省面向全社会公开招聘 13 名省属国有企业领导人员。参见吉林省国有资产管理委员会网站、辽宁省国有资产管理委员会网站。

② 郭道辉:《权力的多元化与社会化》,《法学研究》2001 年第 1 期。

要法律的精神，推动其自觉地建设现代公司文化。同时，大力提升执法力度将从实践层面给予公司创业者们一个提醒，即法律是具有权威性的，漠视法律而忽视法律对公司的合理、合法管控将会受到法律的制裁。唯有如此，才能逐步的降低"家长制"在公司治理机制中所产生的负面影响，当一个公司的治理机制进步正规之后，公司相关利益群体权益的保护必将得到大力提高。

二　发挥债权人的积极作用

债权人种类繁琐，直接或间接的参与公司治理机制或对公司治理机制发挥正面的影响将直接提升保护自己权益的能力。从公司治理机制角度看，发挥债权人自己的积极作用应从两个方面入手，即明确公司投资者关系；明晰债权人权利。

首先，明确公司投资者关系。公司内投资者关系的管理是公司治理机制中较为重要的一环，明确的投资者关系将引导债权人清晰的了解公司资本结构以及相关的资信材料。对公司而言，应要求其建立投资者关系管理制度，并在公司网站中设立专门的投资者关系专栏，并对专栏内容进行实时的更新、充实，这样将使债权人可以通过公司网站关注到公司的各类重大事项，例如公司投资状态、公司新闻、公司路演、公司业绩说明、公司重大变更等。投资者关系专栏可以有效地在公司、股东、债权人之间建立起较为密切的联系渠道，保持一种信息上的持续性沟通。这种机制在市场中的大型公司中已经初步形成了可资借鉴的模式，但却鲜有在中小企业中存在。从债权人角度看，我们应尽快改变这种状态，大型公司的债权人可能有能力充分的了解债务公司的各类资料，但是中小型公司的债权人却难以有效地及时获取其所需要的信息，而投资者关系的明确，将可以为中小型公司债权人提供与公司或股东直接联系的渠道。事实上，从公司投资者关系专栏里面，债权人可以清晰评估公司内部风险控制水平，不仅提高了公司自身的风险控制意识和能力，更为公司外部的债权人提供风险监测渠道。推动中小型公司借鉴大型公司的投资者关系披露专栏经验，渐进的形成适合中小型公司的投资者关系专栏，必将提升公司债权人保护权益的渠道与能力。

其次，明晰债权人权利。

债权人具有众多的权利,它不仅体现在公司法外相关法律规范的设计,更体现在公司法框架中公司治理机制所赋予的响应权利,只有明晰告知债权人具有什么权利,并将这种权利拥有状态公开化,才能提升债权人自己的维权意识与能力。对于债权人的权利而言,应关注债权人的信息取得权、强制性债转股权以及债权人的异议权。虽然债权人相对于股东而言具有相应的优先权、担保权等,但这些权利的实现必须依赖于债权人对公司信息的知悉,债权人的信息知情权维系着常态公司债权人对公司经营资信的分析能力,各国公司法等商事法律都有对公司债权人的信息取得权及相应的公司信息披露义务作了规定,如《日本商法典》中就详细和清楚的赋予了债权人的知情权,最终目的是保护债权人的财产利益。① 强制性债转股权可以有效地避免公司可能的破产,维持公司的经营,对公司及债权人是一个同时保障双方权益的对策,应得到重视。② 债权人的异议减资权与合并异议权,同样体现了公司在资本量减少或公司合并可能危及债权人利益之时法律赋予债权人自救的权利。债权人的权利既是维护自身权益的基础,又是维护自身权益的工具,法律必须清晰界定并公开,才能提升债权人保护自身权益的能力。

三　提高信息披露与透明度

信息披露是影响并保护公司行为及债权人利益的强有力的工具,其在公司治理机制中占据着重要的位置。强有力的信息披露制度不仅有助于吸引股东的资金,维持股东对公司及资本市场发展的信心,更会吸引潜在的债权人与债务公司交易,是债权人提高投资决策的重要依据。债权人与股东不同,不可能如股东一样完全获取公司完整的信息,但在合理、合法的范围内,应保障公司治理机制可以为债权人提供可能影响其投资决策的公司信息。任何对于信息披露的辅助性对策也只能发挥有限的功能,显然不能发挥信息披露所直接产生的正面功效。为使公司债权人能够及时、充足

---

① 参见曹艳春《知情权之私法保护》,《政治与法律》2005 年第 4 期。

② 强制性债转股权的正面效应体现在多方面:避免公司员工被迫重新进入就业市场择业,缓解失业可能造成的社会问题等。参见丁广宇《论有限责任公司债权人权利的回归:基于相机治理理论的探讨》,《法商研究》2008 年第 2 期。

的了解公司的相关资信，需要一个良好的公司治理机制，以保障公司债权人可以获取公司的"实质性、重要性"的信息，往往包含公司的财务状态及业绩状况、投资者所有权分布、经营风险控制、潜在的财务风险以及未来的投资方向等可预期的重大风险。

我们应鼓励并推动公司尤其是上市公司采用全球资本市场中高质量的会计标准，接受高质量的审计服务，以此来提供可供债权人或股东评估的财务报表及相关信息。显然，从这个角度出发，需要严格市场中的审计标准，并大力提升市场中的道德准则，以此来维护审计师的独立，以此来提升审计服务的质量。对于类似公司内控体系的规则更应倾注更多的要求，重点关注公司的组织架构、发展战略、社会责任、企业文化、资金活动、采购业务、销售业务、工程项目、担保业务、合同管理、内部信息等诸多债权人关心的资信。① 对于资本市场中大型公司而言，信息披露的范围应不局限于传统公司的领域，对于其在市场中的子公司及衍生产品交易的内部控制均应披露，同时由公司内部审计部门履行高层监控功能，承担其定期评估风险并测试现有风险管理控制的职责。② 综合以上从公司内部经营环境、财务风险评估、资产信息与流动、内部机制监督五个方面进行系统的信息整合、梳理，继而为债权人提供详细的信息披露环境。

四 董事责任的转变

2005 年新《公司法》仍未就董事对债权人责任承担问题给予明确的说明，我们认为这不仅在公司濒临破产之际，即便在公司正常经营的过程中，使董事对公司债权人负有一定的注意义务这一重要公司法规则将给予债权人重要的利益保护。③

---

① 例如，2010 年由财政部等部门联合发布的《企业内部控制配套指引》、《企业内部控制应用指引》、《企业内部控制评价指引》以及《企业内部控制审计指引》等多项指引文件均对公司内控机制进行较为详细的规范。

② 参见甫瀚咨询《2011 年中国上市公司 100 强公司治理评价报告》，《中国内部审计》2011 年 7 月。

③ 加拿大最高法院 Peoples Department Stores Inc.（Trustee of）v. Wise 一案终审法院认为，"广泛的压迫救济使得将 CBCA 第 122 条（1）（a）规定的董事的信义义务扩及于公司债权人的保护成为不必要"［EB/OL］，（2010－05－05），http：//www.civillaw.com.cn/。

　　董事在特定情形下对公司债权人承担责任虽然可能束缚公司董事的手脚,抑制董事的投资经营行为,但这种谨慎的立法态度在当下应有所变通。公司治理机制的核心在于董事会的运行,而董事会的核心则在于董事个人的行为,作为公司实际控制着的董事的个人意志和行为直接影响着公司、股东以及债权人利益的稳定。权利与义务相对应,随着董事权力的膨胀,影响力度的增强,其对公司或利益相关者义务应适度调整。虽然,董事即便对公司债权人承担责任也未必能够真正的以其个人财产对利益受损的债权人利益起到全额的补偿作用,但这种责任的法律威慑性与已经引入的董事责任保险制度会在一定程度上控制董事在经营过程中可能的不当行为,继而为公司债权人利益提供必要的保护。

　　作为董事在公司正常经营过程中对公司债权人所负有的非合同性注意义务,将有利于从公司治理机制核心出发,为公司债权人的利益保护在公司治理机制中预留一个可以救济的路径。[①] 这种因公司利害相关者利用以违反注意义务为由而请求公司董事承担责任的诉求应得到法律支持,以此来为公司债权人对抗公司董事可能的不当行为。事实上,从公司治理看公司债权人利益的保护,最为重要一环就是对董事行为的规制,公司的任何资产变动、信息传递以及相关治理机制作用的发挥,均需要以公司董事为核心而展开。因此,法律在构建公司治理机制的时候,应着重考量公司董事在公司正常经营过程中及可能濒临破产之际对公司债权人所承担责任的问题,给予债权人切实的保护。

本章小结

　　公司债权人利益保护对策包括多种具体的对策,资产监测、信息披露、责任规制、司法介入、债务工具、风险控制等等,诸多的对策在最终均应在公司治理机制中找到恰当的位置,得以妥当的设计。

---

　　① 2004 年 10 月 29 日,加拿大最高法院发布了 Peoples Department Stores Inc.（Trustee of）v. Wise 一案的判决,该判决未将公司债权人的此等权利与"公司濒临破产"这一要件事实联结在一起,该判决明确了公司董事对公司债权人总是负有注意义务这一重要公司法规则。参见房绍坤、王洪平《公司董事对公司债权人之信义义务与注意义务》［EB/OL］,（2010 - 06 - 19）, http://www.civillaw.com.cn/。

　　各类法律对策在公司治理机制中妥善地加以设计，最终将切实地增强市场信用，继而达到保护公司债权人利益的目的。政府信用的透明，个人信用的存储，公司信用的保障，司法信用的强化，中介机构信用的提升都是构成市场信用的核心要素，而契约信用则是市场信用的根基。当代资本市场内一个不争的事实是，较发达成熟的资本市场内部信用体系多为完善，信用制度多为投资者所认可、信服。而守信成本较高，背信成本较低则多存于资本市场发展程度不高的市场内，政府失信，公司少信，个人无信，中介丧信乃至司法也无法为投资者提供足够的信用保障是此类资本市场中的常态。以经济学视角观之，信用指数高的资本市场内往往投资者履约几率高，投资者获得收益率大，而信用指数低的资本市场则往往使投资者承担较大的成本费用，少有高额收益。

　　对于债权人利益的保护而言，市场信用是基础，而公司信用则是核心，公司治理机制则成为奠定公司信用成型的制度性"场所"。而事实上，当下全球范围内的公司治理趋同化改革正见证着公司信用乃至市场信用成型的过程，债权人所期盼的各类保护对策均需要在公司治理中得以实现。综合而言，信息的传递、责任的规制、资产的稳定以不同的形式被设计在公司治理中，而无论是公司资本的变动、董事长与总经理职位的分离，还是审计师责任的设定，乃至于公司董事会、经理层任职人员的具体要求，均体现了债权人保护对策在公司治理中的设计。以公司治理趋同化这一视角审视全球化下我国公司治理的改革，将有助于我们避免过于"呆板或停滞不前"式的检讨法律规则，各类法律规则的灵活变动与应时而设均体现在公司治理机制的构建中。

结　　论

商事实践的经验告诉我们，信用是一切信贷关系的基础，摧毁信用可能只需一瞬间，但建立信用则需要数十年的经营。债权人对公司所形成的信赖指数，在资本规则软化后已经日渐降低。面对公司信用危机所引发的债权人利益受损困境，收益最大化，成本最小化已经成为公司法对债权人利益保护水准的评价标尺。以实效主义哲学为主要理论基础，以法经济学分析为主要分析工具，以功能与效益为评介工具是构建债权人利益保护对策所应遵循的方法与原则。只有能够最大化的增进债权投资利润回报的法律对策才能是债权人所信服的，才能构成真正支撑公司信用的基石，进而才能形成对债权人利益的真正保护。公平与正义的价值的追求，不能掩盖投资者对交易效益的渴望。人类逐利之心是不可泯灭的。当然，公司法内外对债权人利益保护的法律对策均以增进其利益最大化为目标，但放松管制不等于丢弃监管，追求效率不等于舍弃公平。开放的视角使得我们可以更加清晰地认知债权人利益保护的价值所在，多途径的对策使得法律在最大程度上平衡效益与公平价值的追求。富有生命力的债权人保护对策，不仅仅对债权人利益发挥着保障作用，更在实践中激活公司法律内多类规则的互动，保障公司交易安全，同时增进公司效率。

我们的认知是，在公司信用危机的背景之下，公司债权人利益保护对策的构建，应立足于本国的国情，在借重以国家强制干预为市场外部主要保护对策的基础之上，最大限度地发挥市场内部公司契约自由的作用。赋予法律对策以生命力，以创造收益最大化，成本最小化的法律对策体系为终极目标。具体而言，以收益与成本为考量标尺，创构一个以资产变动实时监测为公司信用基础，以信息披露为传递公司资信渠道，以责任规制与司法介入为公司信用保障的富有互动作用的保护对策是当下我们所应关注的。基于此，笔者就公司债权人利益保护对策的构建问题进行了大胆的研究与尝试，并取得了一定的理论突破。

第一，本书较为深入的解析了公司债权人利益保护的价值理念基础，从效率这一法律基本价值出发，深度剖析了效率与正义之间的关系，同时，对公司社会责任的法律价值进行了分析。并从公司债权人的视角出发，探究公司融资路径及模式的基础，明晰何种"材料"才能进入公司融资的视野之中，这有助于公司自身及债权人监测公司资本的质量与公司资产变动的情况，及早发现并避免风险。本书认为，公司债权人利益的保护切合了法制现代化条件下社会与市场对法律基本价值的追求，在对债权人利益保护法律对策的设计过程中，应秉承效率与正义相平衡并遵循社会及法律对公司社会责任的认同及遵从。这样才能为公司法框架内外对于债权人利益的保护对策的构建提供一个坚实的法理基础。

第二，本书首次从探究公司债权人受损的视角对"公司信用"进行了开放式与包容性的概念解析与阐释。公司以何为信对债权人、股东以及其他公司相关利益群体的利益影响至深，本书从实效性视角出发，提出了自己对"公司信用"的概念解释。传统的公司以资本为信，已经为学界所抛弃。在对此观点进行检讨的同时，学者们急需注意到的是债权人面对变革后的资本规则迫切需求新的法律规则以妥善地保护其利益，即公司债权人利益受损的真实原因。

第三，本书较为完整地勾勒出公司债权人利益保护对策的一般性总体框架，并切中要害地将几种法律对策串联起来，实效性的指出几种法律对策之间的联系与互动。债权人利益的保护涉及公司法内外多种法律对策，究其本质，债权人以何为信是学者们亟须明晰的关键问题所在。对此，本书以为，公司信用是债权人在检测自身投资是否会得到相应利润回报的重要考量因素，债权人以公司信用为自身利益保护的工具。然而，公司信用内涵为何，已经是一个亟须检讨的概念，本书对此概念进行了重新梳理并给予了初步的阐释。本书认为，公司信用是一个"信用束"，而非单单凭借某类规则即可据此断定公司信用为何。公司信用是一个含有多种信用元素（例如，资产信用、信息信用、责任信用等）的"信用束"。在这种认知的基础上，本书提出了债权人保护对策的极端展现对策以及一般情况下一个富有弹性且能够发挥互动作用的基本的保护对策框架，通常应包括资本规则、信息披露、责任规制以及公司法之外的司法介入为主的四种法律对策。

第四，本书从公司信用视角对最低资本规则进行了重新解读。在对公司信用进行了重新且较为深入解读的基础上，对变革中的最低资本规则的效用给出了自己的看法。本书认为，最低资本规则的废弃虽然仅仅是一个时间的问题，但其曾经对债权人利益保护所发挥出的功效至今仍然发挥着作用，在公司法完善过程中我们应给予关注。同时针对资本规则软化的事实，为平衡效率价值与公平价值的失衡，同时为使债权人及时获知公司资产的稳定情况，本书提出了借重公司财务分析工具以帮助债权人检测公司资产的变动情况，进而保护其自身的利益。

第五，本书以成本与收益为视角，较为深入地对公司信息披露规则对公司债权人利益的影响进行了剖析，一定程度上展现了成本与收益两个因素对信息披露规则设计的影响。信息披露对公司资产的传递，激活了公司信用对债权人利益的保护。信息获取不均衡是市场内投资者所面对的常态，由此造成了投资者利益可能受损。债权人为降低投资成本，增进自身收益，必须尽量获取及时、可信的公司资产变动情况、公司高管资信情况等相关信息。高效的信息传递才能使公司资产真正的为债权人利益提供保护。本书提出并剖析了公司债权人对信息需求的不同层级，对信息传递质量的高低对债权人利益的影响进行了收益与成本的解析。本书认为，强制性信息披露规则向公司债权人传递了公司信用现状，高质量的信息披露降低了债权人获取信息所付出的成本以及因低质量信息所付出的投资成本，都在一定程度上增进了公司债权人的收益水平，对债权人利益形成了一定的保护。本书以内幕交易为例，验证了信息传递质量的高低对债权人利益所造成的影响。禁止内幕交易行为，即为降低债权人在投资过程中因获取信息处于劣质地位而付出的超额成本的对策。其本质在于控制与提高公司与投资者信息传递的质量，进而提高投资者正当获益的回报率。

第六，本书借重法经济学分析方法，对高管与审计师责任规制对债权人利益的影响进行了独到的解析，指出了责任规制对公司资产与信息披露的保障功能，认为责任规制是促使公司信用对债权人利益保护发挥效益的重要保障。公司信用危机的核心原因是处于资本市场内的投资者过于追逐利润而隐藏起了自己的良心，而应对此种情况的措施无他，只有责任规制。本书认为，责任规制对违法者所起到的震慑作用不能为我们所忽视，刑罚规制威慑所产生的效益已经为学者所关注，更应为我们所应用。审计师与公司高管的责任规制，一定程度的保障了公司资产的稳定，信息的高效传递，给予了公司信用崭新的生命动力。在违法成本过高的威慑之下，审计师与高管的恪尽职守则激活了公司资产与信息披露的高效功能，极大程度上降低了债权人保护自身利益的成本，公司信用对债权人利益保护作用得以彰显。

第七，本书从公司债权人利益保护问题出发，较为深入地分析了契约自由与国家强制之间、法律规则与行政权之间的进退与互动。本书提出了契约自由与国家强制的融合之路，是债权人利益保护对策的必然选择。债权人利益的保护是一个为学界研究多年的论题，之所以仍然得到重视是因为公司法的变革为其带来了新的研究内涵与研究价值。公司信用的重新解读为债权人利益保护对策开启了新的篇章，以法经济学分析方法为主的多种分析工具的应用及多重视角的深度剖析为债权人利益保护对策赋予了崭新的内容。本书认为，重塑公司信用必须同时借重契约自由的协商与通过国家强制的司法介入才能实效性的确保公司信用的质量，只有以此为基础，才能构建一个开放式的，并更具有包容性与弹性的债权人利益保护对策体系。

第八，本书解析了债权人利益保护的法律规则在公司治理框架内的选择与设计。从公司治理规则趋同化这一视角出发，对信息披露规则、审计师规制规则、高管责任规制规则等与债权人利益紧密不可分割的进行分析，对域外理论上与实践中的公司治理规则变革进行了介绍与分析。对于各种法律对策的"集合地"即公司治理规则体系而言，笔者坚持认为，为保护债权人利益，公司治理规则的设计应秉承"模式选择与规则设计迥异、治理规则功能趋同"这一理念。

债权人利益保护对策框架的构建，不应以现在市场存在的问题为依据，而应以远阔的视野并从公司竞争的信用环境视角出发而提出建议。本书以为，实践中，金融业与实业界限趋向模糊，实业公司向金融业扩散的实例带给了我们新的思考，面对日趋复杂的公司内部结构与外部冲击，公司法规则的实效性检验将是债权人利益保护对策成功与否的检测标尺。

　　鉴于笔者的才疏学浅和相关资料的缺乏，上述问题的探究都仅仅是浅尝辄止，尤其对于公司财务分析工具的效用、信息披露及责任规制的实证性分析还有待进一步的剖析与论证。唯愿作引玉之砖，以期方家赐教指正。

参考文献

一 中文著作类

张文显：《法理学》，高等教育出版社 1999 年版。

王保树：《全球竞争体制下的公司法改革》，社会科学文献出版社 2003 年版，第 12 页。

赵旭东：《公司法学》，高等教育出版社 2008 年版。

朱慈蕴：《公司法人格否认法理研究》，法律出版社 1998 年版。

徐卫东：《保险法论》，吉林大学出版社 2008 年版。

傅穹：《重思公司资本制原理》，法律出版社 2004 年版。

邱本：《经济法原理》，吉林大学出版社 2008 年版。

蔡立东：《公司自治论》，北京大学出版社 2006 年版。

黄文艺：《全球化的法律分析》，科学出版社 2008 年版。

彭诚信：《主体性与私权制度研究——以财产、契约的历史考察为基础》，中国人民大学出版社 2005 年版。

叶林：《公司法研究》，中国人民大学出版社 2008 年版。

钱弘道：《经济分析法学》，法律出版社 2005 年版。

张建伟：《法律、经济学与国家治理：法律经济学的治理范式与新经济法理学的崛起》，法律出版社 2008 年版。

罗培新等：《公司法的法律经济学研究》，北京大学出版社 2008 年版。

冯玉军：《法经济学范式》，清华大学出版社 2009 年版。

冯玉军：《法律与经济推理：寻求中国问题的解决》，经济科学出版社 2008 年版。

魏建：《法经济学：分析基础与分析范式》，人民出版社 2007 年版。

张乃根：《法经济学：经济学视野里的法律现象》，中国政法大学出版社 2003 年版。

夏雅丽：《有限责任制度的法经济学分析》，法律出版社 2006 年版。

宋晓燕：《证券法律制度的经济分析》，法律出版社 2009 年版。

雷新途：《不完备财务契约缔结和履行机制研究》，经济科学出版社 2009 年版。

赵旭东等：《公司资本制度改革研究》，法律出版社 2004 年版。

苏力：《道路通向城市——转型中国的法治》，法律出版社 2004 年版。

蒋大兴：《公司法的观念与解释》，法律出版社 2009 年版。

周林彬：《法律经济学：中国的理论与实践》，北京大学出版社 2008 年版。

谢平、陆磊：《中国金融腐败的经济学分析：体制、行为与机制设计》，中信出版社 2005 年版。

范健：《中德商法研究》，法律出版社 1999 年版。

林毅夫：《中国经济专题》，北京大学出版社 2008 年版。

张民安：《公司法的现代化》，中山大学出版社 2006 年版。

朱有志：《经济道德层次论》，湖南人民出版社 2009 年版。

陈志武：《金融的逻辑》，国际文化出版公司 2009 年版。

袁碧华：《论有限责任的扩张》，法律出版社 2009 年版。

葛伟军：《公司资本制度和债权人保护的相关法律问题》，法律出版社 2007 年版。

仇京荣：《公司资本制度中：股东与债权人利益平衡问题研究》，中信出版社 2008 年版。

张瑞萍：《公司权力论：公司的本质与行为边界》，社会科学文献出版社 2006 年版。

赵万一、卢代富：《公司法：国际经验与理论结构》，法律出版社 2005 年版。

谢文哲：《公司法上的纠纷之特殊诉讼机制研究》，法律出版社 2009 年版。

孙健、王东：《每天读点金融史：金融霸权与大国崛起》，新世界出版社 2008 年版。

魏淑君：《近代中国公司法史论》，上海社会科学院出版社 2009 年版。

陈志武、周年洋：《安然：华尔街完美案例》，中国城市出版社 2002 年版。

邱宜干：《我国上市公司会计信息披露问题研究》，江西人民出版社 2003 年版。

冯萌：《市场经济条件下会计信息的法律意义研究：从法务会计视角看我国会计问题》，中国时代经济出版社 2007 年版。

齐奇：《公司法疑难问题解析》，法律出版社 2006 年版。

蒋建湘：《公司诉讼研究》，法律出版社 2008 年版。

仇京荣：《公司资本制度中：股东与债权人利益平衡问题研究》，中信出版社 2008 年版。

肖华：《中国证券市场：信息披露伦理研究》，中国经济出版社 2008 年版。

王保树：《中国商法年刊：金融法制的现代化》，北京大学出版社 2008 年版。

周仲飞：《银行法研究》，上海财经大学出版社 2010 年版。

倪震峰、俞敏、赵园园、陈颖健：《银行法学》，复旦大学出版社 2010 年版。

蒋泽中：《中国非公有制经济发展与监管研究》，中国人民大学出版社 2010 年版。

刘正峰：《美国商业信托法研究》，中国政法大学出版社 2009 年版。

邱海洋：《公司利润分配法律制度研究》，中国政法大学出版社 2004 年版。

鲁品越：《资本逻辑与当代现实》，上海财经大学出版社 2006 年版。

门明·《金融衍生工具原理与应用》，对外经济贸易大学出版社 2008 年版。

王彦超：《融资约束、现金持有与现金价值》，经济科学出版社 2010 年版。

白刚：《瓦解资本的逻辑：马克思辩证法的批判本质》，中国社会科学出版社 2009 年版。

周炜：《解读私募股权基金》，机械工业出版社 2008 年版。

刘迎霜：《公司债：法理与制度》，法律出版社 2008 年版。

潘福仁、史建三、邹碧华、石玉斌、等：《股权转让协议效力司法疑难问题》，北京大学出版社 2007 年版。

强力、王志诚：《中国金融法》，中国政法大学出版社 2010 年版。

王保树：《中国商法年刊：和谐社会构建中的商法建设》，北京大学出版社 2007 年版。

应勇：《金融创新与司法审查》，法律出版社 2010 年版。

朱伟一：《高盛时代资本劫持法律》，法律出版社 2010 年版。

渠涛：《中日民商法研究》，法律出版社 2010 年版。

张维迎：《博弈论与信息经济学》，格致出版社、上海三联出版社、上海人民出版社 2004 年版。

吴庆宝：《权威点评最高法院合同法指导案例》，中国法制出版社 2010 年版。

杨力：《司法多边主义——以中国社会阶层化发展趋势为主线》，法律出版社 2010 年版。

吴世亮、黄东萍：《中国信托业信托市场》，首都经济贸易大学出版社 2010 年版。

刘晓凯：《利益分化与政治稳定》，人民出版社 2008 年版。

高凌云：《被误读的信托——信托法原论》，复旦大学出版社 2010 年版。

彭插三：《信托受托人法律地位比较研究——商业信托的发展及其在大陆法系的应用》，北京大学出版社 2008 年版。

郭锋：《全球化时代的金融监管与证券法治——近年来金融与证券法的理论研究与学术争鸣概览》，知识产权出版社 2010 年版。

贾林青：《中国信托市场运行规制研究》，中国人民公安大学出版社 2010 年版。

成思危：《中国非公有制经济年鉴》，民主与建设出版社 2010 年版。

郭莉：《香港证券市场全透视》，中信出版社 2009 年版。

李智：《房地产投资信托法律制度研究》，法律出版社 2008 年版。

张健：《房地产投资基本实务》，上海财经大学出版社 2008 年版。

耿林：《强制规范与合同效力》，中国民主法制出版社 2009 年版。

李清池：《商事组织的法律结构》，法律出版社 2008 年版。

高坚：《中国债券资本市场》，经济科学出版社 2009 年版。

童盼：《融资结构与企业投资：给予股东—债权人冲突的研究》，北京大学出版社 2007 年版。

李雨龙：《私募融资经典案例法律评析》，法律出版社 2009 年版。

黄永庆、王超：《股指期货法律法规选编》，法律出版社 2010 年版。

李彤：《近代中国公司法中股东权制度研究》，法律出版社 2010 年版。

董裕平、全先银、汤柳、姚云：《多德—弗兰克华尔街改革与消费者保护法案》，中国金融出版社 2010 年版。

智圣法师：《财道——佛商财智领袖的心法密典》，华夏出版社 2010 年版。

苏力：《制度是如何形成的》，北京大学出版社 2007 年版。

李豫：《金融危机下的新加坡国际金融中心》，企业管理出版社 2010 年版。

王晓晔：《竞争法学》，社会科学文献出版社 2007 年版。

王保树：《中国商法年刊：合伙与合作社法律制度研究》，北京大学出版社 2007 年版。

梅世云：《论金融道德风险》，中国金融出版社 2009 年版。

宋良荣：《银行业金融机构内部控制》，立信会计出版社 2010 年版。

陈澍：《外资银行在中国》，当代中国出版社 2010 年版。

吕宙：《中国保险业：转型与可持续发展》，中国财政经济出版社 2009 年版。

徐明、卢文道：《判例与原理：证券交易所自律管理司法介入比较研究》，北京大学出版社 2010 年版。

文杰：《信托公司法研究》，华中科技大学出版社 2010 年版。

李心愉、冯旭南：《公司融资》，中国发展出版社 2007 年版。

曹和平：《中国私募股权市场发展报告（2010）》，社会科学文献出版社 2010 年版。

王保树、王文宇：《公司法理论与实践》，法律出版社 2010 年版。

王燕辉：《私人股权基金》，经济管理出版社 2009 年版。

冯兴元、夏业良、毛寿龙：《2010 年中国企业资本自由研究报告》，华夏出版社 2010 年版。

林平忠：《民营企业融资策略与案例》，中国经济出版社 2011 年版。

房西苑：《资本的游戏》，机械工业出版社 2008 年版。

井华、梁阿玲：《融资解码》，石油工业出版社 2010 年版。

徐向艺：《公司治理制度安排与组织设计》，经济科学出版社 2006 年版。

杨勤法：《公司治理的司法介入——以司法介入的限度和程序设计为中心》，北京大学出版社 2008 年版。

赵万一：《公司治理法律问题研究》，法律出版社 2004 年版。

宁金成：《公司治理结构——控制经营者理论与制度研究》，法律出版社 2007 年版。

王志诚、赖源河：《现代信托法论》，中国政法大学出版社 2002 年版。

吴瑕：《融资有道——中国中小企业融资操作大全》，中国经济出版社 2007 年版。

［美］弗兰克·伊斯特布鲁克、丹尼尔·费希尔：《公司法的经济结构》，张建伟、罗培新译，北京大学出版社 2005 年版。

［美］霍姆斯：《法律的生命在于经验》，明辉译，清华大学出版社 2007 年版。

［美］路易斯·普特曼、兰德尔·克罗茨纳：《公司的经济性质》，孙经纬译，上海财经大学出版社 2009 年版。

［美］马克·哈斯金斯：《财务报告的秘密》，齐仲里、张春明译，中信出版社 2009 年版。

［美］布莱·甘吉林、约翰·比拉尔代洛：《公司信用分析基础》，许勤等译，上海财经大学出版社 2007 年版。

［美］迈克尔·C. 詹森：《组织战略的基础》，孙经纬译，上海财经大学出版社 2008 年版。

［美］理查德·波斯纳：《资本主义的失败》，沈明译，北京大学出版社 2009 年版。

［美］莱纳·克拉克曼、［英］保罗·戴维斯、［美］亨利·汉斯曼、等：《公司法剖析：比较与功能的视角》，刘俊海、徐海燕等译，北京大学出版社 2007 年版。

［美］乔尔·塞利格曼:《华尔街变迁史:证券交易委员会及现代公司融资制度的演化进程》,田风辉译,经济科学出版社 2004 年版。

［美］A. 爱伦·斯密德:《财产、权力和公共选择:对法和经济学的进一步思考》,黄祖辉、蒋文华、郭红东等译,上海人民出版社 2006 年版。

［美］W. 罗伯特·克涅科:《审计:增信服务与风险》,程悦译,中信出版社 2007 年版。

［英］安东尼·奥格斯:《规制:法律形式与经济学理论》,骆梅英译,中国人民大学出版社 2008 年版。

《英国 2006 年公司法》,葛伟军译,法律出版社 2008 年版。

［加］乔尔·巴肯:《公司:对利润与权力的病态追求》,朱近野译,上海人民出版社 2008 年版。

［加］斯蒂芬·加里斯洛夫斯基、克雷格·托米:《投资丛林》,王飞、侯贝贝译,中信出版社 2009 年版。

［美］罗伯特·W. 汉密尔顿:《美国公司法》,齐东祥译,法律出版社 2008 年版。

［美］迈克尔·詹森:《企业理论——治理、剩余索取权和组织形式》,童英译,上海财经大学出版社 2008 年版。

［美］南茜·弗雷泽、［德］阿克赛尔·霍耐特:《再分配,还是承认?——一个政治哲学对话》,周穗明译,上海人民出版社 2009 年版。

［英］F. W. 梅特兰:《国家、信托与法人》,樊安译,北京大学出版社 2008 年版。

［英］艾拉·T. 凯、凯蒂文·范·普腾:《企业高管薪酬》,徐怀静、兰岚、李娜译,华夏出版社 2010 年版。

［澳］皮特·凯恩:《法律与道德中的责任》,罗李华译,商务印书馆 2008 年版。

［美］杰弗里·N. 戈登、［英］马克·J. 罗:《公司治理:趋同与存续》,赵玲、刘凯译,北京大学出版社 2006 年版。

［日］佐佐木毅、［韩］金泰昌:《从经济看公私问题》,赵玲、刘凯译,北京大学出版社 2006 年版。

［美］哈罗德·J. 伯尔曼:《法律与革命:西方法律传统的形成》,贺卫方、高鸿均、张志铭、夏勇译,法律出版社 2008 年版。

〔美〕何维·莫林:《合作的微观经济学——一种博弈论的阐释》,童乙伦、梁壁译,格致出版社、上海三联出版社、上海人民出版社 2010 年版。

〔英〕塔拉·史密斯:《有道德的利己》,王旋、毛鑫译,华夏出版社 2010 年版。

〔美〕伯尔曼:《法律与宗教》,梁治平译,中国政法大学出版社 2002 年版。

〔日〕三菱日联信托银行:《信托法务与实务》,张军建译,中国财经出版社 2010 年版。

〔日〕能见善久:《现代信托法》,赵廉慧译,中国法制出版社 2010 年版。

〔葡〕路易斯·科雷拉·达·席尔瓦、〔卢〕马克·格尔根、〔比〕吕克·伦内布格:《鼓励政策与公司治理》,罗培新译,北京大学出版社 2008 年版。

〔美〕蒂莫西·米德尔顿:《债券之王:比尔·格罗斯的投资秘诀》,陈利贤译,上海译文出版社 2007 年版。

〔英〕约翰·斯图亚特·密尔:《论自由》,于庆生译,中国法制出版社 2009 年版。

〔瑞〕汤姆·R. 伯恩斯:《经济与社会变迁的结构化——行动者、制度与环境》,周长城译,社会科学文献出版社 2010 年版。

〔美〕威廉·L. 德威尔:《美国的陪审团》,王凯译,华夏出版社 2009 年版。

〔美〕马修·P. 芬克:《幕内心生——美国共同基金风云》,董华春译,法律出版社 2010 年版。

〔美〕波斯纳:《资本主义的失败——〇八危机与经济萧条的降临》,沈明译,北京大学出版社 2009 年版。

〔美〕亚伦·德肖维茨:《合理的怀疑——从辛普森案批判美国司法体系》,高忠义、侯荷婷译,法律出版社 2010 年版。

〔美〕迈克尔·R. 戴蒙德、〔美〕朱莉·L. 威廉斯:《美国公司运作模式与税务筹划》,韦芳译,中信出版社 2003 年版。

〔美〕斯蒂芬·德森纳、〔美〕库尔特·金:《上市公司私募融资》,张兴译,中信出版社 2007 年版。

〔法〕弗雷德里克·巴斯夏:《财产·法律与政府》,秋风译,贵州人民出版社 2003 年版。

〔美〕柯提斯·J. 米尔霍普、〔德〕卡塔琳娜·皮斯托:《法律与资本主义——全球公司危机揭示的法律制度与经济发展的关系》,罗培新译,北京大学出版社 2010 年版。

〔英〕丹尼斯·吉南:《公司法》,朱弈锟译,法律出版社 2005 年版。

〔德〕马克斯·韦伯:《新教伦理与资本主义精神》,于晓、陈维纲等译,陕西师范大学出版社 2005 年版。

〔英〕理查德·惠特利:《多样化的资本主义——社会制度的构建与商业体制的变迁》,公茂虹译,新华出版社 2004 年版。

〔美〕罗斯科·庞德:《通过法律的社会控制》,沈宗灵译,商务印书馆 2008 年版。

〔英〕D. J. 海顿:《信托法》,周翼、王昊译,法律出版社 2004 年版。

二 中文论文类

傅穹:《公司资本信用悖论》,《法制与社会发展》2003 年第 5 期。

施天涛:《公司法的自由主义及其法律政策——兼论我国〈公司法〉的修改》,《环球法律评论》2005 年第 1 期。

于莹:《美国证券欺诈民事责任研究》,《吉林大学社会科学学报》2000 年第 6 期。

冯彦君、邱红:《职工参与制及其理论基础质疑》,《当代法学》2007 年第 5 期。

冯彦君:《劳动权论略》,《社会科学战线》2003 年第 1 期。

王彦明:《论公司资本制度刑法保护原则》,《法制与社会发展》2003 年第 4 期。

王彦明:《德国法上多数股东的忠实义务》,《当代法学》2004 年第 6 期。

姚建宗:《权利思维的另一面》,《法制与社会发展》2005 年第 6 期。

黄文艺:《外部性、正当性、有效性》,《中国书评》2005 年第 1 期。

车传波:《论我国公司组织机构的重构》,《法制与社会发展》2001 年第 6 期。

齐明：《论重整期间的公司治理》，《当代法学》2008 年第 5 期。

仇晓光、王天玉：《论金融控股公司设立模式的立法选择》，《东北师大学报》2010 年第 1 期。

周林彬：《从法学的不自足到法律经济学的推进》，《中山大学学报》2005 年第 4 期。

柯华庆：《从意义到实效——皮尔斯的实效主义哲学》，《哲学研究》2009 年第 9 期。

丁南：《论经济分析在法律判断上的局限性》，《法制与社会发展》2009 年第 5 期。

吴世农、卢贤义：《我国上市公司财务困境的预测模型研究》，《经济研究》2001 年第 6 期。

赵旭东：《从资本信用到资产信用》，《法学研究》2003 年第 5 期。

楚天舒：《中外上市公司年报信息披露模式比较研究》，《深圳证券交易所综合研究所》2006 年第 3 期。

王保树：《从法条的公司法到实践的公司法》，《法学研究》2006 年第 6 期。

郭富青：《当今世界性公司法现代化改革：竞争·趋同·融合》，《比较法研究》2008 年第 5 期。

巴曙松：《从金融机构角度反思当前的全球金融危机》，《读书·品质生活》2009 年第 4 期。

黎四奇：《对美国救市法案之评价及其对我国之启示》，《法律科学》2009 年第 1 期。

王志华：《俄罗斯公司种类及其特点分析——兼与中国公司立法比较》，《比较法研究》2007 年第 3 期。

李清池：《法律、金融与经济发展：比较法的量化进路及其检讨》，《比较法研究》2007 年第 6 期。

李清池：《美国的公司法研究：传统、革命与展望》，《中外法学》2008 年第 2 期。

李曙光、王佐发：《中国破产法实施的法律经济分析》，《政法论坛》2007 年第 2 期。

朱慈蕴：《公司的社会责任：游走于法律责任与道德准则之间》，《中外法学》2008 年第 1 期。

房绍坤、王洪平：《公司董事对公司债权人之信义义务与注意义务》，《环球法律评论》2005 年第 4 期。

徐洪涛：《控股股东诚信义务研究》，《深圳证券交易所综合研究所》2006 年第 3 期。

罗培新：《公司法强制性与任意性边界之厘定：一个法理分析框架》，《中国法学》2007 年第 4 期。

罗培新：《公司法学研究的法律经济学含义——以公司表决权规则为中心》，《法学研究》2006 年第 5 期。

吴越：《公司人格本质与社会责任的三种维度》，《政法论坛》2007 年第 6 期。

吴志攀：《华尔街金融危机中的法律问题》，《法学》2008 年第 12 期。

茅院生：《经理控制的法律有限性》，《政法论坛》2008 年第 5 期。

杨富琛：《劳动债权与金融债权》，《政法论坛》2006 年第 3 期。

彰武生、张大海：《论德国投资者典型诉讼法》，《环球法律评论》2008 年第 3 期。

朱羿锟：《论董事问责的诚信路径》，《中国法学》2008 年第 3 期。

郭站红：《论劳资和谐的公司法理念》，《环球法律评论》2008 年第 3 期。

容缨：《论美国公司法上的商业判断规则》，《比较法研究》2008 年第 2 期。

杨峰：《美国、日本内幕交易民事责任因果关系比较研究》，《环球法律评论》2006 年第 5 期。

高晋康：《民间金融法治化的界限与路径选择》，《中国法学》2008 年第 4 期。

张宪初：《全球视角下的公司社会责任及对中国的启示》，《中外法学》2008 年第 1 期。

廖焕国：《注意义务与大陆法系侵权法的嬗变——以注意义务功能为视点》，《法学》2006 年第 6 期。

廖凡：《香港证监会执行机制评介》，《环球法律评论》2007 年第 3 期。

胡光志、杨署东：《信义义务下的美国小股东保护制度及其借鉴》，

《法律科学》2008 年第 6 期。

　　井涛：《英国规制内幕交易的新发展》，《环球法律评论》2007 年第 1 期。

　　邓峰：《中国公司治理的路径依赖》，《中外法学》2008 年第 1 期。

　　江平：《司法为何不能令人民满意》，《同舟共进》2008 年第 7 期。

　　江平：《现代公司的核心是资本公司》，《中国法学》1997 年第 6 期。

　　李建伟：《高管薪酬规范与法律的有限干预》，《政法论坛》2008 年第 3 期。

　　叶金强：《信赖合理性之判断：理性人标准的建构与适用》，《法商研究》2005 年第 3 期。

　　曾世雄：《从"资源本位"检视侵权行为之传统思维》，《河北法学》2005 年第 8 期。

　　易军：《个人主义方法论与私法》，《法学研究》2006 年第 1 期。

　　李昊：《论英美侵权法中过失引起的纯经济上损失的赔偿规则》，《比较法研究》2005 年第 5 期。

　　冯玉军：《略论法律市场》，《烟台大学学报》2002 年第 10 期。

　　赵万一：《论民商法价值取向的异同及对我国民商立法的影响》，《法学论坛》2003 年第 6 期。

　　齐明、仇晓光：《我国破产法中自愿破产原则的反思与重构——从中美重整制度的比较出发》，《东北师大学报（哲学社会科学版）》2010 年第 4 期。

　　傅穹、仇晓光：《强制性信息披露对债权人保护的法律变革》，《西南民族大学学报（人文社科版）》2010 年第 6 期。

　　傅穹、仇晓光：《内幕交易的规制：以债权人利益保护为中心的观察》，《社会科学》2010 年第 8 期。

　　仇晓光：《公司债权人保护制度的失灵》，《长春工程学院学报（社会科学版）》2009 年第 2 期。

　　仇晓光：《中国公司治理改革之方向》，《社科纵横》2009 年第 3 期。

　　仇晓光：《论域外公司治理改革实践经验之借鉴》，《行政与法》2009 年第 7 期。

　　秦芳菊、仇晓光：《法制全球化下中国知识产权规则的变革》，《行政与法》2010 年第 7 期。

傅穹、于永宁：《金融监管的变局与路径：以金融危机为背景的法律观察》，《社会科学研究》2009 年第 6 期。

傅穹、于永宁：《高管薪酬的法律迷思》，《西北政法大学学报（法律科学）》2009 年第 6 期。

郭勋瑾：《论我国创业投资公司税收激励制度的完善》，华中师范大学，2009 年。

郑凡：《我国促进风险投资发展的税收政策研究》，华中师范大学，2009 年。

厉强：《创业投资监管法律制度研究》，华中科技大学，2008 年。

方桂荣：《投资基金监管法律制度研究》，重庆大学，2008 年。

李文俊：《我国私募股权基金监管法律问题研究》，中国政法大学，2009 年。

李盈：《我国私募股权投资基金发展及监管对策研究》，中国石油大学，2009 年。

肖甲第：《我国风险投资退出机制研究》，苏州大学，2009 年。

郑辉：《风险投资双重委托代理研究》，复旦大学，2007 年。

王蕾：《风险投资治理机制研究》，重庆大学，2005 年。

郑辉：《风险投资双重委托代理研究》，复旦大学，2007 年。

钟向春：《中国私募股权基金立法问题研究》，清华大学，2003 年。

郑辉：《风险投资双重委托代理研究》，复旦大学，2007 年。

黄风：《射幸契约与衍生金融交易工具》，杨振山、〔意〕桑德罗·斯奇巴尼：《罗马法·中国法与民法法典化：物权和债权之研究》，中国政法大学出版社 2001 年版。

高正平：《关于金融危机对我国股权投资行业的影响与机遇》，《全视角观 PE——探索 PE 中国化之路》，中国金融出版社 2009 年版。

李岩：《论私募股权投资中的对赌协议》，《金融法苑》，中国金融出版社 2009 年版，第 78 页。

沈晨小园：《私募股权投资合格投资者的法律界定》，《公司法律评论（2009 年卷）》，北京大学出版社 2010 年版。

王文宇：《控制股东与公司治理——我国台湾地区法制的分析》，甘培忠、楼建波：《公司治理专论》，北京大学出版社 2009 年版。

王霞：《我国私募基金规范发展若干问题研究》，《深圳证券交易所研究报告》2007 年 3 月 30 日。

朱宇：《全国社保基金期待扩大投资 PE 范围》，《中国证券报》2010
年 6 月 11 日。

丁冰：《保险资金投资不动产细则将很快出台》，《中国证券报》2010
年 4 月 14 日，第 A1 版。

裴力：《私募股权并购基金利用杠杆收购创造公司价值》，《上海证券
报》2009 年 7 月 11 日，第 8 版。

蒋佩春：《对赌协议：国际资本掳掠我国财富的致命武器》，《中国社
会科学院报》2009 年 4 月 23 日，第 2 版。

陈柏苍：《私募股权融资慎用"对赌协议"（下）》，《中国贸易报》
2009 年 10 月 22 日，第 11 版。

三　外文文献

Robert W. Hamilton and Richard A. Booth. Business Basics for Law
Students ［M］. Aspen Law & Business, 1998.

Larry D. Soderquist and Theresa A. Gabaldon. Securities Law ［M］.
Foundation Press, 2004.

Marvin A. Chirelstein. Concepts and Case Analysis in the Law of Contrats
［M］. Foundation Press, 2001.

Bruce Wasserstein. Corpotare Finance Law ［M］. Teresa F. Graphics,
Inc, 1978.

Elizabeth Warren. The Law of Debtors and Creditors ［M］. Aspen Law &
Business, 2001.

Prosper Reiter, Jr. Profits, Dividends and The Law ［M］. Aspen Law &
Business, 1976.

Warren, E. & J. L. Westbrook. The Law of Debtors and Creditors: text,
cases, and problems ［M］. Aspen Law & Business, 2005.

J. Dennis Hynes and Mark J. Loewenstein. Agency, Partenership, and the
LLC: The Law of Unincorporated Business Enterprises ［M］. LexisNexis,
2003.

Jay Tidmarsh and Roger H. trangsrud. Complex Litigation and The Adver-
sary System ［M］. Foundation Press, 1998.

Amy Hilsman Kastely and Deborah Waire Post. Cntracting Law [M]. Carolina Academic Press, 2000.

E. allan Farnsworth and William F. Young. Contracts: Cases and Materials [M]. Foundation Press, 2001.

Garner, B. A. Black's Law Dictionary [M]. West group A Thomson Company, 2001.

Melvin Aron Eisenberg. Corporations and Other Business Organizations: Case and Materials [M]. Foundation Press, 2005.

David A. Drexler and Lewis S. Black, Jr. Delaware Corporation Law and Practice [M]. Matthew Bender & Co. , INC, 1991.

Ronald J. Gilson and Bernard S. Black. The Law and Finance of Corpotate Acqusitions [M]. Foundation Press, 1995.

Horst Eidenmuller, Wolfgang Schon. The Law and Economics of Creditor Protection A Transatlantic Perspective [M]. T. M. S. Asser Press, 2008.

Jesus Conill. Corporate Citizenship, Contractarianism and Ethical Theory On Philosophical Foundations of Business Ethics [M]. Mpg Book Ltd, 2008.

Jonathan R. Macey. The Isonis Cases in Corporate Law [M]. Thomson West, 2008.

Mann, B. H. Republic of Debtors [M]. Harvard University Press, 2002.

American Arbitration Association. National Rules for the Resolution of Employment Disputes: Including Mediation and Arbitration Rules [M]. American Arbitration Association, 1999.

Warren, E. & J. L. Westbrook. The Law of Debtors and Creditors: Text, Cases, and Problems [M]. Aspen Law & Business, 2005.

Cooney, Sean, Richard Mitchell & Zhu Ying. Law and Labour Market Regulation InEast Asia [M]. Routledge, 2002.

Charles A. Scharf. Acquisitions, Mergers, Sales, Buyouts & Takerovers [M]. Prentice-Hall, Inc, 1991.

Dale A. Oesterle. The Law of Mergers and Acquisitions [M]. Thomson West, 2005.

John W. Wade. Prosser, Wade and Schwartz's Torts [M]. The Foundation

Press, Inc, 1994.

William M. Owen. Autopsy of A Merger [M]. Carolina Academic Press, 1986.

George D. Mccarthy. Acquisitions and Mergers [M]. The Ronald Press Company, 1963.

Charles E. Rounds, Jr. Loring A Rrustee's Handbook [M]. Aspen Publishers, 2005.

Stephen J. Choi, A. C. Pritchard. Securities Regulation: Cases and Analysys [M]. Foundation Press, 2005.

Sugeno, Kazuo. Japanese Employment and Labor Law. Translated by Leo Kanowitz [M]. Carolina Academic Press, 2002.

William J. Carney. Mergers and Acquisitions: Cases and Materials [M]. Foundation Press, 2000.

Larry D. Soderquist and Theresa A. Gabaldon. Secutities Law [M]. Foundation Press, 2002.

Wright, Martyn. Work Regulation Under Changing Relative Power: A Study of British Workplace Industrial Relations 1979 – 1991 (Ph. D. Thesis) [M]. University ofCambridge, 1995.

Robert W. Hamilton, Jonathan R. Macey. Cases and Materials on Corporations including Partnerships and Limited Liability Companies [M]. West Group, 2001.

Robert H. Mnookin. Beyond Winning [M]. The Belknap Press ofHarvard University Press, 2000.

Robert W. Hamilton and Richard A. Corporation Finance: Cases and Materials [M]. West Group, 2001.

Clark. Corporate Law [M]. Aspen Publishers, Inc, 1986.

Ralph C. Ferrara, Kevin T. Abikoff, Laura Leedy Dansler. Sharesholder Derivative Litigation: Besieging the Board [M]. Law Journal Seminars-Press, 1995.

Russell A. Hakes. ABCS of the UCC: Article 9 Secured Transactions [M]. American Baw Assciation, 2000.

Steven Mark Levy. Federal Money Laundering Regulation: Banking, Corporate and Securities Comoliance ［M］. Aspen Publishers, 2010.

Regulation of Money Managers: Mutual Funds and Advisers ［M］. Aspen Publishers, 2009.

Lynn M. LoPucki, Christopher Mirick. Strategies for Creditors in Bankruptcy Proceedings ［M］. Aspen Publishers, 2009.

Stephen A. Radin. The Business Judgment Rule: Fiduciary Duties of Corporate Directors ［M］. Aspen Publishers, 2009.

James Hamilton. Executive Compensation and Related-Party Disclosure: SEC Rules and Explanation ［M］. Aspen Publishers, 2006.

Gerald S. Backman, Anne Marie Salan. Audit Committees: Regulation and Practice ［M］. Aspen Publishers, 2009.

Ash, Philip. "Law and Regulation of Preemployment Inquiries" ［J］. *Journal of Business and Psychology*, Vol. 5, No. 3 (Spring, 1991): 166.

LoPucki, L. M. Bankruptcy Contracting Revised: A Reply to Alan Schwartz's New Model ［J］. Yale L. J. 1999 (November): 365.

Adler, B. E. & I. Ayres. A Dilution Mechanism for Valuing Corporations in Bankruptcy ［J］. Yale L. J. 2001 (10): 83.

Schwartz, A. A Contract Theory Approach to Business Bankruptcy ［J］. Yale L. J. 1998 (4): 1807.

Adler, B. E. A Re-Examination of Near-Bankruptcy Investment Incentives ［J］. 62 U. Chi. L. Rev. 1995 (62): 575.

四 英文文献

James M. Schell. Private Equity Funds: Business Structure and Operations ［M］. Law Journal Press, 2008.

Harry Cendrowski, James P. Martin, Louis W. Petro, and Adam A. Wadecki. Private Equity: History, Governance, and Operations (Wiley Finance) ［M］. Wiley, 2008 (5).

Arthur Laffer. The Private Equity Edge: How Private Equity Players and the World's Top Companies Build Value and Wealth ［M］. McGraw-Hil, 2009.

Jack S. Levin. Structuring Venture Capital, Private Equity, and Entrepreneurial Transactions (Paperback) ［M］. Aspen Publishers, 2009.

Douglas J. Cumming and Sofia A. Johan. Venture Capital and Private Equity Contracting: An International Perspective [M]. Academic Press, 2009.

Multiple Authors. Raising Capital for Private Equity Funds [M]. Thomson West, 2009.

Multiple Authors. Private Equity Fund Exposure and Protection [M]. Thomson West, 2009.

Geoff Yates. A Practical Guide to Private Equity Transactions (Law Practitioner Series) [M]. Cambridge University Press, 2010.

Timothy Spangler. The Law of Private Investment Funds (Hardcover) [M]. Oxford University Press, 2008.

David Stowell. An Introduction to Investment Banks, Hedge Funds, and Private Equity: The New Paradigm [M]. Academic Press, 2010.

Douglas Cumming. Private Equity: Fund Types, Risks and Returns, and Regulation [M]. Wiley, 2010.

Josh Lerner, Felda Hardymon, and Ann Leamon. Venture Capital and Private Equity: A Casebook [M]. Wiley, 2008.

Cyril Demaria. Introduction to Private Equity (The Wiley Finance Series) [M]. Wiley, 2010.

Stefano Caselli. Private Equity and Venture Capital inEurope: Markets, Techniques, and Deals [M]. Academic Press, 2010.

Stephanie Breslow, Phyllis Schwartz. Private Equity Funds: Formation and Operation (2 Vol Set) (Ring-bound) [M]. Practising Law Institute, 2009.

Justin O'Brien. Private Equity, Corporate Governance And The Dynamics Of Capital Market Regulation [M]. Imperial College Press, 2007.

Joseph W. Bartlett. Advanced Private Equity Term Sheets and Series A Documents [M]. Law Journal Seminars Press, 2003.

Mike Wright. Private Equity and Management Buy-outs [M]. Edward Elgar Publishing, 2008.

Carlos M. Pelaez. Financial Regulation after the Global Recession [M]. Palgrave Macmillan, 2009.

Daniel A. Strachman. Fund of Funds Investing: A Roadmap to Portfolio Diversification (Wiley Finance) [M]. Wiley, 2009.

Edwin H. Neave. Modern Financial Systems: Theory and Applications [M]. Wiley, 2009.

Gerald Lins. Hedge Funds and Other Private Funds: Regulation and Compliance, 2008 - 2009 ed. (Securities Handbook Series) (Paperback) [M]. Thomson West, 2008.

Lodewijk D. Van Setten. The Law of Institutional Investment Management [M]. Oxford University Press, 2009.

Jason A. Scharfman. Hedge Fund Operational Due Diligence: Understanding the Risks (Wiley Finance) [M]. Wiley, 2008.

Douglas Cumming. Venture Capital: Investment Strategies, Structures, and Policies [M]. Wiley, 2010.

Timothy Spangler. The Law of Private Investment Funds [M]. Oxford University Press, 2008.

Scott J. Lederman. Hedge Fund Regulation [M]. Practising Law Institute, 2008.

D. Gordon Smith. The Critical Resource Theory of Fiduciary Duty [J]. 55 VAND. L. REV. 2002 (1399): 1402.

Chmieleski v. City Prods. Corp., 660 S. W. 2d 275, 294 (Mo. Ct. App. 1983).

Bryan A. Garner. Black's Law Dictionary, 9th edition [M]. Thomson Reuters, 2009.

Michael C. Jensen, William H. Meckling. Theory of the Firm: Managerial Behavior, Agency Costs and Ownership Structure [J]. Journal of Financial Economics, 1976 (3).

Howell E. Jackson: Loan-Level Disclosure in Securitization Transactions: A Problem with Three Dimensions [M]. Harvard Law School Public Law & Legal Theory Working Paper Series.

John Y. Campbell, Howell E. Jackson, Brigitte C. Madrian, Peter Tufano: The Regulation of Consumer Financial Products: An Introductory Essay with Four Case Studies [M]. Faculty Research Working Paper Series.

Kathleen C. Engel, Thomas J. Fitzpatrick IV: A Framework for Consumer Protection in Home Mortgage Lending [M] LEGAL STUDIES RESEARCH PA-

PER SERIES RESEARCH PAPER 10 - 39 September 7, 2010.

John Morley and Roberta Romano: The Future of Financial Regulation [M] John M. Olin Center for Studies in Law, Economics, and Public Policy Research Paper No. 386.

Magda Bianco, Roberto Golinelli, Giuseppe Parigi: Family Firms and Investments [M] Finance Working Paper N°. 269/2009 November 2009.

Rüdiger Fahlenbrach and René M. Stulz * : Bank CEO Incentives and the Credit Crisis [M] Charles A. Dice Center for Research in Financial Economics

Jennifer G. Hill: The Rising Tension between Shareholder and Director Power in the Common Law World [M] European Corporate Governance Institute (ECGI) Law Working Paper No. 152/2010.

Isaac Dinner, Natalie Mizik, and Donald Lehmann: The Unappreciated Value of Marketing: The ModeratingRole of Changes in Marketing and R&D Spending onValuation of Earnings Reports [M] Marketing Science Institute Special Report 09 - 204.

Ingolf Dittmann, Ernst Maug, Dan Zhang: Restricting CEO Pay [M] Finance Working Paper N°. 291/2010 July 2010.

Paul Davies, Edmund-Philipp Schuster, Emilie van de Walle de Ghelcke: The Takeover Directive as Protectionist Tool? [M] Law Working Paper N°. 141/2010 February 2010.

Jennifer G. Hill: New Trends in the Regulation of Executive Remuneration [M]. European Corporate Governance Institute Law Working Paper No. 142/2010.

Julian Velasco: How Many Fiduciary Duties Are There in corporate law? [M] Notre Dame Law School Legal Studies Research Paper No. 09 - 35.

Daniel Klein, Ernst Maug: How do Executives Exercise Their Stock Options? [M] Finance Working Paper N°. 284/2010 Aug 2010.

Renée B. Adams, Amir N. Licht, Lilach Sagiv: Shareholders and Stakeholders: How do Directors Decide? [M] Finance Working Paper N°. 276/2010 March 2010.

Ronald W. Masulis, Peter Kien Pham, Jason Zein: Family Business Groups around the World: Costs and Benefits of Pyramids [M]. Finance Working Paper N°. 240/2009 September 2009.

Magda Bianco, Roberto Golinelli, Giuseppe Parigi: Family Firms and Investments [M] . Finance Working Paper N°. 269/2009 November 2009.

John Y. Campbell, Howell E. Jackson, Brigitte C. Madrian, Peter Tufano: The Regulation of Consumer Financial Products: An Introductory Essay with Four Case Studies [M] . Faculty Research Working Paper Series.

Ricardo J. Caballero, Alp Simsek: Complexity and Financial Panics [M] . Massachusetts Institute of Technology Department of Economics Working Paper Series.

Ronald W. Masulis & Randall S. Thomas: Does Private Equity Create Wealth? The Effects of Private Equity and Derivatives on Corporate Governance [M] . Vanderbilt University Law School Law and Economics Working Paper Number 08 – 20.

Michael C. Jensen: The Economic Case for Private Equity (and Some Concerns) — pdf of Keynote Slides [M] . Negotiations, Organizations and Markets Research Papers.

Alessio M. Pacces: Control Matters: Law and Economics of Private Benefits of Control [M] . Law Working Paper N°. 131/2009 August 2009.

Marcello Bianchi, Angela Ciavarella, Valerio Novembre, Rossella Signoretti: Comply or explain? Investor protection through Corporate Governance Codes [M] . Finance Working Paper N°. 278/2010 March 2010.

Ing-Haw Cheng, Harrison Hong, Jose A. Scheinkman: Yesterday's Heroes: Compensation and Creative Risk-Taking [M] . Finance Working Paper N°. 285/2010 June 2010.

Paolo Giudici: Auditors' Multi-Layered Liability Regime [M] . Law Working Paper N°. 155/2010 May 2010.

Christian Leuz: Different Approaches to Corporate Reporting Regulation: How Jurisdictions Differ and Why [M] . Forthcoming in Accounting and Business Research 2010 Working Paper N°. 156/2010 May 2010.

Marcello Bianchi, Angela Ciavarella, Valerio Novembre, Rossella Signoretti: Comply or explain? Investor protection through Corporate Governance Codes [M] . Finance Working Paper N°. 278/2010 March 2010.

Xavier Boutin, Giacinta Cestone, Chiara Fumagalli, Giovanni Pica, Nicolas Serrano-Velarde: The Deep-Pocket Effect of Internal Capital Markets [M]. Finance Working Paper N°. 258/2009 August 2009.

April Klein: Audit Committee, Board of Director Characteristics, and Earnings Management [M]. LAW & ECONOMICS RESEARCH PAPER SERIES WORKING PAPER NO. 06 – 42.

John Armour, Bernard Black, Brian Cheffins, and Richard Nolan: Private Enforcement of Corporate Law: An Empirical Comparison of the United Kingdom and the United States [M]. Journal of Empirical Legal Studies Volume 6, Issue 4, 687 – 722, December 2009.

Mathias M. Siems: Shareholder, Creditor and Worker Protection: Time Series Evidence about the Differences between French, German, Indian, UK and US Law [M]. Centre for Business Research, University of Cambridge Working Paper No. 381.

René M. Stulz: The Ohio State University: Securities Laws, Disclosure, and National Capital Markets in the Age of Financial Globalization [M]. Law Working Paper N°. 112/2008 July 2008.

Merritt B. Fox: Civil Liability and Mandatory Disclosure [M]. Law Working Paper N°. 109/2008 October 2008.

Klaus J. Hopt: The European Company Law Action Plan Revisited: An Introduction [M]. Law Working Paper N°. 140/2010 February 2010.

Jennifer G. Hill: The Rising Tension between Shareholder and Director Power in the Common Law World [M]. European Corporate Governance Institute (ECGI) Law Working Paper No. 152/2010.

Robert H. Sitkoff: Trust Law, Corporate Law, and Capital Market Efficiency [M]. University of Michigan John M. Olin Center for Law & Economics Working Paper No. 03 – 014.

后　记

　　品茗，品书，品人生！授业恩师吉林大学法学院傅穹教授在第一次见面做入学训导时曾对我言到："品一杯茶，可以读一下午的书，做学问，要静下心来。"在我的第一本专著即将"出笼"之际，回味起恩师三年前的教诲，心中汇聚了太多的感悟和情感，正如淡淡的清茶，苦涩中蕴涵着一丝甘甜，别有滋味。

一

　　《公司债权人利益保护的法经济学分析》是本书的"前身"即本人博士毕业论文的选题，经过对博士论文结构与内容的修改、完善和升华，形成了本书的终稿。博士论文的选题曾"异常艰难"，"选题新颖、问题明晰、以小见大、把脉前沿"是恩师及多位老师和前辈们不断提醒的选题"要点"。但出于对债权人在公司法框架内外的位置及其利益受损因由的关注，我最终还是选择了彼时并非处于公司法研究领域热点的"公司债权人利益保护"这一问题。

　　恩师对于这个选题的评价极为深刻："选题并非十分的新，但可以从不同于传统的观察视角与分析方法的层面研究，做一个新的尝试。"恩师的鼓励与肯定给予我完成博士论文的信心，公司合同契约论的视角、法经济学分析方法这些曾经不为我熟知的概念伴随我度过了博士论文撰写的全过程。公司债权人利益保护的策略及其框架的建构涉及了诸多的公司法问题，博士论文的研究使我从更为开阔的视野重新审视公司法规则设计的优劣，同时，公司合同理论与法经济学分析方法为我打开了观察公司、股东及相关利益群体的研究之门，使我获益匪浅，为我进一步研究公司法问题奠定了学术之基。

撰写博士论文的过程是痛苦并快乐的，虽然经历了一个堪称"身心俱碎"的历程，但却让我体味到了获取知识的欢愉。"焚香除妄念、冰心去凡尘"，那种汲取书中智慧的渴求与读书过程中的心境真的久久的吸引我，伴随着老师、同学、友人、亲人，共同为完成博士论文的日子增添了值得享受与品味的时光。

二

恩师傅穹教授是引领我步入公司法学研究领域的学术导师，更是我渐进成长的人生老师，他对学术研究的追求与对人生成长的态度永远是指引我未来的"座右铭"。恩师是吉林大学法学院教授，承担着指导博士生的教学工作，又兼任吉林财经大学法学院院长的行政职务。学友们经常对于恩师的精力感到钦佩，更对恩师的敬业感到敬佩。人的点滴进步与些许成功均来自于平日的勤劳，他的一言一行为我们这些弟子起到了榜样的作用。我也曾留意到恩师疲倦的面色，也曾倾听过恩师略带疲惫的声音，更曾感知到恩师的劳累与辛苦，然而，我们诸多弟子却未有几人真的体味到恩师内心对我们的期望。恩师常教育我们："要下苦工夫，不要着急，在读博士期间一定写出优秀的论文"！当博士论文收笔时，我才体会到恩师的心境，读博期间已经成为我们追求学术研究的最佳时间段。

恩师自兼任吉林财经大学法学院院长之后，更多的时间奉献给了法学院的学科建设事业，然而，却从未因此忽略对我们的学习指导。恩师常自己开车拉送同学到其专门读书的寓所甄选经典的公司法书籍，往往自己花钱从国外购进大批原版英文公司法论著供同学研读，经常在晚上十点仍请我们到其家中座谈学习近况，每逢此时，恩师的母亲及师母总是为我们精心准备好诸多的水果，让我们倍感亲切与温暖。恩师的父亲曾经在东北师范大学教授中文，虽已退休在家仍然对培育后学倾注诸多关注，精神矍铄的"中文老师"经常会同我们探讨如何培养学习的好习惯、如何撰写文章、如何读书、未来的路该如何去走。恩师对弟子的关心已经不仅仅局限于其自身，他的家庭都为我们的学业与人生提供着指引和支撑。

恩师不仅在学校内倾其所能的为弟子提供学习研究的便利条件，更在学校外为弟子们提供参加商法年会、证券法年会、保险法年会以及在北大、清华等著名学府举办的国际与国内的大型公司法相关会议的机会和条件，弟子们参加各种会议的费用均是恩师个人的科研经费，这为弟子们提供了极为难得的了解学术前沿问题的机会，打通了弟子们对目前我国商法领域学术环境的认知渠道，为弟子们给自己在未来求学中的定位提供了重要的参考！同时，恩师积极为弟子们创造同公、检、法、司各部门实务界专家学习的机会，记得 2011 年年初我在北京拜望最高人民法院执行局副局长金剑锋老师时，金老师曾对傅穹老师有很高地评价："你的老师学问很好，是公司法领域的年轻专家，对你们的教导十分用心，你们应感谢老师！"每每回味这些甘甜的记忆，我同其他弟子们均感慨良多，总是既从内心深处感谢恩师及其家人的无私帮助，又对自己未能写出优秀的文章而深感愧疚。

三

我是幸运的。读博期间除授业恩师傅穹教授悉心指导外，更有机会得到了洪虎先生的教导，令我时刻提醒自己应珍惜这来之不易的学习机会。感谢吉林大学法学院徐卫东教授，正是在徐卫东教授的推荐下，我有幸成为原吉林省省长，现全国人大法律委员会副主任委员洪虎先生的学生，令我获益匪浅。洪虎先生早年曾任国家经济体制改革委员会的副主任，见证并参与到了我国经济体制改革的进程，对相关的制度规则变革体会尤深、见地颇高。每有机会见面时，洪虎先生总是倾心相教，他从学理与实践两个层面对我国经济体制改革的脉络把握的深度与精度令我惊叹并佩服！正如徐卫东教授所言："洪虎老师是'国有资产法'的专家！"怎能忘记，长春炎热的夏季，洪虎先生在吉大南区送给我最新的立法资料；微凉的初秋，洪虎先生在松苑宾馆为我送上婚礼的"祝福"；寒冷的深冬，洪虎先生在南湖宾馆为我讲解"国资立法"的精髓。人生的际遇各不相同，"菩提雪化露，甘茶敬知音"，我深深的感谢在我求学路上推我一程的两位恩师，感谢傅穹教授、洪虎先生！

　　"寄语天上客，滢滢一寸心"，对于本书终稿的完成及出版，我需要感谢的人太多。清华大学法学院王保树教授、朱慈蕴教授、施天涛教授多次在清华举办的商法会议上给予我学术上的指引。王保树教授办公室内的"气派"令我羡慕，那里真是书的"海洋"；朱慈蕴教授与施天涛教授那种对弟子"聊天式"的交流不仅让我感知到学术的浓郁气息，更让我感到心灵的温暖。北京航空航天大学法学院的任自力教授、北京大学法学院的谷凌副教授、中国社科院的邱本研究员、国家检察官学院的赵玉博士均对我的学术进步给予了关键帮助，是你们让我即便千里跋涉求教于北京，也一直有老师们的关爱和指点。人民大学法学院叶林教授同吉林大学法学院的于莹教授、冯彦君教授、蔡立东教授、王彦明教授、丛中笑教授对于我博士论文的指导给予了诸多有益的评介，是你们让我明白了未来学术研究之路应该如何行走，车传波副教授、董文军副教授、齐明副教授、丰霏博士均是一路伴我走来的良师益友，真心地感谢你们！

四

　　朋友，是一辈子的财富。即便在工作后，曾经的师兄弟、师姐妹、朋友们仍然互相关照、扶持，感谢吉林省国有资产管理委员会王喜东师兄、辽源市政法委书记唐永军师兄、国务院法制办的孙常亮师兄、山东省高级人民法院的李金明师兄、最高人民检察院反贪总局的崔磊兄弟、公安部警务督察局胡月明兄弟、上海市人民检察院反贪局的宿杰大哥、山东大学威海分校法学院副院长姜世波大哥、华东政法大学的 Wily（威廉）老师、美国 John Marshall Law School 的 July 老师，我更要感谢北京凯文律师事务所金光辉律师、北京市纵横律师事务所李金荣律师以及上海市金杜律师事务所的石慧律师，是你们在工作后仍一如既往地对我寄予关心，给予帮助！是你们用拼搏的精神鼓励我，伴我前行！

　　当指尖敲击键盘到这里，心底不由思念起了你们，我的"一起奋战的战友们"：于永宁博士、王天玉博士、贾翱博士、金哲博士、侯德斌博士、刘鑫博士、太月博士、张翼飞博士，相信你们正在祖国各地为实现自己的梦想而努力拼搏，感谢并祝福你们！

　　"灯下思松风，素语话茶缘"，同中国社会科学出版社的张林编辑相熟知是一种缘分，本书经数次修改而"出笼"，均得益于张林编辑的热心帮助。本书的最终完成，得益于同事们的理解与帮助。文章的撰写，需要心静，需要一份心境，而书稿的完成，则更需要一种环境，茶缘过客在品茗之时都期待一种云水禅心的境界，更何况是数万字的书稿写作。吉林省社科院法学所于晓光所长以及吉林财经大学法学院的田磐石书记、毛树礼教授、徐伟教授、张洪飞教授、刘国庆教授、张秋华教授、李光宇教授、周易副教授都对专著的撰写给予了深深的理解和大力的支持，使我能够在有足够的时间和精力对书稿进行修改。作为同事，我还要感谢遇言、王琼等诸多青年老师，是你们让作为"新人"和"后辈"的我在短时间内融入法学院，使我在和谐的氛围中专注撰书，感谢你们！

五

家人，是始终的港湾与依靠。父亲喜茶，常言："品茶是自省、自解。"父亲年过半百仍辛劳的在忙碌工作，极少休息，每每见面，也是多用心良苦的教育我们如何自省以做人、如何自解以做事。母亲为家里更是付出了太多太多的辛苦，但从不抱怨，其乐观的人生态度与豁达的胸怀更是常常激励着我们。奶奶虽是高龄，但她仍从事家务劳动，为我们、为家里付出了一辈子的辛劳。妹妹虽小，但却也即将从学校毕业，走向社会，已经可以为家里分忧解愁。我虽年至而立，但仍未能给予奶奶、父母和妹妹过多的回报，心中总是蕴有一丝愧疚。岳父母对我的帮助我铭记于心。回想博士论文撰写期间，新家的装修、婚礼的操办、周末的晚餐、平日的家务，这些本应为我们所承担的工作均被岳父母"抢"了过去，岳父母常言："你们好，比什么都强。"在博士论文的撰写与书稿的修改过程中，妻子孙烨给予我太多的理解与支持，承担起所有家中日常的杂务，使我能够有足够的精力与时间专注书稿的完成，感谢你为我所付出的辛劳！

父母之恩，比天大，本书的完成及出版，凝聚着父亲与母亲的期待、汇聚着岳父与岳母的关心，这本用亲情浇铸的书稿正是我用以感谢你们的"礼物"！